Axel Madsen
Jean-Paul Sartre und Simone de Beauvoir

Axel Madsen

Jean-Paul Sartre und Simone de Beauvoir

Die Geschichte einer ungewöhnlichen Liebe

Deutsch von Pauline Schulz

claassen

Der Titel der bei William Morrow & Company, Inc., New York, 1977 erschienenen Originalausgabe lautet:
Hearts and Minds–The Common Journey of Simone de Beauvoir and Jean-Paul Sartre

1. Auflage 1980

Gesetzt aus der Garamond der Linotype GmbH
Satz: Dörlemann-Satz, Lemförde
Papier: Papierfabrik Schleipen GmbH, Bad Dürkheim
Druck und Bindearbeiten: Ebner, Ulm
Printed in Germany
ISBN: 3 546 46258 0

Inhalt

Kapitel I

Sommer 1929

Keine Bücher, das hatte Jean-Paul Sartre sich geschworen, nur lange Spaziergänge und noch längere Gespräche. Auch dann, wenn ihm die sumpfigen Senken des Limousin mit ihrem Übermaß an Chlorophyll zuviel würden, wie er oft im Scherz sagte. Simone de Beauvoir schloß sich ihm jeden Morgen an, sobald sie sich aus dem Haus ihrer Eltern davonstehlen konnte, und lief über noch taufeuchte Wiesen zu ihrem heimlichen Rendezvous. Es gab so viele Dinge zu bereden – die Freunde, Bücher, das Leben – und natürlich ihre Zukunft. Sie machten lange Spaziergänge, zwei Gestalten in einer Augustlandschaft; sie groß und anmutig, er klein, ein wenig ungelenk und mit dem einen schielenden Auge hinter der schulmeisterlichen Brille. Er lachte viel. Beide waren frisch gebackene Lehrer, die besten Absolventen ihrer Klasse. Sie hatten sehr hart gearbeitet, aber immer noch sagte Simone, daß sie ihre erste Gehaltszahlung als einen groben Scherz empfinden würde.

Viel zu schnell mußte sie zum Mittagessen nach Meyrignac zurück, während er unter einer Hecke die Käse- oder Ingwerschnitten aß, die Simones Cousine Madeleine, eine Bewunderin alles Romantischen, aus der Küche des Hauses Beauvoir hinausgeschmuggelt hatte. Am Nachmittag waren sie dann erneut zusammen und nahmen die Diskussionen wieder auf, die sie entweder in Paris vor Beginn der Ferien oder vor dem Mittagessen in einem Haselnußwäldchen begonnen hatten. Ihren Eltern hatte Simone erzählt, sie arbeiteten an einem Buch, einer *kritischen* Studie des Marxismus. Sie hoffte damit ihren Eltern zu schmeicheln und ihrem Haß auf den Kommunismus entgegenzukommen. Bald ging die Sonne hinter den Hügeln an der Auvezère unter, und es wurde Zeit für Simone, nach Meyrignac zurückzukehren. Jean-Paul Sartre machte sich auf den Heimweg in das Hôtel de la Boule d'Or und aß dort zwischen reisenden Kaufleuten zu Abend.

Beide wurden in Paris geboren – sie entdeckten, daß sie sogar im Jardin de Luxembourg miteinander gespielt haben könnten. Beide verbrachten eine behütete Kindheit in einer Umgebung, die sie verwöhnte. Beide besaßen ein ausgeprägtes Selbstbewußtsein. Simones Kindheit unterschied sich von der Jean-Pauls nur dadurch, daß sie von klein auf mit ländlicher Umgebung vertraut war. Seit frühester Kindheit hatte sie im Sand und mit Tonklumpen gespielt und auf dem achthundert Morgen großen Besitz ihres Großvaters mit Butterblumen, Marienkäfern und Glühwürmchen Bekanntschaft gemacht und Haselnüsse poliert. Meyrignac, das seit 1830 in Familienbesitz war, hatte einen kleinen aufgestauten Fluß mit Wasserlilien, Goldfischen und einer kleinen Insel, die nur über Steine zu erreichen war. Auf dem Anwesen gab es Felder, Zedern, Weiden, Magnolien, Strauchgruppen und Dikkicht. Dort und auf La Grillière, dem zwanzig Kilometer entfernten Gut ihres Onkels, war es ihr stets erlaubt, sich unbeaufsichtigt und frei zu bewegen und alles zu berühren, was sie interessierte. Der Park von Onkel Maurice war größer und ursprünglicher, aber auch auf eine gewisse Art eintönig. Er umgab ein finsteres Schloß mit Türmchen, das viel älter aussah, als es wirklich war. Onkel Maurice gehörte zum Landadel und hatte Hélène, eine Schwester ihres Vaters, geheiratet.

Jean-Paul hatte einen exzentrischen Großvater. Charles Schweitzer war ein gutaussehender Sprachlehrer, der alles Erhabene leidenschaftlich liebte. In fortgeschrittenem Alter entsprach seine äußere Gestalt so sehr der Vorstellung vom Allmächtigen, daß reumütige Pfarrkinder in einer nur schwach beleuchteten Kirche ihn für eine Erscheinung hielten. Charles verbrachte sein Leben damit, kleine Begebenheiten zu bedeutenden und wichtigen zu machen. Seine etwas dickliche und zynische Frau dagegen tat sie mit einem Hochziehen der Augenbrauen als geringfügig ab. Die Schweitzers kamen aus dem Elsaß und waren Protestanten. Charles' Bruder war Geistlicher in der lutherischen Kirche geworden und hatte einen Sohn, Albert, der als Missionsarzt im schwärzesten Afrika arbeitete. Charles wurde Lehrer und war an der Herausgabe des *Deutschen Lesebuches* beteiligt, das in Frankreich an allen Schulen im Deutschunterricht benutzt wurde. Er hatte zwei Söhne und eine Tochter. Der ältere der beiden Söhne arbeitete im öffentlichen Dienst, und der jüngere war Deutschlehrer gewesen, bis er, noch Junggeselle, mit einem Revolver unter dem Kopfkissen und zwanzig Paar abgetragenen Schuhen in seinen Koffern, starb. Anne-Marie Schweitzer war begabt und hübsch, aber die Familie hielt es für vornehm, ihre Talente nicht zu fördern. In Cherbourg begegnete sie Jean-Baptiste Sartre, einem jungen Mann, der schon zu der Zeit, als sie sich kennenlernten, zusehends dem Tropenfieber verfiel. Als er starb, waren sie gerade zwei Jahre verheiratet, und Anne-Marie kehrte mit ihrem Baby zu ihren Eltern zurück. Charles Schweitzer empfand den frühzeitigen Tod seines Schwiegersohnes als eine Unverschämtheit und tadelte seine Tochter dafür, daß sie das Ableben ihres Mannes weder vorhergesehen noch ihm zuvorgekommen war. Er hatte seine Pensionierung beantragt, nahm jedoch ohne ein Wort des Vorwurfs seine Lehrtätigkeit wieder auf, um Anne-Marie und ihren kleinen Sohn zu unterstützen. Erstarrt in Dankbarkeit, unterwarf sie sich uneingeschränkt, hielt das Haus ihrer Eltern in Ordnung und verfiel wieder in die Rolle einer Jugendlichen, die um Erlaubnis fragen mußte, wenn sie einmal ausgehen wollte.

Es gab wirklich viel zu bereden. Ihre Freunde waren René Maheu, der Simone mit Sartre bekannt gemacht hatte, und Paul Nizan, Sartres bester Freund, der schon verheiratet und gemeinsam mit seiner Frau Henriette ein Anhänger der sexuellen Freiheit war. Es war Maheu, der für Simone den Kosenamen »Le Castor« (Biber) ersann, mit der Begründung, Biber liebten wie auch Simone die Geselligkeit und hätten wie sie eine konstruktive Ader.[1] Maheu war ebenfalls verheiratet, jedoch brachte er seine Frau nie mit in die Sorbonne und verschwand jeden Abend in einem Vorortzug. Biber gegenüber liebte er es, den Unterschied zwischen sich und Sartre und Nizan herauszustreichen. Wie er behauptete, war er ein sinnlicher Mensch, der sich an Kunstwerken, an der Natur und Frauen erfreuen konnte; *sie* jedoch überhäuften erhabene Grundsätze mit Spott und müßten jeder Sache auf den Grund gehen. Waren es nicht auch sie gewesen, die unter Ausrufen wie »So pißte Zarathustra!« Wasserbomben auf die irdischen und etwas zerstreuten Nietzsche-Jünger geworfen hatten? Nizan, der ständig an den Nägeln kaute und eine Nickelbrille trug, war ein Kenner neuer Richtungen in der modernen Kunst und machte die anderen mit dem neuen amerikanischen Roman und James Joyce bekannt. Er gehörte zahlreichen literarischen Vereinigungen an, hatte sich der kommunistischen Partei angeschlossen und lebte mit seinen Angehörigen in einer hübschen Wohnung. Sein und Henriettes Studio war mit einem Porträt von Lenin, kubistischen Bildern und einer Reproduktion der Venus von Botticelli dekoriert. Das Wichtigste: Nizan hatte ein Buch veröffentlicht.

Sartre schrieb seit seinem zehnten Lebensjahr: Geschichten, Gedichte, Essays, Epigramme, kleine Wortspiele, Balladen und einen Roman. Immer wieder versuchte er, die Mädchen, die er traf, zu überreden, auch zu schreiben. Er glaubte, daß man einem von Zufällen bestimmten Leben nur entgehen könne, indem man Werke schafft, die ihren Ursprung in der Vorstellung und in der Phantasie haben. Kunst und Literatur waren absolute Dinge, was nicht bedeutete, daß er jemals die Absicht gehabt hätte, ein Akademiker zu werden. Er verachtete literarische Strömungen und Hierarchien und konnte sich nicht wirklich mit dem Gedanken anfreunden, Karriere zu machen und mit Fakultätskollegen und Universitätspräsidenten zu verkehren.

Es gab vieles, was Sartre auf keinen Fall wollte. Nie wollte er Familienvater sein, nie heiraten, nie irgendwo einen festen Wohnsitz haben und niemals sein Leben mit Besitz belasten. Statt dessen würde er reisen, um Erfahrungen zu sammeln, von denen er sich eine Bereicherung seines Schreibens erhoffte. In der Theorie bewunderte Simone eine unbedenkliche Lebensweise, verlorene Seelen und alles Ungewöhnliche. Zunächst aber bedeutete für sie das bestandene Examen Befreiung. Sie würde ihr Elternhaus verlassen. Für sie würde im Oktober das Leben beginnen.

Sie fühlte sich nie als geborene Schriftstellerin, aber als sie mit fünfzehn in das Poesiealbum einer Freundin etwas über ihre Zukunft schrieb, hatte sie sich gewünscht, eine berühmte Schriftstellerin zu werden. Mit achtzehn schrieb sie die ersten Seiten zu einem Roman über ein achtzehnjähriges Mädchen, dessen einziges Interesse darin bestand, sich gegen die Wißbegierde anderer Leute zur Wehr zu setzen. Bei einem Treffen in Nizans kleinem Studio machte Sartre sich über ihr enges Schulvokabular lustig, obwohl auch er, wie er zugab, sein »Seelenheil« im Schreiben suchte.

Was Simone an Sartre schätzte, war, daß er nie aufhörte zu denken, nie etwas als gegeben und sicher hinnahm. Und daß er, wenn es um das Thema ging, das sie am meisten interessierte, nämlich sie selbst, versuchte, sie unter dem Gesichtspunkt ihrer eigenen Werte und Einstellungen zu verstehen. Er sagte ihr, sie solle an ihrer persönlichen Freiheit festhalten, sich ihre Neugierde und Offenheit bewahren und wirklich anfangen zu schreiben. Sartre war nur zweieinhalb Jahre älter als sie, trotzdem beeindruckte er sie mit seiner Reife. Ihr Cousin Jacques war ihr erster Jugendschwarm, Maheu war der erste Mann, der ihr Komplimente über ihre Figur machte. Sartre aber war jemand, der ihr ähnlich war, der in viel stärkerem Maße das verkörperte, was sie für sich wollte, aber auch jemand, der mehr Selbstbewußtsein besaß, als sie aufbringen konnte.

Natürlich gab es Meinungsverschiedenheiten. Simone erschien es wie ein Wunder, daß es ihr gelungen war, sich aus ihrer engstirnigen Erziehung zu befreien, und sie freute sich aufgeregt auf die Zukunft. Sartre haßte das Erwachsenendasein. Mit vierundzwanzig freute er sich nicht besonders auf den Militärdienst und auf die Notwendigkeit, sein Geld als Lehrer verdienen zu müssen. Das konnte ihn aber nicht davon abhalten zu fordern, daß die Menschen ihr Leben selbst gestalten sollten und daß Freiheit auf jeden Fall die Prämisse seines Lebens sein müsse. Was die Frage des Lebensunterhaltes anging, betrachtete er es als eine akzeptable Lösung, sich für den Herbst 1931 nach dem Ende seiner Militärzeit um einen Lehrauftrag für Französisch in Tokio zu bewerben. Sollte diese Bewerbung Erfolg haben, würde er zwar zwei Jahre in Tokio verbringen müssen, aber zum Lohn hätte er sich dann auch in anderen ausländischen Hauptstädten bewerben können.

Er liebte die Frauen, fand sie weniger komisch als Männer und suchte immer ihre Gesellschaft. Das erste Mal, als Simone ihn sah, sprach er in der Sorbonne mit einer großen, schlaksigen Studentin. Davor war er mit Simone-Camille Sans verlobt gewesen, einer sinnlichen Möchtegern-Schauspielerin, über die jeder an der Hochschule geredet hatte und die er immer noch verehrte. Zusammen mit Maheu und Pierre Guille war er ein platonischer Bewunderer der Madame Morel, einer sagenumwobenen Argentinierin im exotischen Alter von vierzig, deren Sohn Sartre und Guille auf das Abitur vorbereiteten. Sartre war ein entschiedener Gegner des Ehestandes, während Simone erkannt hatte, daß für ein Mädchen ihrer Erziehung und Herkunft eine Heirat wahrscheinlich unvermeidbar war. Nur zu gern sprach er ihr gegenüber von ihrer bedeutenden Liebe, die beiden gestattete, in gelegentlichen Liebesaffären Erfahrungen zu sammeln. Sie seien einander ähnlich, sagte er ihr, und wie Simone glaubte auch er an den Fortbestand ihrer Beziehung. Aber auch das konnte nicht ganz für den Reiz flüchtiger Begegnungen mit anderen entschädigen. Natürlich stellte sich die Frage, wie sich Gefühle wie Schmerz und Eifersucht vermeiden ließen.

Maheu war auf ihre Freundschaft mit Sartre und Nizan eifersüchtig gewesen und hatte verlangt, daß Simone ihn bevorzugt behandeln solle. Wenn sie alle zusammen waren, zwängten sie sich oft in Nizans kleinen Wagen und verbrachten den Nachmittag im Vergnügungspark an der Porte d'Orléans, wo sie kegelten und Tischfußball spielten. Auf dem Rückweg tranken sie häufig in einem Straßencafé noch ein Bier. Als eines Abends davon gesprochen wurde, gemeinsam auszugehen, hatte Maheu darauf bestanden, allein mit Simone ins Kino zu gehen, war jedoch am Abend des vierzehnten Juli damit einverstanden, daß Sartre sie begleitete. Nachdem sie dem Feuerwerk vom Rasen der Cité Universitaire zugesehen hatten, lud Sartre sie alle zu einem nächtlichen Barbummel auf dem Montparnasse ein. Um zwei Uhr morgens, als sie noch immer unterwegs waren, hatte Maheu ostentativ Simones Arm genommen. Er hatte angekündigt, daß er sich eine Stellung in der Provinz suchen würde, falls er sein Examen nicht bestehen sollte. Maheu fiel durch und verließ Paris, ohne sich von irgend jemandem zu verabschieden. Das einzige, was er zurückließ, war eine kurze, an Sartre gerichtete Notiz: »Sag Biber, daß ich ihr alles Glück wünsche.«

Und es gab immer noch viel zu bereden. Am vierten Tag ihres Zusammenseins jedoch, als sie am Rande einer Wiese saßen, sah Simone ihre Eltern auf sie zukommen. Als sie näher kamen, bemerkte Simone, daß das Gesicht ihres Vaters unter dem Strohhut einen entschlossenen, aber gleichzeitig auch etwas verwirrten Ausdruck hatte. Sartre sprang auf, und Simone stellte ihren Freund den Eltern vor. Herr Beauvoir war zurückhaltend und sehr bestimmt. Höflich forderte er Sartre auf, das Gelände zu verlassen. Die Leute würden schon anfangen zu tuscheln, meinte er, und außerdem erhoffte man sich die baldige Heirat von Simones Cousine. Die Tatsache, daß Simone sich weiterhin mit einem fremden jungen Mann traf, könnte möglicherweise dem Ruf der Cousine schaden.

Sartre, der zufällig ein schreiend rotes Hemd trug, entgegnete, daß er selbstverständlich nicht eine Minute eher gehen würde, als er beabsichtigte. Georges de Beauvoir war ein kleiner Mann, der Streitereien und schlechte Manieren verabscheute, und so verlief die Auseinandersetzung am Wiesenrand noch ziemlich glimpflich. Gekränkt folgte Simone ihren Eltern zurück nach Meyrignac, ihr Vater kam nicht mehr auf den Vorfall zurück, und Sartre blieb eine weitere Woche im Boule d'Or. Er und Simone machten einfach noch verstecktere Treffpunkte in einem Haselnußwäldchen ausfindig, und nach seiner Abreise schrieben sie einander jeden Tag. Im Oktober würde ihre gemeinsame Zukunft beginnen.

Simone wurde am 8. Januar 1908 in einer Wohnung über dem Café Rotonde am Boulevard Raspail geboren. Georges und Françoise de Beauvoir, er dreißig, sie einundzwanzig, waren sehr glücklich über ihr erstes Kind. Sie waren ein elegantes Paar, weit davon entfernt, reich zu sein, aber mit dem Willen, dem Anspruch ihres vornehmen, wenn auch nicht berühmten Namens Genüge zu tun. Der blauäugige Georges de Beauvoir war Enkel eines Steuerinspektors, der ein ausreichendes Vermögen zusammengetragen hatte, um auch dem jüngsten Sohn zu erlauben, davon zu leben. Trotzdem machte Georges' Vater in der Pariser Stadtverwaltung Karriere. Als er sich schließlich ins Privatleben zurückzog, hatte er es bis zum Abteilungsleiter gebracht. Georges war das jüngste von drei Kindern, die alle in mäßigem Wohlstand aufgewachsen waren. Er war der Liebling seiner Mutter und seiner Lehrer. Er verachtete Sport und Gewalt jeder Art und gewann auf dem Collège Stanislas jedes Jahr akademische Preise. Als er dreizehn Jahre alt war, starb seine Mutter, und ihr Tod traf ihn tief. In den *Memoiren einer Tochter aus gutem Hause* schreibt Simone de Beauvoir, daß er sich von da an »um wirklich nichts mehr bemühte«.[2]

Die Beauvoirs zählten halb zur Aristokratie und halb zum Großbürgertum. Sie konnten sich nicht dazu durchringen, dem jungen Georges zu gestatten, Schauspieler zu werden, obwohl er das Theater leidenschaftlich liebte. Statt dessen studierte er Jura, was schließlich seiner Vorliebe für Schauspielerei auch ein wenig entgegenkam. Sein Name, Familienverbindungen, Freunde aus Kindertagen, der Umgang, den er als junger Mann pflegte, das alles brachte ihn dazu, sich als Aristokrat zu fühlen. Er legte großen Wert auf seine Kleidung, nahm Sprechunterricht und trug weder Voll- noch Schnurrbart, um den Schauspielern, die er verehrte, noch ähnlicher zu sein. Er bestand zwar sein Examen, hielt es aber nicht für nötig, sich der Rechtsanwaltschaft vorzustellen. Statt dessen trug er sich beim Appellationsgerichtshof ein und wurde Sekretär bei einem alteingesessenen Anwalt.

Er war hin und her gerissen zwischen aristokratischer Erhabenheit und bürgerlicher Ernsthaftigkeit und maß seinen beruflichen Möglichkeiten nur wenig Bedeutung bei. Tagsüber arbeitete er im Büro des Anwalts, abends und während der Ferien verwandelte er sich in einen Laienschauspieler. Er trat auf Wohltätigkeitsveranstaltungen, in eleganten Salons und Kurhotels auf und lebte von seinem Erbe und einer beträchtlichen Summe, die ihm sein Bruder Gaston für den Verzicht auf Meyrignac gezahlt hatte. Seine ganze Freizeit widmete er dem Schauspiel, hatte besonderes Vergnügen daran, sich zu schminken, war über den Bühnenklatsch genauestens unterrichtet und vergötterte berühmte Schauspieler. Viele seiner Freunde kamen vom Theater. Er las eine große Anzahl Bücher über sein Lieblingsthema und stand sogar am Abend seiner Hochzeit auf der Bühne.

Seine Frau stammte aus einer reichen und sehr frommen Familie aus der Provinz. Françoise wurde in Verdun geboren und war das älteste von drei Kindern. Ihr Vater war Bankier, ihre Mutter war von Nonnen erzogen worden, und auch sie besuchte eine Klosterschule. Ihre Eltern waren sehr zurückhaltend, und sie hatte eine trübselige Kindheit und Jugend, beide bestimmt von der Schule und der religiösen Pflichterfüllung. Mit zwanzig war sie ein hübsches, aber auch sehr nachdenkliches junges Mädchen und war nicht besonders begeistert, als sie einem Treffen mit Georges de Beauvoir zustimmte. Seine Vitalität und sein Charme überwältigten sie, und in ihren Augen besaß er großes Prestige. Die Umstellung auf das Leben einer verheirateten Frau verlief nicht ohne Schwierigkeiten. Man hatte sie in ein Milieu verpflanzt, in dem ihre klösterliche Moral kaum respektiert wurde. Sie fürchtete jede Art von Kritik und machte unter Qualen die größten Anstrengungen, sich so zu benehmen wie alle anderen. »In allen Angelegenheiten akzeptierte sie die Vorstellungen meines Vaters, ohne daß es ihr je Schwierigkeiten gemacht hätte, diese mit ihrer Religion in Einklang zu bringen«, schreibt Simone.[3]

Als Simone zweieinhalb Jahre alt war, bekamen die Beauvoirs eine zweite Tochter, Hélène, die gleich nach ihrer Geburt den Kosenamen »Poupette« (Püppchen) erhielt und von da an ständig so genannt wurde. Die zwei Schwestern verbrachten ihre ersten Kinderjahre unter der wechselnden Aufsicht von Louise, dem Kindermädchen, und ihrer jungen Mutter, die ihre Aufgabe mit christlicher Hingabe erfüllte. Sie suchte für ihre Töchter die private Schule aus, beaufsichtigte sie beim Lesen und lernte selbst schließlich Englisch und Latein, um mit den Fortschritten ihrer Töchter Schritt halten zu können. Sie nahm sie mit in die Messe und sprach morgens und abends Gebete mit ihnen; sie las fromme Schriften und empfing regelmäßig die heilige Kommunion. Trotzdem war sie leicht aus der Ruhe zu bringen, wenn auch die Wärme ihrer Zuneigung für ihre gelegentliche Unberechenbarkeit entschädigte. Körperliche Strafen waren selten, aber mit einem einzigen Satz konnte sie das Selbstvertrauen ihrer Töchter erschüttern. Diesen Satz gebrauchte sie häufig: »Das ist lächerlich!« Eine Schwierigkeit in Simones jungem Leben war, daß ihr Vater niemals in die Kirche ging. Sie fühlte, daß Gott auch in ihr gegenwärtig war, hatte aber von ihrer Mutter gelernt, daß Papa immer recht hatte. Der Agnostizismus ihres Vaters hätte sie zutiefst erschüttert, wenn nicht ihre Mutter seine Haltung als völlig natürlich empfunden hätte.

»Die Folge war, daß ich aufwuchs und mich an die Idee gewöhnte, daß mein intellektuelles Leben, verkörpert durch meinen Vater, und mein seelisches Leben, verkörpert durch meine Mutter, zwei grundsätzlich verschiedene Erfahrungsbereiche waren, die absolut nichts miteinander gemein hatten. Heiligkeit und Intellekt gehörten zwei völlig verschiedenen Sphären an. . .

Meine Situation ähnelte der meines Vaters in seiner Kindheit und Jugend: Er war hin und her gerissen zwischen der ätherischen Skepsis meines Großvaters und der bürgerlichen Ernsthaftigkeit meiner

Großmutter. Auch in meinem Fall standen der Individualismus meines Vaters und seine heidnischen und ethischen Grundsätze in vollkommenem Gegensatz zu dem rigiden und moralischen Festhalten am Herkömmlichen, wie meine Mutter es uns zu vermitteln versuchte. Diese Unausgewogenheit, die mich zur Auflehnung treiben mußte, ist der Hauptgrund dafür, daß ich eine Intellektuelle geworden bin.«[4]

Je älter Simone wurde, desto größer wurde das Interesse ihres Vaters für sie. Er gab sich große Mühe mit ihrer Handschrift und Rechtschreibung und diktierte ihr während der Ferien häufig knifflige Passagen aus Werken von Victor Hugo. Niemand aus ihrem Bekanntenkreis war so lustig, so interessant und so strahlend wie er. Kein anderer hatte so viele Bücher gelesen, wußte so viele Gedichte auswendig oder konnte so leidenschaftlich diskutieren wie er. Auf Gesellschaften und Familientreffen war immer er das Zentrum und die belebende Kraft des Gesprächs. Simone behandelte er wie eine Erwachsene. Ihre Mutter war nachsichtiger und empfand es nur als natürlich, wenn Simone sich hin und wieder wie ein dummes kleines Mädchen benahm. »Ein Lob meines Vaters war für mich die größte Schmeichelei«, erinnert sie sich, »und wenn er sich einmal darüber beklagte, daß ich sein Arbeitszimmer durcheinandergebracht hatte, oder wenn er rief: ›Diese dummen Kinder!‹, nahm ich diese Zurechtweisung nicht so schwer, weil er es offensichtlich nicht so meinte. Andererseits waren jeder Vorwurf und das leichteste Stirnrunzeln meiner Mutter eine Bedrohung meiner Sicherheit. Verweigerte sie mir ihren Beifall, empfand ich das als Entzug meiner Daseinsberechtigung.«[5]

Für Poupette war das Leben schwieriger. Obwohl man sich große Mühe gab, beide Kinder gleichberechtigt zu erziehen, ergaben sich für Simone bestimmte Vorteile. Poupette, die wie ihr Vater aussah, war leicht zu kränken und in Verlegenheit zu bringen. Häufig saß sie weinend in ihrem kleinen Stuhl. Man warf ihr Bockigkeit vor. Sie hing in völliger Ergebenheit an Simone und war dankbar für die Zuwendungen der älteren Schwester. Poupette wurde hübscher als Simone und zeigte im Umgang mit Menschen mehr von der Anmut, die ihr Vater an jungen Mädchen so schätzte.

Als Simone fünfeinhalb Jahre alt war, meldete ihre Mutter sie in einer Mädchenschule an, die den verlockenden Namen Le Cours Désir trug und zur Gemeinde gehörte. Simone konnte schon lesen und schreiben und fand sofort Spaß daran, eigene Bücher zu besitzen, Hausaufgaben zu machen und Stundenpläne zu bekommen. Mit sechs Jahren brachte sie Poupette Lesen und Schreiben bei und war stolz auf diese Leistung. In jenem Sommer waren sie alle auf Meyrignac. Eines Tages wurde Luftalarm gegeben. Der Krieg hatte begonnen. Requisitionsbefehle wurden an die Türen genagelt, und Großvater mußte seine Pferde in die Kreisstadt Uzerche bringen. Einen Monat später half Simone ihrer Mutter auf La Grillière, Strümpfe und Wollmützen für die Soldaten zu stricken. Mit Tante Hélène fuhr sie zum Bahnhof, um Äpfel an turbantragende indische Truppen zu verteilen, die auf dem Weg an die Front waren. Georges de Beauvoir war wegen eines Herzleidens vom Reservedienst befreit worden, nun forderte man ihn auf, sich bei der Infanterie zu melden. Nach seiner Grundausbildung besuchte Simone ihn zusammen mit ihrer Mutter in seinem Lager, das in der Nähe von Paris lag. Er hatte sich einen Schnurrbart wachsen lassen, und der Ernst in seinem Gesicht beeindruckte Simone. In einem Anflug von Patriotismus zertrat sie eine Zelluloidpuppe, die eigentlich Poupette gehörte, weil sie die Aufschrift »Made in Germany« trug. Sie lief herum, steckte Alliiertenfähnchen in Blumentöpfe und bekritzelte mit farbiger Kreide alles mit den Worten »Es lebe Frankreich!«. Ein Teil ihrer Schule wurde vorübergehend als Hospital benutzt, und ein Flüchtlingsmädchen kam in ihre Klasse. Im Oktober verließ der Vater die Familie, um an die Front zu gehen. Gemeinsam mit ihrer Mutter und Poupette betete Simone für seine Gesundheit. Sie war davon überzeugt, daß Gott ihren Vater besonders um ihretwillen beschützen würde. Ein erneuter Herzanfall warf ihn nieder, und man brachte ihn in ein Kriegslazarett. Nach seiner Entlassung wurde er dem Kriegsministerium zugeteilt, wo er nur am Schreibtisch zu arbeiten brauchte. Gemeinsam mit vierzig Millionen anderen Franzosen fanden sich die Beauvoirs mit dem Krieg ab.

Simone lernte den Katechismus bei einem blassen, jungen Priester und empfing in einem Kleid aus weißem Tüll und mit einem Schleier aus irischer Spitze über dem Kopf ihre erste Kommunion. Bücher halfen ihr, ihren Gesichtskreis zu erweitern, obwohl sie sorgfältig von ihren Eltern für sie ausgesucht wurden. Sie war neugierig auf andere Menschen, träumte nie von einem anderen Schicksal und war zu keiner Zeit enttäuscht darüber, daß sie ein Mädchen war. Mit Ausnahme ihres Cousins Jacques waren alle Jungen, die sie kannte, für sie in keiner Weise bemerkenswert. Der nur sechs Monate ältere Jacques blendete sie mit seinen hervorragenden Aufsätzen, seinem Wissen und seiner Sicherheit. Er behandelte die Erwachsenen wie seinesgleichen, und obwohl er Mädchen gewöhnlich verachtete, machte er bei Simone eine Ausnahme. »Simone ist ein frühreifes Kind«, erklärte er. Seine Worte schmeichelten ihr sehr.

Der Herzanfall hatte Georges de Beauvoir zwar das Grauen der Schützengräben erspart, aber der Krieg zerstörte ihn schließlich doch noch. Er vernichtete seine Träume und zerbrach seine Mythen und Hoffnungen. Das knappe Gehalt, das er als Soldat bekam, zwang ihn, mit seiner Familie in eine kleinere Wohnung in der Rue de Rennes 71 zu ziehen, wo es nicht einmal warmes Wasser gab. Dank des Einflusses eines entfernten Verwandten konnte er sein Einkommen dadurch aufbessern, daß er für eine Zeitung Werbeanzeigen beschaffte. Die Arbeit langweilte ihn, brachte wenig Geld ein, und er begann, abends auszugehen, um mit seinen Freunden Bridge zu spielen. Seine Töchter mußten in abgetragenen Kleidern herumlaufen, und nachdem das Hausmädchen Louise geheiratet hatte, entschloß sich Frau Beauvoir, von jetzt an ohne Hilfe auszukommen.

Im Schuljahr 1917/1918 bekam Simone eine neue Mitschülerin, Elizabeth Mabille, die von allen »Zaza« genannt wurde und Simone im Sturm eroberte. »Ihre Art, mit den Lehrern zu sprechen, setzte mich in Erstaunen, ihre natürliche Ausdrucksweise stand in starkem Gegensatz zu den stereotypen und ausdruckslosen Stimmen der übrigen Schülerinnen. Sie eroberte mich endgültig, als sie einmal Frau Bodet mit vollendeter Perfektion nachmachte; alles, was sie sagte, war interessant oder amüsant.«[6] Zaza konnte Klavier spielen, besaß eine elegante Handschrift, und nicht einmal die Pubertät beeinträchtigte ihr gutes Aussehen. Sie zog sich gut an und bewegte sich mit der Ungezwungenheit einer jungen Dame. Was ihre Interessen anging, so war sie sehr wählerisch, und zwischen ihrem zwölften und fünfzehnten Lebensjahr machte sie sich über die meisten Leute lustig, die sie und

Simone kannten. Gleichzeitig legte sie sich aber selbst auch ihre kleinen Gewohnheiten zu und hatte ziemlich herkömmliche Vorstellungen. Die Leute sagten, Zaza habe Persönlichkeit. Simone dagegen hatte mit ihrer Schüchternheit zu kämpfen.

Am schönsten waren für Simone die Sommer auf Meyrignac, wo die Familie noch immer gern gesehen war. Dort war die Mutter viel entspannter als in Paris, ihr Vater widmete ihr mehr von seiner Zeit, und vor allem hatte sie dort ihr eigenes kleines Zimmer, von dem aus sie den Holzschuppen und die Remise überblicken konnte. Mittags kam Großvater aus seinem Zimmer herunter, das Kinn zwischen den Koteletten frisch rasiert. Nach dem reichhaltigen Essen sangen er und sein Sohn Georges, machten Späße und erzählten Familienanekdoten. Nachmittags gingen Simone und Poupette meistens spazieren und machten kilometerlange Entdeckungsreisen in die Umgebung. An Regentagen stöberten sie in der Bibliothek im Salon und suchten nach Romanen von Fenimore Cooper, oder Mama spielte auf dem leicht verstimmten Klavier die Lieblingslieder des Großvaters, der mit dem Rest der Familie den Refrain sang. In sternenklaren Nächten ging Simone im Garten spazieren, atmete den Duft der Magnolien ein und hielt Ausschau nach einer Sternschnuppe.

Es dauerte lange, bis in ihr das Gefühl für die »Dinge des Lebens« erwachte. Viel unverhoffter und nachhaltiger war für sie der Verlust ihres Glaubens. Ihre Cousine Madeleine, die alles lesen durfte, was sie wollte, klärte Simone und Poupette darüber auf, daß Männer genau wie ihr kleiner Hund zwei kleine Bälle zwischen den Beinen hätten. Sie war es auch, die ihnen erzählte, wie Kinder geboren werden. Simone kam in die Pubertät und erlebte zum erstenmal ihre Periode, ohne daß ihre Mutter jemals mit ihr darüber gesprochen hätte. Die Schwestern hatten schon lange gespürt, daß die Erwachsenen hinter einer trügerischen Fassade etwas verbargen, was sehr wichtig war. Als sie dahinterkamen, waren sie enttäuscht, und die Erwachsenen verloren in ihren Augen an Ansehen. Simone dachte nicht lange über Schwangerschaft und Geburt nach, fürchtete sich aber vor dem Gedanken, ihre Mutter könnte bemerken, daß sie über alles Bescheid wußte, und aus diesem Grunde ein Gespräch mit ihr herbeiführen.

Ihren Glauben verlor sie eines stillen Abends in ihrem kleinen Zimmer auf Meyrignac. Sie hatte ihre Gebete gesprochen und stellte ohne große Überraschung fest, daß sie nicht länger an Gott glaubte. Der Agnostizismus ihres Vaters hatte sie darauf vorbereitet, trotzdem bestürtzte sie ihre Entdeckung sehr. Die größten Schriftsteller und Denker waren Skeptiker, und sie fand es empörend, daß Frauen in die Kirche gingen und deshalb die göttliche Wahrhaftigkeit besitzen sollten, wo doch die Männer ihnen so eindeutig übergeordnet waren. Mit ihrem Vater konnte sie über ihren geistigen Aufruhr nicht sprechen, es hätte ihn in Verlegenheit gebracht. Eine ganze Weile führte sie ein Doppelleben. Sie ging weiterhin zur Beichte, merkte aber gleichzeitig, daß Gott ihr Verhalten nicht mehr beeinflussen konnte. Als sie schließlich ihrem Beichtvater von ihrem Glaubensverlust erzählte, fragte er sie, welche Todsünde sie denn begangen habe. Sie erwiderte ihm, daß sie sich keiner bewußt sei, aber er glaubte ihr nicht. Sie fand sich mit ihrem Schicksal einer Ausgestoßenen ab.

Simone und ihr Vater schätzten Schriftsteller weitaus mehr als Gelehrte, Philosophen und Professoren, weil Romane von allen Menschen gelesen wurden. Und obwohl Georges de Beauvoir weibliche Intelligenz eigentlich nur als gesellschaftliche Zierde gelten ließ, bewunderte er den literarischen Stil Colettes. Simone reizte der Beruf der Lehrerin. Sie konnte sich viel eher vorstellen, Kinder zu unterrichten, als selber welche zu haben, und es hätte ihr nichts ausgemacht, in einer Familie als Gouvernante zu arbeiten, vorausgesetzt, die Erziehung ihrer Schüler lag völlig in ihrer Hand. Ihre Eltern schlugen vor Entsetzen die Hände über dem Kopf zusammen, aber sie behauptete, die Erziehung junger Menschen könne nicht als minderwertige Arbeit bezeichnet werden.

Als die finanzielle Situation Georges de Beauvoirs sich weiter verschlechterte und er durch die Oktoberrevolution seine russischen Eisenbahnaktien verlor, malte er sich die Zukunft seiner Tochter in den schwärzesten Farben aus. Für Menschen mit seinem Anspruch war es ein deutliches Zeichen des Niedergangs, wenn man ein Mädchen einen Beruf erlernen ließ. Die Töchter seiner Freunde, seines Bruders und seiner Schwester würden einmal Damen sein – Simone nicht. Er näherte sich seinem fünfzigsten Geburtstag, noch größerer finanzieller Unsicherheit und entschied, daß Simone in den öffentlichen Dienst eintreten sollte, wenn schon nichts anderes möglich war. Das würde ihr ein staatliches Gehalt und nach Eintritt in den Ruhestand eine Pension sichern.

Eine Ausbildung als Bibliothekarin wurde erwogen, aber Simone fühlte sich mehr zur Philosophie hingezogen. In einer Zeitschrift hatte sie einen Bericht über eine junge Frau gelesen, die in Philosophie promoviert und eine junge Nichte adoptiert hatte. Auf diese Weise hatte sie ihr intellektuelles Dasein mit den Forderungen des weiblichen Gefühlslebens in Einklang gebracht. Frauen mit ähnlichen Titeln konnte man damals an einer Hand abzählen – Simone wollte zu diesen Pionierinnen gehören. Praktisch gesehen war der einzige Beruf, den sie mit einem Examen in Philosophie ausüben konnte, der einer Lehrerin. Sie hatte nichts gegen diesen Beruf, und auch ihr Vater war damit einverstanden, vorausgesetzt, sie würde nicht als Hauslehrerin Privatunterricht geben, sondern an einem Gymnasium oder an einer Hochschule unterrichten. Diese Lösung gefiel Simone, und ihre Mutter sprach darüber mit ihren Lehrerinnen. Die Damen im Cours Désir hatten ihr Leben dem Kampf gegen eine weltliche Erziehung geopfert und verabscheuten staatliche Hochschulen. Sie versuchten, Frau Beauvoir davon zu überzeugen, daß das Philosophiestudium die Seele verderbe, und meinten, daß Simone nach einem Jahr an der Hochschule ihren Glauben und ihren guten Charakter verloren haben würde. Ihr Vater machte einen kleinen Rückzieher und schlug vor, daß Simone vielleicht besser Literatur als Philosophie studieren sollte. Er bestand aber darauf, daß keine seiner Töchter jemals Privatlehrerin werden sollte, was auch immer die frommen Damen im Cours Désir dazu sagen würden. Im Juli 1924 bestand Simone ihre Abschlußprüfung, und im September, kurz vor dem Tod ihres Großvaters und ihres Onkels Gaston, saß sie gemeinsam mit jungen Männern zum erstenmal in einem Hörsaal. Mit einigem Unbehagen erlaubte die Familie Mabille, daß Zaza gemeinsam mit Simone Literaturvorlesungen hörte.

Der Literaturprofessor hieß Robert Garric und war ein glühender Katholik. Er versicherte Herrn Mabille, daß ein junges Mädchen durchaus sein Staatsexamen machen könne, ohne dabei Schaden an seiner Seele zu nehmen. Garric war knapp über dreißig, hatte schütteres blondes Haar und war Begründer und Leiter der »Equipe sociale«, einer ehrenvollen Einrichtung, die nach dem Krieg ins Leben gerufen worden war und es sich zur Aufgabe gemacht hatte, auch den Unterprivilegierten den Zugang zur Kultur zu ermöglichen. In nur wenigen Jahren verbreitete sich die »Equipe sociale« in ganz Frankreich und hatte jetzt ungefähr zehntausend Mitglieder, von denen zweihundert Lehrer waren. Simones Cousin Jacques gehörte auch zu dieser Gruppe und war ein Bewunderer Garrics, der die kulturelle Trennung zwischen den Jugendlichen des Bürgertums und denen der Arbeiterklasse als ein tiefes persönliches Problem empfand.

Seine Vorlesungen fesselten Simone, und sie entschloß sich, ebenfalls in die »Equipe sociale« einzutreten. Jacques unterstützte sie. Sie hörte Garric zu, wenn er in den eleganten Häusern in Neuilly vom Recht eines jeden auf Bildung sprach und sagte, daß sozialer Fortschritt nur möglich sei, wenn der Klassenhaß überwunden würde. Seine Vorstellungen unterschieden sich nicht von denen Simones, trotzdem empfand sie sie als völlig neu. Garric war ein Mann, der seinem Leben einen Sinn gegeben hatte. Es war ein Leben, das nicht vom Zufall, sondern von einer durchschlagenden Notwendigkeit bestimmt wurde. Simone war betroffen, daß Zaza ihre Heldenverehrung nicht teilte.

Simones Beziehung zu ihrem Vater wurde schwierig. Er überbewertete ihre Diplome und spornte sie an, noch mehr zu erwerben. Sein Zureden überzeugte sie davon, daß er stolz darauf war, eine so gescheite Tochter zu haben – das Gegenteil war der Fall. Nachdem er zufällig einmal einen Blick in die Bücher ihrer neuesten Lieblingsschriftsteller geworfen hatte, nämlich André Gide, Jean Cocteau, Henry de Montherlant und Paul Claudel, nannte er diese anmaßend und dekadent und war wütend auf Jacques, der ihr die Bücher geliehen hatte. Sie hatte das Gefühl, als empfände er ihr gegenüber eine tiefe Abneigung, da er sich immer häufiger zu heftigen Szenen hinreißen ließ und sich über die Opfer beklagte, die seine Töchter von ihm verlangten. Er wurde ärgerlich, wenn Simone bestimmte Traditionen in Frage stellte oder wenn sie es ablehnte, an den Essen teilzunehmen, die mehrere Male im Jahr die Familie vereinten. Sie konnte seine Vorstellungen über die Ehe nicht akzeptieren, und er war nicht fähig zu begreifen, daß Liebe und Freundschaft etwas miteinander gemein hatten. »Ich konnte es nicht hinnehmen, daß man sich nicht trennen soll, wenn der Partner einen ›betrügt‹ oder wenn man sich nicht mehr versteht«, erinnert sich Simone. »In politischer Hinsicht war ich nicht gerade feministisch, aber ich war davon überzeugt, daß Männer und Frauen gleichberechtigt waren, und forderte daher für beide Geschlechter entsprechende Vorteile und Vorrechte. Die Einstellung meines Vaters gegenüber dem ›schönen Geschlecht‹ verletzte mich tief. Alles in allem genommen waren mir die Frivolität und die Ehebrüche, wie sie in der bürgerlichen Klasse an der Tagesordnung waren, äußerst zuwider!«

Ihre Erziehung hatte sie davon überzeugt, daß die Interessen des Bürgertums eng mit denen der ganzen Menschheit verbunden waren. Aber als sie auf der Suche nach allgemeingültigen Wahrheiten auf die Hilfe ihrer Familie hoffte, stellten sich ihre Eltern gegen sie. Ihre Mutter betrachtete sie mit Argwohn, und ihr Vater beschuldigte sie, die in ihrer Klasse gültigen Werte zu verleugnen. Simone erzählte ihrer Mutter, daß sie schon seit einiger Zeit nicht mehr an Gott glaubte, und ihre Mutter versuchte, sie von seiner Existenz zu überzeugen, gab dann aber plötzlich mit Tränen in den Augen und einer hilflosen Geste ihr Bemühen auf. Simone tat es leid, sie verletzt zu haben, war aber sehr froh, daß sie von da an ohne Heuchelei leben konnte.

Simone bestand ihre Prüfungen in Literatur mit Auszeichnung und wurde von Garric persönlich beglückwünscht. Den Sommer ihres achtzehnten Lebensjahres verbrachte sie auf Meyrignac. Sie fühlte sich elend und einsam. Sie hatte angefangen, Tagebuch zu führen, hatte das erste Kapitel eines Romans beendet und schrieb nun an ihrem ersten abgeschlossenen Werk. Es war die Geschichte einer mißglückten Flucht. Die Heldin der Erzählung war achtzehn Jahre alt und verbrachte mit ihrer Familie den Sommer in einem Landhaus, wo man den Verlobten des jungen Mädchens erwartete. Plötzlich und unerwartet begriff es, daß es im Leben auch noch »etwas anderes« geben mußte. Ein begabter Musiker vermittelte ihr völlig neue Werte: Kunst, Aufrichtigkeit und Unruhe. Sie fühlte, daß ihr Leben eine einzige Lüge war, und ein seltsames, fieberhaftes Verlangen nach dem wirklichen Leben überkam sie. Der Musiker verschwand, und vom Fenster ihres Zimmers aus sah sie ihren Verlobten ankommen. Sie zögerte, aber dann verließ sie ihr Mut. Sie ging die Treppe hinunter, um ihren zukünftigen Mann zu begrüßen.

Simone setzte ihre Hoffnung auf Jacques, der inzwischen ein gutaussehender junger Mann geworden war. Er war unabhängig und leitete das Familienunternehmen, in dem Buntglas hergestellt wurde. Für Simone war er zugleich entfernter, älterer Bruder und ein Mann, von dem sie wußte, daß sie sich ziemlich heftig in ihn würde verlieben können. Er nannte sie »gute alte Sim« und kam ihren Wünschen nach liebevollem Verständnis mit einer Mischung aus wohlmeinendem Sarkasmus und ernsthaftem Interesse entgegen. Auf einen verzweifelten Brief, den sie ihm in jenem Sommer aus Meyrignac schrieb, antwortete er ihr, sie würde ihre Eltern weniger treffen, wenn sie sich menschlicher verhielte. Sein Rat ging ihr nahe, obwohl sie nicht das Gefühl hatte, daß sie um jeden Preis versuchte, die Familie aus der Fassung zu bringen. Aber Jacques verbrachte mit seinen eleganten Freunden zuviel Zeit in noch eleganteren Bars und sagte ihr zweimal, daß er sich selbst verachte, weil er nicht wollte, daß sie ihn so sah, wie er wirklich war. Im Jahr darauf traf sie ihn nur selten, aber als er sie an ihrem neunzehnten Geburtstag besuchte, weckte er damit in ihr die kühnsten Träume von einer Heirat. Für ihn jedoch war die Ehe nur ein Zweck, ein Mittel. Sie konnte sich nicht vorstellen, daß sie jemals irgend etwas als bloßen Zweck hinnehmen würde.

Zaza blieb Simones einzige Freundin. Herr Mabille bekam ganz überraschend eine leitende Stellung in den Citroën-Werken, was Zaza eine Menge gesellschaftlicher Verpflichtungen einbrachte. So konnten sich die Freundinnen nur noch Sonntag morgens sehen. Viel ärgerlicher aber war, daß Zazas Mutter versuchte, die Freundschaft der beiden Mädchen zu stören, aus Angst, ihre Tochter könnte eine Intellektuelle werden und aus diesem Grund keinen Mann finden. Mit neunzehneinhalb Jahren trat Simone in die Ecole Normale ein, eine Fakultät an der Sorbonne, in der Lehrer für den höheren Schuldienst ausgebildet wurden. Die meisten ihrer Kommilitonen fand sie uninteressant, trotzdem wurde ihr Freundeskreis größer. Sie lernte Pierre Nodier kennen, einen älteren Studenten mit ernsten, blauen Augen, der nie mit jemandem sprach außer mit einem schmalgesichtigen, dunkelhaarigen Mädchen. Nodier gehörte zu einer Gruppe, die eine Zeitschrift mit dem Namen *L'Esprit* gegründet hatte. Durch ihn kam Simone zum erstenmal mit den Intellektuellen der Linken in Berührung. Nodier glaubte, daß die Philosophie niemals getrennt von revolutionären Tendenzen gesehen werden könne, obwohl er sich der Tatsache bewußt war, daß Wirtschaft in Hinsicht auf geistigen Fortschritt nur eine untergeordnete Rolle spielte. Simone stellte ihm eine Menge Fragen, aber ihre Vorstellung von Politik blieb verschwommen. Einige der Studenten waren Sozialisten, aber sie hatte die Kommunisten im Verdacht, genauso dogmatisch zu sein wie die Jesuiten. Am Ende des Semesters erzählte Nodier ihr, er habe in Australien eine Stelle als Lehrer gefunden. Er verschwand für immer – die kleine Dunkle ging mit ihm.

Simone, die sich nie hatte vorstellen können, daß der chauvinistische Patriotismus ihres Vaters nicht von allen Franzosen geteilt wurde, machte Bekanntschaft mit dem Pazifismus. Sie unterschrieb ein Gnadengesuch für Sacco und Vanzetti in Amerika und hatte flüchtig Kontakt mit Simone Weil. Die spätere christliche Philosophin lief ständig in bizarrer Aufmachung auf dem Hof der Sorbonne herum. Sie machte sich große Sorgen um die Hungersnot in China. Als die beiden sich einmal miteinander unterhielten, sagte die Weil, das einzig wirklich Wichtige sei eine Revolution, die alle Menschen vom Hunger befreien würde. Simone antwortete ihr darauf, daß es nicht das Problem sei, die Menschen glücklich zu machen, sondern daß man ihnen helfen müsse, den Sinn ihrer Existenz zu finden. »Man merkt, daß Sie noch nie gehungert haben«, erwiderte die Weil schnippisch. Sie bestand ihr Philosophieexamen als Beste, Simone als Zweitbeste.

Viel wichtiger war für Simone die Freundschaft mit einem unkomplizierten Studenten, der ein eigenes Vermögen hatte und wie sie versuchte, sich von seiner langjährigen katholischen Erziehung zu befreien. Jean Pradelle hatte ein hübsches, klares Gesicht und verstand es, anderen mit freundlich nachdenklicher Miene zuzuhören. Als Simone ihm von ihren Zweifeln erzählte, mißbilligte er ihre kompromißlose Haltung, und sie hielt ihm vor, daß er das vor ihm liegende Leben eines Bürgers bereitwillig hinnahm. Sie wurden enge Freunde, und als er sie eines Tages nach Hause brachte, um Simones Mutter mit einem Besuch in der Rue de Rennes zu überraschen, wurde er ihr offiziell vorgestellt. Zu Simones Erstaunen gefiel er ihrer Mutter sehr. Aber Pradelle schien genau wie Jacques ein wenig Angst vor ihr zu haben, und eine ganze Zeit fragte sie sich, ob Männer überhaupt bereit wären, eine Frau wie sie zu heiraten.

Simone arbeitete hart, und im Frühjahr 1928 spielte sie mit dem Gedanken, Altphilologie zu studieren. Aber die Beschäftigung mit antiken Aufzeichnungen langweilte sie, und sie gab ihren Plan auf. Ihr Vater war enttäuscht. Er hätte es nur zu gern gesehen, wenn sie zwei Titel gehabt hätte, das wäre wirklich vornehm gewesen. Simone war erstaunt, daß er nicht versuchte, Poupette in eine sichere Karriere hineinzudrängen, sondern sie nach ihrem Willen Kunst studieren ließ.

Simone fragte sich, warum sie statt eines Philologiestudiums nicht gleich ihre »Agrégation« in Angriff nehmen sollte, ein schwieriges, auf Wettbewerb basierendes Examen, das der Diplomprüfung folgte und zur Lehrtätigkeit an Universitäten und Gymnasien berechtigte. So würde sie ihr Studium an der Sorbonne in achtzehn Monaten beenden und ihr Elternhaus verlassen können. Sie sprach mit ihrem Philosophiedekan Léon Brunschvicg, und er sagte: »Warum nicht?« Er riet ihr, ihre Dissertation über Gottfried Wilhelm von Leibniz (1646–1716) zu schreiben. Die Philosophie des aus Hannover stammenden Denkers, Mathematikers und Diplomaten war nicht einfach. Seine logischen Werke waren bis zu Beginn des zwanzigsten Jahrhunderts unveröffentlicht und unbeachtet geblieben. Professor Brunschvicg wollte, daß sie in ihrer Dissertation über Leibniz' Logik schrieb.

In jenem Sommer war sie wieder sehr unglücklich. Als sie nach den Osterferien nach Paris zurückkam, traf sie Pradelle. Er erzählte ihr, er habe die heilige Kommunion empfangen und erkannt, daß er immer noch ein gläubiger Mensch sei. Sie fühlte sich betrogen. Jacques, der vor seinem Militärdienst stand, erzählte ihr mit romantischer Inbrunst von einer Liebesaffäre, und zum erstenmal dachte Simone sehnsüchtig an die Liebe vor der Ehe. Eine Nacht, die sie mit ihm auf dem Montparnasse verbrachte und in der er sie auf einen Barhocker hob und ihr ihren ersten trockenen Martini bestellte, endete damit, daß sie völlig hysterisch reagierte, als ihr klar wurde, daß sie noch immer dem Einfluß und der Macht ihrer Eltern ausgesetzt war. Jacques lieferte sie unversehrt um zwei Uhr morgens in der Rue de Rennes 71 ab. Aber als sie die Treppe hinaufging, wurde sie mit Tränen und einem Donnerwetter empfangen. Ihre Eltern waren gerade aus Jacques' elterlicher Wohnung zurückgekommen. Sie hatten seine Mutter aus dem Schlaf gerissen und jammernd ihre entehrte Tochter zurückverlangt. Simone erzählte ihnen, sie habe mit Jacques lediglich einen Kaffee im Café Rotonde getrunken, aber ihre Eltern ließen sich nicht beruhigen. Die Szene endete damit, daß auch Simone in Tränen ausbrach. Am nächsten Tag, als sie ihren Cousin zum letztenmal sah, um sich von ihm zu verabschieden, bemerkte er ihre rotgeweinten Augen, und sie sprach mit ihm über die Verdächtigungen ihrer Mutter. Er sah ihr tief in die Augen und versicherte, daß er sie viel zu sehr achte, als daß er sie jemals respektlos behandeln könnte. Sie war gerührt, verabschiedete sich von ihm und begann ihre Studien über Leibniz. Jacques ging nach Algerien, um dort seinen Militärdienst abzuleisten, aber in achtzehn Monaten würde er zurück sein.

Das Leben in den Bars und das bunte Treiben auf dem Boulevard Montparnasse nach Mitternacht faszinierten Simone, und gemeinsam mit Poupette bummelte sie durch die Nachtlokale. Sie wurde Stammgast im Jockey Club, lernte Gin Fizz zu trinken, ließ sich von Männern ansprechen und trank ab und zu mit Fremden ein Gläschen. »Nichts von sich weisen«, das war der Leitsatz Gides und der Surrealisten. Eines Nachts, als der Fahrer eines Wagens, der ihr schon den ganzen Abend lang gefolgt war, sich aus dem Fenster lehnte und sie aufforderte, ein Stück mit ihm zu fahren, stieg sie zu ihm ins Auto. Als er versuchte, sie zu küssen, sprang sie aus dem Wagen und lief davon. Er blieb fluchend zurück. Ihr war klar, daß sie noch einmal davongekommen war, freute sich aber darüber, daß sie den Mut gehabt hatte, einen wirklichen »acte gratuit«, eine freie, mutwillige Handlung, zu wagen.

Stefanie Avdicovitch war eine neue Freundin Simones. Sie war Polin, studierte und hatte den Sommer über als Gouvernante von Zazas jüngeren Schwestern gearbeitet. Sie hörte Vorlesungen an der Sorbonne und bekam regelmäßig einen Wechsel von ihren Eltern. Stépha, wie Zaza und Simone sie nannten, war anmutig und sehr weiblich. Sie sprach mit trillernder Stimme und sagte zu Zaza, es sei naiv, anzunehmen, daß katholische Männer immer unerfahren in die Ehe gingen. Stépha bewohnte ein helles Zimmer in einem Hotel in der Rue Saint Sulpice. An den Wänden hingen Reproduktionen von Cézanne, Renoir, El Greco und Zeichnungen eines spanischen Malers, der im gleichen Hotel wohnte. Fernando Gerassi war ein spanischer Jude, in

Konstantinopel geboren und in Berlin aufgewachsen. Er hatte ein rundes Gesicht und schon sehr früh seine Haare verloren. Obwohl er völlig mittellos war, gab er die Malerei nicht auf. Simone stellte Stépha und Fernando ihrer Schwester Poupette vor, die Werbegraphik studierte und in einem Studio auf dem Montparnasse Zeichenstunden nahm. Eines Tages zeigte Fernando auf die Skizze einer nackten Frau an der Wand und sagte, Stépha habe dafür Modell gestanden. Simone wußte vor Verlegenheit nicht, wo sie hinsehen sollte, und Stépha forderte ihn auf, nicht solchen Unsinn zu erzählen. Eilig gestand er, es sei nur ein Scherz gewesen. Stépha achtete sehr darauf, Simone nicht zu schockieren, versuchte aber gleichzeitig sehr vorsichtig, ihr die Augen zu öffnen. »Ich sage dir, die körperliche Liebe ist sehr wichtig, besonders für die Männer«, erklärte sie. Simone glaubte nicht, daß sie für immer unberührt dahinschmachten würde, aber sie verband die Liebe noch immer mit einer weißen Hochzeit.

Im Januar 1929 begann Simone auf dem Lycée Janson de Sailly ihre Tätigkeit als Lehramtsanwärterin. Ihre Kollegen waren Maurice Merleau-Ponty und Claude Lévi-Strauss. Merleau-Ponty bereitete sich wie sie auf seine »Agrégation« in Philosophie vor. Lévi-Strauss hatte keine Hemmungen, auch während der Stunden seine Späße zu machen, und ließ sich mit sturer Ironie über die Torheit menschlicher Leidenschaften aus. Simone las »Mein Leben« von Isadora Duncan und machte sich Gedanken über ihr eigenes. Es würde weder ein stürmisches noch ein aufregendes Leben werden. Alles, was sie wollte, war lieben, gute Bücher schreiben und Kinder und wirkliche Freunde haben, Freunde, denen sie diese Bücher würde widmen können. Nach den Osterferien traf sie René Maheu, der sie mit Sartre bekannt machte.

Jean-Paul Charles Aymard Sartre wurde am 21. Juni 1905 im sechzehnten Arrondissement, Rue Mignard 2, in der Nähe des Bois de Boulogne geboren. Ein Jahr vorher, im Mai, hatte Jean-Baptiste Sartre Anne-Marie Schweitzer geheiratet. Sie waren nicht lange verlobt gewesen und hatten sich in Cherbourg kennengelernt, wo der dreißigjährige Jean-Baptiste Marineleutnant war. Er litt an einem Darmfieber, das er sich auf einer Dienstreise ins französische Indochina geholt hatte.

Die Umstände, unter denen sie lebten, waren erbärmlich. Jean-Paul war gerade geboren, als sein Vater schon anfing, zu verfallen. Als der Säugling ein paar Monate alt war, wurde der Zustand Jean-Baptistes so schlecht, daß er, seine Frau und sein kleiner Sohn auf einen Bauernhof in die Nähe von Thiviers zogen, südlich von Limoges. Dort konnte sein Vater ihn pflegen. Unerfahren und ohne Rat von anderer Seite kümmerte sich die zwanzigjährige Anne-Marie um ihren Mann so gut sie konnte. Sie konnte nicht mehr stillen, und es schien, als sollte der Säugling an einer Darmkolik sterben. Dr. Aymard Sartre tat sein Bestes für seinen Sohn und seinen Enkel. Eine gesunde Bauersfrau wurde als Amme für den kleinen Jean-Paul ins Haus geholt, aber das Darmfieber blieb. Inzwischen wurde der Zustand Jean-Baptistes immer schlechter.

Am 17. September 1906 starb er in den Armen seiner verstörten, jungen Frau. Nach der Beerdigung verabschiedete sich Anna-Marie von den Sartres und kehrte mit ihrem Baby zu ihren Eltern – Charles (oder je nach Laune Karl) und Louise Schweitzer – zurück. In seiner Autobiographie *Die Wörter,*[7] die nur seine Kindheit beschreibt, sagt Jean-Paul fünfzig Jahre später, seine Großmutter habe ständig davon gesprochen, daß Jean-Baptiste sich um seine Pflichten gedrückt hätte. Sein Großvater, der auf die Langlebigkeit der Schweitzers sehr stolz war, wollte von einem, der schon mit zweiunddreißig Jahren gestorben war, nichts wissen und vergaß seinen Schwiegersohn allmählich ganz. Sartre schreibt: »Noch heute wundere ich mich darüber, daß ich so wenig von ihm weiß. Immerhin hat er geliebt, hat er leben wollen, hat er gesehen, wie sich der Tod näherte; das genügt, um einen ganzen Menschen zu machen. Aber niemand in meiner Familie hat es je vermocht, mich auf diesen Mann neugierig zu machen. Jahrelang konnte ich über meinem Bett das Bild eines kleinen Offiziers mit naiven Augen sehen, mit einem runden Schädel und gelichteten Haaren und einem starken Schnurrbart. Als meine Mutter wieder heiratete, verschwand das Bild.«

Charles Schweitzer war zweiundsechzig, als seine verwitwete Tochter mit ihrem kleinen Sohn in sein Haus zurückkehrte. Er wohnte in Meudon, westlich von Paris. Er war Lehrer und hatte mit einer Dissertation über den mittelalterlichen Dichter Hans Sachs promoviert. Er hatte bereits seine Pensionierung beantragt. Aber um seine Tochter zu unterstützen und um seinen Enkel zu erziehen, blieb er Lehrer, bis er sich im Alter von siebenundsechzig Jahren gezwungenermaßen vom Schuldienst zurückzog. Anschließend ging er nach Paris und gründete das »Institut für angewandte Sprachen«. Bis zu seinem zwölften Lebensjahr lebte Poulou, wie seine Mutter ihn zärtlich nannte, in einer großen Wohnung in der Rue Le Goff 1, einer kleinen Straße im Quartier Latin, nicht weit von der Sorbonne, »zwischen zwei Frauen und einem Greis«.

Schweitzer, der seine Frau und seine Tochter tyrannisierte und seine erwachsenen Söhne ständig drangsalierte, flüchtete sich aus Rache in sein Dasein als Großvater. Seine frühesten Kinderjahre verbrachte Sartre unter dem Einfluß dieses Mannes. Er wurde bewundert, verhätschelt, man machte sich Gedanken über ihn und versuchte, ihm beizubringen, wie ein Erwachsener zu reden. »Im Kampf der Generationen verbünden sich häufig die Kinder mit den Alten. Vor allem meine Großmutter machte mich lebhaft besorgt: Zu meinem Schmerz mußte ich feststellen, daß sie mich nicht genügend bewunderte. In der Tat hatte Louise mich durchschaut. Offen rügte sie an mir ein Getue, das sie ihrem Mann nicht vorzuwerfen wagte: Ich war ein Hampelmann, ein Clown, ein Grimassenschneider, sie befahl mir, mit meinen ›Affereien‹ aufzuhören. Ich war um so entrüsteter, als ich vermutete, sie mache sich auch über meinen Großvater lustig. Ich gab ihr Widerworte, sie verlangte, ich solle mich entschuldigen; da ich mit Unterstützung rechnete, weigerte ich mich. Mein Großvater ergriff sofort die Gelegenheit, seine Schwäche zu demonstrieren: Er stellte sich auf meine Seite, damit gegen seine Frau, worauf sie sich beleidigt zurückzog und sich in ihrem Zimmer einschloß. Meine Mutter war beunruhigt, fürchtete den Zorn meiner Großmutter, sprach nur noch mit leiser Stimme, gab in aller Bescheidenheit ihrem Vater unrecht, worauf er die Achseln zuckte und in seinem Arbeitszimmer verschwand. Sie flehte mich an, mich endlich zu entschuldigen, und ich genoß meine Macht.«

Mit vier Jahren konnte Poulou lesen. Abenteuer spielten sich in Büchern ab, nicht im Jardin de Luxembourg auf der anderen Seite des Boulevard Saint Michel. Er unternahm gefährliche Kletterpartien, um über Stühle die oberen Regale in der Bibliothek seines Großvaters zu erreichen, und zog wahllos irgendein Buch heraus, Kunstbücher, die sein Großvater von Studenten als Neujahrsgeschenk erhalten hatte, die Hauptwerke französischer und deutscher Klassiker, aber vor allem die große Enzyklopädie von Larousse. »Mühselig legte ich den Band auf die Schreibunterlage meines Großvaters«, erinnert sich Sartre. »Menschen und Tiere waren dort in *Person:* die Abbildungen waren der Körper, der Text war ihre Seele, ihre einzigartige Essenz; außerhalb der Zimmerwände traf man auf matte Entwürfe, die sich mehr oder weniger den Archetypen annäherten, ohne deren Vollkommenheiten zu erreichen. Die Affen im Zoologischen Garten waren weniger Affe, die Menschen im Jardin de Luxembourg weniger Mensch. Platoniker meines Zeichens, ging ich den Weg vom Wissen bis zur Sache; ich fand an der Idee mehr Wirklichkeitsgehalt als an der Sache selbst. Ich habe die Welt in den Büchern kennengelernt: Dort war sie assimiliert, klassifiziert, etikettiert, durchdacht und dennoch in ihrer Beschaffenheit immer noch furchterregend. Ich habe die Unordnung meiner Erfahrungen, die ich aus den Büchern bezog, mit dem zufälligen Ablauf wirklicher Ereignisse verwechselt. Das erklärt den Idealismus, den ich erst nach dreißig Jahren abgelegt habe.«[8]

Gierig verschlang er die Kurzgeschichten von Guy de Maupassant, die für die Studenten seines Großvaters als Übersetzungsübungen dienten, und Bücher von Corneille, Voltaire und Hugo. Unvergeßlich blieb für ihn *Madame Bovary*. Er war noch nicht einmal sieben Jahre alt, als er die letzten Seiten dieses Buches zwanzigmal las und nicht verstand, weshalb der verwitwete Charles Bovary sich einen Bart wachsen ließ, nur weil er einige Briefe gefunden hatte. Um Poulous Leben wieder kindgerechter zu machen, kaufte Anne-Marie ihm Bildmagazine und die Abenteuergeschichten von Jules Verne. Auch Coopers Mohikaner und der Backenbart des Phileas Fogg gefielen ihm sehr. Es war eine Welt des Mordens und der Plünderungen, in der es Hindus und Hottentotten gab und jedes Kapitel mit einer Heldentat endete. Als Charles diese Schundromane entdeckte, wurde er sehr wütend auf die beiden Frauen. Sie belogen ihn und sagten, Poulou selbst habe sich diese Bücher gewünscht. Den Sommer verbrachte die Familie in der Auvergne. Sie gingen durch Dörfer und bewunderten die alten Häuser. Charles liebte die kirchliche Baukunst, und obwohl er die Papisten nicht ausstehen konnte, versäumte er es nie, eine Kirche zu betreten, wenn sie nur gotisch war; romanische Kirchen besichtigte er nur, wenn er dazu aufgelegt war.

Die Schule war eine aufreibende Angelegenheit. Charles beschloß, seinen Enkel auf das Lycée Montaigne zu schicken. Er sprach mit dem Direktor und sagte ihm, der einzige Fehler seines Enkels bestehe darin, daß er für sein Alter zu weit sei. Der Leiter der Schule nahm die Erklärungen Professor Schweitzers hin, aber Poulou verpatzte ein Diktat und wurde zum erstenmal in seinem Leben von seinem Großvater getadelt. Charles stellte einen Privatlehrer ein, der Poulous Rechtschreibung verbessern sollte, und meldete seinen Enkel in einer öffentlichen Schule an. Dort blieb er, bis sich die nächste Niederlage einstellte, und Anne-Marie beschloß, ihn auf eine Privatschule zu schicken. Das Institut Poupon unterrichtete nach fortschrittlichen Lehrmethoden. Die Mütter durften sich während des Unterrichts in der Klasse aufhalten, während die Lehrerin sich mit den Kindern unterhielt, die im Halbkreis um sie herumsaßen. Nach einem Semester nahm man Poulou von der Schule, und eine seiner ehemaligen Lehrerinnen gab ihm eine Zeitlang Privatstunden. Charles Schweitzer entließ sie, nachdem sie ihrem Schüler ihr Leid geklagt und ihm erzählt hatte, sie sei schrecklich einsam und gäbe alles darum, geheiratet zu werden, ganz gleich von wem.

Zwischen seinem fünften und siebten Lebensjahr hatte Poulou große Angst vor dem Tod. Er begegnete ihm jede Nacht in der üblichen Gestalt eines Skelettes, das eine Sense trug und erst verschwand, wenn Poulou sich umdrehte und sich auf die rechte Seite legte.

Anna-Marie lehnte es ab, Poulou die Locken zu schneiden, obwohl ihr Vater nicht damit einverstanden war und ihr sagte, sie ließe ihren Sohn wie ein Mädchen herumlaufen. »Ich nehme an, daß eine richtige Tochter ihr lieber gewesen wäre«, schreibt Sartre. »Sie hätte das wiedererstandene Bild ihrer traurigen Kindheit verhätschelt. Aber da der Himmel ihre Gebete nicht erhört hatte, paßte sie sich der Situation an. Ich sollte das Geschlecht der Engel haben, das unbestimmt bleibt, aber weibliche Züge trägt. Da sie zärtlich war, lehrte sie mich die Zärtlichkeit; meine Einsamkeit tat das übrige und hielt mich von wilden Spielen fern.« Eines Tages, als Poulou sieben Jahre alt war, konnte Charles es nicht mehr mit ansehen und schleppte seinen Enkel unter dem Vorwand eines Spazierganges zum Friseur. Bei ihrer Rückkehr schrie

Anne-Marie auf und schloß sich weinend in ihrem Zimmer ein. Solange die Löckchen um seine Ohren geschaukelt waren, hatten sie seine offensichtliche Häßlichkeit verbergen können. Außerdem war die Sehkraft seines rechten Auges beeinträchtigt, weil er schielte. Seit seinem fünften Lebensjahr trug er eine Brille. Seine Züge waren zwar gleichmäßig, aber schon oft hatte er Freunde der Familie dabei ertappt, wie sie ihn besorgt oder verblüfft betrachteten. Erst mit zwölf Jahren wurde ihm endgültig klar, daß er nicht gerade ein schönes Kind, sondern eher ein häßliches Entlein war.

Im gleichen Jahr begann er zu schreiben. Die Familie verbrachte den Sommer in Arcachon an der Atlantikküste. Louise, Anne-Marie und Poulou verließen Paris, noch bevor Charles sein Semester beendet hatte. Er schrieb ihnen dreimal in der Woche: zwei Seiten für seine Frau, eine Nachschrift für seine Tochter, für den Enkel einen ganzen Brief in Versen. »Damit ich mein Glück besser genießen konnte, brachte mir meine Mutter die Regeln der Verslehre bei. Irgend jemand überraschte mich dabei, wie ich eine Antwort in Versen kritzelte, man drängte mich, weiterzuschreiben, und half mir dabei. Als die beiden Frauen den Brief abschickten, lachten sie Tränen bei dem Gedanken an die Verblüffung des Empfängers. Postwendend empfing ich ein Ruhmesgedicht zu meinen Ehren; ich antwortete wiederum mit einem Gedicht. Das wurde zur Gewohnheit; Großvater und Enkel hatten sich durch ein neues Band vereinigt; sie sprachen miteinander wie die Indianer, wie die Zuhälter vom Montmartre in einer Sprache, die den Frauen untersagt war.« Er verfaßte Madrigale für ein schwerkrankes kleines Mädchen, schrieb die Fabeln von La Fontaine in Alexandriner um und begann, prosaische Abenteuergeschichten zu schreiben, in denen er selbst den Helden spielte. Seine erste abgeschlossene Geschichte hieß *Für einen Schmetterling* und war die Beschreibung einer Schmetterlingsexpedition am Amazonas. Die Fabel, die Personen und sogar den Titel hatte er aus einem alten Magazin abgeguckt. »Meine Mutter sparte nicht mit Ermunterungen und lockte die Besucher ins Eßzimmer, damit sie sehen konnten, was der junge Schöpfer an seinem Kinderpult trieb. Ich tat, als wäre ich viel zu beschäftigt, als daß ich die Gegenwart meiner Bewunderer auch nur bemerkt hätte; auf den Zehenspitzen schlichen sie wieder hinaus und murmelten, ich sei doch zu reizend, und es sei doch zu charmant. Mein Onkel Emile schenkte mir eine kleine Schreibmaschine, die ich nie benutzte; Mme. Picard kaufte mir eine Weltkarte, damit ich, ohne in Irrtümer zu geraten, den Reiseweg meiner Globetrotter festlegen konnte.

Meine zweite Erzählung *Der Bananenhändler* schrieb Anne-Marie ab und gab sie zum Lesen weiter. Sogar meine Großmutter ermunterte mich und sagte: ›Wenigstens ist er artig und macht keinen Lärm.‹ Glücklicherweise verhinderte das Mißfallen meines Großvaters, daß das alles in eine Art Heiligenverehrung ausartete.« Charles war mit Poulous »schädlicher Lektüre«, wie er es nannte, nie einverstanden gewesen. Rechtschreibfehler waren ihm ein Greuel, und er verließ das Eßzimmer, nachdem er den *Bananenhändler* flüchtig durchgeblättert hatte. Eine Zeitlang schrieb Poulou nur noch heimlich. Seine Romanhandlungen wurden komplizierter, und er brachte in ihnen alles unter, was er irgendwann einmal gelesen hatte, gleich, ob gut oder schlecht. »Als Held kämpfte ich gegen die Tyrannei. In meiner Schöpferlaune machte ich mich selbst zum Tyrannen. Ich war harmlos, ich wurde bösartig. Was hinderte mich daran, Daisy die Augen auszustechen? Schlotternd vor Angst antwortete ich mir: nichts. Und ich stach sie ihr aus, wie ich einer Fliege die Flügel ausgerissen hätte. Klopfenden Herzens schrieb ich die Worte nieder: ›Daisy bedeckte ihre Augen mit der Hand; sie war blind geworden‹, und ergriffen saß ich da mit erhobener Schreibfeder. Ich hatte im Absoluten ein kleines Ereignis produziert, das mich entzückend kompromittierte. Ich war kein richtiger Sadist. Meine perverse Freude versetzte mich plötzlich in Panik, ich strich alles doppelt und dreifach durch, bis es völlig unleserlich war. Das junge Mädchen konnte plötzlich wieder sehen oder vielmehr: es hatte niemals das Augenlicht verloren. Aber die Erinnerung an meine Launen bedrückte mich eine ganze Weile.«[9]

Das Institut für angewandte Sprachen wurde ein Erfolg. Die Studenten waren Ausländer, meistens Deutsche, die mit Hilfe der direkten Methode Französisch lernten. Sie zahlten gut. Jedes Jahr brachte der Verleger Charles Schweitzers eine neue Auflage des *Deutschen Lesebuches* heraus. Wenn während der Ferien der Familie die Korrekturfahnen eintrafen, war das jedes Jahr wieder ein Ereignis. Charles breitete die

Fahnen auf dem Tisch im Eßzimmer aus; bei jedem Druckfehler fluchte er vor sich hin. Der drohende Krieg – es war der Sommer 1914 – machte Charles allem patriotischen Eifer zum Trotz große Sorgen. Ein deutsch-französischer Krieg würde zwar Frankreich das Elsaß zurückbringen, aber auch bedeuten, daß keine deutschen Studenten mehr nach Paris kommen würden. Das hätte die Finanzen des inzwischen siebzigjährigen Charles empfindlich getroffen. Während der Augustunruhen hielt sich die Familie Schweitzer in Arcachon auf, und Charles beschloß, daß man für die nächste Zeit besser dort bliebe. In einem nagelneuen Schulheft begann Poulou einen neuen Roman, die Geschichte des Soldaten Perrin, der den deutschen Kaiser entführt, ihn bis in die Schützengräben der Franzosen bringt und ihn schließlich vor dem versammelten Regiment zum Duell fordert. Er wirft den Kaiser zu Boden und zwingt ihn mit dem Messer an der Kehle, einen Friedensvertrag zu unterzeichnen, der Elsaß-Lothringen an Frankreich zurückgibt. Nach einer Woche langweilte ihn sein Roman, und nach der Rückkehr der Familie nach Paris langweilte ihn auch der Krieg.

Das erste Kriegsjahr war für den neunjährigen Jean-Paul das glücklichste seiner Kindheit. Seine junge Mutter war nur für ihn da; sie trennten sich selten, hatten ihre Spiele, ihre besonderen Ausdrücke und ihre rituellen Späße. Wenn sie mit anderen Menschen zusammen waren, verhielten sie sich nach einem stillen Einverständnis, waren scheu und zurückhaltend. Ein Ereignis ist Sartre immer in Erinnerung geblieben: »Eines Tages hatte ich auf dem Quai zwölf Hefte von Buffalo Bill entdeckt, die ich noch nicht besaß. Meine Mutter war dabei, die Hefte zu bezahlen, als ein dicker, blasser Mann näher trat, mit kohlschwarzen Augen, gewichstem Schnurrbart, mit einem Strohhut und jenem bekömmlichen Gehabe, das die schönen Männer jener Zeit zu demonstrieren pflegten. Er starrte meine Mutter an, wandte sich aber an mich: ›Du wirst verwöhnt, kleiner Mann, du wirst verwöhnt.‹ Zuerst war ich nur beleidigt – so schnell ließ ich mich nicht duzen –, aber dann sah ich seinen besessenen Blick, und nun waren Anne-Marie und ich nur noch ein einziges erschrecktes, junges Mädchen, das zurückwich. Aus der Fassung gebracht, entfernte sich der Mann. Ich habe tausend Gesichter vergessen, aber an dieses schmierige Gesicht erinnere ich mich noch heute. Ich hatte keine Ahnung von den Körperdingen und konnte mir nicht vorstellen, was dieser Mann von uns wollte. Aber seine Begierde war so offensichtlich, daß mir in gewisser Hinsicht alles klarwurde. Diese Begierde hatte ich durch Anne-Marie hindurch gespürt, durch sie lernte ich den Mann wittern, fürchten und verabscheuen. Der Zwischenfall brachte uns einander noch näher; ich trottete mit unfreundlichem Gesicht neben ihr her, meine Hand in ihrer, und hatte das sichere Gefühl, sie zu beschützen. Ist es die Erinnerung an diese Jahre? Auch heute noch sehe ich nicht ohne Vergnügen, wie ein allzu ernstes Kind sehr gewichtig und zärtlich mit seiner kindlichen Mutter spricht; ich liebe diese sanften und milden Freundschaften, die fern von den Männern und gegen sie entstehen. Lange schaue ich dem kindlichen Paar nach, und dann fällt mir ein, daß ich ein Mann bin, und ich schaue weg.«

Die Frage von Poulous Erziehung ließ sich nicht länger umgehen. Er mußte noch mehr als ein Semester auf irgendeiner Schule verbringen. Charles unterdrückte seinen Groll und meldete seinen Enkel im Lycée Henri IV an. Die Schule war von der Rue Le Goff in fünf Minuten zu Fuß zu erreichen. Nach einer Aufnahmeprüfung wurde der zehnjährige Sartre in die sechste Klasse aufgenommen. Die Umstellung vom Einzelunterricht auf den in der Klassengemeinschaft brachte ihn aus der Fassung, kurierte ihn aber sofort von seinem Überlegenheitskomplex. Immer gab es jemanden, der besser und schneller antwortete als er. Er begann, schlechte Arbeiten zu schreiben; Charles runzelte die Stirn, und Anne-Marie bat schnellstens um eine Unterredung mit Poulous Klassenlehrer. Er empfing Mutter und Sohn in seiner Junggesellenwohnung. Sie erzählte dem großen, hageren Lehrer mit der Hakennase, die Aufnahmefähigkeit ihres Sohnes sei weitaus besser, als seine Schularbeiten vermuten ließen: er habe allein lesen gelernt und schriebe Romane. Der Lehrer war für ihren Charme empfänglicher als für die Verdienste Poulous und lehnte es ab, ihm Privatstunden zu geben. Er versprach aber, »ein Auge auf ihn zu haben«. Während der Stunden stellte Jean-Paul sich vor, der Lehrer spräche nur zu ihm; einige freundliche Worte bewirkten den Rest. Charles brummte, als er am Ende des Schuljahres die Noten las, dachte aber nicht mehr daran, seinen Enkel von der Schule zu nehmen. Das Schuljahr 1915/1916 beendete Poulou mit einem guten Zeugnis, und im folgenden Jahr mußte er auch keine Nachhilfestunden mehr nehmen.

Mit elf Jahren hatte er zum erstenmal Spielkameraden. Die Schularbeiten ließen ihm keine Zeit zum Schreiben, und er verlor das Interesse daran. Seine Schulfreunde waren Muttersöhnchen wie er, ungestüm und laut, aber nie den Augen der Mutter entzogen. 1916 gab es in Paris nur Jungen und alte Männer. Die Schulen wurden nicht beheizt, und der Lehrplan wurde improvisiert. Max Bercot war ein zerbrechlicher, tuberkulosekranker Junge und hatte seinen Vater im Krieg verloren. Damals gab es fast in jeder Familie einen Mann, der gefallen war. Die Männer, die nicht an der Front waren, wurden schief angeguckt, und sie selbst versuchten, sich bei ihren Söhnen in Vergessenheit zu bringen. Paul Nizan kam in jenem Jahr neu in die Klasse und schloß sofort Freundschaft mit Sartre. Nizan schielte, trug eine Nickelbrille und war der einzige, der ironisch über seine Eltern sprach. Wenn er verwirrt war, fing er an zu stottern; er hatte viel gelesen und wollte Schriftsteller werden.

Im April 1917 wurde Poulous Lebensordnung erschüttert: Seine Mutter heiratete wieder. Joseph Mancy, sein Stiefvater, war Maschinenbauer und leitender Direktor der Delaunay-Belleville-Gesellschaft, eines Unternehmens, das Autos und Schiffe baute. Anne-Marie bewegte sich auf die fünfunddreißig zu, Mancy war knapp vierzig. Die Heirat befreite den inzwischen dreiundsiebzigjährigen Schweitzer von einer großen Belastung und kam Anne-Maries Wunsch entgegen, ihr Elternhaus endlich zu verlassen. In seiner Autobiographie hat Sartre seinen Stiefvater nicht ein einziges Mal erwähnt, sagte aber später einmal, er habe sich durch die zweite Heirat seiner Mutter betrogen gefühlt: »Meine Mutter hat meinen Stiefvater sicher nicht aus Liebe geheiratet«, erzählte er seinem Biographen in fortgeschrittenem Alter. »Er war ein großer, hagerer Mann mit schwarzem Schnurrbart, runzeliger Haut, einer großen Nase und hübschen Augen. Die erneute Heirat meiner Mutter bedeutete den inneren Bruch meiner Beziehung zu ihr. Ich fühlte mich betrogen, habe ihr aber niemals davon erzählt.« Die Neuvermählten zogen in eine eigene Wohnung; Poulou blieb bis zum Ende des Schuljahres bei seinen Großeltern. Die Kriegsrüstung lief auf vollen Touren, und Mancy wurde zum Leiter der Delaunay-Belleville-Gesellschaft in La Rochelle ernannt. Frau und Stiefsohn folgten ihm.

Die nächsten Jahre sollten für Sartre die unglücklichsten seines Lebens werden. Zu den normalen Schwierigkeiten eines Heranwachsenden kamen noch der Bruch mit seiner Mutter und die seelische Fremdheit seinem Stiefvater gegenüber. Seine Schulleistungen wurden mittelmäßig, er blieb ein Außenseiter und lernte, sich zu schlagen. Ihm wurde klar, daß er häßlich war, und er fing an, systematisch Geld aus dem Portemonnaie seiner Mutter zu stehlen, um seine Klassenkameraden zu beeindrucken. Kurz vor einem Besuch seines Großvaters in La Rochelle entdeckte man seine Diebstähle. Um Poulou begreiflich zu machen, daß er sich mit seinem Verhalten selbst zum Außenseiter machte, ließ Charles Schweitzer ein Zehnsoustück auf den Boden fallen. »Als wohlerzogenes Kind bückte ich mich, um das Geldstück aufzuheben, aber eine unvermutete Bewegung ließ mich innehalten«, erzählt Sartre sechzig Jahre später. »Mit knackenden Knien bückte sich mein Großvater und hob die Münze auf. Von da an durfte ich kein Geld mehr anrühren und war von allem ausgeschlossen.«

Als Erwachsener brachte Sartre es fertig, genug Objektivität aufzubringen, um in dem Mann, den seine Mutter geheiratet hatte, noch einen Rest an Würde zu entdecken. »Auf seine Art war er in Ordnung, da ich am Ende doch das bekam, was ich wollte. Ich stellte mich systematisch gegen alles, was er sagte oder glaubte. Unsere Beziehung war sehr ambivalent. Ich empfand für ihn nicht die Zuneigung eines Sohnes zu seinem Vater; tatsächlich bestand zwischen uns eine grundsätzliche Feindschaft. Trotzdem war unser Verhältnis oberflächlich korrekt; ich hatte Respekt vor ihm und erkannte sein Recht auf eine gewisse Überlegenheit an.« In einem Vorwort zu der posthumen Neuauflage von *Aden-Arabie*, dem Buch, das erstmals 1931 erschien und in dem Paul Nizan sich gegen den Kolonialismus aussprach, schrieb Sartre, daß er zehn Jahre »unter der Fuchtel eines Ingenieurs« gelebt hatte. In einem Rundfunkinterview deutete er 1973 an, daß ihm auf der Werft der Delaunay-Belleville-Gesellschaft zum erstenmal klarwurde, was der Begriff Klassenkampf eigentlich bedeutete.[10]

Im Jahre 1918 kehrte er in die Schule zurück und beendete das Schuljahr in den Fächern französische Aufsätze, Latein und Deutsch als Bester seiner Klasse. Der Grund für seine ausgezeichneten Noten war unter anderem, daß seine Mutter und sein Stiefvater ihm versprachen, er könne nach einem weiteren Jahr auf dem Knabengymnasium in La Rochelle auf das Lycée Henri IV zurückkehren. Im Juli 1920 schloß er in Latein als Bester und in Französisch als Zweitbester ab. Die letzten zwei Jahre bis zum Abitur verbrachte er auf dem Lycée Henri IV, wo er seinen Freund Nizan wiedertraf. Er wohnte bei Charles und Louise und brauchte sich so weder um Unterkunft noch um Verpflegung Sorgen zu machen. Als er fünfzehn Jahre alt war, wurde er allmählich der Liebling seiner Großmutter. Er verbrachte verregnete Nachmittage damit, ihr auf dem Klavier vorzuspielen, und begann von sich aus, Dostojewskij und Tolstoj zu lesen. Nizan, dessen Geschmack für Literatur früh ausgeprägt war, brachte ihn dazu, die klugen Romane von Jean Giraudoux zu lesen. Nizan entdeckte für ihn die heidnischen Wertmaßstäbe André Gides, die außergewöhnliche Empfindsamkeit und den formvollendeten Erfindungsreichtum in den Werken Valéry Larbauds und Paul Morands. Er allein stieß auf Francis Carco, den Dichter vom Montmartre, der mit einer Mischung aus Zynismus und Sympathie über die Kriminellen, die Zuhälter und die Dirnen der »Butte« schrieb. Seine Romane *Jésus la Caille* und *Rue Pigalle* wurden später oft verfilmt. Im letzten Jahr auf dem Lycée Henri IV entdeckte er den Jazz und wurde für die Abschlußfeiern von seinen Klassenkameraden zum Leiter des Festausschusses gewählt. 1921 bestand er die Abschlußprüfung. Eine Woche vor seinem siebzehnten Geburtstag beendete er seine Schulzeit. Zum Zeichen seiner Anerkennung fuhr Charles mit ihm ins Elsaß und besuchte den Stammsitz der Schweitzers in Pfaffenhofen.

In jenem Sommer begann Sartre, wieder zu schreiben, und verfaßte eine Kurzgeschichte und den Anfang eines Romans. Beides wurde im folgenden Jahr veröffentlicht, und zwar in *La Revue sans titre*, einem Literaturmagazin, das sich nur über vier Ausgaben halten konnte. Allerdings hatte dieses Magazin es fertiggebracht, Texte von Giraudoux, Nizan und von René Maheu, dem Klassenkameraden Sartres und späteren UNESCO-Präsidenten, sowie einen Brief des späteren Premierministers Pierre Mendès-France an den Herausgeber der Zeitung zu veröffentlichen. *L'ange du morbide* spielt in den französischen Alpen und ist die Geschichte eines Lehrers aus dem Elsaß und einer Tuberkulosekranken, die sich fast zu Tode hustet, als er endlich all seinen

Mut zusammenrafft und sie in einem Wald hinter dem Sanatorium verführt. *Jésus la chouette* ahmte den Titel von Carcos berühmtem Roman nach, war aber eine im Sinne Balzacs konzipierte Studie des Spießertums. Ein schüchterner Hochschullehrer mit einer wichtigtuerischen Frau und einer frühreifen Tochter bessert sein karges Gehalt auf, indem er Zimmer an Studenten vermietet. Zu der Geschichte hatte Sartre sich durch einen seiner Lehrer aus La Rochelle inspirieren lassen, der seine Klasse nie in den Griff bekommen hatte und seinem Leben schließlich selbst ein Ende setzte. Das Fragment, das in *La Revue sans titre* veröffentlicht wurde, war in der Ichform geschrieben und handelte von einem Studenten, der seine Ankunft im Hause des Lehrers beschreibt. *L'ange du morbide* und die Anfangskapitel von *Jésus la chouette* sind die einzigen Jugendwerke Sartres, die erhalten geblieben sind.[11] Das Restmanuskript von *Jésus la chouette* und die zahllosen Hefte, die Sartre seit seinem zehnten Lebensjahr vollgeschrieben hatte, gingen verloren.

Mancy wurde wieder nach Paris versetzt und mietete eine gemütliche Wohnung auf dem Montmartre. Dort lebte Sartre mit seiner Mutter und seinem Stiefvater und bereitete sich ein Jahr lang auf dem Lycée Louis-le-Grand auf die Prüfung vor, die ihm den Eintritt in die Ecole Normale ermöglichen sollte. Im Oktober 1923 wurde er gemustert, dann aber bis zum Ende seines Studiums vom Militärdienst zurückgestellt. Er hatte ein heftiges Zerwürfnis mit Nizan, das sechs Monate dauerte. Im Juni darauf bestand Sartre gemeinsam mit ihm, Maheu und Raymond Aron, einem neuen Freund, die Aufnahmeprüfung der Ecole Normale.

Die vier Jahre auf der Pädagogischen Hochschule der Sorbonne waren reiche und glückliche Jahre. 1975 berichtet er seinem Biographen: »Vom ersten Tag an war die Ecole Normale der Beginn meiner Unabhängigkeit. Damals gehörte ich zur Jugend, einer Jugend, die sich am Sozialismus orientierte, sich nur selten auf den Kommunismus bezog und überhaupt noch nicht wirklich politisiert war. Wir waren viel weniger Revolutionäre als Anarchisten, aber das auch nur in persönlichen Bereichen. Wir nahmen nur uns selbst wichtig.«* Ein Lehrer des Lycée

* Zitate ohne Literaturhinweis beziehen sich auf Äußerungen Sartres und de Beauvoirs gegenüber dem Autor.

Louis-le-Grand hat Sartre folgendermaßen charakterisiert: »Gewandt, sich seines Erfolges sicher und trotzdem in seinem übergroßen Selbstvertrauen leicht verwundbar.« Er tat sich in den meisten Fächern hervor und wurde der Lieblingsschüler seines Philosophielehrers. Dennoch hatte er nie etwas von der nachdenklichen Ernsthaftigkeit eines Klassenbesten. »Er steckte jeden mit seinem Humor an«, erinnert sich sein Kommilitone Georges Canguilhem. »Er liebte witzige Bemerkungen und hatte nichts dagegen, wenn man den Unterricht durch Unruhe störte.« Nizan, Canguilhem, Pierre Guille, Sartre und einige andere waren eine Art intellektueller Bande, die andere unter Druck setzte und einen eigenen geistigen Terror ausübte.

Die Philosophie wurde für Sartre zu einer Offenbarung, als er Henri Bergsons Buch *Zeit und Freiheit* las und sein Lehrer ihn aufforderte, eine Abhandlung über das Langzeitgedächtnis zu schreiben. Bergson, der ebenfalls an der Ecole Normale studiert hatte, war in den zwanziger Jahren der führende Philosoph Frankreichs. Für ihn war der Begriff der Dauer ein wesentlicher Bestandteil des Lebens. Seine gegen den Verstand gerichtete und sehr komplizierte Idee einer instinktiven Lebenskraft und einer kreativen Entwicklung war mit seiner Auffassung des Gedächtnisses verkettet. Er behauptete, Dauer existiert im Gedächtnis. Dinge, an die man sich erinnert, leben dort weiter, verbinden sich mit jenen, die in der Gegenwart geschehen, und auf diese Weise greift im Bewußsein die Vergangenheit in die Gegenwart ein. Das Handeln, glaubte Bergson, konstituierte das Sein.

»Ich war erschüttert von Bergsons Erkenntnissen und sagte mir: Philosophie ist faszinierend; Wahrheiten fallen vom Himmel. Der Trick ist es, zu erreichen, daß noch mehr vom Himmel fallen«, erinnert sich Sartre später. »Wie Descartes glaubte ich: ›Ich denke, also bin ich.‹ In der Klasse versuchte ich, mit den anderen darüber zu diskutieren, was ein Tisch sei, und zwar dachte ich dabei nicht an den Tisch in seiner wirklichen Form, sondern an die philosophische Idee des Tisches.«

Für seinen ersten Aufsatz erhielt Sartre von seinem Philosophielehrer eine Auszeichnung, was ihn veranlaßte, seine Ansichten über die Kunst und die Schönheit niederzuschreiben. Er tat das in alphabetischer Reihenfolge. Ebenfalls nach dem Alphabet geordnet las er Joseph Conrad, Jules Laforgue, Hugo von Hofmannsthal, Nietzsche und

Schopenhauer. Im Jahr darauf kamen Karl Marx, Sigmund Freud und Stendhal hinzu. Er hatte Schwierigkeiten, Marx zu verstehen, und mochte Freud nicht so sehr, weil dieser seiner Meinung nach widersprüchlich verfuhr, da er das Unbewußte sowohl als einen strengen, mechanistischen Determinismus als auch als eine rätselhafte, nicht hinterfragbare Erscheinung darstellte. Stendhals Mischung aus Rationalismus und romantischer Leidenschaft dagegen gefiel ihm sehr.

Mit neunzehn Jahren begegnete Sartre selbst dieser romantischen Leidenschaft, und zwar auf der Beerdigung eines entfernten Cousins in Thiviers. Ziemlich schnell verlor er seine Unschuld und vorübergehend auch seinen Verstand. Sie hieß Simone-Camille Sans und war eine sehr umworbene, dreiundzwanzigjährige Schönheit, die sich später den Künstlernamen Simone Jollivet zulegte. Camille, wie sie von allen genannt wurde, war die Tochter eines Apothekers aus Toulouse; sie hatte welliges, blondes Haar, das ihr über den Rücken hinabfiel, blaue Augen und eine verführerische Figur. Als Kind war sie von einem Freund der Familie verführt worden, und mit achtzehn fing sie an, regelmäßig auszugehen und ihre Nächte in eleganten Bordellen zu verbringen, nachdem sie vorher ihren Eltern den üblichen Gutenachtkuß gegeben hatte. Sie liebte eindrucksvolle Aufmachungen, schwülstige Theatralik und dachte sich immer wieder neue Szenerien aus, vor denen sie ihre Kunden empfangen konnte. Manchmal stand sie nackt vor dem Kamin und las die Geschichte der Französischen Revolution. Sie hatte eine ausgesprochene Vorliebe für schmale Gesichter und schöne Hände.

Für die Beerdigung hatte man Sartre in einen schwarzen Anzug gezwängt. Außerdem trug er einen Hut seines Großvaters, der ihm bis über die Augen ging. Camille war verwirrt und meinte, er sei so häßlich wie Honoré de Mirabeau, der große Rhetoriker der Französischen Revolution. Trotz ihres Trauerschleiers fiel es Camille nicht schwer, Sartres Aufmerksamkeit auf sich zu lenken. Noch in der gleichen Woche verbrachten sie vier Tage und Nächte zusammen, bis Onkel und Cousins sie fanden und zu den besorgten Familien zurückbrachten. Camille wurde damals von dem Sohn eines wohlhabenden Heizungsfabrikanten eifrig umworben. Sartre überzeugte sie davon, daß nur er allein sie vor dem langweiligen Leben in der Provinz bewahren könne.

Und wie er es auch bei anderen Frauen tat, die er kennenlernte, redete er ihr zu, sich selbst zu vertrauen, viel zu lesen und Schriftstellerin zu werden. Eine Woche später war er wieder an der Sorbonne und begann einen fieberhaften Briefwechsel mit Camille. Nach sechs Monaten besuchte er sie in Toulouse. Weil er wenig Geld hatte, verzichtete er auf ein Hotelzimmer und lief bis Mitternacht durch die Stadt, so lange, bis hinter einem bestimmten Fenster das Licht eingeschaltet wurde. Das bedeutete, Camille hatte ihren Eltern den Gutenachtkuß gegeben, und er konnte heraufkommen. Er verließ Camille bei Tagesanbruch, verbrachte den Tag auf Parkbänken oder in Kinos. Dann wartete er auf dem Gehweg wieder auf das verheißungsvolle Licht. In der vierten Nacht überwältigte ihn die Müdigkeit, und Camille sagte: »Na schön, schlafe, ich lese solange Nietzsche.« Als er wieder aufwachte, rezitierte sie aus *Also sprach Zarathustra:* meistens die Stelle, an der es um den Willen des Menschen geht, seine niederen Instinkte zu überwinden.

In Paris arbeitete Sartre sehr hart; er machte sein Examen in Psychologie, Soziologie und Logik. Mit Nizan überwachte er die Übersetzung und die Korrekturen von Karl Jaspers' *Allgemeiner Psychopathologie*. Auf das Drängen von Henri Delacroix, seinem Philosophieprofessor, begann er seine Dissertation *Die Einbildungskraft in der Psychologie*. Im September verließ Nizan die Schule und reiste nach Saudiarabien und in die britische Kolonie Aden. Wenn es etwas gab, was die Nachkriegsgeneration faszinierte, so waren es Reisen. Sie alle träumten von großartigen Ausflügen in andere Länder: Sie wollten mit Hafenarbeitern in Istanbul fraternisieren, sich mit Zuhältern und Sklavenhändlern über die Ungleichheit unterhalten oder mit frommen Männern am Ufer des Ganges über den Sinn des Lebens diskutieren. Nizan würde zwar ein Jahr verlieren, aber das war nur ein geringer Preis für das, was ihn erwartete.

Um sich über die Zeit zwischen seinen Besuchen in Toulouse hinwegzutrösten, trat Sartre in die Schauspielgruppe der Schule ein, spielte in einigen Stücken mit und plante eine Bühnenfassung von Jules Renards Roman *Rotfuchs*, der Geschichte einer unglücklichen Kindheit. Zum Semesterabschlußball lud er Camille ein, von Toulouse nach Paris zu kommen. Er hatte sich dafür so viel Geld zusammengeliehen, wie er nur konnte. Auf dem Ball machte Camille den erwarteten Eindruck, war aber über das Hotel und über die Restaurants, in die Sartre sie führte, sehr enttäuscht. Er hatte in einem Schreibwarengeschäft Arbeit für sie gefunden, aber sie hatte nicht die Absicht, ihren Lebensunterhalt zu verdienen, indem sie Briefumschläge verkaufte. Sie kehrte bald darauf nach Toulouse zurück. Ein Jahr nach ihrer Trennung kam sie wieder nach Paris, diesmal sehr stilvoll. Ein reicher, älterer Freund, den sie wegen seines Kunstverständnisses »meinen aufgeklärten Liebhaber« nannte, begleitete sie. Sie verliebte sich prompt in Charles Dullin, den Schauspieldirektor. Er hatte für das französische Schauspiel neue Techniken entwickelt und den Theaterbesuchern von Paris Luigi Pirandello bekannt gemacht. Camille sah ihn zum erstenmal, als er in einem historischen Leinwanddrama die Rolle eines Königs spielte. Sie ging in sein Théâtre de l'Atelier, um ihn in dem Stück *Die Vögel* von Aristophanes zu sehen. In ihrem prächtigsten Kleid setzte sie sich Abend für Abend in die erste Reihe, bis sie ihn endlich um eine Unterredung bat. Dullin war in keiner Weise unempfindlich für ihre Bewunderung und brachte sie kurzerhand in einer Wohnung unter, die nicht weit vom Theater auf dem Montmartre lag. Von Zeit zu Zeit sagte Camille, sie müsse ihre Eltern besuchen, und verschwand mit ihrem »aufgeklärten« und oft sehr großzügigen Liebhaber für eine oder zwei Wochen nach Toulouse. Der Schauspieldirektor stellte keine weiteren Fragen, da auch er immer noch mit seiner Frau zusammenlebte.

Obwohl die Schule Sartre nicht viel Zeit ließ, schrieb er Gedichte, Essays und einen Roman. *Une défaite (Die Niederlage)* war die Geschichte seiner Affäre mit Camille. Angeblich hatte ihn aber Nietzsches aussichtslose Liebe zu Cosima Wagner im Jahre 1868 zu diesem Roman inspiriert. Sartre schickte das Manuskript an Gallimard, aber der Verlag lehnte es ab, »verständlicherweise«, wie Sartre zehn Jahre später zugab.

Am Heiligabend 1927 heiratete Nizan Henriette Alphen; Sartre und Aron waren Trauzeugen. Seit ihrem elften Lebensjahr waren Sartre und Nizan enge Freunde, und zwar so, daß man sie auf der Hochschule manchmal Nitre und Sarzan nannte. Die Heirat Nizans brachte Sartre auf eine Idee. Er beauftragte seine Eltern, für ihn um die Hand eines jungen Mädchens anzuhalten, das er während der Ferien im Massif Central kennengelernt hatte. Sie war die Cousine eines seiner Freunde und die Tochter eines Warenhausbesitzers. »Sie war hübsch und rebellierte gegen das Milieu, in dem sie lebte«, erinnert sich Sartre. »Wir verlobten uns. Als mein Großvater davon erfuhr, wurde er böse und sagte: ›Was, mein Enkel, und heiratet eine Krämerstochter!‹«

Das, was ihn im Jahre 1928 am meisten beschäftigte, war weder eine sentimentale Enttäuschung noch die Aussicht auf eine bevorstehende Heirat, die ihn dafür hätte entschädigen können. Viel härter traf ihn, daß er den schriftlichen Teil seines »Diplôme d'études supérieures« verpatzte. Im Jahr zuvor hatte Professor Delacroix seinen Aufsatz »Die Vorstellungskraft in der Psychologie« mit »sehr gut« bewertet. Sartre hatte in ihm die Auffassungen der Vorstellungskraft seit Descartes untersucht. Für sein Diplom wollte Sartre etwas ganz Originelles machen und schrieb seinen Aufsatz um. Am Ende war er der Schlechteste seiner Klasse. Alle waren verblüfft. Sein Versagen warf ihn um ein Jahr zurück; er ging wieder mit Nizan in dieselbe Klasse und zog seine Lehre aus seinem schlechten Abschneiden. Später sagte er: »Was man tun muß, ist, ein abgedroschenes Thema in origineller Form bringen.«

Sein Denken hatte sich schon weit von der Philosophie entfernt, die am Ende der zwanziger Jahre an der Sorbonne gelehrt wurde. Als die *Nouvelles littéraires* eine »Umfrage unter den Studenten von heute« veranstalteten, schrieb Sartre einen ausführlichen Brief an den Herausgeber der Zeitung. Er sagte, seine Generation habe sich von der vorherigen distanziert und würde von deren Verhalten und Normen nicht mehr berührt. Das Magazin veröffentlichte lange Auszüge aus diesem Brief in seiner nächsten Ausgabe und nannte Sartres Beobachtungen »bemerkenswert«. Sartre schrieb, die Idee, die Menschheit tatsächlich zu verbessern, sei lächerlich. Der Mensch sei ein Paradoxon und eine Art Wahrsager, der anderen die Zukunft prophezeit, nicht jedoch sich selbst. »Alles ist zu schwach: alle Dinge tragen in sich die Saat des eigenen Todes. Vor allem das Abenteuer ist ein Schwindel; damit meine ich den blinden Glauben an eine trotz allem unvermeidbare Schicksalsverknüpfung zwischen Umstand und Geschehen.«[12] Der Brief endete mit einem Satz, der später viel zitiert wurde: Sartre verglich seine Generation mit der davor und schrieb: »Wir sind unglücklicher, aber sympathischer.«

Nach den Osterferien, als man anfing, sich für die mündlichen Prüfungen mit Wissen vollzustopfen, brachte Maheu eines Tages ein Mädchen mit, das eine Menge über Leibniz wußte. Es war ein Montag, an den Simone de Beauvoir sich immer erinnern sollte.

Kapitel II

Ostern 1938

Es war Gaston Gallimard selbst, der den Titel für Sartres erstes veröffentlichtes Buch vorschlug. Gallimard, der ein Gespür für Titel hatte, fand *Melancholia* unpassend und hatte sich auch mit dem Alternativvorschlag des Autors, das Buch »Die außergewöhnlichen Abenteuer des Antoine Roquentin« zu nennen, nicht anfreunden können. Aus Gründen der Publicity wollte Sartre den Umschlag mit dem Schlagwort »Es gibt nichts dergleichen wie das Abenteuer« versehen. *La nausée (Der Ekel)*[1] war in der Frühjahrsliste des großen Verlages nur ein Außenseiter, nicht zu vergleichen mit *L'espoir (Die Hoffnung des Menschen)*, einem Buch, in dem Malraux in kraftvollem Stil über den noch immer tobenden Spanischen Bürgerkrieg schrieb.

Die Geschichte des Antoine Roquentin drückte das aus, womit Sartre seit Beginn seiner Lehrertätigkeit im Jahre 1931 lebte, und auch die zentrale Idee des Buches beschäftigte ihn schon seit dem letzten Jahr auf der Sorbonne: Erlösung finden, indem man sich imaginäre Welten der formalen Wahrnehmung schafft. *Der Ekel* ist das Tagebuch eines Mannes, den die wirre und starre Beschaffenheit der realen Welt stört und der sich nach dem bestimmbaren und kalkulierbaren Universum der Newtonschen Physik sehnt. Die Rezensionen waren gut, und Maurice Blanchot nannte *La nausée* ein wichtiges und notwendiges Buch. Für Sartre war die Veröffentlichung eher so etwas wie ein Abstieg. Jean Paulhan, der Cheflektor bei Gallimard, war ein furchterregender Mann und hatte zunächst das Manuskript von *Melancholia* abgelehnt, dann aber angesichts des beharrlichen Zuredens von Charles Dullin und Pierre Bost noch einmal darüber nachgedacht. Bost war Dramatiker und der Bruder eines ehemaligen Schülers von Sartre. Als nächstes schlug der Lektor Brice Parain Kürzungen vor, um angebliche Längen auszumerzen und die Fehler des noch nicht ausgereiften Stils abzuschwächen. Sartre brachte das Manuskript zu Grasset, aber als dieser Verlag ebenfalls ablehnte, ging er zu Gallimard zurück und stimmte den vorgeschlagenen Änderungen zu. Er hatte den Roman Simone gewidmet, und sie hatte ihm bei der Korrektur geholfen. Das Verrückte an der Sache war natürlich, daß Parain *ihren* Roman abgelehnt hatte.

Sartre hatte sich mit *La nausée* beschäftigt, seit sie sich zum erstenmal auf längere Zeit trennen mußten. Er ging als Lehrer nach Le Havre, und sie unterrichtete an einem Mädchengymnasium in Marseille. Fast hätten sie damals geheiratet. Das war im Februar 1931, als er erfuhr, daß jemand anderes den Lehrauftrag in Tokio erhalten hatte. Japan war Lichtjahre entfernt, und sie hätten die Trennung beide als reiflich durchdacht und vernünftig hingenommen, aber Le Havre war lächerlich nah – und doch brauchte man mit dem Zug zwanzig Stunden, um von Marseille nach Le Havre zu kommen. Simone geriet in Panik. Er schlug eine Heirat vor, um gemeinsam mit Simone an eine Schule zu kommen. Er gab zu bedenken, daß die Formalität einer Heirat ihren Lebensstil nicht einschneidend verändern würde, auch dann nicht, wenn sie es dumm fänden, sich gerade dieser besonderen Sitte zu unterwerfen. In ihrem Buch *In den besten Jahren*, dem zweiten Band ihrer Autobiographie, schreibt Simone: »Es schien uns gerechtfertigt, unser Leben entsprechend unseren Überzeugungen zu führen. Die Ehelosigkeit war für uns selbstverständlich. Nur übermächtige Gründe hätten uns zu dem Entschluß bringen können, uns Konventionen zu beugen, die wir verabscheuten. Jetzt war ein solcher Grund gegeben. Der Gedanke, nach Marseille zu gehen, versetzte mich in Angst. Unter diesen Umständen sagte Sartre, es sei Unfug, sich seinen Grundsätzen zu opfern. Ich war nicht einen Augenblick in Versuchung, seinen Vorschlag anzunehmen. Die Sorge um meine persönliche Unabhängigkeit wog nicht schwer; es wäre mir abwegig erschienen, in räumlicher Trennung eine Freiheit zu suchen, die ich Rechtens nur in meinem Kopf und in meinem Herzen finden konnte. Aber ich sah, wie schwer es Sartre fiel, von seinen Reisen Abschied zu nehmen, von seiner Freiheit, seiner Jugend, um Professor in der Provinz und damit unwiderruflich erwachsen zu werden.«[2]

Im Jahre 1929 fanden sie zu dem Lebensstil, den sie auch später beibehielten. Sartre hatte noch drei freie Monate, bevor er zum Militär mußte. Damals hatten sie es sich noch nicht zur Gewohnheit gemacht, in kleinen Hotels auf dem Rive Gauche zu wohnen – das kam erst später. Aber schon in jenen frühen Oktobertagen hatten sie das optimistische Gefühl, nur für sich zu leben. Sie trafen sich zum Frühstück im Jardin de Luxembourg und trennten sich erst spät in der Nacht. Er wohnte bei seinen Großeltern, sie in einem Zimmer in der Wohnung ihrer Großmutter in der Rue Denfert Rocherau. Von Anfang an lehnten sie Einschränkungen von außen, übermäßige Autorität und gezwungene Verhaltensweisen ab. Von Anfang an zögerten sie nie, einander zu widersprechen oder die Dinge, wie sie glaubten, im reinen Licht der Vernunft zu sehen. Trotzdem hatten sie ihre gemeinsamen Träumereien. Pantomime und Schauspielerei halfen ihnen über schwierige oder unangenehme Situationen hinweg: sie stellten Dramenszenen auf den Kopf, karikierten sie, erforschten ihre Möglichkeiten. Sie nannten ihre Beziehung »eine morganatische Ehe«. Manchmal spielten sie M. und Mme. Organatique, ein Ehepaar aus dem Mittelstand, ohne Ehrgeiz und leicht zufriedenzustellen. Dann und wann putzte Simone sich heraus, und sie gingen in ein Kino an den Champs-Elysées oder zum Tanzen ins Coupole, wo sie ein reiches, amerikanisches Ehepaar waren, Mr. und Mrs. Morgan Hattick.

Sie beschlossen, einander nie zu belügen. Simone war an Zurückhaltung gewöhnt, fand sich aber bald damit ab, daß ihr Verhalten einer Kontrolle ausgesetzt war, die weitaus unvoreingenommener war als ihre. »Der Gedanke, daß ich in Sartre hineinsehen konnte wie in mich selbst, hatte eine sehr beruhigende Wirkung auf mich«, schreibt sie. »Später wurde mir klar, daß ich mich zu sehr darauf verließ; da er mir nichts verbarg, glaubte ich, mir über ihn überhaupt keine Fragen mehr stellen zu müssen.«[3] In *Die Mandarins von Paris* und in *Zeit der Reife* zeigen Simone de Beauvoir und Sartre die äußersten Grenzen des »Sich-alles-Sagens« auf.

Es gab Meinungsverschiedenheiten. Sie nahm Rückschläge sehr schwer, ihr Gesicht veränderte sich, sie zog sich in selbst zurück und wurde eigensinnig und störrisch. Besonders morgens, oder wenn er nichts zu tun hatte, konnten Sartre einige Dinge deprimieren. Dann sah er aus wie ein See-Elefant, den sie im Zoo von Vincennes gesehen hatten, und sie sagte ihm das auch. Er machte das Tier nach, rollte seine Augen nach oben, seufzte – ein stummes Flehen. Das ging so lange, bis beide in Gelächter ausbrachen. Sie erhielten sich diese Fähigkeit, sich über sich selbst lustig zu machen. Er nannte sie »eine Uhr im Kühlschrank«, und sie sagte: »Sartre verkehrt nur mit Leuten, die mit Sartre verkehren.«

Sie war weniger auf die Literatur festgelegt als Sartre. Er glaubte, schöpferisch tätig sein hieße, der Welt gegenüber Verantwortung zu tragen, indem man ihr gibt, was sie braucht. Sie meinte, man müsse der Welt den Rücken kehren, das allein führe zu Kreativität. Sie mißtraute jedem Pathos und hatte eine Schwäche für hermetische Lyrik, surrealistische Filme, abstrakte Malerei und Marionettenspiele. Er drückte alles in Worten aus, bewertete Gefühle nicht so hoch wie das, was er »emotionale Abstrakta« nannte, und konnte eine Landschaft besser beschreiben als sie. Sie liebte Bach, er zog Beethoven vor; beide aber lehnten Freuds Psychoanalyse ab, weil sie glaubten, daß sie zur Zerstörung der menschlichen Freiheit führe. Die Gedanken Virginia Woolfs über die Sprache und den Abgrund zwischen Schreiben und Leben berührten sie persönlich. Wie Simone war Sartre der Überzeugung, daß Schreiben imstande sei, eine trügerische Ordnung in die Wirklichkeit hineinzutragen. Er glaubte, ein Schriftsteller könne sich diese Kluft zunutze machen, während Simone fand, ein Erzähler müsse danach streben, die Diskrepanz zwischen der Welt und ihrer künstlerischen Neuschöpfung zu verringern. Er neigte dazu, die Grenzen aus den Augen zu verlieren, und sie versuchte, ihn aus seinen Träumen zu reißen. Sie warf ihm seine sorglose Ungenauigkeit vor, merkte aber, daß seine Übertreibungen oft viel provozierender und fruchtbarer waren als ihre peinliche Genauigkeit.

Sie lasen wie besessen. Seit ihrem neunzehnten Lebensjahr hatte Simone sich Bücher aus der Leihbücherei Adrienne Monniers in der Rue de l'Odéon geholt. Seit kurzem ging sie nun auch in die Buchhandlung »Shakespeare and Company« von Sylvia Beach, die auf der anderen Straßenseite lag. Dort konnte man den zerbrechlich scheinenden James Joyce treffen, der in nicht gerade sauberen Segeltuchschuhen im Laden herumlief, und auch viele ausgewanderte Amerikaner. Simone sprach besser englisch als Sartre. Sie las alle Bücher von Virginia Woolf, eine ganze Menge von Henry James, Rebecca West, Sinclair Lewis, Theodore Dreiser und Sherwood Anderson. Sartre begeisterte die Übersetzung von John Dos Passos' neuem Roman *Der zweiundvierzigste Breitengrad*, und zwar deshalb, weil niemand in dem Roman sein Schicksal selbst bestimmte, sondern alle Gestalten von ihrem sozialen Hintergrund determiniert waren.

Filme bedeuteten Sartre ebensoviel wie Bücher. In einem Kino war er auf das gestoßen, was er die »fundamentale Notwendigkeit der Kunst« nannte – und im Gegensatz dazu die Zufälligkeit – ein Begriff, den er liebte – ihres Lebens. Außer seinen »minderwertigen Comic-Heften« brauchte er seine wöchentliche Ration an Cowboy- und Kriminalfilmen und brachte Biber von den künstlerischen Filmen ab. »In *The Singing Fool* sang Al Jolson das Lied ›Sonny Boy‹ so ansteckend gefühlvoll, daß ich, als es wieder hell wurde, zu meiner Überraschung in Sartres Augen Tränen sah«, schreibt sie. »Er ließ sich im Kino gern zu Tränen rühren, mir tat es leid um die Mühe, die ich mir gegeben hatte, die meinen zurückzuhalten.«

Lehrer zu sein war ein notwendiges Übel, ein Weg, seinen Lebensunterhalt zu verdienen, und auch eine Tätigkeit, die nur wenig mit ihrem Lebenszweck zu tun hatte. Aber sie waren zuversichtlich und hofften, ihre jeweilige literarische Berufung rechtferigen zu können. In erster Linie interessierten Sartre die Menschen. Er wollte über den subjektiven Humanismus schreiben, die Anwendung der Vernunft auf die Probleme der Existenz. Die Idee dazu kam ihm, als er die französische Übersetzung von Jaspers' *Allgemeiner Psychopathologie* korrigierte.

Nizan war aktiver Kommunist; Sartre und Biber langweilte die Politik. Sie verließen sich darauf, daß die Dinge sich immer so entwickeln würden, wie sie es sich wünschten, ohne daß sie sich einzuschalten brauchten, es sei denn mittels eines Buches. Sie und Nizan machten sich über die Werte des Bürgertums lustig. Sartre widersprach einem früheren Klassenkamerad Simones, der behauptete, Sartre selbst sei ein »Kleinbürger«, und sagte, diese Bezeichnung sei unangemessen. Nizan war eher ein Rebell als ein Revolutionär, und in diesem Punkt stimmten Sartre und Biber mit ihm überein: »Wir waren Antikapitalisten, jedoch keine Marxisten«, erinnert sich Simone. »Wir priesen die

Macht des reinen Bewußtseins und der Freiheit und waren doch Antispiritualisten; wir vertraten die Stofflichkeit des Menschen und des Universums und verachteten dabei Wissenschaft und Technik. Sartre kümmerte sich nicht um diese Widersprüche, er weigerte sich sogar, sie zu formulieren. ›Man denkt nichts‹, sagte er zu mir, ›wenn man in Problemen denkt.‹ Er selbst schwankte von einer Überzeugung zur anderen, ohne Sinn und Verstand.«

Eines Nachmittags, nachdem sie in einem Kino an den Champs-Elysées mit den Nizans W. Pudowkins Film *Sturm über Asien* gesehen hatten und allein ins Quartier Latin zurückgingen, sagte Sartre: »Laß uns einen Zweijahrespakt schließen.« Er würde wenigstens einen Teil seines Militärdienstes in Saint-Cyr in der Nähe von Versailles verbringen. Sie könnte es einrichten, Privatstunden zu geben, und während dieser zwei Jahre in Paris bleiben, um sie in möglichst engem Zusammensein mit ihm zu verbringen. Danach, schlug er vor, sollte sie sich ebenfalls um einen Posten im Ausland bewerben. Sie würden zwei, drei Jahre voneinander getrennt leben, sich dann aber irgendwo wiedertreffen. Diese Trennung, die er ihr vorschlug, versetzte sie in Angst. Aber die Trennung lag noch in der Ferne, und Simone hatte es sich zur Regel gemacht, sich nicht schon im voraus mit Sorgen zu belasten. Für sie stand fest, daß keiner von ihnen während dieses Zweijahrespaktes Gebrauch von den »Freiheiten« machen würde, die sie sich theoretisch zugestanden hatten.

Im November verließ Sartre sie, um seinen achtzehnmonatigen Militärdienst abzuleisten. Zusammen mit Aron, dem früheren Klassenkameraden, der wie er Philosophie studiert hatte und jetzt als Ausbilder in Saint-Cyr arbeitete, und mit Pierre Guille, der auch Rekrut war, durchlief Sartre die Grundausbildung. Er wurde dem Wetterdienst zugeteilt und spezialisierte sich auf die Handhabung von Windmessern. Er haßte seine Tätigkeit, aber im Januar 1930 wurde er in ein Lager in der Nähe von Tours, hundertundfünfzig Kilometer südwestlich von Paris, versetzt. Er wohnte mit einem Vorgesetzten und drei anderen Rekruten in einer Villa, die man in eine meteorologische Station umfunktioniert hatte. Während seines Dienstes bestand seine Aufgabe darin, einen Windmesser hin und her zu schwenken und die Windstärke telefonisch an irgendeine andere Station weiterzugeben. Der Vorgesetzte, ein Zivilist, ließ die Soldaten einen Stundenplan aufstellen, der jedem außer dem regulären Urlaub eine freie Woche im Monat sicherte. Simone fuhr jeden Sonntag zu Sartre und brachte ihm einen Armvoll Bücher, die sie mehr oder weniger ordnungsgemäß in Adrienne Monniers Bücherei entliehen hatte. Alle drei Wochen kam er nach Paris. Im August mietete sie für einen Monat ein Hotelzimmer in Saint-Radegonde, das nur zehn Minuten von der Wetterstation entfernt war. An sonnigen Tagen verbrachte sie die Morgen lesend am Ufer eines Flusses, aß zu Mittag eine Packung Kekse und eine Tafel Schokolade und kletterte dann auf einen Hügel, wo sie Sartre ein paar Meter von der Wetterstation entfernt traf. Sie waren viel zu schüchtern, um am hellichten Tag in ihr Zimmer hinaufzugehen, und liebten sich im Freien. Seine Großmutter Louise starb in jenem Sommer und hinterließ ihm eine kleine Erbschaft, die ihm erlaubte, Simone in eine ganze Reihe annehmbarer Restaurants im Tal der Loire einzuladen.

Der Wetterdienst beim Militär ließ ihm eine Menge Zeit. Er schrieb einen Einakter, zu dem ihn Pirandello inspiriert hatte, und den Anfang eines Essays in Romanform. *Epiméthée* schilderte, wie Epimetheus, der Bruder Prometheus', sich auf sein Begräbnis vorbereitet. Wie in der griechischen Sage schickt Zeus Pandora zu Epimetheus, um so Prometheus zu bestrafen, weil er den Menschen das Feuer gezeigt hat. Epimetheus bemerkt seinen Irrtum erst, als Pandora ihre Büchse öffnet, die angefüllt ist mit Bösem, Mühsal und Krankheit. In Sartres Version war Prometheus ein Ingenieur, Epimetheus ein Witzbold, der derbe Situationskomik liebte, und Pandora eine schöne Barbesitzerin. Wie viele seiner früheren Werke verschwand auch das Manuskript von *Epiméthée*. Sartre erwähnte es erst wieder in einem Interview, das er vierzig Jahre später gab.[4]

La légende de la vérité war der Versuch, Mythen zu schaffen, die Geschichte der Wahrheit. Sie begann mit den Worten: »Die Wahrheit wurde nicht als erstes geschaffen. Die sich bekriegenden Nomaden brauchten nicht sosehr eine Wahrheit, sondern eher eine angenehme Weltanschauung. Wer kann denn sagen, was Wahrheit in einer Schlacht bedeutet?« Die Wahrheit existierte lange vor dem Handel; die Handwerker kannten sie. Die Wahrheit als Begriff tauchte auf, als die

Leute anfingen, sich Gedanken über ihr Handeln zu machen. Die Griechen schrieben Wahrheit mit einem großen »W«, und daher glaubten die Menschen, eine Sache müsse nicht unbedingt wahr sein, nur weil sie existiere. Das wiederum führte zur Demokratie, weil es dem einfachen Volk die Möglichkeit bot, sich den »Großen« ebenbürtig zu fühlen. Daraus entstand eine Bedrohung, die sich als fruchtbar erweisen sollte: Wundertäter wurden aus der Stadt vertrieben; sie ließen sich in den Wäldern nieder und wurden die Vorväter einer langen Reihe tiefsinniger Männer, denen die Natur ihre Geheimnisse anvertraute. Voll böser Absicht zog dieses Gesindel von Stadt zu Stadt und zerrte an einer langen Leine sein schreckliches Wissen hinter sich her, rang den Menschen gewaltsam ein Almosen ab, indem es sie ein wenig an der Leine ziehen ließ. Diese Schurken waren Künstler, Schriftsteller und Philosophen: die einzigen, die die Realität des Lebens wirklich begriffen. Nach ihrem Aussterben blieb eine unbestimmte Furcht bestehen, und eine kühne Regierung schickte eine Expedition aus, die feststellte, daß die Menschen in tiefer Ungleichheit lebten. Und so ging es weiter, mit Seitenhieben auf die Aufklärung, auf Politiker und den Kolonialismus in Afrika bis hin zur Entstehung des Wahrscheinlichen. »Eines Tages werde ich einen Gesang zum Ruhme dieses spätgeborenen Sohnes der Langeweile und der Wahrheit anstimmen. Es wird ein Märchen für Erwachsene sein.« Das lange Anfangskapitel von *Légende de la vérité* wurde mit Hilfe Nizans in der letzten Ausgabe von *Bifur* veröffentlicht, einem fortschrittlichen Magazin mit einem entnervenden Gespür für gute Literatur, das auch James Joyce zu seinen Herausgebern zählte.[5]

Auch Simone begann, einen Roman zu schreiben. Sie war beeindruckt von Alain-Fourniers wehmütigem Buch *Les grandes meaulnes (Der große Kamerad)*, das die gesamte Nachkriegsgeneration der jungen Intellektuellen fasziniert hatte, und von Rosamund Lehmann, einer englischen Autorin, die mit großer Intensität über unglücklich verliebte Frauen schrieb. Wie Alain-Fournier und die Lehmann versuchte sie, die Grenzen des klar Verständlichen und das verlorengegangene Staunen zu beschreiben, und begann, die Geschichte eines jungen Mädchens darzustellen, das mit seinem wortkargen Vater auf einem alten Schloß lebt. Nachdem es eines Tages drei sorglose junge Leute kennengelernt hat, gelingt es ihr, nach Paris zu entkommen, wo sie in alle nur möglichen Abenteuer verwickelt wird. Aber Simone kam nicht über das dritte Kapitel hinaus und fühlte sich, als sollte sie eine Strafarbeit schreiben. Sie glaubte, sie hätte nur deshalb angefangen, weil Sartre darauf bestand, daß sie Schriftstellerin wurde.

Ihre Einfallslosigkeit und der Gedanke, ihn zu enttäuschen, machte sie wütend auf sich selbst, und sie fragte sich, ob nicht der sicherste Weg, jemanden zu verlieren, der wäre, sich ihm anzupassen. Ihre beste Freundin Zaza war unter kläglichen Umständen an einer Gehirnhautentzündung und an Enzephalitis gestorben. Ihre Mutter hatte sich gegen ihre Heirat mit Jean Pradelle gestellt, nicht so sehr, weil sie ihn für eine schlechte Partie hielt, sondern weil er ein Freund Simones war. Lange Zeit hatte Simone das Gefühl, ihre Freiheit mit dem Tode Zazas bezahlt zu haben.

Die Entdeckung ihrer eigenen Sexualität brachte sie ebenso aus der Fassung. Sie verbrachte Tage und sogar Wochen von Sartre getrennt und bemerkte, daß ihr Körper sich nach seinem sehnte und daß seine körperliche Abwesenheit ihr Schmerzen bereiten konnte. Sie haßte ihr Leiden und empfand ihre körperlichen Gelüste als verwirrend. Noch schlimmer aber war, daß sie feststellen mußte, daß es in ihr eine Gefühlsregung von überwältigender Heftigkeit hervorrief, wenn sie mit dem Zug oder mit der Metro fuhr und fremde Hände sie berührten. »Ich verschwieg diese Schmach«, schreibt sie. »Jetzt, da ich gelernt hatte, alles zu sagen, schien mir dieses Schweigen wie ein Prüfstein: Wenn ich etwas nicht zu gestehen wagte, dann war es wirklich unaussprechlich. Durch dieses Schweigegebot, das er mir auferlegte, wurde aus meinem Körper statt einer Brücke eine Schranke, und das erbitterte mich maßlos.«[6]

Sartre verschlimmerte die ganze Sache, indem er begann, ihr Simone-Camille Sans als Beispiel vorzuhalten. Sie sei ein Mädchen, das etwas aus sich mache. Simone wollte dieses faszinierende Geschöpf kennenlernen, und so ging sie eines Abends ins Theater, wo Camille in Armand Salacrous Stück *Patchouli* eine Animierdame spielte. Sie fand, sie sah aus wie eine übergroße Porzellanpuppe. Sie lernten sich kennen, und Simone mußte zugeben, daß Camille einen besonderen, verführerischen Charme hatte, trotz der schweren, seltsamen Juwelen, die bei jeder ihrer Bewegungen klimperten. Für Dullin wollte Camille die spanische Tragikomödie *La Celestina* aus dem Mittelalter inszenieren und schrieb an einem Schauspiel mit dem Titel *L'Ombre (Der Schatten)*. An den Wänden ihrer Wohnung hingen Porträts von Nietzsche, Albrecht Dürer und Emily Brontë. Zu Simone sagte sie, eine Frau habe niemals Schwierigkeiten, einen Mann zu betören. Als sie wieder einmal auf der Bühne stand, nahm Simone ihre Schwester und Fernando Gerassi, der zu einem Besuch aus Madrid gekommen war, mit in das Théâtre de l'Atelier. Sie fand Camilles Kostüm, ihr Make-up und ihren Tanz grotesk und triumphierte, als Sartre zugeben mußte, daß die Tatsache, daß Camille wahllos mit Männern schlief, die sie nicht liebte, sie erniedrigte und außerdem auf eine weitaus unterwürfigere Persönlichkeit schließen ließ, als Sartre sie in seinen Erzählungen dargestellt hatte.

Aber auch Simone mußte sich an den Gedanken gewöhnen, sexuelle Bekanntschaften mit Männern zu machen, die sie nicht liebte, da Sartre immer noch plante, nach seiner Zeit beim Militär nach Japan zu gehen. Sie beschloß, sich wie er eine Stellung im Ausland zu beschaffen, und schrieb an Fernando Gerassi, der wieder nach Madrid gegangen war und dort mit Stépha Avdicovitch zusammenlebte. Jemand erzählte ihr von einer Schule, die möglicherweise in Marokko gegründet werden sollte, und einer von Stéphas früheren Verehrern schlug vor, sie solle es an der Universität von Budapest versuchen. Sie freute sich darauf, in Ruhe Bilanz ziehen zu können. Sie mußte sich entscheiden, ob sie wirklich schreiben wollte – auf jeden Fall wollte sie etwas aus sich machen.

Im Februar schwand plötzlich die Angst vor der zweijährigen Trennung, denn Sartre erfuhr, daß er den Lehrauftrag in Tokio nicht bekommen würde, und kehrte ins Zivilleben zurück. Er war enttäuscht, aber in der gleichen Woche bot man ihm eine andere Stellung an, und zwar sollte er für die letzten Monate des Jahres an einem Jungengymnasium in Le Havre unterrichten. Der Industriehafen liegt an der Mündung der Seine, ungefähr hundertundfünfzig Kilometer nordwestlich von Paris. Da das eine annehmbare Entfernung war, nahm er an und brachte sogar ein Lächeln zustande, als Biber an einem Mädchengymnasium ihre erste Anstellung bekam – in Marseille! Aber das

Schuljahr hatte nur neun Monate, und mit zwei freien Tagen und einer Grippe zur rechten Zeit würde es ihr möglich sein, ab und zu nach Paris zu kommen. Außerdem war Sommer – der Unterricht sollte erst am zweiten Oktober beginnen.

Stépha und Fernando besuchten Sartre und Biber in Paris und erzählten aufgeregt, daß Spanien endlich Republik geworden sei. Stépha war im neunten Monat schwanger. Die Geburt ihres Sohnes wurde von allen im La Closerie de Lilas gefeiert, Sartres Stammrestaurant auf dem Montparnasse. Kinder wollten Sartre und vor allem Simone nie haben. Besonders sie glaubte, daß sie sich selbst und auch einander genügten. Zwischen ihr und ihren Eltern hatte es an jeder geistigen Verwandtschaft gefehlt, und sie hatte das Gefühl, daß sie von eigenen Kindern auch nur Gleichgültigkeit oder Feindseligkeit zu erwarten hätte. Sie glaubte nicht, daß sie grundsätzlich etwas gegen die Mutterschaft hatte, wußte aber, daß es nicht ihre natürliche Bestimmung war, Kinder zu haben.

Ihre Liebe wurde tiefer und anspruchsvoller. Sie beschlossen, ihren »Vertrag auf Abruf« zu revidieren. Kurze Trennungen würden sie sich gestatten, aber keine ausgedehnten Eskapaden. »Wir schworen einander nicht ewige Treue; aber wir verschoben jede Möglichkeit der Trennung bis in die fernen dreißiger«, schrieb sie. In *L'invitée (Sie kam und blieb)* sagt der Held ihres Buches zu der weiblichen Hauptperson: »›Zwischen uns kann weder von Treue noch von Untreue die Rede sein‹, sagte Pierre und zog Françoise an sich. ›Du und ich, wir sind einfach eins. Weißt du, es ist wahr: keiner von uns ließe sich ohne den anderen beschreiben.‹«[7]

Stépha und ihr Baby blieben in Paris. Fernando kehrte nach Madrid zurück, wo er als Radioverkäufer arbeitete. Er hatte nur noch sehr wenig Zeit zum Malen. Sartre und Biber beschlossen, ihn in Madrid zu besuchen.

Es war die erste, richtige Reise, die sie gemeinsam unternahmen, und für beide war es das erste Mal, daß sie Frankreich verließen. Als sie an der Grenze die spanischen Zollbeamten sahen, hatten sie das Gefühl, eine neue und exotische Welt zu betreten. Und nachdem sie in einem kleinen Gasthof in Figueras ein Zimmer gemietet hatten und nach dem Abendessen durch die Stadt gingen, sagten sie aufgeregt zueinander: »Wir sind in Spanien.«

Sartre hatte den Rest von der Erbschaft seiner Großmutter in Peseten umgetauscht; sie verbrachten einen aufregenden Sommer und reisten von Barcelona weiter nach Madrid, Toledo, Pamplona, Burgos und San Sebastian. »Wie die meisten Touristen unserer Zeit bildeten wir uns ein, jeder Ort, jede Stadt berge ein Geheimnis, eine Seele, ein ewiges Wesen, und der Reisende müsse den Schleier lüften, der darüber lag«, schrieb sie. »Wir wußten, daß die Schlüssel zu Toledo, zu Venedig nicht nur in ihren Museen, ihren Denkmälern, ihrer Vergangenheit zu suchen sind, sondern in der Gegenwart, in Schatten und Lichtern, Menschenmengen, Gerüchen und Gerichten. Das hatten Valéry Larbaud, Gide, Marand, Drieu de La Rochelle uns gelehrt. Nach Duhamel waren alle Geheimnisse Berlins in dem Geruch vereint, der in den Straßen schwebte und der keinem anderen glich. ›Spanische Schokolade trinken heißt ganz Spanien im Munde haben‹, sagte Gide. Jeden Tag zwang ich mich, mehrere Tassen einer schwarzen, üppig mit Zimt gewürzten Brühe zu schlucken.«[8] In Madrid brachte Fernando sie in seiner Wohnung unter und führte sie durch den Prado, wo Sartre die grotesken Bilder von Hieronymus Bosch besonders gefielen. Die Meisterwerke Tizians mochte er dagegen überhaupt nicht. Die Republik staunte noch immer über den eigenen Sieg, und in den versteckten, dunklen Cafés diskutierten die Spanier leidenschaftlich über die Zukunft. In einem Café wurden sie Ramón del Valle-Inclán, dem alten Oberhaupt der Literaten Madrids, förmlich vorgestellt, dessen Romane und Schauspiele die Vorläufer des absurden Theaters waren. Valle-Inclán war ein stolzer bärtiger Mann, hatte nur noch einen Arm und erzählte jedem, der es hören wollte, wie er den anderen verloren hatte, wobei er jedesmal eine andere Version erfand.

Ende September kehrten sie nach Paris zurück und hatten gerade noch genug Zeit, um sich voneinander und von ihren Freunden zu verabschieden, bevor er nach Le Havre und Simone nach Marseille ging. Sartre war schon einige Male in Le Havre gewesen und hatte auch das Gymnasium schon gesehen. Im Juli hatte er dort am Tag der Abschlußprüfung eine Rede über die Kunst des Films gehalten.[9] Ihm gefiel der große Hafen am Ärmelkanal und im großen und ganzen auch der Unterricht. Viele seiner Schüler erinnern sich mit Freude an seine Stunden: »Er war nett, unkompliziert und erstaunlich lustig«, sagte

Albert Palle. »Er nahm eine ganze Menge von Dingen sehr ernst, nur seinen Beruf nicht. Wir hatten eine Beziehung zu ihm, wie wir sie noch niemals vorher zu irgendeinem anderen Erwachsenen gehabt hatten. Es war ein Verhältnis, das nichts mit Familie oder Autorität zu tun hatte, ein Verhältnis ohne die sonst üblichen Schranken.« Jacques-Laurent Bost erläuterte die freizügige Beziehung zwischen Lehrer und Schülern, indem er von den obszönen Bilderrätseln erzählte, die sie an die Tafel schrieben, bevor Sartre in die Klasse kam. Es waren Rätsel, in denen die Silbe »con« (Quatschkopf, Dussel) ständig mit der Zeichnung eines Mannes auftauchte, der in einer Sprechblase sagte: »Mein Name ist Sartre.« »Sartre kam herein, sagte: ›Hab' ich euch erwischt‹, und versuchte, das Rätsel zu lösen. . . An Tagen, an denen nichts lief, blickte er mit eisiger Gelassenheit über die Klasse und sagte: ›So viele Leute und nicht ein Funken von Intelligenz.‹ Ein tödlicher Kälteschauer ging durch den Raum, aber das dauerte nie lange.«

In einem anderen Punkt fand Sartre seine Tätigkeit als Lehrer abscheulich. Er haßte die notwendige Disziplin, die Hierarchie und die Regeln. Als er sich in der Nähe des Bahnhofes in einer kleinen Pension ein Zimmer nahm, fühlte er sehr deutlich, daß für ihn eine schwierige und dunkle »Zeit der Vernunft« begonnen hatte. Der Anfang seiner beruflichen Laufbahn brachte ihm Armut und die endgültige Ablehnung seines umfangreichen Romanes *La légende de la vérité* durch mehrere Verlage. Das restliche Geld aus dem Erbe seiner Großmutter war verbraucht, und künftig mußte er von seinem Junglehrergehalt leben. Le Havre war grau und regnerisch, eine Industriestadt; Simone war in Marseille, seine Freunde waren in Paris; er fühlte sich einsam.

Fast verzweifelt stürzte er sich auf das Schreiben und las wie besessen. »Es war, als ich in Le Havre ankam und meine ersten Kritzeleien schon hinter mir hatte, daß ich mir sagte: Jetzt ist der richtige Moment, wirklich mit dem Schreiben anzufangen«, berichtete er später einem Journalisten, der ihn interviewte. Die Kontingenz war eine Sache, die ihn tief bewegte. Sein Leben war insoweit kontingent, als es durch Zufall entstanden war, ohne bekannten Grund; und es war auch nicht vorhersehbar. Jedes Individuum ist ein Produkt des Zufalls, obwohl es am Ende dafür verantwortlich ist, was es aus sich gemacht hat. Er machte sich an die Arbeit und schrieb *Über die Kontingenz*, wie er es scherzhaft nannte. Es waren die ausführlichen und abstrakten Gedanken eines Gelehrten aus der Provinz mit Namen Antoine Roquentin.[10] Nachdem er von einer Parkbank aus eine Kastanie betrachtet hatte, schrieb er ein Gedicht über diesen Baum und schilderte in einem langen Brief an Biber seine Beobachtungen und erklärte ihr, was er unter einem Baum »verstand«. Als er ihr *Über die Kontingenz* zeigte, schlug sie vor, die Gestalt des Roquentin in eine Romanhandlung zu verpakken und der Geschichte ein wenig von der Spannung zu geben, die ihnen beiden an Kriminalromanen so gut gefiel. Er war einverstanden und schrieb die Erzählung ein zweites Mal, als er wieder in Le Havre war.

Die allmähliche Verwandlung der Erzählung um die abstrakten Gedanken Roquentins in einen durchschnittlichen, philosophischen Roman wurde außerdem von einer Reihe von Büchern beeinflußt, die er gelesen hatte: Paul Valérys sokratischer Dialog *Eupalinos ou l'Architecte, Les cahiers de Malte Laurids Brigge*, eine Übersetzung Gides von Rainer Maria Rilkes einzigem Roman. Der mathematische Symbolismus in *Eupalinos* und auch die intensive, anschauliche Sprache der *Aufzeichnungen des Malte Laurids Brigge* fesselten ihn sehr, ebenso wie die Geschichte eines einsamen Künstlers und seiner Leiden inmitten der Armut und dem Unglück anderer Menschen. Seine Erzählung über Roquentin hatte er in Tagebuchform geschrieben, jetzt begann er, sein Tagebuch zu schreiben. In *Die Wörter* sagt er, daß er die Arbeit an *Der Ekel* wie einen exorzistischen Akt empfunden habe. »Ich war Roquentin und zeigte an ihm ohne Rücksicht das Muster meines Lebens auf; zu gleicher Zeit war ich aber auch ich selbst, der Erwählte, der Chronist der Hölle, war ich das Fotomikroskop aus Glas und Stahl, das sich auf mein eigenes zähflüssiges Protoplasma richtete.«

Simones Dasein in Marseille war den Umständen entsprechend und seinem sehr ähnlich. Sie lebte vor sich hin und sah mit einem Auge ständig auf den Briefkasten und den Kalender. Eine Stunde nach ihrer Ankunft fand sie eine annehmbare Pension, atmete den Geruch des Meeres im Vieux Port ein, mischte sich unter die Menge auf der Cannebière und beschloß, ihre Zeit im Exil zu Ferien zu machen. An Sonntagen und an ihren freien Tagen wanderte sie vom Morgengrauen bis zur Dämmerung und arbeitete mit Hilfe einer Michelinkarte Routen aus, die sie auf den Mont-Aurélin, den Mont Sainte-Victoire, auf die Sandsteingipfel und in die Schluchten des Rhônetals führten. Im November besuchte ihre Schwester, die Kunst studierte, sie in Marseille. Simone nahm sie mit auf eine Wanderung, aber Poupette bekam Blasen an den Füßen, und sie mußten umkehren. Poupette hatte Fieber und war völlig erschöpft. Mit einem Bus fuhr sie nach Marseille zurück, und Simone wanderte allein weiter.

Der Umgang mit ihren Schülerinnen war interessant, denn es war für alle das erste Jahr, in dem sie Philosophie hatten; dazu kam, daß Simones Kenntnisse noch frisch waren. Mit dreiundzwanzig Jahren sah sie noch immer aus wie eine Gymnasiastin, und häufig hielten andere Lehrer sie für eine Schülerin. Die meisten ihrer Kolleginnen waren alte Jungfern. Eine verheiratete Englischlehrerin, die sie in ihrer Biographie *In den besten Jahren* als »Mme. Tourmelin« bezeichnet, wurde ihre Freundin. Sie war fünfunddreißig; ihr Mann erholte sich in einem Sanatorium in den Alpen von einer Tuberkuloseerkrankung. Die beiden Lehrerinnen gingen allein ins Theater und zum Essen und unternahmen gemeinsame Spaziergänge, bis die ältere Frau Simone eines Tages in ihrer Wohnung umarmte, sie leidenschaftlich küßte und sie bat, die Maske fallen zu lassen. Simone schrie »nein!« und verließ fluchtartig das Zimmer. Am nächsten Tag in der Schule überwand sich Mme. Tourmelin und sagte, sie hoffe sehr, Simone würde den Vorfällen des vergangenen Abends keine Bedeutung beimessen. Während des restlichen Schuljahres gelang es Simone, es so einzurichten, daß sie nie mit der Englischlehrerin allein war.

Georges und Françoise de Beauvoir kamen für eine Woche nach Marseille, um ihre Tochter Simone zu besuchen. Es war ein angenehmer Besuch; Simones Vater lud sie zu einer Bouillabaisse bei »Isnard« ein, dem besten Restaurant der Stadt. Ihre Mutter machte mit ihr einen Ausflug nach Sainte-Beaume, und ein Cousin machte auf der Durchreise in Marseille Station. Aber Simone zog es vor, allein zu sein. Sie las die *Briefe* von Katherine Mansfield und erkannte, daß diese genau wie sie eine auf romantische Weise »einsame Frau« war. Simone hatte sehr viel Freizeit und begann, einen neuen Roman zu schreiben. Diesmal jedoch stand sie ihrer eigenen Arbeit sehr viel kritischer gegenüber. Um sich zu üben, schrieb sie ausführliche Schilderungen der Restaurants, in denen sie aß. »Ich warf mir vor, wie einst meine Beziehung zu Zaza auch mein Verhältnis zu Sartre nicht in seiner Wahrheit erfaßt und in ihnen meine Freiheit aufs Spiel gesetzt zu haben. Ich glaubte, ich könne mich von diesem Fehler reinwaschen, ihn wiedergutmachen, wenn es mir gelänge, ihn in einen Roman zu transponieren. Zum erstenmal hatte ich etwas zu sagen.« Sie griff ein Thema auf, das sie »das Zauberbild des anderen« nannte, und erfand zwei weibliche Hauptpersonen, auf die sie ihre eigenen widersprüchlichen Neigungen verteilte: Lebenshunger und den starken Wunsch, ein literarisches Werk zu schaffen. Mme. de Préaline war vierzig und besaß wie auch Sartres Freundin, Mme. Morel, gemessene Eleganz, Takt und Zurückhaltung. Und obwohl sie viele Freunde hatte, lebte sie das Leben einer »einsamen Frau«. Geneviève war zwanzig und verfügte über eine nur schwerfällige Intelligenz. Sie neigte zu massiven Gefühlsausbrüchen, lebte nur dem Augenblick und war ganz auf Persönliches konzentriert. Etwas zu denken oder zu empfinden, ohne es mit einer Person in Verbindung zu bringen, war ihr unmöglich. Sie verehrte Mme. de Préaline, die wiederum einen Mann liebte, den das Schicksal von ihr fernhielt. Auch Zaza tauchte in dem Roman auf, und zwar als Anne, die einen konventionellen Mann heiratet.

Simone stellte fest, daß der Roman sich nicht so richtig abrunden wollte. Der Grund war, daß Annes Tod nie erklärt wurde und die Handlung seltsam über den Zusammenhängen schwebte, aus denen sie ihre Wahrheit bezog. »Das Wertvollste an dieser Erstlingsarbeit war die Art, wie ich die Lichter setzte«, erinnert sie sich. »Geneviève wurde mit den Augen Annes gesehen, was ihrer Schlichtheit etwas Geheimnisvolles gab, Mme. de Préaline und Anne sah man durch die Augen Genevièves, die wiederum spürte, daß sie die beiden nicht voll begriff. Der Leser wurde also aufgefordert, über diese Unzulänglichkeiten hinweg eine Wahrheit zu suchen, die ihm nicht brutal vorgesetzt wurde. Aber leider hatten meine Heldinnen trotz dieser sorgfältigen Aufmachung sehr wenig Substanz.«

Am schönsten waren die Ferien. Sobald die Schule zu Ende war, fuhren Sartre und Biber mit der Eisenbahn nach Paris, warteten an der Endstation aufeinander und gingen in ein Hotel. Wenn der Urlaub nur kurz war, trafen sie niemanden außer Simones Schwester. Nur in längeren Ferien sahen sie auch ihre Freunde. Nizan ging in einem Vorort von Paris, der Bourg hieß, voll in seiner Politik auf; Dullin inszenierte Camilles Stück *L'Ombre*. 1932 fuhren sie in den Osterferien in die Bretagne und stießen in einer Ausgabe der *Nouvelle Revue Française* auf den Namen Franz Kafka. Im Juni ging Sartre nach Marseille und machte Simone sehr glücklich, als er sich in all die Orte verliebte, die auch sie so gern hatte: den Vieux Port, die Cafés an der Cannebière, das Château d'If und die Strände in Cassis. Zu ihrer Freude erfuhr sie, daß sie im nächsten Schuljahr in Rouen unterrichten würde. Rouen war die alte Hauptstadt der Normandie und nur sechzig Kilometer von Le Havre entfernt. Den Sommer verbrachten sie wieder in Spanien und machten einen Abstecher nach Marokko, wo es ihnen sehr gut gefiel. Als sie in Sevilla waren, erlebten sie den erfolglosen Putsch General José Sanjurjos gegen die Republik. Auf dem Rückweg machten sie Station in Toulouse, wo Camille sie durch die Stadt führte. *L'Ombre* war kein Erfolg gewesen, aber sie schrieb schon wieder an einem neuen Stück. Sartre und Biber waren neidisch auf die Ausdauer, mit der sie jeden Tag sechs Stunden arbeitete.

Von Le Havre konnte man Rouen in einer Stunde mit dem Zug erreichen, und nach Paris brauchte man nur eineinhalb Stunden. Simone besorgte sich im Hôtel La Rochefoucauld ein Zimmer, von dem aus sie das beruhigende Pfeifen der Züge hören konnte. Im Café Métropole frühstückte sie. Sartre und Biber beschafften sich Zeitkarten für die Strecke Rouen–Le Havre und schafften es, wenigstens einen Tag in der Woche gemeinsam zu verbringen. Die Landschaft der faden und regnerischen Normandie verlockte Simone nicht zum Wandern, und ihre Kolleginnen am Lycée Jeanne d'Arc waren bis auf eine Ausnahme eher noch langweiliger als die in Marseille. Die Ausnahme war Colette Audry, die sich an ihren freien Tagen aktiv als Kommunistin betätigte. Colette lebte in der Nähe des Bahnhofs und hatte ihr Zimmer mit Binsenmatten und Jute eingerichtet. In ihrem Bücherbord standen die Werke von Marx und Rosa Luxemburg. Sie war nicht Mitglied der Kommunistischen Partei, sondern gehörte zu einer trotzkistischen Splittergruppe, die davon überzeugt war, daß in Rußland eine Revolution gegen Stalin möglich sei. Simone stellte Colette Sartre vor, und sie gefielen einander. Manchmal sprach Colette über Simone Weil. Simones frühere Klassenkameradin an der Ecole Normale war Lehrerin an der Universität von Puy-de-Dôme. Man erzählte sich, daß sie in einem Fernfahrerhotel wohne und jeden Monat den Inhalt ihres Portemonnaies auf den Tisch kippe und jeden davon nehmen ließe, soviel er brauche. Noch erstaunlicher aber war, daß sie als Führerin einer Abordnung streikender Arbeiter tätig gewesen war und mit Eisenbahnern gearbeitet hatte, ohne daß man sie deshalb von der Universität jagte. Offensichtlich hatten ihr totales Engagement und ihr Mut jedermann beeindruckt. Sartres und Bibers Leben schien im Vergleich zu dem der Weil sicher und behütet zu sein. Sie mißtrauten der klassischen französischen Psychologie, und ihre Anerkennung der Psychoanalyse war begrenzt. Die Kommunisten verdammten die Psychoanalyse, aber die Trotzkisten machten sie sich zu eigen. Colette und ihre Freunde interpretierten ihre Gefühle und persönlichen Verhaltensweisen entsprechend dem Freudschen und Adlerschen Vorbild.

Sartre und Simone versuchten, sich eine eigene Philosophie zurechtzulegen, und er prägte den Begriff des »mauvaise foi« – der Unwahrhaftigkeit, die für ihn darin bestand, daß man sich selbst belügt, um sich vor der Verantwortung für eine Entscheidung zu drücken. »Wir nahmen uns vor, alle Äußerungen dieser Unehrlichkeit aufzudecken: Mogeleien der Sprache, Schwindeleien des Gedächtnisses, Ausflüchte, Kompensationen, Sublimierungen und alles übrige«, erinnert sich Simone. »Wir freuten uns jedesmal, wenn wir eine neue Form von Täuschung ans Tageslicht brachten. Eine meiner jüngeren Kolleginnen war eine Goldgrube, wenn es darum ging, im Lehrerzimmer dogmatische Ansichten und hemmungslose Launen zu demonstrieren. Wenn ich jedoch versuchte, ein privates Gespräch zu führen, tauchte ich in geistigen Treibsand. Dieser Kontrast verwirrte mich, bis mir eines Tages ein Licht aufging. ›Ich hab's,‹ sagte ich zu Sartre. ›Ginette Lumière ist nicht wirklich, sie ist eine Art Erscheinung.‹ Von da an wendeten wir diese Bezeichnung auf alle Leute an, die Überzeugungen und Gefühle zur Schau stellten, die sie in Wirklichkeit gar nicht empfanden; wir hatten, wenn auch unter anderem Namen, die Idee der Rolle entdeckt.«

Am besten war es immer in Paris. Henriette und Paul Nizan luden sie ein, bei ihnen zu wohnen, aber Sartre und Biber zogen das Hôtel de Blois in der Rue Gay-Lussac vor. Es lag in der Nähe der Sorbonne und des Jardin de Luxembourg. Simones Schwester Poupette arbeitete als Sekretärin, hatte aber die Malerei nicht aufgegeben. Sie hatten Kontakt mit Raymond Aron, einem alten Studienkollegen, der ein Jahr am Französischen Institut in Berlin verbracht und sich dort mit der phänomenologischen Philosophie Edmund Husserls auseinandergesetzt hatte. In der gleichen Zeit bereitete er seine Dissertation in Geschichte vor. Als er nach Paris kam, verbrachten sie alle einen Abend in einem Nachtklub auf dem Montparnasse und bestellten die Spezialität des Hauses: Aprikosencocktail. Aron zeigte auf das Glas und sagte: »Sieh mal, als Phänomenologe könntest du über diesen Cocktail reden, und es wäre Philosophie.« Sartre wurde blaß vor Erregung: Das war die Idee, nach der er suchte. Man spricht über einen Gegenstand, beschreibt ihn so, wie man ihn sieht, und es wird zur Philosophie. Auf dem Boulevard St. Michel kaufte er *La théorie de l'intuition dans la phénoménologie de Husserl (Die Idee der unmittelbaren Erkenntnis in der Phänomenologie Husserls).* Er war so versessen darauf, sich mit diesem Thema zu beschäftigen, daß er noch auf der Straße anfing, in dem Buch zu lesen. Biber erinnert sich, daß ihm beinahe der Atem stockte, als er darin Bemerkungen über die Kontingenz fand.

Andere Erlebnisse waren weniger aufreibend. Dullin erlaubte ihnen einmal, bei den Proben zu *Richard III.* dabeizusein. Er erklärte ihnen Tonart, Rhythmus und Tonlage und wie ein Regisseur geschickt die Fähigkeiten und die Unzulänglichkeiten der Schauspieler ausnutzen muß. Colette Audrys Schwester Jacqueline war Skriptgirl, und sie fanden es faszinierend und schmeichelhaft, als Colette sie eines Tages mit ins Filmstudio nahm. Dreizehnmal hörten sie mit an, wie ein Schauspieler fragte: »Sie haben nach mir gerufen, gnädiger Herr?«

»Wir waren immer ein wenig melancholisch, wenn wir am Gare Saint-Lazare in den Zug stiegen, der uns nach Rouen und Le Havre bringen sollte«, schreibt Simone. »Wir vertieften uns in die Romane von S. S. Van Dine, in die blutrünstigen Geschichten von Whitfield oder Dashiell Hammett, den die Kritiker als einen Pionier des ›neuen Romans‹ bezeichneten. Wenn ich den Bahnhof verließ, schlief die Stadt bereits. Ich aß ein Hörnchen im Métropole, das gerade schließen wollte, und ging dann auf mein Zimmer.« Wenn sie in Paris waren, konnte es geschehen, daß sie sich in langatmigen Auseinandersetzungen ergingen. Einmal merkten sie, daß sie keinen Sou in der Tasche hatten und es niemanden gab, den sie hätten anpumpen können. Simone schlug vor, es bei dem Geschäftsführer des Hôtel de Blois zu versuchen, wo sie jede Woche abstiegen. Über eine Stunde stritten sie sich, bis Simone endlich sagte: »Wenn er Sie anwidert, kann es Ihnen doch egal sein, was in seinem Kopf vor sich geht.« Sartre erwiderte, seine Meinung über den Mann verbiete es ihm, ihn anzupumpen.

Das Buch Lévinas' hatte Sartre fasziniert. Der in Litauen geborene Lévinas, der so alt war wie er, gab nur einen formellen und sehr vagen Umriß von dem Werk Husserls wieder. Sartre konnte wieder leichter atmen, als er herausfand, daß die Kontingenz in Husserls Phänomenologie keine wichtige Rolle spielte. Er entschloß sich, das Werk des vierundvierzigjährigen Philosophen ernsthaft zu studieren. Bis 1929 hatte Husserl in Freiburg studiert und lebte noch immer in der Universitätsstadt im Schwarzwald. Sartre schrieb an Aron in Berlin, um noch mehr Informationen zu bekommen. Postwendend schlug dieser vor, Sartre solle für das Semester 1933/1934 nach Berlin kommen und als sein Nachfolger am Institut Français arbeiten.

Im Januar brachte die *Nouvelle Revue Française* André Malraux' *La condition humaine (So lebt der Mensch)* in Fortsetzungen heraus. Simone und Sartre verfolgten Woche für Woche die Geschichte einzelner Personen, die in revolutionäre Ereignisse verwickelt waren. Obwohl Malraux nur drei Jahre älter war als Sartre, gehörte er irgendwie schon zu der älteren Generation, hatte aber trotzdem großen Einfluß auf die Linke. Sein Roman kam den Vorstellungen Sartres sehr nahe. Malraux' Charaktere waren »engagiert«, gleichzeitig aber auch sehr einsam. Ein anderes Buch beeindruckte sie noch mehr; es hieß *Voyage au bout de la nuit (Reise ans Ende der Nacht)* und war von Louis-Ferdinand Céline geschrieben worden. Sie lernten ganze Passagen daraus auswendig. Es war die sinnverwirrende Darstellung vom qualvollen Abstieg des Autoren in das unangenehme Dunkel seiner eigenen Erfahrungen.

Die Osterferien verbrachten Sartre und Biber in London. Stundenlang liefen sie über den Piccadilly, durch die City, Hamstead und Putney. Sie aßen in Wirtshäusern am Strand oder in Soho, standen in der Tate Gallery Stunden vor dem »Gelben Stuhl« und den »Sonnenblumen« van Goghs. Im alten Chiswick suchten sie nach Spuren Shakespeares und Dickens'. Filme waren eine Leidenschaft Sartres. Einen ganzen Tag verbrachte er damit, Simone im Regen durch Whitechapel zu schleifen, um ein kleines Kino zu finden, in dem *One way passage* mit Kay Francis und William Powell spielte. Irgendwo hatte er ein Plakat gesehen, das diesen Film ankündigte. Zwar ließ er sich von Simone nicht durch das Britische Museum zerren, paßte sich aber sonst ihren Plänen und Ausflügen an. Wenn es regnete, wußten sie nicht, wo sie sich unterstellen sollten. Es brachte sie aus der Fassung, daß es keine Cafés gab, und die schäbigen Taxis, die altmodischen Plakate, die Teestuben und die geschmacklosen Auslagen in den Schaufenstern verwirrten sie. Sie machten Abstecher nach Canterbury, das sie sehr schön fanden, und nach Oxford, wo Sartre sich durch den Snobismus der Studenten angewidert fühlte. Nach zwölf Tagen in London begannen sie, sich ernsthaft zu streiten. Sartre versuchte, seine Husserl-Phänomenologie auf die britische Hauptstadt anzuwenden, und sie fand, seine Zusammenfassung ließe zahllose Aspekte des Gesamteindruckes außer acht. In Roquentins »Bouville«[11] erkannte sie Le Havre wieder und fand, daß er mit seiner Beschreibung den Charakter der Stadt richtig enthüllt hatte. Was London angehe, sagte sie ihm, liege er völlig falsch.

Die Bewerbung um das Forschungsstipendium für 1933/1934 am Institut Français in Berlin wurde angenommen. Sartre war stolz. Außerdem bedeutete es, daß er für ein Jahr nicht mehr zu unterrichten brauchte. Berlin war nicht gerade der ruhigste Ort, um Philosophie zu studieren, aber alle waren sich darin einig, daß Adolf Hitler sich nicht lange halten würde. Im Januar war er Reichskanzler geworden und hatte über den Reichstagsbrand das Verbot der mächtigen deutschen Kommunistischen Partei erreicht. Die Politik der Nazis, die sich gegen die deutschen Intellektuellen richtete, beunruhigte die französische Öffentlichkeit. Deutsche Gelehrte und Künstler, besonders jene, die jüdischer Abstammung waren, gingen ins Exil. Der Führer der Kommunistischen Partei, Ernst Thälmann, erklärte, Deutschlands vierzehn Millionen Arbeiter würden nie zulassen, daß der Faschismus zu einer Dauereinrichtung würde und daß Hitler sie in den Krieg führen würde. Als Hitler Thälmann und den aus Bulgarien stammenden George Dimitrow verhaften ließ und versuchte, sie für den Reichtagsbrand verantwortlich zu machen, gründete Malraux ein »Komitee zur Verteidigung Ernst Thälmanns«. Gemeinsam mit dem deutschen Emigranten Willi Münzenberg, dem Organisator des antifaschistischen Widerstands, plante er »Gegenprozesse« in Paris, London und Amsterdam, um den Prozeß in Berlin lächerlich zu machen. Die Mehrheit der französischen Linken war wie der Berichterstatter von *Le Monde*, Henri Barbusse, der Meinung, daß Hitler es nicht schaffen würde, die deutsche Wirtschaft wiederaufzubauen. Das mächtige deutsche Proletariat würde erneut die Oberhand gewinnen; in diesem Falle wäre die wirkliche Gefahr eine Panik in den Reihen der Rechten Frankreichs. In der Nationalversammlung stimmten die Sozialisten und die Kommunisten weiterhin gegen die Wiederaufrüstung Frankreichs.

Sartre und Biber waren zwar grundsätzlich links eingestellt, aber gleichzeitig auch leidenschaftlich apolitisch. Sie meinten, Politik habe nichts mit ihrem Kampf zu tun. In ihrem Buch *In den besten Jahren* schreibt Simone, daß Sartre gelegentlich mit dem Gedanken spielte, in die Kommunistische Partei einzutreten, obwohl seine Ideen, seine Ziele und sein Temperament dagegen sprachen. Wiederholt sagte er, daß er sich 1939 als Individuum betrachtet habe, dessen Existenz mit der Politik nichts zu tun hatte. »Ich war der ›einsame Mensch‹, der sich gegen die Gesellschaft stellt, weil er ihr nichts schuldig ist und, was viel wichtiger ist, weil sie keine Macht auf ihn ausübt«, erzählte Sartre seinem Biographen. »Ich hatte keine politische Meinung, und ich habe nie gewählt. Ich hörte Nizans politischen Erörterungen zu, aber auch denen Arons und der Sozialisten. Ich war davon überzeugt, meine Tätigkeit als Schriftsteller sei meine Aufgabe und in keinem Fall eine soziale Aktivität. Ich glaubte daran, daß der Bürger ein Scheißdreck war, und hatte keine Hemmungen, das zu Papier zu bringen. *Der Ekel* ist nicht *nur* ein Angriff gegen die bürgerliche Mentalität, sondern er ist es auch. Der Roman ist die literarische Konsequenz aus der Idee vom ›einsamen Mann‹. Ich habe es nicht geschafft, mich davon zu befreien, bis 1939 die Mauern in sich zusammenbrachen.«

Im Sommer 1933 besuchten sie zum erstenmal das Land, in das sie wieder und wieder zurückkehrten: Italien. Die Regierung Benito Mussolinis inszenierte eine sogenannte »Faschistische Ausstellung«, und um ausländische Touristen anzuziehen, ermäßigte die italienische Eisenbahngesellschaft die Fahrpreise um siebzig Prozent. Sie nutzten die Gelegenheit »ohne Skrupel«, wie Simone schreibt, fuhren kreuz und quer durch Norditalien und verbrachten zwei Wochen in Florenz. Simone war auf den ersten Blick begeistert, Sartre nicht. Überall sah man Schwarzhemden, und die Mauern waren voller faschistischer Parolen. Nach Einbruch der Dunkelheit war kein Mensch mehr auf der Straße. In Rom beschlossen sie, bis zum Morgen aufzubleiben. Um Mitternacht näherten sich ihnen auf der Piazza Navona zwei Schwarzhemden und forderten sie auf, nach Hause zu gehen. Sie kümmerten sich nicht darum. Aber als sie morgens am Kolosseum von Scheinwerfern angestrahlt wurden, gingen sie endlich in ihr Hotel zurück.

Sartre kam im September in Berlin an, und die Professoren und Studenten des Institut Française erzählten ihm, der Nationalsozialismus läge in den letzten Zügen. Ein großer, hübscher, stämmiger Jude und ein kleiner, kraushaariger Korse im Institut wurden immer für das gehalten, was sie nicht waren, und alle lachten über die Hohlheit der Rassenpolitik, die Dummheit des Antisemitismus.

Sartre gewöhnte sich ein. Das Institut bot ihm eine Freiheit und eine Kameradschaft, die er seit seinem Studium an der Pädagogischen Hochschule nicht mehr erlebt hatte. Dazu kam, daß er eine kurze und unkomplizierte Affäre mit der Frau eines anderen Stipendiaten hatte. Simone nannte sie »Marie Girard« und sagte, sie sei eine sehr attraktive Frau gewesen. Sie lächelte nur selten und hatte einen Hang zum Träumen. Früher hatte sie sich lange Zeit im Quartier Latin herumgetrieben. Sartre und »Marie« sahen sich häufig, kamen aber überein, daß ihre Beziehung keine Zukunft haben könnte. Die Gegenwart war ihnen genug. Er sagte ihr, daß er in den Weihnachtsferien nach Paris fahren würde.

Er begann zu arbeiten.

Im Jahre 1934 war die Phänomenologie eine Bewegung, die versuchte, das Denken des Menschen zu verstehen und seine Beziehung zu sich selbst und zur Welt neu zu definieren. Vollkommen abseits der anglo-amerikanischen Philosophie – die sich auf den Pragmatismus konzentrierte – wollte die Phänomenologie mit Hilfe der *Beschreibung* von

Dingen auf Grundvoraussetzungen zurückgehen: auf Phänomene, und zwar ohne zu versuchen, sie zu erklären oder zu analysieren. Und von diesem abgegrenzten Denken wollte sie weitergehen bis hin zu einem neuen, intuitiveren Verständnis unserer Daseinsempfindung. Phänomenologie hieß einen Schritt zurückgehen, sich jeglichen Urteils enthalten und versuchen, Dinge und Ideen mit ursprünglicher Intuition zu begreifen. Sie war die Erkenntnis, wie Husserl sagte, daß wir uns drei oder auch vier Dinge »vorstellen« können, auch wenn wir imstande sind, uns tausend zu »denken«. Wie Descartes und Kant stellte die Phänomenologie die Fragen »Was wissen wir sicher?« und »In welcher Form zeigt sich Wissen?«.

Die Phänomenologie lehnte den Rationalismus grundsätzlich ab, da er die Bedeutung des menschlichen Daseins nur unzureichend erklärte. Von den Marxisten wurde sie als eine Art Kryptoidealismus abgelehnt, der die Menschen zu Beobachtern macht und sie von der Geschichte abschneidet. Husserl war der Begründer der phänomenologischen Philosophie. Er war ein kleiner energischer Mann mit einem Spitzbart und trug eine Brille mit Stahlrahmen. Er war vom Judentum zum Protestantismus übergetreten und glaubte leidenschaftlich daran, daß die Philosophie Wissenschaft sein konnte. Gerne bezeichnete er sich mit einer Mischung aus Stolz und Wehmut als einen »ewigen Anfänger«. Er war fünfundsiebzig Jahre alt, aus der Universität Freiburg ausgeschieden und lebte in aktiver Zurückgezogenheit. Er arbeitete hart und beständig an einer Vortragsreihe, die er in Belgrad halten sollte, und war sehr froh, als Martin Heidegger, sein vielversprechender Student, zu seinem Nachfolger ernannt wurde, obwohl er sich ein Jahr lang in den Nationalsozialismus verrannt hatte. Husserl wurde fast achtzig Jahre alt; in seinen letzten Lebensjahren war er wegen seiner jüdischen Vorfahren den verschiedensten Repressionen ausgesetzt.

Sartre glaubte, das Leben müsse aus sich selbst heraus begriffen werden, und sah in Husserls Phänomenologie ein sehr gutes Mittel zur Erforschung des Daseins von innen her. Für ihn war sie ein Werkzeug des Schriftstellers, ein Weg, diese innere Suche der Einbildung und der Gefühle zu beschreiben. Er war über Karl Jaspers zur Phänomenologie gekommen. Der Heidelberger Phänomenologe betrachtete das menschliche Dasein als Konflikt zwischen seiner Zugehörigkeit zu dieser Welt und der Sehnsucht des Menschen nach Transzendenz. An Lévinas' französischer Darstellung Husserls gefiel Sartre, daß dieser den Rationalismus ablehnte, weil er davon ausging, daß dieser nicht ausreichte, um der Unmittelbarkeit des Lebens gerecht zu werden. Er hatte das Gefühl, daß die Phänomenologen es geschafft hatten, den Menschen mit seiner Hoffnungslosigkeit, seinem Leid und Aufbegehren in dieser Welt zu begreifen und zu beschreiben. Er fing an, alles von Husserl und Heidegger zu lesen, und zwar in Deutsch, und schrieb seinen Roman über Antoine Roquentin um, jetzt aus einer verstärkt phänomenologischen Perspektive.

Er war der Meinung, daß Husserl mit der »Ausklammerung« der Subjektivität aus dem reinen Bewußtsein nicht weit genug gegangen war und daß Descartes' Gedanke: »Ich denke, also bin ich« (Cogito ergo sum), der die Existenz auf den Geist und nicht auf die Materie gründet, eher hätte lauten sollen: »Ich zweifle, also bin ich«, oder noch besser: »Ich bin mir bewußt, daß ich zweifle, also bin ich.« Er behauptete, Descartes verwechsele spontanen Zweifel, der nichts anderes sei als Bewußtsein, mit systematischem Zweifel, der Handlung sei. Das brachte Sartre dahin, das vor aller Reflexion liegende »cogito« mit dem ursprünglichen Bewußtsein gleichzusetzen. In *Die Transzendenz des Ego*, einem Essay, der erst 1936 veröffentlicht wurde,[12] schreibt er, das Bewußtsein sei so beschaffen, daß der Akt der Erkenntnis und die Existenz des Bewußtseins identisch seien. Wenn ich weiß, was ein Stuhl ist, bin ich, ohne zu überlegen, mir meines Bewußtseins bewußt, aber wenn ich mit Bedacht über mein Bewußtsein nachdenke, ist das eine vollkommen andere Sache, ein neuer Vorgang in meinem Bewußtsein.

Er stimmte mit Husserl überein, daß Bewußtsein immer Bewußtsein *von* einer Sache ist. Heideggers Gedanke, die wirkliche Frage sei die nach der Bedeutung des Seins, faszinierte Sartre immer mehr. In *Sein und Zeit* (1927) vertrat Heidegger die Ansicht, daß keine hochentwickelten Theorien über die »Substanz« nötig seien, um diese Bedeutung zu ergründen. Man brauche lediglich die Werkzeuge, derer sich die Menschen bedienen, ihre grundsätzliche Situation, ihre Ziele und Stimmungen zu untersuchen. Er war der Meinung, daß, unter diesem Gesichtspunkt gesehen, das menschliche Dasein letztlich absurd sei. Wir leben in einer Welt, die wir weder geschaffen noch gewählt haben.

Von allen Kreaturen haben nur wir die Fähigkeit, die Vergangenheit zu verstehen, an die Zukunft zu denken und unseren Verstand einzusetzen, um die Gegenwart zu gestalten und das Schicksal zu beeinflussen.

Sartre verteidigte die Phänomenologie gegen den Vorwurf, sie habe sich im Idealismus verirrt. Wenn das Ego und die reale Welt Dinge des Bewußtseins sind und keines von beiden vom anderen geschaffen wurde, so Sartre, dann garantiere dieses Bewußtsein, daß der Mensch aktiv an der Welt teilnimmt. Wichtiger noch, er behauptete, daß das Bewußtsein das »Ich«, das eigentlich die einigende Kraft in der Existenz des Menschen sein sollte, gewissermaßen überfließt, über es hinausgeht. Diese Überzeugung führte ihn später zu der Annahme, wir hätten dann Furcht oder Angst, wenn wir feststellen, daß nichts in unserer Vergangenheit oder Gegenwart einen bleibenden Wert darstellt, daß wir also keine Sicherheit haben, nach der wir uns in der Zukunft richten könnten, und daß tatsächlich nichts die Gültigkeit aller der von uns gewählten Werte garantiert. »Alles geschieht so, als wollte das Bewußtsein das Ego als falsches Bild seiner selbst einsetzen«, schreibt er, »als sei das Bewußtsein durch dieses Ich, das es selbst geschaffen hat, hypnotisiert.« Das war eine neue Art, den Gedanken der »Unwahrhaftigkeit« auszudrücken, den Biber und Sartre in Mogeleien der Sprache, Sublimierungen und Schwindeleien des Gedächtnisses zu entdecken versucht hatten, wie sowohl sie selbst als auch andere Leute sie gebrauchten. Unwahrhaftigkeit bedeutete den Versuch des Bewußtseins, sich vor der Verantwortung einer ständigen Entscheidungsfindung zu drücken, indem es vorgibt, an ein bereits bestehendes Ego gebunden zu sein.

Sartre hatte schon immer die Fähigkeit besessen, eine umfassende philosophische Konzeption eindrucksvoll in die Romanform umzusetzen. Im kalten Berliner Winter 1933/1934 kümmerte er sich nicht besonders um »Marie« und schrieb auch an Biber keine langen Briefe, sondern arbeitete seine Erkenntnisse über die Struktur des Bewußtseins in die Geschichte von Antoine Roquentin ein. Für ihn war das, was seinem Helden zustieß, die Kontingenz des Lebens – Antoines Leben war, wie es war, es hätte aber auch anders sein können. Sein Held befand sich auf dem Weg der Erkenntnis, und Sartre setzte nur diese Entwicklung in einen präzisen Rahmen. Die Zerstörung der Illusionen, die Antoines Leben zusammengehalten hatten, wurde zu einer entmystifizierenden Kraft. Antoine könnte dies zu der Erkenntnis führen, daß nichts seine Existenz rechtfertigt, daß, wenn man eine Rechtfertigung braucht, es nur die sein kann, daß es ist, wie es ist. Sartre schrieb seinen Roman 1936 noch einmal um. Den Entwurf aus jenem Sommer in Berlin, als er Husserl las, gibt es nicht mehr. In jener Version aber hat er den Autodidakten als ein Zerrbild des traditionellen Humanismus dargestellt, als einen grotesken Homosexuellen, der sein Leben damit verbringt, in systematischer, alphabetischer Reihenfolge alle Bücher der Leihbücherei in Bouville zu lesen, und am Ende in der Unaufrichtigkeit des »mauvaise foi« versinkt.

Simone erfuhr von der Sache mit »Marie«, als Sartre in den Weihnachtsferien für zehn Tage nach Paris kam. Mitte Februar war sie so verzweifelt, daß sie nach Berlin fuhr. Es war das erste Mal, daß Sartre den starken Wunsch hatte, mit einer anderen Frau zusammen zu sein. Es verletzte sie, daß er die theoretische Freiheit, die sie einander ließen, praktisch nutzte, daß er vollzog, was für sie immer nur ein Gedanke gewesen war. Sie erfand einen Nervenzusammenbruch, um von ihrem Gymnasium wegzukommen, und ein Arzt verschrieb ihr bereitwillig eine zweiwöchige Ruhepause. Es war sehr kalt, als sie in Berlin aus dem Zug stieg. Sartre ging mit ihr vom Kurfürstendamm bis zum Alexanderplatz; sie redeten miteinander. Sie wußte, daß diese Episode ihre Beziehung nicht zerstören konnte, aber sie mußte bei ihm sein, um sich wieder sicher zu fühlen.

Sartre ließ sie in den folgenden zwei Wochen nicht allein und zeigte ihr das quirlige Berlin mit seinen Transvestitenlokalen und Bierhallen, in denen man erst nach dreiundzwanzig Uhr einen Stehplatz bekam. Er ging mit ihr in das Romanische Café, das Lokal der Intellektuellen, wo sich die Reihen der Schriftsteller und Künstler allmählich lichteten. Sie machten einen Abstecher nach Hannover, um sich das Leibniz-Haus anzusehen, und im Institut weihte er sie in die Geheimnisse der Devisenschieberei ein, an der sowohl die Fakultät als auch die Studenten sich beteiligten. Als sie »Marie« zum erstenmal gegenüberstand, verlief das Zusammentreffen fast entspannt, und mit einiger Übertreibung schreibt Simone in ihrem Buch *In den besten Jahren*, daß sie nicht eifersüchtig gewesen sei. »Immerhin war es das erste Mal, daß eine Frau für Sartre zählte, seitdem wir uns kennengelernt hatten, und die Eifersucht ist ein Gefühl, das ich nicht unterschätze und zu dem ich sehr wohl fähig bin. Aber diese Geschichte überraschte mich nicht, sie störte die Vorstellung nicht, die ich mir von unserem Leben machte, da Sartre mir von Anfang an gesagt hatte, er werde solchen Abenteuern nicht ausweichen. Ich hatte das Prinzip akzeptiert und akzeptierte ohne weiteres auch die Tatsache. Ich wußte, wie verbissen Sartre den Plan verfolgte, der sein ganzes Leben bestimmte: die Welt kennenlernen und sie ausdrücken.« Francis Jeanson, ihr Biograph und in den fünfziger Jahren auch ihr Freund, sagte, sie sei weniger gelassen gewesen: »Diese Frau hat die Eifersucht gekannt; sehen Sie sich zum Beispiel die Geschichte seiner Beziehungen mit Camille, mit Marie Girard, mit Olga oder mit ›M‹ an.«[13]

Olga trat in ihr Leben, als Sartre nach seinem Jahr in Berlin an seine Schule in Le Havre zurückgekehrt war. Olga Kosakiewicz, Simone nannte sie in ihrer Autobiographie Olga D., war eine ehemalige Schülerin von ihr und die Tochter eines reaktionären weißrussischen Vaters und einer im gleichen Maße konservativen französischen Mutter. Sie lebten vierzig Kilometer von Rouen entfernt. Olga wohnte in der gleichen Pension wie Colette Audry. Sie war ein blasses, blondes Mädchen, achtzehn Jahre alt, Studentin und steckte tief in radikaler Politik. Sie war mit einem Haufen polnischer Studenten befreundet, die in Frankreich im Exil lebten und entweder leidenschaftliche Zionisten oder Kommunisten waren. Eines Tages fragte sie Biber, was es wirklich heiße, ein Jude zu sein. Simone antwortete ihr mit absoluter Sicherheit: »Gar nichts; so etwas wie ›Juden‹ gibt es nicht; es gibt nur menschliche Wesen.« Lange danach erzählte Olga ihr, was sie für einen Eindruck gemacht hatte, als sie in das Zimmer ihrer polnischen Freunde hineinmaschiert war und verkündet hatte: »Meine Freunde, keiner von euch existiert. Das hat mir meine Philosophielehrerin gesagt.« Simone gab zu, daß Sartre und sie manchmal leider dazu neigten, sich sehr abstrakt auszudrücken. Olga machte einen halbherzigen Versuch, Medizin zu studieren. Sartre war noch in Berlin, und Simone ging einmal in der Woche mit Olga zum Essen. Die Lebhaftigkeit des Mädchens, die Geschichten von ihren polnischen Freunden und ihre wilden Temperamentsschwankungen zwischen Lebenslust und tiefer

Depression erstaunten und faszinierten sie wie später auch Sartre. Olga war durch die Aufnahmeprüfung gefallen und verbrachte ihre Tage und ihre Abende mit Spaziergängen, Musikhören, Tanzen und endlosen Diskussionen. Die Aussicht auf eine zweite Niederlage, die mit Sicherheit Ärger mit ihren Eltern nach sich ziehen würde, machte sie absolut elend.

Ein neuer Freund von Simone war Marc Zuorro. Nach seiner Rückkehr aus Berlin hatte Sartre in Le Havre viel zu tun, und Simone verbrachte den größten Teil ihrer Freizeit bei ihm in dem alten Seehafen. Beide fanden es dort weniger deprimierend als in Rouen. Ihr gefiel die neue Fassung seines Romans, aber sie fand, Sartre habe es mit den Adjektiven und Vergleichen übertrieben. Daraufhin entschloß er sich, den Text noch einmal sorgfältig zu überarbeiten. In dieser Zeit fragte ihn sein Philosophielehrer von der Sorbonne, Henri Delacroix, ob er noch daran interessiert sei, ein Buch über das alte Thema seiner Dissertation zu schreiben: die Vorstellungskraft in der Psychologie. Professor Delacroix war gerade damit beschäftigt, für einen kleinen Verlag eine neue philosophische Reihe herauszugeben. Die Idee gefiel Sartre; er gab Antoine Roquentin zugunsten der wissenschaftlichen Arbeit auf und hoffte, das Buch schnell zu Ende zu bringen.

Unerwartet tauchte Nizan in Paris auf. Er sprach auf einer kommunistischen Versammlung und war gewollt lässig gekleidet, was für Sartres scharfe Augen auf Erfolg schließen ließ. Er war gerade aus der Sowjetunion zurückgekehrt, wo er ein Jahr verbracht hatte und zusammen mit Malraux, Louis Aragon und dem schon älteren Dramatiker Jean-Richard Bloch als französische Delegation am Sowjetischen Schriftstellerkongreß teilgenommen hatte. Er war mit Stalin und Maxim Gorki zusammengetroffen und erzählte überschwenglich von den Weinen Georgiens, von den »weichen« Schlafwagen und den üppigen Hotels, in denen man sie untergebracht hatte. Sein beiläufiger Ton sollte sie glauben machen, daß dieser Luxus den ungeheuren, allgemeinen Reichtum der Sowjetunion widerspiegele. Er sagte nichts davon, daß der Kongreß Joyce, Proust und Dos Passos als »dekadent« und »nihilistisch« verurteilt hatte, erzählte ihnen jedoch, daß Juri Oleschas expressionistischer Roman *Der Neid* eine neue und mutige Darstellung des Konfliktes zwischen dem alten und neuen Rußland sei. Das Buch stellte die miteinander verknüpften Geschichten eines »neuen Menschen« und seines dem alten Rußland nachtrauernden Bruders dar; der Autor, so Nizan, empfindet für beide Sympathie, ohne zu versuchen, eine »Lösung« zu finden. »Sartre *ist* Olescha!« sagte Nizan und kaute genüßlich an den Fingernägeln. Sartre und Biber fanden Nizan am interessantesten, wenn er über den Tod sprach. »Obgleich er nie darauf anspielte, wußten wir, welche Angst ihm der Gedanke machte, eines Tages für immer zu verschwinden. Tagelang konnte er von Theke zu Theke irren und große Gläser billigen Rotweins trinken, um diesem Schrecken zu entfliehen«, erinnert sich Simone. »Er fragte sich, ob die sozialistische Überzeugung ihm helfen würde, diese Furcht zu bannen. Er hoffte es und hatte darüber lange Gespräche mit jungen Russen geführt; alle hatten ihm geantwortet, daß im Angesicht des Todes Kameradschaft und Solidarität keine Hilfe wären und sie selbst auch Angst vor dem Tod hätten.« Nizan veröffentlichte gerade seinen dritten Roman *Das Trojanische Pferd*, in dem Sartre unter dem Namen Lange auftauchte. Lange war Lehrer und Anarchist und schlich über Straßen mit Kopfsteinpflaster, gedankenverloren in dunklen metaphysischen Spekulationen.

Weihnachten unternahmen Sartre und Biber etwas ganz Neues, und zwar hatte Simone es »entdeckt«. Sie fuhren zum Skilaufen in die Alpen. Jeden Morgen und jeden Nachmittag fanden sie sich auf der Anfängerpiste ein, wo ein kleiner zehnjähriger Junge ihnen die Grundelemente beibrachte. Sie liebten die glitzernde Sonne auf den Hängen, und jeden Abend schleppten sie sich glücklich zurück in ihre Pension, tranken Tee und lasen in ihren Büchern. Sartre mußte sich für das Buch, das er im Auftrag Professor Delacroix' schrieb, mit dem Nervensystem beschäftigen. In Montroc hoch über dem Tal von Chamonix erlebten sie das Läuten der Neujahrsglocken. Das Jahr 1935 sollte ein Jahr der Krise werden.

Sartre war dreißig.

Dreißig zu sein bedeutete das Ende der Jugend. Es hieß, daß er Inventur machen und sich mit dem abfinden mußte, was er war: Lehrer in der Provinz. Es bedeutete, sich damit abzufinden, daß nichts mehr auf ihn zukommen würde und daß er sich notgedrungen die Eitelkeit allen menschlichen Strebens bewußt machen mußte. Seine Bücher wurden immer wieder abgelehnt, und Felix Alcan, ein Verleger, hatte beschlossen, nur den ersten Teil seines Essays über die *Vorstellungskräfte in der Psychologie* zu drucken. Biber glaubte noch immer an seine Zukunft, aber er hatte mit so großer Begeisterung einen im Grunde jugendlichen Lebensstil angenommen und hatte so sehr nur für die Gegenwart gelebt, daß ihm nun die Kraft fehlte, etwas Neues anzufangen. Er brauchte starke Impulse, um aus seiner quälenden Depression herauszufinden. Ein solcher Impuls war das Experimentieren mit einer Droge, die ihm, wie er hoffte, tiefere Bewußtseinsebenen erschließen sollte, ein anderer war Olga und das Dreiecksverhältnis zwischen ihr, Simone und ihm selbst. Biber behauptete, es mache ihr nichts aus. Was sie deprimierte, war die Tatsache, daß Sartre seinen Ängsten und Selbsttäuschungen nachzugeben schien. Er hatte kein Recht, sich Launen hinzugeben, die ihr gemeinsames Dasein bedrohten. Ihr machte ihr Beruf Freude, für ihn war seine Stellung eine Selbstverständlichkeit, der er nichts mehr abgewinnen konnte.

Der Lehrerberuf, in dem Sartre seine Freiheit endgültig versanden sah, war für sie immer noch Befreiung. In ihren Augen rechtfertigte Sartres bloße Existenz die Welt, aber es gab nichts, das sie oder jemand anderes hätte tun können, um ihm in der gleichen Weise zu helfen. »Um ihn von seinen Anwandlungen zu heilen, fehlte es mir an Erfahrung und an der nötigen Technik. Ganz bestimmt hätte es ihm nicht geholfen, wenn ich seine Ängste geteilt hätte. Mein Zorn war ohne Zweifel eine gesunde Reaktion.«

In den Alpen hatte er viel über die Chronaxie gelesen, die elektrische Erregbarkeit der Organe und der Nerven. Diese Studien waren Teil einer phänomenologischen Untersuchung des Bewußtseins. Es ging ihm um die Frage, ob das Bewußtsein in der Lage ist, sich das Nichts vorzustellen – ein Widerspruch in sich, wenn Bewußtsein immer das Bewußtsein *von* etwas ist. Sartre interessierte sich zu diesem Zeitpunkt besonders für Träume, für durch den Traum beeinflußte Bilder und für ungewöhnliche Wahrnehmungen. Er sprach mit Daniel Lagache, einem Freund aus seiner Zeit an der Pädagogischen Hochschule, der auf Medizin umgestiegen war und sich auf die Psychiatrie spezialisiert hatte. Er sagte Sartre, er solle es einmal mit Meskalin versuchen, einer

Droge, die in der Psychiatrie erprobt wurde, um Halluzinationen hervorzurufen. Wenn Sartre bereit sei, in seine Praxis im Hospital Saint-Anne in Paris zu kommen, um sich Meskalin spritzen zu lassen, könne er dieses Phänomen an sich selbst beobachten. Der einzige Nebeneffekt, warnte Lagache, sei der, daß Sartre sich während einiger Stunden »etwas seltsam« benehmen würde.

Sartre ging ins Hospital Saint-Anne. Den Nachmittag dieses Tages verbrachte Simone mit Mme. Morel und Pierre Guille. Als sie zur abgemachten Zeit im Krankenhaus anrief, sagte Sartre ihr mit schwerfälliger, unklarer Stimme, ihr Anruf habe ihn vor einem Kampf mit mehreren Seeteufeln bewahrt. Sie fuhr zu ihm, und er erzählte ihr, daß alles um ihn herum sich auf höchst erschreckende Weise verändert habe. Regenschirme seien zu Geiern geworden, Schuhe sähen wie Skelette aus, und Gesichter hätten fratzenhafte Züge angenommen. Aus den Augenwinkeln habe er sehen können, daß es hinter ihm von Krebsen, Polypen und grimasseschneidenden Wesen wimmelte. Einer der Ärzte, der unter Meskalin eine Wiese voller Blumen gesehen hatte, wunderte sich über diese furchterregenden Bilder.

Als Sartre und Biber im Zug nach Le Havre saßen, sprach er nur lustlos und starrte auf ihre Schuhe. Am nächsten Tag aber war er offensichtlich wieder er selbst und sprach mit heiterer Unbefangenheit über das Experiment.

Einen oder zwei Sonntage später aber, als Biber mit Colette Audry nach Le Havre fuhr, war er mürrisch und zerstreut. Nachdem sie wieder allein waren, erklärte er Simone, er sei sehr deprimiert gewesen, und außerdem sei seine Wahrnehmung verändert. Er sähe schwarze Punkte, die Häuser hätten lüsterne Gesichter, überall seien Augen, Kiefer, und jedes Zifferblatt wirke auf ihn wie eine Eule. Natürlich wußte er ganz genau, daß es in Wirklichkeit Häuser und Uhren waren. Man konnte nicht behaupten, daß er davon überzeugt war, daß sie Augen und Kiefer hatten, aber wenn das so weiterging, könnte das ja noch kommen. Eines Tages würde er wirklich glauben, eine Languste verfolgte ihn. Eines Nachmittags spazierten sie in Rouen an einem Abstellgleis entlang, als er plötzlich sagte: »Ich weiß, was mit mir los ist: Ich bin am Rande einer chronischen Wahnvorstellung.«

In den Osterferien fuhren sie nach Norditalien. Er schien in bester

Stimmung zu sein. Aber als sie in Paris die Eröffnungsausstellung Fernando Gerassis besuchten, saß er schweigend in einer Ecke: ausdruckslos. Mme. Morel glaubte, er sei überarbeitet, und schickte ihn zu einem befreundeten Arzt, der sich aber weigerte, ihm eine Ruhepause zu verordnen. Er war vielmehr der Ansicht, Sartre dürfe nicht einen Moment faulenzen und allein sein. Sartre unterrichtete und schrieb weiter. Um sich zu zerstreuen, ging er mit Bost und Albert Palle, zwei ehemaligen Schülern, aus. Ihre Gegenwart schützte ihn vor den Krebsen und ähnlichen Monstern. Wenn Simone in der Schule war, leistete Olga ihm Gesellschaft.

Im Juli begann Sartres Mutter, sich Sorgen um ihn zu machen. Er ließ sich überreden, mit ihr und seinem Stiefvater eine Kreuzfahrt durch die norwegischen Fjorde zu machen. Für einen Kostümball auf dem Schiff lieh er sich von seiner Mutter ein schwarzes Samtkleid und eine blonde Zopfperücke. Später erzählte er Simone, daß ihm die ganze Nacht eine lesbische Amerikanerin gefolgt sei. In Olgas Zimmer in Rouen, wo Simone und Sartre sich mit ihren Freunden trafen, spezialisierte er sich darauf, sich als Frau zu verkleiden. Marc sang, Bost versuchte, mit seinen Zehen Streichhölzer zu greifen und sie anzuzünden, und ein Mädchen mit dem Namen Gégé führte Bauchtänze vor.

Biber war entschlossen, Sartre aus seinen Depressionen herauszuholen, und bat ihn, mit ihr nach Südfrankreich zu fahren, um dort Wanderungen zu machen. Ihr Heilmittel waren die Cevennen. Im Morgengrauen standen sie auf und nahmen für das Mittagessen hartgekochte Eier und Würstchen mit. Sie folgten den Schluchten des Tarn, bestiegen den Aigoual und liefen kilometerlang über Kalksteinplateaus. In Montpellier-le-Vieux verliefen sie sich in den turmartigen Bergformationen und wagten gefährliche Abstiege. Pierre Guille und seine Freundin schlossen sich ihnen an, und gemeinsam machten sie lange Wanderungen, paddelten auf dem Tarn und grillten Forellen und Flußkrebse. Eines Abends, als sie in strömendem Regen mit einem überfüllten Bus in ein Dorf fuhren, das in der Nähe von Albi lag, erklärte Sartre plötzlich, er habe es satt, verrückt zu sein, und fand zu seinem gewohnten Selbst zurück. Viel später erfuhren sie, daß der Meskalintrip seine Depressionen gar nicht ausgelöst hatte. Ärzte, mit denen sie darüber sprachen, waren der Ansicht, daß die Droge ihm zwar bestimmte Wahnvorstellungen verschafft hatte, daß aber der auslösende Faktor Überarbeitung und Erschöpfung gewesen sei. Sartre selbst sagt darüber: »Der tiefere Grund für meine neurotischen Probleme war, glaube ich, daß ich mich nicht damit abfinden konnte, erwachsen zu werden. Es war eine Art Identitätskrise.«

Im selben Jahr starb Sartres Großvater. Die Langlebigkeit der Schweitzers war sprichwörtlich. Charles wurde zweiundneunzig Jahre alt. Sein Neffe Albert, der 1952 den Friedensnobelpreis bekam, wurde neunzig.

Als sie wieder anfingen zu arbeiten, nahm Simone Olga unter ihre Fittiche. Olga hatte sämtliche Aufnahmeprüfungen für ihr Medizinstudium einfach geschwänzt und hatte in Rouen eine schlaflose Woche verbracht. Sie lief durch die Stadt, ging jede Nacht zum Tanzen ins Royal und kehrte schließlich abgemagert und mit einer herrenlosen Katze im Arm zu ihren Eltern zurück. Sie wollten Olga in ein Internat stecken, und diese wandte sich in einem Zustand trotziger Auflehnung an Simone. Sie war neun Jahre jünger als ihre Philosophielehrerin und hatte eine wilde und leidenschaftliche Art, die Simone entwaffnend fand. Olga war »wirklich«, nie verfälschte sie ihre Gefühle und gab sich mit Begeisterung ihren Vergnügungen hin. Sie tanzte, bis sie umfiel, und hatte einen unstillbaren Hunger auf neue Bekanntschaften, auf interessante Menschen. In Simone fand sie, wie sie glaubte, die Spuren ihrer eigenen Ängste und Probleme wieder. Aber Simone hatte sie überwunden. Sie war eine erwachsene Frau, die viel reiste, die die Menschen verstand, die attraktive Freunde besaß und sich ihren Weg aus eigener Kraft gebahnt hatte.

Sartre ermutigte Simone, an Olgas Eltern zu schreiben. Sie luden Simone ein, und sie konnte sie tatsächlich überreden, ihr ihre älteste Tochter anzuvertrauen. Olga fand an den Naturwissenschaften nur wenig Gefallen, aber in Philosophie war sie gut. Man einigte sich darauf, daß sie hart arbeiten sollte, damit sie ihr Diplom machen konnte. Sartre und Simone wollten ihr dabei helfen: Biber mietete für ihr Mündel ein Zimmer in ihrem Hotel in Rouen. Olga schien ihr neues Studium zunächst Spaß zu machen. Dann aber ließ ihr Interesse rasch nach. Die Angst vor einem neuen Fehlschlag und ihre Schuldgefühle stürzten sie in tiefe Depressionen. Sie gab einfach auf. Simone schluckte ihre Enttäuschung herunter und akzeptierte Olgas Entscheidung. Nun, als endgültig gescheiterte Studentin, lebte Olga auf und schleppte Biber und Sartre in Cafés, um sich eine Damenkapelle oder einen Zigeunergeiger anzuhören und um Poker zu spielen. Ihr genügte die Gegenwart: Worte, die die Zukunft festlegten und einschränkten, hatten für sie keine Bedeutung.

Simone machte es wenig aus, daß Sartres Interesse für Olga wuchs. Es war ihr lieber, daß Sartre um Olgas Gunst warb, als daß seine Wahnvorstellungen wiederkamen. Das um so mehr, als er offensichtlich nicht die Absicht hatte, die Beziehung in eine physische umzuwandeln. Einige ihrer Freunde amüsierten oder ärgerten sich über ihre Vernarrtheit in dieses »lächerliche Schulmädchen«. Simone erklärte sie sich aus dem Widerwillen, den die Welt der Erwachsenen in ihnen heraufbeschwor: »Nur um sich nicht damit abfinden zu müssen, hatte Sartre sich in seine Neurose geflüchtet, und ich sagte mir oft weinend, daß Altern gleichbedeutend mit Verfallen ist. Jeden Tag, an dem ich mich mit Olga verglich, wurde ich an mein Alter erinnert. Das hinderte uns nicht, die Jugend zu vergöttern, ihre Wirren, ihre Revolten, ihre Freiheit, ihre Kompromißlosigkeit. Wir beluden sie mit Werten und Symbolen: Olga wurde Rimbaud, Antigone, zur Verkörperung des ›enfant terrible‹ schlechthin, ein schwarzer Engel, der uns von der Höhe seines Diamanthimmels herab verurteilte. Sie tat nichts, um diese Metamorphose herauszufordern. Im Gegenteil, sie war ihr lästig. Sie verabscheute die wunderbare Person, die sie um ihren Platz brachte. Aber sie mußte ohnmächtig mit ansehen, wie sie von ihr verschlungen wurde. Wir bewunderten ihre Fähigkeit, sich rückhaltlos dem Augenblick hinzugeben, und dennoch hatten wir nichts Eiligeres zu tun, als für sie, für uns, eine Zukunft aufzubauen. Statt eines Duos waren wir von nun an ein Trio. Wir waren der Ansicht, daß die menschlichen Beziehungen dauernd neu erfunden werden müßten, daß keine Form a priori privilegiert, keine unmöglich sei: dieses schien uns zwingend.«[14]

Als Simone herausbekam, daß Sartre Olgas Liebhaber geworden war, war es ihr unmöglich, seine Meinung und seine Neigungen noch länger gleichmütig hinzunehmen, denn sie standen im klaren Gegensatz zu ihren eigenen. So sagte sie zu Francis Jeanson: »Es gibt etwas an der Eifersucht, das vollkommen gültig und wahr ist. Wenn A mit B etwas erlebt hat, und B erlebt das gleiche mit Z, wird sich A verständlicherweise ausgeschlossen fühlen; etwas Gemeinsames zerbricht, etwas Unersetzliches, das er mit B erlebt hat, wird zerstört.«[15] Das »Trio« wurde Thema für Simones Roman *Sie kam und blieb*, ihr erstes Buch, das niemand veröffentlichen wollte.

Simone hatte weiter geschrieben: um ihrer Vergangenheit treu zu bleiben und weil Sartre sie antrieb. Sie hatte zwei lange Romane zu Papier gebracht, von denen sie lediglich die Anfangskapitel vielversprechend fand. Beide hatten William Faulkner entdeckt und die französischen Übersetzungen von *As I lay dying (Als ich im Sterben lag)* und *Sanctuary (Die Freistatt)* gelesen. Sie bewunderten die symbolische Sprache des Autors, die er in jedem noch so vollendet realistischen Roman gebrauchte. Simone glaubte, sie müsse sich zu der Disziplin zwingen, kurze Erzählungen zu schreiben. Sie wollte nicht mehr versuchen, Intrigen zu erfinden, an die sie ohnehin nicht glaubte, keine Milieus mehr schildern, von denen sie keine Ahnung hatte. Sie wollte sich auf Dinge und Menschen beschränken, die sie kannte. Zu dem Titel ihres Buchs ließ sie sich, nicht ohne Ironie, von Jacques Maritain, dem christlichen Philosophen, inspirieren. Sie nannte es *Primauté du spirituel,* was man frei mit *Die Macht des Religiösen* übersetzen könnte. In der ersten Erzählung beschrieb sie das langsame Dahinwelken eines jungen Mädchens, das zaghaft versucht, sich zu entfalten, und schließlich von dem Mystizismus und den Intrigen an einer Klosterschule überwältigt wird. Es war die Geschichte einer ihrer Klassenkameradinnen aus dem Cours Désir. Die zweite Erzählung war eine Studie der »Unwahrhaftigkeit«, der Bericht über eine Kollegin in Rouen, die sich die Persönlichkeit einer emanzipierten Frau mit vielfältigen Möglichkeiten zurechtgebastelt hatte und damit zwei Schülerinnen, die sie sehr bewunderten und ihr nacheifern wollten, ins Unglück gestürzt hatte. Simone nahm sich die inneren Monologe in Faulkners Werken zum Vorbild; die Geschichte endete an dem Punkt, als die Lehrerin zum Wohle der unglücklichen Mädchen ihre Maske fallen läßt.

Die dritte Novelle war ein erneuter Versuch, Zaza wieder zum Leben zu erwecken. Sie war das Opfer bürgerlicher Respektabilität geworden, und Simone konnte ihren Tod nicht vergessen. Jetzt nannte Simone sie Anne Vignon; aber so ganz war die Autorin mit der Persönlichkeit ihrer Heldin nicht einverstanden. Die letzte Erzählung war eine Satire auf Simones eigene Jugendkrisen und auf ihre Emanzipation. Sie endete mit dem Entschluß der Heldin, der Welt ehrlich und gerade ins Gesicht zu sehen. Simone hatte diese Erzählung in der Ichform geschrieben und fand, dies sei das Beste, was sie je geschrieben hatte.

Sartre arbeitete ebenso hart wie sie, und im Jahre 1936 wurde sein erstes Buch veröffentlicht. Der Verlag Felix Alcan nannte seinen Essay *L'imagination (Das Imaginäre* in *Die Transzendenz des Ego*). Die Ausgabe hatte einhundertzweiundsechzig Seiten. Es war keineswegs das Buch, das Sartre gewollt hatte. In den folgenden vier Jahren überarbeitete er die Passagen, die Alcan abgelehnt hatte, und 1940 veröffentlichte Gallimard *L'imaginaire; psychologie phénoménologique (Das Imaginäre. Phänomenologische Psychologie der Einbildungskraft).* Im Vergleich dazu war *L'imagination* lediglich eine ziemlich oberflächliche Einleitung.

In dem Jahr, als Hitler die entmilitarisierten Rheinlande besetzen ließ, war das einzige, was Sartre wirklich interessierte, das Schreiben von Romanen. Frankreich wählte eine linksorientierte Volksfront, und Spanien stürzte in den Bürgerkrieg. Für Sartre war Antoine Roquentin wichtiger. Die dritte Version, die er Anfang des Frühjahrs geschrieben hatte, nahm unheimliche Dimensionen an, da Sartre in ihr einfach alles unterbrachte: seinen Meskalinrausch, seine Depressionen und seinen Besuch mit Simone in einem Irrenhaus. Sartre nannte seinen Roman jetzt *Melancholia* – nach dem nachdenklichen und rätselhaften Stich von Dürer aus dem Jahre 1514.

Nizan legte *Melancholia* dem Lektor des Hauses Gallimard vor, und Sartre stürzte sich auf eine neue Kurzgeschichte. In Anlehnung an einen Jüngling der griechischen Mythologie, der den Tempel der Artemis in Ephesos in Brand steckte, um unsterblich zu werden, nannte Sartre sie *Erostrate* (Herostrat).

Gallimard lehnte *Melancholia* ab.

Für das Schuljahr 1936/1937 bot man Sartre an, in Lyon eine Klasse zu unterrichten, die sich auf den Eintritt in die Pädagogische Hochschule vorbereitete. Aber als Simone an das Lycée Molière in Paris versetzt wurde, zog er es vor, eine Stellung in Laon anzunehmen. Die alte römische Stadt lag auf halbem Wege zwischen Paris und der belgischen Grenze und war mit dem Zug von Paris genauso schnell zu erreichen wie Rouen.

Die Sommerferien verbrachten sie ohne Olga in Italien. Simone und Sartre blieben zehn Tage in Rom und fuhren anschließend nach Neapel. Die Stadt mit ihren nackten und vor Dreck starrenden Kindern und die Statuen der selig lächelnden Jungfrau Maria, die sie an jeder Straßenecke entdeckten, schockierten sie. Biber wanderte nach Amalfi und Sorrent; Sartre vergnügte sich inzwischen allein. Ein junger Mann, den er in einer Bar kennenlernte, lud ihn ein, sich mit ihm »lebende Bilder«, frei nach den Fresken der Ruinen von Pompeji, anzusehen. Für nur wenig Eintrittsgeld setzte Sartre sich in einen Salon, dessen Wände von Spiegeln bedeckt waren. Zwei Frauen, eine hatte einen Elfenbeinphallus in der Hand, führten Liebesstellungen vor. Die Dame des Hauses bot ihm an, sich mit einer der beiden Darstellerinnen zurückzuziehen, aber Sartre lehnte ab. Zu Simone sagte er, es habe ihn begeistert, ein Gefühl der völligen Entfremdung zu empfinden, als er sich, umgeben von seinen eigenen Spiegelbildern, in diesem prunkvollen Raum habe sitzen sehen, während sich zwei Frauen auf zugleich komische und banale Art vor ihm produzierten. Er verfaßte über dieses Erlebnis eine Kurzgeschichte, *Dépaysement*, die er später unter dem Titel *Nourritures* umschrieb.

Sie kehrten zu dem Zeitpunkt nach Paris zurück, als die linke Koalition unter Léon Blum ihren Plan aufgab, die befreundete spanische Volksfront durch Waffenlieferungen zu unterstützen. Statt dessen forderte sie Großbritannien, Deutschland, Italien und die Sowjetunion auf, mit Frankreich ein Nichteinmischungsabkommen zu schließen. Plötzlich wurde der Bürgerkrieg in Spanien zu einem brennenden Problem. Wie die meisten links eingestellten Europäer sahen auch Sartre und Biber in dem Versuch der gewählten spanischen Regierung, den bewaffneten Aufstand niederzuschlagen, einen Kampf für die Demokratie und gegen den Faschismus. Simone schrieb: »Blums Neutralismus war um so empörender, als Hitler und Mussolini die Rebellen offenkundig mit Menschen und Material unterstützten. Die erste Bombe, die am 28. August 1936 auf Madrid fiel, wurde von einem deutschen Flugzeug abgeworfen. Wir bewunderten Malraux und seine

Truppe, die sich freiwillig in den Dienst der Republik gestellt hatte. Wie sollten sie aber, auf sich allein gestellt, der Luftwaffe der Nazis standhalten?« Als Francos Rebellentruppen Madrid einschlossen, sagte Fernando Gerassi, er könne nicht länger in Paris bleiben, und entschloß sich, abzureisen und mitzukämpfen.

Sartre und Biber kehrten an ihre Schulen zurück. Simone war endlich Lehrerin in Paris geworden und zog in ein Hotel in der Rue de la Gaîté, einer belebten Einkaufs- und Vergnügungsstraße, nur zwei Häuserblocks vom Boulevard Montparnasse entfernt. Sie spielte vage mit dem Gedanken, sich eine Wohnung zu nehmen, aber die Vorstellung, sich einen Hausstand einrichten zu müssen, schreckte sie. Außerdem war Sartre nach wie vor entschlossen, sich von allen Belastungen freizuhalten. Er brauchte nichts als ein Bett und einen Tisch. Poupette hatte ihre Stellung als Sekretärin aufgegeben und ihre erste Ausstellung ihrer Gemälde hinter sich gebracht. Sie lebte mit Francis Gruber auf dem Montparnasse. Er, Bernard Lorjou und André Marchand waren expressionistische Maler, die mit der gleichen brutalen Wut malten, die auch Picasso in seinem Bild »Guernica« ausgedrückt hatte. Fernando und Stépha lebten ganz in der Nähe mit ihrem inzwischen vierjährigen Sohn. Marc Zuorro unterrichtete am Lycée Louis-le-Grand und wohnte in einem Hotel, das vom Dôme nur eine Straßenecke entfernt war. Bost studierte an der Pädagogischen Hochschule der Sorbonne und lebte mit seinem Bruder, dem Dramatiker, an der Place Saint-Germain-des-Prés. Charles Dullin und Camille, die den Künstlernamen Jollivet angenommen hatte, wohnten etwas weiter auf dem Montmartre und probten gerade *Julius Caesar* von Shakespeare. Camille hatte es bearbeitet, und Dullin spielte den Cassius.

Es war ausgeschlossen, Olga in Rouen zurückzulassen. Ihre Eltern waren dagegen, daß sie die Normandie verließ, und so ging sie ohne deren Erlaubnis nach Paris. Sie nahm sich in Simones Hotel ein Zimmer und arbeitete eine Zeitlang als Serviererin in einer Teestube, wo man auch Bücher und Schallplatten kaufen konnte.

Zweimal in der Woche holte Simone Sartre am Gare du Nord ab. Er kam mit dem Zug aus Laon. Seine Schüler waren, wie er sagte, »die Söhne kräftiger Bauern und wußten, daß ein Sou ein Sou und ein Bulle ein Bulle ist«. Ihr neues Stammlokal war das Dôme, wo sie dank Poupette und Gruber allmählich alle Gesichter kannten. Sie trafen Ilja Ehrenburg, den einzigen Außenposten der sowjetischen Kunst und Politik, der als Korrespondent für die Iswestija arbeitete und Stalin persönlich kannte. Da waren auch die russischen Maler Ossip Zadkine, Moise Kisling, die man aus ihrem Vaterland verbannt hatte, und ein hübscher Schweizer mit gierigen Augen und struppigen Haaren. Er hieß Alberto Giacometti. Wenn sie in einem Straßencafé saßen, beobachteten Biber und Sartre das Treiben um sie herum und fanden wie in Rouen auch in Paris die Frauen viel interessanter als die Männer. Künstlerinnen, Künstlerfrauen, Modelle, unbedeutende Schauspielerinnen, hübsche Mädchen, die alle mehr oder weniger von jemandem ausgehalten wurden. Nach einer gewissen Zeit hatte es sich herumgesprochen, daß Sartre und Biber Beamte und verhältnismäßig wohlhabend waren. »Sehr oft kam ein Säufer, ein armer Teufel oder ein professionelles Pumpgenie und bettelte um fünf Francs. Sie fühlten sich verpflichtet, uns lange Lügengeschichten aufzutischen«, erinnert sich Simone. »Die Mythomanie blühte. Alle diese Ausgestoßenen, diese gescheiterten Existenzen, Tagträumer und Verlassenen veränderten unser früher so monotones Leben in der Provinz.«

Sie hatten schon immer in Bistros gelebt und in billigen Restaurants gegessen, und Simone schrieb meistens in Cafés. Sie liebte es, sich einen »Café-crème« zu bestellen und inmitten von Lärm, Rauch und Menschen an einem »Guéridon« mit einer Marmorplatte und einem Suze-Aschenbecher darauf ihre Zeit zu verbringen und mit der schnellen Handschrift der Lehrerin ihre Gedanken in Notizheften festzuhalten. Sartre und Olga liefen häufig bis zum Morgengrauen durch die Straßen, bis Olga ihn mit ihren plötzlichen Stimmungswechseln in Wut brachte. Manchmal lief sie allein in einem Zustand chronischer Langeweile stundenlang umher; manchmal trank sie und stürzte sich in düstere Phantastereien. Außer Sartre und Biber kannte Olga nur Marc und Bost, die unzertrennliche Freunde geworden waren. Sie gingen zusammen ins Kino und in Konzerte. Aus Marcs Karriere als Sänger war nichts geworden, und seine Niederlagen und die Ablehnung, mit der Bost auf seine homosexuellen Annäherungsversuche reagierte, machten der Freundschaft der drei ein Ende. Marc hatte Bost seinen Zimmerschlüssel gegeben, damit er sich jederzeit seine Platten anhören konnte. Eines Abends kam Marc nach Hause und hörte aus seinem Zimmer leise Musik und Stimmengemurmel. Er sah durch das Schlüsselloch, wie Olga und Bost sich umarmten. Die ganze Nacht lief er in rasender Eifersucht durch die Cafés, bis er im Dôme Biber traf und ihr unter Tränen alles erzählte und über seine verzweifelte Liebe zu Bost sprach.

Die Küsse der beiden Neunzehnjährigen zerstörten das prekäre Gleichgewicht der ganzen Gruppe. Sogar Biber gab es auf, nach einem Ausweg aus dem Labyrinth dieser Dreiecksgeschichten zu suchen. »Sartre«, schrieb sie, »zeigte sich als guter Verlierer.« Um Marc zu trösten, nahmen sie und Sartre ihn in den Weihnachtsferien mit zum Skilaufen. Die sanftesten Hänge bereiteten ihm Todesangst, und er überredete Sartre und Biber, ihr Zimmer mit ihm zu teilen. In den Nächten, die sie in einem zugigen Chalet mit drei Betten verbrachten, weinte Marc die Hälfte der Zeit und sprach laut über Bosts Jugend und seine unbewußte Grausamkeit.

Als sie wieder in Paris waren, sahen sie sich die Proben zu *Julius Caesar* an. Dullin war ein alter Freund von Gaston Gallimard. Gemeinsam mit Gide und Jean Schlumberger, den Mitbegründern des Verlages, hatte er die Gründung des Theaters Vieux Columbier unterstützt, wo Dullin die frühen Stücke von Paul Claudel inszenierte, die von dem jungen Verlag mit einigem Unbehagen veröffentlicht worden waren. Dullin schrieb einen Brief an seinen alten Freund und bat ihn, sich das abgelehnte Manuskript von *Melancholia* noch einmal selbst durchzulesen. Seine Initiative fiel mit Pierre Bosts Besuch bei Caston Gallimard zusammen, der ebenfalls ein gutes Wort für Sartre einlegen wollte.

Der »kleine Bost«, so nannten sie ihn, um ihn von seinem Bruder, dem Dramatiker, zu unterscheiden, wollte nach Spanien gehen und dafür kämpfen, daß das Land Republik wurde. Er fragte Sartre, ob Nizan und dessen Verbindungen zu den Kommunisten ihm helfen könnten, über die inzwischen abgeriegelte Grenze zu kommen. Seine Bitte wurde für Sartre zu einem phänomenologischen Problem. Theoretisch mußte man die persönliche Entscheidungsfreiheit des anderen respektieren; wenn jedoch dem »kleinen Bost« etwas zustoßen sollte, würde er selbst sich dafür verantwortlich fühlen. Als er schließlich ganz beiläufig mit Nizan darüber sprach, brachte dieser den »kleinen Bost« mit Malraux zusammen. Malraux fragte den Studenten, ob er mit einer Maschinenpistole umgehen könne. Die Republik, sagte er, brauche Spezialisten und keine unerfahrenen Rekruten. Der »kleine Bost« blieb zu Hause.

Anfang 1937 erkrankte Simone an einer schweren Lungenentzündung. Achtundvierzig Stunden verbrachte sie im Dämmerzustand auf der Intensivstation. Sie erholte sich nur langsam. Ihre Mutter besuchte sie jeden Morgen, und am Nachmittag kam Sartre, wenn er nicht gerade in Laon war. Und auch Poupette, Olga, Mme. Morel und Bost nahmen sich die Zeit, an ihrem Bett zu sitzen. Als sie Ostern das Krankenhaus verließ, verordnete der Arzt ihr einen dreiwöchigen Erholungsurlaub im Süden, und sie beschloß, in die Provence zu fahren.

Sartre schrieb ihr täglich, und eines Tages berichtete er, man habe ihn gebeten, Paulhan aufzusuchen. Am Tag der Verabredung sagte ihm der Cheflektor, daß alles nur ein Mißverständnis gewesen sei. Er hatte *Melancholia* abgelehnt, weil er glaubte, daß das Manuskript sich nicht für einen Fortsetzungsroman in der *Nouvelle Revue Française* eigne, einer Zeitschrift, die besser unter dem Akronym *NRF* bekannt war. Paulhan hatte hinzugefügt: »Aber es ist wunderbar. Ihr Buch wird sicher angenommen.«[16]

Damit waren die Leiden des Antoine Roquentin aber noch nicht zu Ende. Der Lektor Parain behauptete, die Rechtsabteilung fordere eine Kürzung der Passagen, in denen Sartre die ehrbaren Bürger von Bouville beschrieben hatte. Außerdem sollte die Begegnung Roquentins mit Annie und eine Szene mit zwei Dienstmädchen in seinem Hotel gestrichen werden. Nachdem Parain das Manuskript überarbeitet hatte, hatte Roquentin keine »Erektion« mehr, und seine »kleinen, grauen Eier« waren zu »kleinen Gummieiern« geworden. Die Szene mit den Dienstmädchen war ganz verschwunden, aber Sartres aggressiver und spöttischer Ton war durch Parain noch verschärft worden. Inzwischen kaufte Paulhan zwei von Sartres Kurzgeschichten und sorgte für eine kleine Sensation, als er in der Juliausgabe der *NRF Le mur (Die Mauer)* veröffentlichte. *Die Mauer* war die »absurde« Geschichte dreier Männer, die im Spanischen Bürgerkrieg dem Erschießungskommando gegenüberstehen. Die Idee zu dieser Kurzgeschichte war ihm gekommen, als er darüber nachdachte, ob er den »kleinen Bost« in seinem Vorhaben, in den Krieg zu ziehen, unterstützen sollte. In pornographischer Sprache zeichnet *Die Mauer* lebhafte Bilder geistiger Entfremdung, sexueller Verirrung und der »Unwahrhaftigkeit«. Als Gide, der alte, führende Literat Frankreichs, *Die Mauer* gelesen hatte, schrieb er eine kurze Notiz an Paulhan und nannte sie ein »Meisterwerk«. »Lange hat mir kein Buch so gut gefallen. Sagen Sie, wer ist dieser neue Jean-Paul? Es scheint, als könnte man eine Menge von ihm erwarten.«

Sartre und Simone verbrachten den Sommer in Griechenland. Den »kleinen Bost« hatten sie mitgenommen. Nach ihrer Rückkehr wurde Sartre endlich an ein Gymnasium in Paris versetzt. »Keine Zugreisen mehr, kein Herumstehen mehr auf Bahnhöfen«, schreibt Simone in *In den besten Jahren.* »Wir zogen in ein Hotel, das Sartre ausfindig gemacht hatte, während ich mich in der Provence erholte. Ich hatte ein Sofa, Bücherregale und einen sehr bequemen Schreibtisch. Ich arbeitete jetzt sehr oft zu Hause. Sartre wohnte eine Etage über mir; auf diese Weise hatten wir alle Vorteile eines Lebens zu zweit, aber keine seiner Unannehmlichkeiten.«[17] Das Hôtel meublé lag in einer kleinen Straße, der Rue Cels, direkt hinter dem Friedhof des Montparnasse, drei Häuserblocks vom Dôme.

Während Poupette Simones *Primauté du spirituel* abtippte, damit Sartre es mit seinen besten Empfehlungen an Parain weitergeben konnte, veröffentlichte Paulhan *La chambre (Das Zimmer)*. Die Geschichte erzählt von einem Mädchen, das in einer abgelegenen Dachstube eingeschlossen ist. Sartre griff dieses Thema später wieder auf.[18] Im Oktober beschloß Gaston Gallimard, Sartres Roman *La nausée (Der Ekel)* zu nennen und ihn im Frühjahr 1938 zu veröffentlichen. Diese Erfolge ermutigten Sartre, und er übertrug seine neue Zuversicht auch auf Simone. Eines Abends, als sie im Dôme saßen und sich über ihre Arbeit unterhielten, warf er ihr vor, sie sei zu zaghaft. »Sehen Sie«, sagte er mit impulsiver Heftigkeit, »warum schreiben Sie eigentlich nicht über sich selbst? Sie sind viel interessanter als alle diese Renées, diese Lisas.« Obwohl ihr der Gedanke, ihr unerfahrenes, unfertiges Selbst in ein

Buch hineinzubringen, zuerst Angst machte, begann sie, die Geschichte eines Mädchens zu schreiben, dem sie den Namen ihrer Mutter gab. Aber empfinden ließ sie Françoise, wie sie selbst, Simone, es tat. Sie schrieb in einem Stil, der Dos Passos nachempfunden war, und versuchte aufzuzeigen, wie junge Mädchen Täuschungen und Tricks gebrauchen, um auf andere als Persönlichkeit zu wirken. Sie gab Françoise eine Freundin, die sie Elisabeth nannte und in der sie nicht Zazan, sondern eine ihrer fünfzehnjährigen Schülerinnen beschrieb. Elisabeth besaß ein provozierendes Selbstbewußtsein und war so schön, daß Françoise sie einfach nur überwältigend finden konnte.

Sartre arbeitete an einem philosophischen Thema. Es war eine vierhundertseitige Abhandlung über die phänomenologische Psychologie. Er nannte sie *La psychée* und mußte sie zur Seite legen, als die Veröffentlichung seines Romans *Der Ekel* im März 1938 ihn zwang, Selbstdarstellungen und Interviews zu geben. Außerdem drängte Paulhan ihn, nachdem *La nausée* ein ansehnlicher Erfolg geworden war, eine Anthologie seiner Kurzgeschichten zusammenzustellen. Sein erstes Interview gab Sartre Claudine Chonez, einer Journalistin, die auch Gedichte schrieb. Er erzählte ihr, daß Antoine Roquentin in seinem nächsten Roman wiederauferstehen würde, um im Krieg die Entdekkung zu machen, daß er einen freien Willen hat und anschließend nach Hause zurückkehrt und einen Willkürakt begeht. »Er vergewaltigt eine Frau und stiftet einen anderen zu einem Verbrechen an. Eine willkürliche Handlung richtet sich immer gegen die ›besseren Kreise‹ der Gesellschaft und spielt sich gewöhnlich in Bereichen ab, die die Gesellschaft als verwerflich betrachtet. Und dennoch, ist es nicht auch eine tiefe moralische Wiederherstellung des Individuums, eine wirkliche Auferstehung vom Ekel zur Leidenschaft, vom Selbstmord zur Lebenslust, einem einzigartigen unabänderlich freien Leben?«[19] Es sollte nie einen Nachfolger des *Ekels* geben, und die Interpreten, die sich mit Sartre beschäftigen, fragen sich, ob Sartre seinem Interviewer damals nur einen Bären aufgebunden oder ob er den thematischen Kern seines großen Kriegsromans *Les chemins de la liberté* angedeutet hat.

Willkürliche Handlungen faszinierten Simone und Sartre in gleichem Maße. Schon immer hatten sie begierig Zeitungen gelesen, besonders gern aber Berichte über aufsehenerregende Verbrechen und geheimnisvolle Morde. 1934 hatte sie der Prozeß eines jungen Mannes beeindruckt, der einen Taxifahrer umgebracht hatte, weil er, wie er vor Gericht erklärte, kein Geld gehabt habe, um das Fahrgeld zu bezahlen. In ihrer Vorstellung war der »acte gratuit« eng mit dem Begriff der Verantwortung verbunden, die ein Mensch gegenüber der Daseinsberechtigung eines anderen empfindet. In ihrem neuen Roman versuchte Simone, sich damit auseinanderzusetzen. Sartre arbeitete an der phänomenologischen These, daß die meisten Menschen versuchen, ihre Freiheit mit Hilfe vielerlei Selbsttäuschungen vor sich selbst zu verbergen. Die gängigste Form des Selbstbetruges war der Glaube an eine wie auch immer geartete Form des psychologischen Determinismus.

Sie fuhren nach Mégève zum Skilaufen. Auf der Rückfahrt nach Paris lasen sie im Zug *L'espoir (Die Hoffnung des Menschen)* von Malraux und empfanden dabei eine Begeisterung, »die weit über den Rahmen nur literarischen Interesses hinausging«. Der Winter hatte in Spanien eine Beruhigung des Krieges gebracht, und es schien nicht mehr unmöglich, daß die Republik den heftigen Angriff der Faschisten abwehren konnte. Franco hatte Schwierigkeiten mit Deutschland. Die politische Zurückhaltung der schwergeprüften Republik machte eine Wiederannäherung zu der wankelmütigen französischen Regierung möglich, die die Nachfolge der gescheiterten Volksfront Léon Blums angetreten hatte. Es gab sogar Berichte über eine britische Initiative, die darauf zielte, sowohl die italienischen und deutschen Truppen als auch die Internationalen Brigaden abzuziehen.

Im Januar besuchten sie die Proben zu *Plutus* von Aristophanes, einem Stück, das Camille sehr frei bearbeitet hatte. Dullin spielte die Hauptrolle, und Darius Milhaud hatte die Musik dazu komponiert. Im März wurde *La nausée* veröffentlicht, und mit Ausnahme der Besprechung von Robert Brasillach in *L'Action française* waren die Rezensionen hervorragend. Die meisten Kritiker unterstrichen die Überzeugungskraft, mit der Antoine Roquentins Visionen beschrieben wurden. In *Ce Soir*, der neuen Abendzeitung der Kommunistischen Partei, schrieb Nizan, wenn man nicht wüßte, daß Sartre sich nicht für moralische Konflikte interessierte, könnte man ihn den Kafka Frankreichs nennen. Die scharfsinnigste Kritik erschien in Algerien, und zwar im *Alger républicain*, einem Nachrichtenblatt, das sechzehn Seiten hatte.

Sie war mit dem Namen eines fünfundzwanzigjährigen Journalisten gezeichnet, der aus der Kommunistischen Partei ausgetreten war, weil ihm deren Haltung gegenüber den Arabern nicht gefiel. Sein Name war Albert Camus. Gallimard hatte von *La nausée* 4100 Exemplare gedruckt. Es verkaufte sich so gut, daß er weitere 3300 nachdrucken ließ.

La nausée war ein Buch seiner Zeit und zugleich ein Vorgriff auf das Lebensgefühl, das der europäische Roman während des Zweiten Weltkrieges und in der Zeit danach ausdrücken sollte. Roquentin ist ein Kind seiner Zeit. Er legt seine Illusionen ab, die ihn ohnehin nur beruhigen sollen, und entdeckt, wie leer das eigene Selbst ist, wenn man ihm die Maske herunterreißt. Ohne sie ist er nichts. Mit Evelyn Waugh teilte Sartre eine bestimmte Art von Nihilismus und eine Abneigung gegen ein Leben voller Ironie und Stolz. Obwohl Sartre nicht wie Georges Bernanos gläubiger Katholik war, verachtete er wie dieser den Selbstbetrug, und mit Malraux stimmte er überein, daß, wenn der Mensch nichts *ist*, er sich nur rechtfertigen kann, wenn er etwas *tut*. Aber während Malraux glaubte, daß Taten den Menschen vor Verzweiflung bewahren können, war Sartre davon überzeugt, daß man ihn eher vor dem Gefühl der Sinnlosigkeit schützen müsse. Kafka hatte den Begriff von der Absurdität des Lebens eingeführt; Céline, Malraux und Bernanos hatten den Menschen als einsam und verlassen dargestellt. Sartre und sehr bald auch Camus brachen mit der metaphysischen Hoffnung und der religiösen (oder auch historischen) Transzendenz.

Es war ein schöner, ausgefüllter Frühling. Sartre unterrichtete am Lycée Pasteur seine volle Stundenzahl, schrieb seine Kurzgeschichten um, redigierte sie, verfaßte Literaturkritiken und besprach *Sartoris* von Faulkner und mit großer Begeisterung *1919* von Dos Passos. Gallimard und Grasset lehnten *Primauté du spirituel* ab, aber da die Osterferien vor der Tür standen und Sartre und Biber sich entschlossen hatten, nach Algerien zu fahren, reagierte sie auf die Ablehnung ihres Buches »mit heiterer Gelassenheit«.

Sie fuhren nicht nach Algerien. Kurz vor den Ferien hatte Simone einen Rückfall und mußte einige Tage im Bett bleiben. Da die Sonne und die schöne Frühjahrszeit ihr gut tun würden, beschlossen sie, daß sie immer noch genügend Zeit hätten, eine Reise durch das Baskenland zu machen. Die offizielle Grenze war geschlossen, aber in Itxasson, drei Kilometer vor der spanischen Grenze, fanden sie ein nettes Hotel. Direkt vor ihrem Zimmer stand ein Baum, den man über eine kleine Seilbrücke vom Fenster aus erreichen konnte. Oben zwischen den Zweigen gab es eine Plattform. Simone kletterte auf die Berge in der Nachbarschaft; Sartre saß in seiner Baumhöhle und arbeitete.

Kapitel III

Weihnachten 1940

Das Schauspiel hieß *Bariona* und war angeblich ein »Mysterienspiel« um die Geburt Christi, obwohl jeder im Lager bald hinter seine wahre Bedeutung kam. Da waren der römische Oberlehnsherr Lelius, der die Volkszählung in Judäa dazu benutzt, um höhere Steuern aus den Leuten herauszupressen, sein Mitarbeiter Levy Publicus und Bariona, ein jüdischer Häuptling. Er fordert seine Dorfbewohner auf, auf die Liebe zu verzichten, um so zu verhindern, daß die Besatzer des Landes aus ihren Kindern Sklaven machen. Und da waren die Drei Könige; Sartre schwärzte sich sein Gesicht und spielte selbst den Balthasar, der Bariona daran hindert, nach Bethlehem zu eilen, um den neugeborenen König zu töten. Im letzten Akt machte der Autor Bariona zu einem Widerstandskämpfer, der Joseph und Maria hilft, durch das von Herodes gespannte Netz hindurchzuschlüpfen. In dem Stück gab es einige spitze Bemerkungen. So sagte sum Beispiel Bariona, das Land ringe seit der Besetzung durch die Römer mit dem Tode. Der Lagerkommandant glaubte, mit den Römern wären die Engländer gemeint, die in Übersee mehrere französische Gebiete besetzt hielten. Für die Vorstellung am Heiligen Abend gab es nur Stehplätze. Wegen des großen Andrangs wurde das Stück am 25. und 26. Dezember noch einmal aufgeführt.

Das Lager war das Stammlager XII D, die deutsche Abkürzung hieß Stalag. Es lag 60 Kilometer südwestlich von Koblenz, in Trier. *Bariona*[1] war das Ergebnis theologischer Diskussionen mit anderen Kriegsgefangenen. Unter ihnen gab es einen hitzigen Pater mit Namen Page, der davon überzeugt war, daß jedes politische System, das den Menschen zum Sklaven erniedrigt, ein Frevel gegen den göttlichen Willen sei. Gott liebe die Freiheit so sehr, daß Er es lieber sähe, die Menschen wären frei anstatt fehlerlos. Sartre hatte lange, eintönige Tage damit verbracht, sich mit Pater Page und zwei Jesuiten zu unterhalten. Er erzählte ihnen von Heidegger und führte mit ihnen lange Gespräche über die theologische Lehre von den letzten Dingen, über die Vorbestimmung und die Freiheit des Willens. Pater Page glaubte an das Menschsein Jesu und bestritt die jungfräuliche Geburt. Vielmehr habe der Erlöser das Licht der Welt in einem schmutzigen Stall erblickt und sei genau wie alle Kinder unter großen Schmerzen geboren worden. Sartre stimmte ihm zu. Er glaubte, das Christentum wäre bedeutungslos gewesen, hätte es nicht alle Schmerzen der Menschheit auf die Schultern Jesu Christi geladen. »Weil ich ein Mysterienspiel geschrieben hatte, glaubten alle Leute, ich befände mich in einer Art religiöser Krise«, sagt Sartre mehr als fünfundzwanzig Jahre später. »Das war nicht der Fall. Was mich mit den Geistlichen im Kriegsgefangenenlager verband, war unser gemeinsamer Haß auf den Nazismus. Die Geburt Christi war für mich eine Sache, die Christen und atheistische Kriegsgefangene miteinander vereinen konnte. Und auf diese Weise durfte ich schreiben, was ich wollte.«[2]

Simone verbrachte ein freudloses Weihnachtsfest in ihrem kalten Zimmer im besetzten Paris, das in einer unheimlichen Hilflosigkeit erstarrte. Der letzte Brief Sartres war einer von der »inoffiziellen« Sorte gewesen. Eine Arbeitskolonne hatte ihn aus dem Lager herausgeschmuggelt und ihn an einer Straßenecke in Trier ganz einfach in den Briefkasten geworfen. Halb Europa war unter der Gewalt Hitlers, und die Post funktionierte mit unfehlbarer Pünktlichkeit, wenn es darum ging, Briefe aus dem Reich in besetzte Gebiete zu schicken. Er schrieb ihr, daß er fleißig an den Proben eines Stückes arbeite, wünschte ihr frohe Weihnachten und deutete an, daß er bald wieder zu Hause sein würde. Offensichtlich hing das Datum seiner Rückkehr nur von seinem Willen ab. Dachte er an Flucht? Sie malte sich die Bluthunde aus, die ihn verfolgen würden, und stellte sich vor, wie die Wachen auf ihn schossen. In dem Brief sprach er von der bevorstehenden Rückführung einiger Zivilisten ins Heimatland. Natürlich war er kein Zivilist, aber vielleicht hatte er irgendeinen schlauen Plan ausgeheckt.

Sartre war fast neun Monate in Kriegsgefangenschaft. Ohne daß er einen einzigen Schuß abgegeben hätte, wurde er am 21. Juni 1940, seinem Geburtstag, zusammen mit hunderttausend anderen gefangengenommen, gerade zu dem Zeitpunkt, als Frankreichs Truppen sich zurückzogen, sich auflösten und die Regierung unter Marschall Henri Philippe Pétain Hitlers Waffenstillstandsbedingungen unterzeichnete. Nicht alle hatten soviel Glück. Nizan war am 23. Mai an der Front gefallen, als die Panzer General Erich von Mansteins die Maginotlinie durchbrochen hatten und die französische Regierung aus Paris floh und nach Bordeaux ging.

Noch vor zwei Jahren hätte niemand all dies für möglich gehalten. Sartre und Biber waren von ihrer Osterreise ins Baskenland nach Paris zurückgekehrt und hatten sich kaum um die »tschechische Krise« und die Angst vor dem Krieg gekümmert, die überall aufflackerte. Wie die meisten ihrer Freunde hatten sie geglaubt, daß alles von Rußland abhinge. Es hatte sich nicht nur die Frage erhoben, ob die französische Regierung sich an ihr Abkommen mit der Tschechoslowakei halten würde, sondern vor allem, ob Rußland das tun würde. Im Juni stellte der britische Premierminister Neville Chamberlain in einigen inoffiziellen Bemerkungen fest, daß weder England noch Frankreich der Tschechoslowakei helfen würden, und die *Times* in London legte der Prager Regierung nahe, sie solle den Sudetendeutschen die Selbstbestimmung gewähren.

Im September 1938 war Sartre noch allein in Paris und schrieb die Besprechung zu Nizans neuem Roman *La conspiration (Die Verschwörung)*. Der Einmarsch der deutschen Truppen in die Tschechoslowakei stand bevor, und der Zweite Weltkrieg wurde nur dadurch noch einmal aufgeschoben, daß Premierminister Daladier und Chamberlain sich mit Hitler und Mussolini in München trafen. Wie alle anderen war auch Sartre davon überzeugt, daß Frankreich einen weiteren Aderlaß wie den Ersten Weltkrieg nicht überstehen würde, andererseits fand er, daß man Hitler nicht weiter nachgeben konnte. »Ich war für München und mit der gleichen Ernsthaftigkeit dagegen«, erinnert er sich. »Ich war hin und her gerissen.«

Die letzte Woche vor Schulbeginn verbrachte Simone mit Olga. Sie fuhren nach Nizza und wanderten durch die Berglandschaft. Marc schmollte zwar immer noch, aber Olga war ihre Freundin geblieben. Sie und ihre jüngere Schwester Wanda hatten sich mit Hilfe Sartres und Bibers in Dullins Schauspielschule im Théâtre de l'Atelier angemeldet.

Olga hatte einen Teil des Sommers mit dem »kleinen Bost« verbracht, der jetzt seinen Militärdienst ableistete. Am 25. September fand Simone auf dem Postamt von Gap ein postlagerndes Telegramm von Sartre vor, in dem er ihr mitteilte, daß er sie erwarte und die politische Lage sich verschlechtere. Im Zug nach Paris machte sie sich Vorwürfe wegen ihres blinden Optimismus. Als sie in der Hauptstadt ankam, las sie am Gare de Lyon in den Schlagzeilen der Zeitungen, daß eine Million Männer eingezogen werden sollten. Eine Woche später schien sich die Lage wieder zu beruhigen. Hitler hatte also nur gedroht.

Biber und Sartre kehrten zu ihrer, wie sie es nannte, »besessenen Beschäftigung« mit ihren eigenen Angelegenheiten zurück. Sie unterrichtete jetzt nur noch sechzehn Stunden in der Woche und begann wie Sartre einen neuen Roman.

Es war ihre und Sartres Geschichte, angereichert durch einen Mord. Es war die Geschichte eines intellektuellen Paares, das fest an die Kraft und die Dauer seiner Liebe glaubt. Aber in ihrem unkonventionellen und ruhelosen Leben haben sie ständig das Bedürfnis, neue Menschen kennenzulernen. So wird es möglich, daß sich ein junges Mädchen zwischen sie stellt. Die Gestalten waren leicht zu erkennen: Sartre ist Pierre und Simone Françoise. Pierre ist ein unternehmungslustiger Theaterdirektor, Françoise ist seine rechte Hand und die Beichtmutter unsicherer Schauspieler. Bis spät in die Nacht tippt sie Dialogänderungen und kritisiert und unterstützt Pierre in allen Belangen. Sie räumt ihm eine zentrale und beherrschende Rolle in ihrem Leben ein und zahlt dafür mit dem Verlust ihres Selbstverständnisses. Das junge Mädchen, das sich zwischen die beiden stellt, heißt Xavière. Sie hat kein Verantwortungsgefühl, steckt voller Lebenslust und Schwermut zugleich. Eines Tages, als sie alle drei zusammen sind, fühlt Françoise sich durch sie »ausgestoßen« und versucht, sich nun auf sich selbst zu besinnen, sich zu behaupten. Aber vergeblich, denn sie hat ihre Individualität aufgegeben. Jemand anderes nimmt ihr ihre Welt und bedroht ihre Persönlichkeit. Um diesen Spuk zu zerschlagen, tötet Françoise Xavière.

Simone schickte die ersten hundert Seiten, die sich mit der Kindheit von Françoise beschäftigten, an Parain. Der Lektor fand, sie würden selbst einem Vergleich mit *Primauté du spirituel*, das er abgelehnt hatte, nicht standhalten. Sartre teilte seine Ansicht, und Simone entschloß sich, die Vergangenheit ihrer Heldin, ihre Begegnung mit Pierre und die acht Jahre ihres Zusammenlebens wegzulassen. Statt dessen ließ sie den Roman am Premierenabend von Pierres Neuinszenierung von *Julius Caesar* beginnen. Sartre schlug vor, Françoise müsse Pierre im ersten Kapitel ein Opfer bringen, um zu betonen, wieviel ihr an dem Glück liegt, das sie sich gemeinsam mit ihm aufgebaut hat. So erfand Simone einen Schauspieler, dessen Jugend und Charme Françoise in Versuchung führt. Simone wollte eine Aussage in ihrem und in Sartres Sinn; eine freie und klare Entscheidung sollte am Ende des Romans stehen. Diese Entscheidung ist der Mord. Xavière hat Schlaftabletten genommen, um sich zu beruhigen, und verriegelt ihre Tür. Zuvor aber hat Françoise den Gashahn aufgedreht, und so muß Xavières Tod wie ein Unfall oder ein Selbstmord erscheinen. Sie sagt sich, daß sie eines Tages Pierre alles erzählen wird. Aber sogar er wird das Geschehen lediglich als Außenstehender beurteilen können. Ihre Tat gehört ihr allein. Dadurch, daß sie den Gashahn aufdreht, hat sie absichtlich und offenen Auges eine Entscheidung herbeigeführt. Simone scheint damit sagen zu wollen, daß sie über die Tat zu sich selbst zurückgefunden hat.

Auch Sartre schrieb an einem Buch über eine problematische Persönlichkeit. Sein Held war ein willensschwacher Intellektueller namens Mathieu. Die Handlung spielte in der Gegenwart, im September 1938. Mathieu sieht hellsichtig den Krieg voraus. Im Moment aber macht es ihm Schwierigkeiten, Geld für eine Abtreibung seiner Freundin Marcelle zusammenzubringen. Abtreibung war eine Sache, die Sartre und Biber aus eigener Erfahrung kannten. Es dauerte jedoch Jahrzehnte, bis Simone zusammen mit einhundert anderen prominenten Französinnen im Zuge einer Kampagne der Feministinnen dies öffentlich zugab, um damit zu erreichen, daß Frankreich seine veralteten Gesetze zur Abtreibung änderte.

Im Januar 1939 wurde *Le mur* veröffentlicht. Sartre hatte das Buch Olga Kosakiewicz gewidmet. *Die Mauer*, so lautete der deutsche Titel, enthielt fünf Kurzgeschichten über das Versagen, das tragische und das komische. Alle fünf waren wohlwollende, aber schwermütige Schilderungen der psychischen Mechanismen, die den Menschen in Langeweile, Zerstreutheit und Selbsttäuschung gefangenhalten.[3] Außer der Titelgeschichte über Pablo, der vor dem Erschießungskommando steht, enthielt der Band *La chambre (Das Zimmer)*, *Herostrat* und zwei neue Erzählungen: *L'intimité (Intimität)*, die Geschichte einer Frau, die ihren Körper haßt, und *L'enfance d'un chef (Kindheit eines Chefs)*, Gedanken über einen Mann und dessen Flucht in die Rolle des Zuschauers. In einer Stellungnahme für die Presse schrieb Sartre über dieses Buch: »Alle diese Fluchtversuche enden an einer Mauer. Vor dem Leben davonlaufen heißt immer noch am Leben sein.«

Wenn er nicht gerade an seiner Geschichte über Mathieu schrieb, die er jetzt *Les chemins de la liberté (Die Wege der Freiheit)* nannte, arbeitete er als Literaturkritiker. Für die Februarausgabe der *NRF* schrieb er einen Essay über Romanliteratur, der erhebliches Aufsehen erregte. Eigentlich sollte es eine Besprechung von *La fin de la nuit (Das Ende der Nacht)* werden, ein Buch, das François Mauriac 1935 geschrieben hatte. Tatsächlich aber erklärte Sartre in seinem Aufsatz, Mauriac sei kein Schriftsteller, und behauptete, der Blickwinkel, der »point of view«, einer Romanfigur dürfe keine Kenntnisse einschließen, die außerhalb der Möglichkeiten dieser Figur lägen. Erzähltechnik sei eben letztlich auch eine Frage der Philosophie.[4] In einer anderen Zeitschrift besprach er die Übersetzung von Vladimir Nabokovs Kriminalroman über einen Doppelgänger mit dem Titel *Despair*[5] und verfaßte für eine weitere Zeitung eine phänomenologische Abhandlung über das menschliche Gesicht.[6]

Im Frühling begannen Sartre und Biber, das ruhigere Viertel von Saint-Germain-des-Prés und das Café Flore dem Montparnasse und dem Dôme vorzuziehen. Das Flore war ein Café, in dem Film- und Theaterleute und eine Gruppe von Menschen verkehrten, die weder ganz zur Bohème noch ganz zum Bürgertum gehörten. Es gab dort Müßiggänger, die mit blasierten Bemerkungen ihrer Melancholie freien Lauf ließen, und Mädchen mit »traurigen Mündern und durchtriebenen, unruhigen Augen«, wie Simone sagt. Das Flore hatte seine eigenen Maßstäbe und seine eigene Kultur. Für die Menschen dort war Jacques Prévert, der abtrünnige surrealistische Dichter und Stückeschreiber, eine Art Gott, eine unfehlbare Autorität. Sie alle beteten seine Gedichte und seine Filme an und gaben sich die größte Mühe, seine Sprache und sogar sein Verhalten zu imitieren. Auch Sartre und Simone gefiel sein träumerischer und irgendwie inkonsequenter Anarchismus, seine fröhlichen Angriffe auf alles »Offizielle«, auf das Pompöse und Unmenschliche. Besonders beeindruckt waren sie von seinem Drehbuch zu ihrem Lieblingsfilm *Quai des brumes (Hafen im Nebel)*. Im Moment schrieb er an einem neuen Drehbuch für Marcel Carné.

Es war Olga, die Simone zum erstenmal ins Flore brachte. Sie hatte am Theater als Statistin gearbeitet und Dullin auf sich aufmerksam gemacht. Jetzt nahm sie mit Hingabe Schauspielunterricht im Théâtre de l'Atelier. Sie besuchte alle nur möglichen Kurse und machte Ausdrucksstudien bei Jean-Louis Barrault. Louis Jouvet und Dullin spielten in Maurice Tourneurs Verfilmung von *Volpone* die Hauptrollen. Immer, wenn Dullin Simone traf, sprach er sehr herzlich über Olga und ihre Begabung. In Barraults Bühneninszenierung von Knut Hamsuns Stück *Hunger* trat sie zum erstenmal auf.

Am 24. Januar 1939 standen Francos Truppen in den Vororten Barcelonas; fast eine halbe Million Soldaten der Republik und Zivilisten flohen bis an die französische Grenze. Einen Monat später ging die Regierung der Republik nach Frankreich ins Exil und überließ ihre aufgelösten Truppen und das hungernde Madrid der Gnade der Faschisten. Am 13. März marschierte Hitler in die Tschechoslowakei ein, und drei Wochen danach fiel Mussolini in Albanien ein, um Italien ein Sprungbrett für den Angriff auf Griechenland zu schaffen. Premierminister Daladier erließ Notstandsgesetze, und Frankreich und England traten mit der Sowjetunion in Verhandlungen ein. Sie wollten ein »Dreierbündnis« schließen, das Hitler daran hindern sollte, in Polen einzufallen. Sartre und Biber machten eine Osterreise in die Provence. Er las Heidegger, und sie kletterte auf die immer noch mit Schnee bedeckten Berge hoch über Digne.

Wie die anderen versuchten sie, die Zusammenhänge zu begreifen, und stellten fest, daß ihr Verhalten, ihre Theorien und Gedanken nicht mehr ausreichten, um die politische Lage zu erklären. Ihre Freunde befaßten sich mit Politik und setzten ihre Hoffnung immer stärker auf die Sowjetunion. Mehr als zehn Jahre hatten Frankreich und England diesem Land mißtraut und es von allen europäischen Belangen ausgeschlossen. Jetzt forderte man es auf, sich den westlichen Alliierten anzuschließen, um dem Faschismus ein Ende zu machen.

Was sollte man davon halten? Nach dem Zusammenbruch der spanischen Republik verlor Colette Audry jede Hoffnung und sagte, alles andere sei besser als der Krieg. Sartre erwiderte darauf: »Nein, nicht alles.« Er überzeugte Simone davon, daß der Krieg nicht mehr zu umgehen war, konnte sich aber auch nicht erklären, warum niemand hatte verhindern können, daß die Dinge sich so entwickelten. Die politische Situation gewann für sie an Bedeutung und zwang sie, sich über sich selbst Gedanken zu machen. Als Lehrer mit einem Anstellungsvertrag über neun Jahre waren sie finanziell abgesichert. Sie hatten keine Kinder, keine Verpflichtungen, gaben ihr Geld je nach Laune aus und zwangen sich, sich um ihre wirtschaftliche Lage keine Gedanken zu machen. Sie strotzten vor Gesundheit, es machte ihnen nichts aus, auf unorthodoxe Art zu reisen, und sie hatten so von der Welt schon genausoviel gesehen wie die meisten wohlhabenden Leute.

Anfang des Sommers fand Simone zu ihrem gewohnten Optimismus zurück. Marcel Déat hatte im *L'Œuvre* einen Artikel geschrieben: »Warum für Danzig sterben?«, den alle lasen und über den jeder sprach. Die zweite Verhandlungsrunde mit Stalin begann. Wenn die Sowjetunion sich auf die Seite Frankreichs und Englands stellte, würde Hitler sich sehr überlegen, ob er einen Krieg anfangen sollte. Wenn ja, würden die Armeen Rußlands und der westlichen Welt ihn in die Knie zwingen. Mme. Morel lud Sartre und Biber im August in ihre Villa ein, die in Juan-les-Pins an der französischen Atlantikküste lag. Simone schloß sich zunächst Fernando und Stépha Gerassi an, die sich gerade in Nizza aufhielten. Zwei Wochen lang wanderte sie mit ihnen, bevor sie sich mit Sartre in Marseille traf. Sie saßen auf der Terrasse eines Straßencafés am Vieux Port und tranken etwas, als Nizan mit einem riesigen Gummischwan unter dem Arm vorbeikam. Er, Henriette und die Kinder wollten am Abend mit dem Schiff nach Korsika fahren. Vertraulich teilte er ihnen mit, daß das Dreierbündnis unterzeichnet werden würde. Seine Meinung über die Situation war eine andere als die, die er in seinem Artikel im *Ce Soir* zum Ausdruck gebracht hatte. In der kommunistischen Partei war er ein wichtiger Mann, und sie theoretisierten darüber, daß er offensichtlich in geheimste Dinge eingeweiht war. Sie wünschten einander einen schönen Sommer, dann verschwand Nizan mit seinem Schwan unter dem Arm wieder.

Danach verbrachten Sartre und Biber wunderbare Wochen in Juan-les-Pins. Sie frühstückten auf Mme. Morels Terrasse, sahen den Wasserskiläufern zu, die über die blaue Wasserfläche der Bucht glitten, schrieben und lasen. Am frühen Nachmittag gingen sie an den Strand, wo Sartre Biber das Schwimmen beibrachte. Am 24. August erreichte sie in Juan-les-Pins die Nachricht, daß Deutschland mit Rußland einen Nichtangriffspakt geschlossen hatte. Damit war plötzlich das gesamte Kräfteverhältnis zugunsten Deutschlands verändert.

Deprimiert verließen Sartre und Biber Juan-les-Pins. Sie fanden, es bestünde keine Eile, nach Paris zurückzukehren, und fuhren mit einem Zug voller Soldaten, die man aus dem Urlaub abberufen hatte, nach Carcassonne. Gerne hätten Sartre und Biber jetzt mit Nizan gesprochen. Die Kommunisten verwanden die Kehrtwendung Stalins nur schwer, und viele ihrer Anhänger sahen sich veranlaßt, eine Überprüfung des Volksfrontbündnisses in Frankreich zu fordern. Léon Blum war davon überzeugt, daß die Kommunistische Partei Frankreichs zerfallen würde. Die Regierung unter Daladier verbot die kommunistischen Tageszeitungen *L'Humanité* und *Ce Soir*, als diese Stalins »Realpolitik«, wenn auch halbherzig, unterstützten.

Simone und Sartre kehrten nach Paris zurück, um sich auf die Schule vorzubereiten. Die Bevölkerung war geteilter Meinung. Die Konservativen hatten nur wenig Lust, gegen den Faschismus zu kämpfen, den sie heimlich irgendeiner Volksfront vorzogen. Ein Teil des Proletariats, der sich von Stalin verraten fühlte, schloß sich der Rechten an. Die Arbeiter und der Mittelstand hatten kein großes Vertrauen zu Daladiers Regierung und konnten nicht verstehen, daß es notwendig sein sollte, für Polen zu kämpfen, nachdem man Österreich und die Tschechoslowakei im Stich gelassen hatte. Die öffentliche Meinung war davon überzeugt, daß es nicht zum Kampf kommen würde und daß Frankreich hinter den Befestigungen der Maginotlinie auf jeden Fall in Sicherheit sei.

Sie waren im Flore, als am 3. September Frankreich und England den Krieg erklärten. Seit Mittag hatte man die allgemeine Mobilmachung angeordnet, und laut Einberufungsbefehl sollte Sartre sich innerhalb von vierundzwanzig Stunden in Nancy einfinden. Ein Kellner meinte, dieses Mal würde es wohl Ernst werden. Trotzdem schienen die Menschen immer noch fröhlich zu sein. »Ich habe aufgehört, an etwas zu denken, doch ich habe immer noch Kopfschmerzen«, schreibt Simone in einem Tagebuch, das sie einen Tag vorher angefangen hatte. »Über der Kirche Saint-Germain-des-Prés steht der Vollmond, sie sieht aus wie eine Dorfkirche. Und überall, in allem ein ungreifbarer Schrekken.«[7] Sie versuchten für einige Stunden zu schlafen. Dann begleitete Simone Sartre zum Gare de l'Est, wo er um 7.50 Uhr den Zug nach Nancy besteigen sollte. »Wir setzten uns vor ein Café. Sartre sagte mir immer wieder, daß er beim Wetterdienst völlig ungefährdet sei. Dann ging er. Ich ging zu Fuß zum Montparnasse zurück. Ein schöner Herbstmorgen. Über den Boulevard Sébastopol zog ein frischer Geruch nach Karotten und Kohl.«

Sartre meldete sich in Nancy bei der 70. Division und war sicher, daß es ein kurzer Krieg werden würde. Polen wurde in einem Blitzfeldzug von der überwältigenden Macht der deutschen Armee überrannt. Frankreich, das mit fünfundachtzig Divisionen einem Feind gegenüberstand, der kaum mehr als nur Verteidigungstruppen aufgeboten hatte, unternahm nur wenig, um seine Verpflichtungen gegenüber Warschau zu erfüllen. Auch England hielt sich nicht mehr daran. Die Truppen, die es zur Verfügung hatte, erreichten die »Front« erst am 26. September. Nach der unbedeutenden Saaroffensive, die von neun französischen Divisionen durchgeführt wurde, kehrte an der Westfront Ruhe ein, und Frankreich rüstete sich zum »Stellungskrieg«. Nach seiner Einberufung und Einweisung wurde Sartre in den Abschnitt 108 geschickt. Er schaffte es, Simone in der Geheimschrift der Schulkinder mitzuteilen, daß dieser Abschnitt Brumath war, eine Stadt, die zehn Kilometer nördlich vom bereits evakuierten Straßburg und acht Kilometer westlich der Rheinfront lag. In dem ersten Brief, den er ihr von seiner Wetterstation aus schrieb, erzählte er, daß er mit seiner Arbeit an *Les chemins de la liberté* vorankomme. In einem anderen an Paulhan schrieb er, seine Aufgabe sei es, Wetterballons aufsteigen zu lassen und sie durch ein Fernglas zu beobachten. »Das nennt man ›eine meteorologische Messung vornehmen‹. Anschließend gebe ich die Windrichtung an die Offiziere der Artillerie durch, die damit machen, was sie wollen. Die junge Schule richtet sich nach diesen Meldungen, die alte Schule wirft sie in den Papierkorb. Beide Methoden sind gleichwertig, weil nicht geschossen wird. Diese äußerst friedliche Beschäftigung (nur die Brieftaubenzüchter, wenn es die in der Armee noch gibt, können eine sanftere und poetischere Funktion ausüben) läßt mir reichlich Muße, die ich dazu verwende, meinen Roman zu beenden.«[8] Die Langeweile an der »Front« wurde für die zwei Millionen Soldaten zu einem Problem. Die Franzosen an der vordersten Frontlinie wurden über Lautsprecher von den Deutschen gefragt, ob sie wirklich »für Danzig sterben wollten« (in Anlehnung an den bekannten Artikel). Die Deutschen machten die Engländer für den Krieg verantwortlich und riefen: »Schießt nicht! Dann schießen wir auch nicht!« Häufig hißten die Franzosen selbst zum Zeichen ihres Einverständnisses eine Fahne, und manchmal saßen auf der anderen Seite des Rheins Soldaten der Wehrmacht und beklatschten die Fußballspiele der Franzosen auf deren Seite des Rheins.

Im Oktober begann Simone, sich einen Plan zurechtzulegen, der es ihr ermöglichen sollte, Sartre zu treffen. Da Freundinnen und Ehefrauen für Frontbesuche keinen Geleitbrief bekamen, erfand Simone eine Schwester, die angeblich Knochenkrebs hatte und in Marmoutiers in der Nähe von Straßburg wohnte. Auf dem für sie zuständigen Revier hielt ein väterlicher Beamter ihre Angaben schriftlich fest, aber es dauerte noch zwei Wochen, bis man sie aufforderte, wieder auf das Revier zu kommen.

Am 30. Oktober war ihr Geleitbrief fertig. Sie machte einen Arzt ausfindig, der sie krankschrieb, und in der Woche darauf saß sie in dem gleichen Zug nach Nancy, den Sartre zwei Monate vorher genommen hatte. Im Hauptquartier der Division in Nancy mischte sie sich unter elsässische Bauern, die zur Ernte nach Hause fahren wollten. Man hatte ihr einen Militärpassierschein ausgestellt, der ihr erlaubte, via Brumath für vierundzwanzig Stunden nach Marmoutiers zu fahren.

Sie kam um vier Uhr morgens in Brumath an, außer ihr stieg niemand aus dem Zug. Eine Stunde verbrachte sie damit, ein Zimmer zu finden und herauszubekommen, wo Sartre sich aufhielt. Soldaten, die zufällig auch aus Paris waren, boten ihr ihre Hilfe an und schlugen mit den Gewehrkolben gegen die Fensterläden eines Hotels, aber ohne Ergebnis. Eine Stunde später gab ihr der große, blonde Hotelbesitzer des Ville de Paris ein eiskaltes Zimmer. Sie schlüpfte zwischen die vor Kälte steifen Laken und schlief eine Stunde.

In einem seiner Briefe hatte Sartre erwähnt, daß er immer an einem langen Holztisch in der Taverne zum Hirschen frühstückte. Simone ging in die Taverne, aber die zwei Frauen, die das Restaurant führten, würgten alle ihre Fragen ab und sagten: »Fragen Sie im Hauptquartier.« Sie schrieb ein paar Worte an Sartre: »Sie haben Ihre Pfeife in der Taverne zum Hirschen liegenlassen.« Sie hoffte, er würde die Handschrift erkennen. Dann ging sie zu einem großen, modernen Backsteingebäude und bat einen Soldaten, der mit anderen vor dem Haus stand, ihren Brief Sartre zu überbringen. »Wahrscheinlich einer von den Knaben in der Schreibstube«, sagte der Soldat und versprach, Sartre den Brief zu übergeben. Sie ging in die Taverne zum Hirschen zurück und wartete. Plötzlich sah sie Sartre im Morgengrauen am Ende der Straße auftauchen. »Ich erkannte ihn sofort an seinem Gang, seiner Pfeife und seiner Statur. Aber er hatte einen gräßlichen Stoppelbart, mit dem er geradezu schrecklich aussah«, schrieb sie in ihr Tagebuch.[9]

Sie verbrachten eine Stunde in ihrem eisigen Zimmer. Dann mußte er zurück. Aber um elf Uhr kam er wieder, frisch rasiert. Um 13 Uhr teilte man ihr auf elsässisch mit, daß man das Zimmer einer Dame versprochen habe, die eine lange Reise gemacht hatte, um sich mit ihrem Mann zu treffen. Im Rathaus gelang es Simone ohne fremde Hilfe, einen Gendarm dazu zu bringen, ihre Aufenthaltsgenehmigung zu verlängern. Wahrscheinlich hatten ihn die Pariser Stempel beeindruckt. In der Zwischenzeit hatte Sartre in seinem Quartier ein Zimmer für Simone aufgetrieben. Als er seiner »Wirtin« erzählte, seine Frau käme, hatte sie schockiert gesagt: »Aber Sie sind doch gar nicht verheiratet.« Sartre berichtigte sich und bezeichnete Simone als »meine Braut«. Biber blieb noch zwei Tage, las die ersten einhundertundachtzig Seiten seines Romans und aß in der dunklen Taverne zum Hirschen, wo alle Lampen mit blauem Papier verhängt waren. Sie zeigte Sartre ihr Tagebuch und hörte den Soldaten zu, die sich flüsternd unterhielten. Einige sagten, Weihnachten sei alles vorüber, andere glaubten an einen »diplomatischen« Krieg ohne Kampfhandlungen. Sie schrieb: »Je näher man der Front kommt, um so weniger merkt man den Krieg.« Unter dem weiten, klaren Sternenhimmel begleitete Sartre Simone bis zum Bahnhofsplatz, dann verschwand er in der Nacht. Ihre Rückreise nach Paris war lang und wenig ereignisreich. Nur ein großer Elsässer, der mit ihr in dem überfüllten Abteil saß, sagte, als sie ihre Beine ausstreckte und sie auf seine Bank legte: »Das ist das erste Mal seit zwölf Wochen, daß ich wieder eine Frau berühre.«

Der lange Winter schleppte sich dahin. Sartre schrieb Biber jeden Tag und berichtete über den Fortschritt seines Buches. »Seitdem ich meinen Minderwertigkeitskomplex gegenüber den extremen Linken überwunden habe, fühle ich mich in meinen Gedanken so frei wie noch nie vorher. Was die Phänomenologie betrifft, geht es mir genauso«, schrieb er am 6. Januar 1940. Drei Tage später überkamen ihn wieder neue Zweifel. Er hatte sich noch einmal die fünf Notizhefte durchgelesen, in die er seinen Roman geschrieben hatte, und war enttäuscht. Im Februar bekam er eine Woche Fronturlaub und beeilte sich, nach Paris zu kommen, um Parain sein Manuskript zu übergeben. Im März jedoch sagte er Simone, er wolle die Geschichte über Mathieu, Marcelle und ihre gemeinsamen Freunde Ivich, Boris, Brunet und Daniel mit einem Rückblick beginnen, der sie beschreiben würde, so wie sie vor zehn Jahren gewesen wären. Mitte April hatte er diese »Flickarbeit« fast beendet. In einem Brief an Simone erzählte er ihr von einem scharfen Hauptmann, der gerade von der Offiziersschule kam und eine Inspektion durchführen wollte. Zu Sartre sagte er: »›Und dieser Kerl, der so aussieht, als sollte er jeden Moment zusammenbrechen, was macht der?‹ Ich sah nicht so aus, als würde ich zusammenklappen, sondern so, wie ich immer aussehe, wenn ich arbeite. ›Ich arbeite für mich privat, Herr Hauptmann!‹ ›Was ist das für eine private Arbeit?‹ ›Schreiben.‹ ›Einen Roman?‹ ›Ja, Herr Hauptmann.‹ ›Was für einen Roman?‹ ›Es würde zu lange dauern, das zu erklären.‹ ›Aber es ist doch wohl ein Buch mit Bettgeschichten und Ehemännern, die an der Nase herumgeführt werden?‹ ›Natürlich, Herr Hauptmann.‹ ›Sehr gut. Sie können froh sein, daß Sie sich auf diese Weise beschäftigen können.‹« Am Abend spendierte Sartre eine Runde für alle.

Anfang April überrannten die Deutschen Dänemark und Norwegen. Sartre bekam wieder Sonderurlaub und fuhr nach Paris, um den »Prix du roman populiste« entgegenzunehmen, der ihm für *Le mur* verliehen worden war. Endlich brachte Gallimard *L'imaginaire* heraus. Am 1. Mai kam ein Rekrut, der mit Sartre auf der Wetterstation zusammen arbeitete, nach Paris, um dort seinen Fronturlaub zu verbringen. Er brachte Simone das fast fertige Manuskript von *L'âge de raison (Zeit der Reife)*. So hatte Sartre den ersten Teil seines mehrbändigen Romanwerkes genannt. Der Obertitel stand im Plural und hieß *Les chemins de la liberté (Die Wege der Freiheit)*. In einer Notiz, die er beigelegt hatte, schrieb er Biber, sie könne »nach ihrem Ermessen durchstreichen, radieren oder herausnehmen«, was ihr nicht gefiele. »Sie müssen mir aber schreiben, wenn Sie auf wesentliche Absätze stoßen, die man in der vorliegenden Form nicht belassen kann.« Sie sollte das Manuskript so schnell wie möglich zu Parain bringen, damit dieser es an Gaston Gallimard und Paulhan weitergeben konnte.

Zehn Tage danach hatte die Stille ein jähes Ende. Am Freitag, dem 10. Mai, bombardierte die deutsche Luftwaffe Flugplätze in Nordfrankreich, und deutsche Panzer überschritten die Grenzen Hollands, Belgiens und Luxemburgs. Innerhalb von zwei Tagen drangen sieben deutsche Panzerdivisionen in die »unbezwingbaren« Ardennen vor und rollten auf die Maas und Sedan zu. Um den 16. Mai herum erlitten die Alliierten ihre erste Niederlage, was den Generalstab in Panik versetzte und in Paris Bestürzung hervorrief. Drei Wochen später hatten die deutschen Panzer Nordfrankreich überrollt und bewegten sich auf den Ärmelkanal zu. Die deutsche Luftwaffe zerschlug die Überbleibsel der französischen Streitkräfte; aber bei Dünkirchen gelang es der britischen Expeditionsarmee und Teilen der französischen Streitkräfte, sich über den Kanal nach England zu retten.

Am 3. Juni fielen die ersten deutschen Bomben auf die Vorstädte von Paris, und der Exodus, die große Fluchtbewegung der Zivilbevölkerung, begann. Olgas Eltern drangen darauf, daß ihre Tochter mit ihrer Schwester Wanda nach Hause in die Normandie käme. Sie verließen Paris, und einige Stunden später brachen auch Stépha und Fernando auf. Sie wollten so schnell wie möglich an die spanische Grenze, sie illegal überschreiten und irgendwie versuchen, in die Vereinigten Staaten oder nach Mexiko zu kommen. Am 10. Juni packte Simone das Wichtigste zusammen, darunter auch Sartres Briefe, und machte sich zusammen mit dem Vater einer Schülerin und zwei seiner Angestellten per Auto auf den Weg nach Chartres. Ohne ihren Koffer landete sie schließlich in der Villa Mme. Morels in der Nähe von Nantes. Sie hatte versucht, vom Bahnhof in Angers in der Wohnung der Morels anzurufen, und hatte ihr Gepäck solange zur Aufbewahrung gegeben. Als sie zurückkam, um ihre Koffer zu holen, waren sie verschwunden. Die Briefe, die Sartre ihr seit 1929 geschrieben hatte, wurden nie wiedergefunden.

Die meisten der vielen Gäste, die bei Mme. Morel abgestiegen waren, hatten die Absicht, nach Juan-les-Pins weiterzufahren. Simone war überzeugt, daß Sartre sich in Gefangenschaft befand, und es erschien ihr sinnlos, in den Süden zu fliehen. Außerdem war das Gymnasium, an dem sie unterrichtete, nach Nantes verlegt worden. Eines Abends schrie jemand von einem Lastwagen herunter: »Sie sind schon in Le Mans.« Am Morgen darauf flohen die Dorfbewohner in Lieferwagen, auf Pferdekarren, per Fahrrad oder liefen über die Felder und verschwanden. Französische Soldaten marschierten durch die Stadt, und ein Offizier in einem Auto erzählte Mme. Morel, sie würden versuchen, entlang der Loire hinhaltenden Widerstand zu leisten. Ein paar Soldaten kamen die Straße entlang, ohne Mützen, ohne Gewehre; dann eine Panzerkolonne. Nach einer Explosion, die die Scheiben des Restaurants gegenüber zersplitterte, rollten die deutschen Panzer durch den Ort. Nach ihnen kamen Lastwagen, Geschütze und Feldküchen. Eine Abteilung blieb im Dorf, und am Abend schlichen die Bewohner in ihre Häuser zurück. Die Cafés machten wieder auf. Die Deutschen bezahlten für ihre Getränke und auch für die Eier, die man ihnen auf den Bauernhöfen verkaufte.

Am 13. Juni flog Premierminister Winston Churchill nach Tours, um die entmutigte Regierung unter Paul Reynaud wieder aufzurichten. Am nächsten Morgen jedoch marschierten die Deutschen in Paris ein, und die Regierung Reynaud brach zusammen. Am Tag darauf gab der vierundachtzigjährige Marschall Pétain »schweren Herzens« über das Radio bekannt, daß er um einen Waffenstillstand gebeten hatte. Vier Tage später wurde Sartre in Lothringen gefangengenommen.

Simone hörte von den Waffenstillstandsbedingungen, als sie mit einer holländischen Familie, deren Auto nur noch zehn Liter Benzin im Tank hatte, nach Paris zurückfuhr. Sie hatte sich eingeredet, daß Sartre inzwischen wieder in Paris sei und daß sie in jedem Fall dort Nachricht von ihm vorfinden würde. Hundertzehn Kilometer vor Paris ging dem Holländer das Benzin aus. Ein deutscher Lastwagen nahm sie und noch zwei andere Frauen bis nach Mantes mit, das ungefähr dreißig Kilometer von Paris entfernt war. Unter der grauen Plane war es entsetzlich heiß; Menschen saßen gedrängt auf Koffern und Benzinkanistern, und über die Heckklappe des Wagens gebeugt übergab sich Simone. Als ein Deutscher ihr etwas zu essen anbot, schüttelte sie den Kopf. In Dreux sah sie ein paar Bombenkrater. Der lange Flüchtlingstreck zog weiter.

In der Rue de Vavin hatte die Wirtin des Hôtel du Danemark alles weggeworfen, was Simone zurückgelassen hatte, aber sie gab ihr einen Brief von Sartre, der das Datum des 9. Juni trug. Nachdem sie sich ein wenig erfrischt hatte, ging sie auf die Straße, um zu telefonieren, und traf ihren Vater. Sie aßen ein Sandwich und tranken ein Bier miteinander. Er sagte, die Deutschen seien sehr höflich, und die Kriegsgefangenen würden mit Sicherheit nicht vor Kriegsende freigelassen werden. Er hatte gehört, daß es in der Umgebung von Paris Lager gab, in denen die Gefangenen vor Hunger umkamen und nur »toten Hund« zu essen hatten. Das besetzte Frankreich werde wie deutsches Gebiet behandelt, sagte ihr Vater. Am Abend ging sie in die Rue de Rennes, um ihre Mutter zu besuchen. Ihre Schwester Poupette war in Portugal vom Kriegsausbruch überrascht worden, und es war anzunehmen, daß sie für die Dauer des Krieges in ihrem Exil bleiben mußte. Simone verließ ihre Eltern um halb neun Uhr abends, und ihre Mutter riet ihr, sie solle sich wegen der Sperrstunde beeilen, in die Rue de Vavin zu kommen. »Ich glaube nicht, daß meine Stimmung jemals einen tieferen Punkt erreichen kann als während dieses Rückweges durch die leeren Straßen, unter einem Gewitterhimmel, mit brennendem Hirn und brennenden Augen und dem einzigen Gedanken, daß Sartre buchstäblich am Verhungern sei«, schrieb sie in ihr Tagebuch.

Am 11. Juli erhielt sie den ersten Brief von ihm, mit Bleistift geschrieben und in einem offenen Umschlag. Er teilte ihr mit, daß er vielleicht noch vor Monatsende nach Hause kommen könnte, daß er gut behandelt würde und man ihm nicht erlaube, noch mehr zu schreiben. Sie atmete auf, brach ihr Tagebuch ab, wartete und nahm ihr gewohntes Leben wieder auf. Ein neues Schuljahr gegann.

Die Züge fuhren wieder, und Olga kam nach Paris. Nach vielen Abenteuern kehrten auch Charles Dullin und Camille in die Stadt zurück. Simone fand im Dôme ihren alten Tisch wieder und gewöhnte sich an den Anblick der jungen Deutschen in ihren grauen Uniformen.

Sie empfand ihn kaum noch als ungewöhnlich. Viel schlimmer fand sie es, im *Le Matin* und in *La Victoire* Apologien für Deutschland lesen zu müssen. An den Schaufenstern bestimmter Geschäfte sah man jetzt Schilder mit der Aufschrift: »Für Juden verboten.« Radio Vichy brandmarkte die »jüdischen Drückeberger«, die Frankreich im Stich gelassen hatten. Im Gymnasium sollte sie ein Dokument unterzeichnen, in dem sie eidesstattlich versichern mußte, daß sie weder Freimaurerin noch Jüdin sei. In allen französischen Schulen wurden den Lehrkräften solche Schriftstücke vorgelegt. Sie fand es widerlich, ihren Namen unter dieses Papier zu setzen, aber niemand wagte es, sich zu weigern. Im September wurden Lebensmittelkarten ausgegeben, und im Oktober verkündete die Vichyregierung das »Judenstatut«: Die Ausübung öffentlicher Ämter wurde den Juden untersagt. Bei Gallimard erfuhr Simone von Parain, daß die *NRF* wieder erscheinen würde. Paulhan hatte es abgelehnt, sie unter der Kontrolle der Deutschen herauszugeben. Jetzt sollte Pierre Drieu de la Rochelle diese Aufgabe übernehmen. Bedeutender aber war für sie die Mitteilung Parains, daß Nizan in der Schlacht bei Dünkirchen gefallen war. Das letzte Mal hatten Sartre und sie ihn in Marseille gesehen, als er mit seinem riesigen Gummischwan davontrottete. Henriette und die Kinder, erzählte Parain, waren auf der Flucht nach Amerika.

Neue Briefe von Sartre kamen. Er schrieb, daß die Situation in den Stalags erträglich sei. Das Essen sei zwar knapp, aber mit seiner Arbeit käme er gut voran. Er hatte viele Freunde gefunden und fand dieses neue Leben faszinierend. Sie konnte es kaum fassen. Manchmal sagte sie sich, er könne jede Minute lächelnd und mit seinem schnellen Gang auf sie zukommen. An anderen Tagen hatte sie das Gefühl, es würde noch drei oder auch vier Jahre dauern, bis sie ihn endlich wiedersah.

Hitler hatte noch keine einzige Niederlage hinnehmen müssen. London wurde bombardiert, und die Nazitruppen würden den Ärmelkanal überqueren. Die Vereinigten Staaten lehnten es immer noch ab, in das Geschehen einzugreifen, und auch die Sowjetunion verhielt sich weiterhin passiv. Eines Tages aber würden beide ganz sicher intervenieren, und irgendwann würde Hitler besiegt sein. Das bedeutete einen langen Krieg und eine lange Trennung von Sartre. In einem Brief teilte er ihr die Adresse eines Soldaten mit, der zusammen mit ihm in der Kriegsgefangenschaft gewesen war und jetzt in seine Heimat zurückkehrte. Sie traf sich mit ihm, und er bestätigte ihr, daß das Leben in den Lagern tatsächlich erträglich war.

Simone entschloß sich, wieder zu schreiben. Sie begann Hegel zu lesen, verlor sich in Gedanken über die Theorie der geschichtlichen Notwendigkeit und fand darin Trost. Um zu sich selbst und in die Gegenwart zurückzufinden, beschäftigte sie sich wieder mit Sören Kierkegaard, dessen Werke sie mit großer Begeisterung las. Er stellte den Willen über die Vernunft und forderte, daß niemand in der Auseinandersetzung mit dem Menschen zu wissenschaftlich vorgehen dürfe. Die Wissenschaft, die sich mit allgemeinen Erscheinungen befaßt, kann Dinge nur von außen her beleuchten, sagte Kierkegaard. Um die Situation von innen her zu begreifen, brauchte man eine »existentielle« Denkweise. Simone überlegte, ob sie den Konflikt zwischen dem Individuellen und dem Allgemeinen nicht zum Thema ihres nächsten Romans machen sollte.

Die Theater wurden wieder eröffnet, und da in den Kinos nur deutsche oder drittklassige französische Radaufilme liefen, freute Simone sich sehr, als Dullin sie einlud, sich die Proben zu *Plutus* anzusehen, das er wieder in den Spielplan aufgenommen hatte. Olga spielte in dem Stück von Aristophanes eine kleine Rolle, und auch in Dullins nächster Inszenierung *The Silent Woman* von Ben Johnson gehörten sie und ihre Schwester Wanda mit zur Besetzung. Simone war auf dem Weg zur Kostümprobe, als sie beim Verlassen des Hôtel du Danemark in ihrem Postfach einen Zettel fand, den die Frau eines Kriegskameraden von Sartre geschrieben hatte. Sie teilte Simone seine neue Adresse mit: Er war im Krankenrevier von Stalag XII D. Jemand sagte ihr, Krankenrevier bedeute, daß Sartre im Lazarett liege. Sie war fest davon überzeugt, daß er an Typhus erkrankt sei, und rannte durch Paris, um die Frau zu finden. Diese beruhigte Simone: Ihr Mann und Sartre hatten sich die Arbeit im Lazarett besorgt, weil es dort beheizte Baracken gab. Simone schaffte es, zum Ende des ersten Aktes im Theater zu sein.

Die Botschaften, die nun folgten – beide, die formalen und die längeren illegalen, die in Trier aufgegeben waren –, sprachen von Diskussionen mit Jesuitenpfarrern über das Geheimnis der Unbefleckten Empfängnis und von den Proben zu einem Stück, das er für Weihnachten geschrieben hatte.

Kapitel IV

Herbst 1946

Der Ruhm hatte seinen Preis. Jedes Magazin, das etwas auf sich hielt, schrieb über den Existentialismus. Touristen pilgerten zum Flore und zum Deux Magots in der Hoffnung, einen Blick auf Sartre und Simone, die beiden Mandarine des Existentialismus, und die neue »Szene« werfen zu können. In den neueröffneten Bars von Saint-Germain-des-Prés sang Juliette Greco existentialistische Lieder, und neben der Haute Couture war der Existentialismus der wichtigste Exportartikel Frankreichs. Alles wurde mit Existentialismus bezeichnet: angefangen bei Protestbewegungen gegen die, die sich zu nichts entschließen konnten, bis hin zu einer nachlässigen Eleganz und dem »Exkrementalismus«. *La nausée* wurde in dreißig Sprachen übersetzt, und Simones Roman *L'invitée (Sie kam und blieb)* nannte man »eines der Meisterwerke des philosophischen Romans«. Beide Werke galten als existentialistische Bücher. Der *Figaro* empfahl der Regierung, einige Bücher auf die schwarze Liste zu setzen. Dazu gehörten Albert Camus' *Mythe de Sisyphe (Der Mythos von Sisyphos)*, Sartres Zweiakter *Morts sans sépulture (Tote ohne Begräbnis)*, der im Antoine spielte, und *La putain respectueuse (Die ehrbare Dirne)*, ein Stück, das er seiner amerikanischen Geliebten gewidmet hatte. In den Vereinigten Staaten, und zwar in Chicago, hatte *Die ehrbare Dirne* Schwierigkeiten mit der Zensur (in Moskau gab man dem Stück ein »Happy-End« und wandelte den Titel verschämt in *Lizzie McKay* um). In der ersten Ausgabe des Magazins *Les Temps modernes*, das die beiden gegründet hatten, versuchte Sartre, seine Intentionen zu erklären, und Simone hatte im Anschluß daran eine Folge von vier Artikeln geschrieben, die jetzt in Buchform bei Nagel erschienen, weil Gallimard nicht schnell genug drucken konnte.

Seit seiner Rückkehr aus Amerika hatte Sartre einen Privatsekretär. Er hieß Jean Cau und war ein junger Mann, der es vorzog, Sartres wilden Terminkalender in gemäßigte Ordnung zu bringen, statt an der Pädagogischen Hochschule der Sorbonne zu studieren. Der Ruhm brach geradezu über Sartre herein, und in seiner neuen Wohnung, die er mit seiner kürzlich verwitweten Mutter bewohnte, konnten Cau und er die Telefonate kaum bewältigen. Wenn Simone nicht gerade bei Nagel Fahnen korrigierte oder bei Gallimard im Lektoratskomitee saß, schrieb sie für *Les Temps modernes* autobiographische Artikel. Die Zeitung hatten sie in liebevoller Erinnerung an Charlie Chaplins Filmkomödie benannt, die ihnen lange vor dem Krieg so gut gefallen hatte.

Sie hatten nie einen Augenblick für sich allein. Sartre und Biber waren in Rom gewesen, um die Filminszenierung von *Bei geschlossenen Türen* zu überwachen. Um seine Rede für die Eröffnungssitzung der UNESCO fertigzubekommen, schluckte Sartre Amphetamine. Da sie es ablehnten, ihr Verhalten nach bestimmten Rollenvorstellungen zu gestalten, setzten sie sich häufig starken Angriffen aus. Vielleicht war es naiv, daß sie ihren Lebensstil nicht änderten. Die Zeitung *Liberté de l'esprit* schrieb, daß Autoren, die politisch rechts der Mitte standen, am Tage verlangende Blicke ins Flore schickten und in der Nacht von Simone träumten. Eine andere Wochenzeitschrift hatte keine Hemmungen, die Schwindeleien eines jungen Mädchens zu veröffentlichen, das behauptete, Sartre habe es in ein Hotel gelockt und es an einem Camembert riechen lassen. Ein Journalist des *Samedi Soir* hatte Simone mit der Bemerkung, er würde ohnehin über sie und Sartre schreiben, überredet, ihm ein Interview zu geben. Sein Artikel erwies sich später als eine Aneinanderreihung schmutziger Verleumdungen. Simone machte es nicht viel aus, daß man sie »die große Sartreuse« oder »Notre-Dame de Sartre« nannte, aber bestimmte Blicke, mit denen die Männer sie ansahen, brachten sie auf den Gedanken, daß die existentialistische Frau offensichtlich als liederlich verschrieen war. »Wir führten jeder ein so selbständiges Leben, daß man unsere Beziehung nicht einmal als eine klassische ›freie Ehe‹ bezeichnen konnte«, schrieb sie achtzehn Jahre später in *La force des choses (Der Lauf der Dinge)*, dem dritten Teil ihrer Autobiographie.[1] Dreißig Jahre später schrieb Sartre, daß sie sich allmählich daran gewöhnt hatten, daß man sie als Verführer der Jugend bezeichnete: »Ich war zunächst völlig verblüfft; das hätte ich nie für möglich gehalten. Aber schließlich bin ich schon immer von

Walter Beltz
Die Mythen des Koran
320 S., geb. 32 DM

Walter Beltz gibt Erklärungen und Deutungen der einzelnen Suren aus der Perspektive ihrer heutigen Wirkung und macht die politische Sprengkraft des Islam in der Gegenwart verständlich, indem er ihn zu seinen Wurzeln und Grundlagen zurückverfolgt.

Axel Madsen
Jean Paul Sartre und Simone de Beauvoir
368 S., 20 S. Abb., geb. 34 DM

Das Schwergewicht dieser Doppelbiographie liegt wohl auf dem einzigartigen Verhältnis der beiden zueinander, auf den Problemen und den großen Augenblicken dieser lebenslangen freien Partnerschaft.

Heinrich Schirmbeck
Die Pirouette des Elektrons
368 S., geb. 32 DM

„Was an diesen Erzählungen so eigentümlich fesselt, ist die feinnervige Psychologie, der subtile, reizbare Sinn für ungewöhnliche, aber doch erahnbare Zusammenhänge."
Horst Krüger

Hans-Jürgen Heise
In schönster Tiefflug-laune
72 S., Pappbd. 16 DM

Gedichte wie Momentaufnahmen - und doch viel mehr: Hans-Jürgen Heise bringt Landschaften und Freiheitsräume ins Bild, die überlebenswichtig sind.

Michael Guttenbrunner
Gesang der Schiffe
144 S., Pappbd. 20 DM

Gedichte aus drei Jahrzehnten: eine Auswahl aus Michael Guttenbrunners lyrischem Werk.

Odysseas Elytis
TO AXION ESTI - Gepriesen Sei
120 S., Pappbd., 12,80 DM

„Odysseas Elytis schafft eine faszinierende Welt aus Sprache und Licht, eine Welt im Urschoß des Mythos und gleichzeitig in unser allernächster Gegenwart."
Süddeutsche Zeitung

den richtigen Leuten angegriffen worden, nämlich von denen, die ich verachte.«

Nicht ganz. Sie waren tief betrübt, als sie merkten, daß die Kommunisten sie ablehnten. Henri Lefebvre, der Parteiphilosoph, beschuldigte Sartre, ein Totengräber zu sein, und sagte, er sei dekadent. Zwei andere Marxisten warfen ihm vor, er führe die Jugend in die Irre, und die katholische Zeitung *La Croix* nahm diese Bemerkung in einem Artikel wieder auf, in dem sie den »atheistischen Existentialismus« »eine Gefahr« nannte, »die ernster zu nehmen sei als der Rationalismus des 18. und der Positivismus des 19. Jahrhunderts«. Der ungarische Denker Georg Lukács lieferte eine wesentlich ernsthaftere Interpretation des Existentialismus. Für ihn war er die ungesunde Reaktion des fetischistischen, kapitalistischen Bewußtseins, das keine Möglichkeit sieht, aus seinem selbstgeschaffenen Dunkel herauszufinden.[2]

Sartre hatte an alledem auch seinen Spaß, aber Simone war eher bestürzt. Sie kümmerte sich nicht um den Unsinn, den man sich über sie beide erzählte, und auch nicht darum, daß ihr Name in den Klatschspalten erschien. Sartre war berühmter als sie, aber, wie sie schrieb, »weil ich viel zu sehr an ihm hing, konnte ich nicht eifersüchtig sein, und außerdem schien es mir ganz gerechtfertigt. Ich bedauerte es nicht, daß ich nicht berühmter war.«[3] Das Geld war ein *moralisches* Problem. Sie wurde sich darüber klar, daß Sartre viel verdienen würde, und versuchte, mit ihm über die daraus entstehende Verantwortung zu diskutieren. »De facto wichen wir dem aus«, erinnert sie sich. »Sartre hatte Geld nie ernst genommen; er fand es abscheulich zu rechnen. Er hatte weder Lust noch Zeit, sich in eine philanthropische Institution zu verwandeln. Außerdem hat eine zu perfekte Wohltätigkeit etwas Unangenehmes. Fast alles, was er verdiente, gab er, wie der Zufall es wollte, Freunden, Bekannten oder Leuten, die ihm schrieben und um Geld baten.«

Das war nicht das Hauptproblem. Eine dunkle Wolke an Simones Horizont war »Dolores V.«, eine Frau, die Sartre auf seiner ersten Amerikareise in New York kennengelernt hatte, wohin er als Korrespondent des *Figaro* und des *Combat* geschickt worden war. Er war ihretwegen noch einmal hinübergefahren und erst nach drei Monaten zurückgekommen. Nach dieser zweiten Reise in die Vereinigten Staaten hatte er Simone viel über diese Frau erzählt. Biber nannte sie in ihrer Autobiographie »M«. »Im Moment war ihre Zuneigung gegenseitig, und sie planten, jedes Jahr drei bis vier Monate miteinander zu verbringen. Es war nicht die Trennung, die mich schreckte, sondern seine Schilderung der mit ihr in New York verbrachten Wochen; er war so hingerissen, daß ich unruhig wurde. Bis dahin hatte ich angenommen, er habe sich vor allem durch den romantischen Aspekt dieses Abenteuers verführen lassen. Plötzlich fragte ich mich, ob ›M‹ für ihn nicht wichtiger sei als ich. Inwieweit ist eine Verbindung, die seit über fünfzehn Jahren besteht, schon zur Gewohnheit geworden? Welche Konzessionen fordert sie?«[4] Sie glaubte, für sich die Antwort darauf zu kennen, war sich aber nicht sicher, ob auch Sartre eine hatte. Er beschrieb Dolores in einer Weise, die darauf schließen ließ, daß sie alle seine Gefühle, seinen Ärger und seine Wünsche teilte. Wenn sie miteinander spazierengingen, hatte sie im gleichen Moment wie er Lust, stehenzubleiben oder weiterzugehen. Simone fragte sich, ob das nicht auf ein tiefes Einvernehmen zwischen den beiden schließen ließe, so tief, wie es zwischen ihr und Sartre nie bestanden hatte. Eines Tages, als sie gerade die Wohnung verließen, um mit Lucienne und Armand Salacrou zu Mittag zu essen, fragte Simone ihn, wer von beiden ihm mehr bedeute, Dolores oder sie. Er antwortete ihr daraufhin, Dolores bedeute ihm ziemlich viel, und sagte: »Aber ich bin bei Ihnen.« Sie verstand das so, daß er ihren »Pakt« respektierte und sie nicht noch mehr von ihm verlangen sollte. »Eine derartige Antwort stellte die ganze Zukunft in Frage«, schreibt sie. »Es fiel mir äußerst schwer, Hände zu schütteln, zu lächeln, zu essen. Als ich sah, daß Sartre mich besorgt betrachtete, biß ich die Zähne zusammen, aber mir schien, als wollte das Essen kein Ende nehmen. Am Nachmittag erklärte Sartre mir sein Verhalten. Wir hätten doch immer mehr Wert auf das Verhalten als auf Worte gelegt, deshalb habe er sich auf eine Tatsache berufen, statt lange Reden zu halten. Ich glaubte ihm.« Als Simone in die Vereinigten Staaten fuhr, um das Land kennenzulernen und um Vorträge zu halten, kam Dolores nach Paris.

Schon fünf Jahre vorher, als Sartre aus der Kriegsgefangenschaft entlassen worden war, hatte es Schwierigkeiten zwischen ihnen gegeben.

Jener Märzabend im Jahre 1941 war eine komische Verkettung von Irrtümern. Simone kehrte vom Abendessen in das Hôtel du Danemark zurück und fand in ihrem Briefkasten eine Notiz Sartres, in der er ihr mitteilte, daß er im Café Trois Mousquetaires auf sie warte: Den ganzen Weg bis in die Rue de la Gaîté rannte sie – niemand. Sie ließ sich auf eine Bank fallen, und ein Kellner übergab ihr einen Zettel. Sartre hatte zwei Stunden auf sie gewartet und machte jetzt einen Spaziergang, um sich zu beruhigen. Er wollte bald zurück sein. Früher hatten sie nie Schwierigkeiten gehabt, nach einer Trennung wieder zueinanderzufinden. An jenem Abend und auch an den darauffolgenden Tagen erschien er ihr wie ein Fremder. Er sprach eine andere Sprache, die Sprache des Lagers, und war voll von moralischer Selbstgerechtigkeit. Er wollte wissen, ob sie Schwarzhandel triebe, und sie antwortete ihm, daß sie gelegentlich ein wenig schwarzen Tee kaufte. Darauf meinte er, auch das sei schon zuviel. Außerdem sei es falsch gewesen, das Schriftstück zu unterschreiben, auf dem sie erklären mußte, daß sie weder Freimaurerin noch Jüdin sei. Schon immer hatte er seine Ideen, ganz zu schweigen von Zustimmung oder Kritik, auf äußerst dogmatische Weise vertreten, aber seine Ideologie war immer gewissermaßen elastisch gewesen. »Ich war darauf gefaßt gewesen, ihn voller Überzeugungen und Plänen für die Zukunft anzutreffen, aber nicht gepanzert mit Prinzipien«, schrieb Simone.[5] Es war ihm gelungen, das Lager durch eine List – er gab sich als Zivilist aus – zu verlassen, aber das Leben in der Gefangenschaft war eine Art festgefügter Bruderschaft gewesen, in der jeder einzelne Kompromisse und Zugeständnisse ablehnte. Mit einigem Bedauern gab er nach und nach die klare Eindeutigkeit des Lagerlebens auf und ersetzte sie durch die Kompromisse und Improvisationen, die für die Bevölkerung des besetzten Landes typisch waren.

Noch etwas an ihm überraschte sie an jenem Abend. Er war nicht nach Hause gekommen, um zu überleben, sondern um zu *handeln*. Simone war entsetzt. Sie waren isoliert, machtlos. Der Faschismus feierte überall Triumphe, und Nazideutschland hatte Europa von Norwegen bis zum Mittelmeer, vom Atlantik bis ans Schwarze Meer in seiner Gewalt. Die Sowjetunion, auf die man so viel Hoffnung gesetzt hatte, besetzte die baltischen Staaten und plante, mit Japan einen

Nichtangriffspakt zu schließen. Zur gleichen Zeit trat in den Vereinigten Staaten Franklin D. Roosevelt seine dritte Amtsperiode an. Das hatte es noch nie vorher gegeben. Aber auch er begann gerade erst, sein Land in aller Vorsicht aus der traditionellen Isolation herauszuführen und in eine Allianz mit Großbritannien hineinzusteuern. In Frankreich erklärten sich die altersschwache Vaterfigur Pétain und sein Premierminister Pierre Laval nicht nur dazu bereit, sich zurückzuhalten, sondern imitierten den deutschen Nationalsozialismus, um den Diktator dazu zu bringen, Frankreich mit Nachsicht zu behandeln. Kollaborateure, die sich selbst gern als Realisten bezeichneten, traten inzwischen offen auf und gewannen immer mehr politisches Gewicht.

Zunächst mußte Sartre seine rechtmäßige Entlassung aus der Armee beantragen. Das war nur in Vichyfrankreich möglich, der »freien Zone«, die von Pétain regiert wurde und nicht von den Deutschen besetzt war. Sartre hatte vor, mit dem Fahrrad bis an die »Grenze« zu fahren, sie heimlich zu überqueren, seine Zivilpapiere abzuholen und sich anschließend in das von den Deutschen besetzte Frankreich zurückzuschleichen. Da erfuhr er, daß die Verwaltung der Universität in Paris es mit den Papieren zurückkehrender Lehrer nicht so genau nahm. Er nahm seinen Posten am Lycée Pasteur wieder auf, und nach einem klärenden Gespräch mit einem Schulrat, in dem keiner von beiden ganz offen seine Meinung sagte, teilte man ihm mit, daß er im kommenden Jahr an dem renommierten Lycée Condorcet eine Klasse unterrichten sollte, die sich auf den Eintritt in die Ecole Normale vorbereitete.

Dann ging Sartre an die organisatorischen Vorbereitungen für den »Widerstand«. Die erste Sitzung fand in Simones Zimmer statt. Anwesend waren Merleau-Ponty, der »kleine Bost«, die sich beide ordnungsgemäß aus der Armee abgemeldet hatten, und eine Handvoll ehemaliger Philosophiestudenten, die gemeinsam mit Merleau-Ponty an der Pädagogischen Hochschule der Sorbonne studiert hatten. Dominique Desanti, ein fanatischer Marxist, schlug vor, man solle Attentate organisieren auf Defätisten wie Déat, von dem der Artikel »Warum für Danzig sterben?« stammte. In der von den Deutschen kontrollierten Presse verteidigte er die »Neue Ordnung« der Faschisten. Aber keiner von ihnen fühlte sich dazu fähig, Bomben herzustellen, und so einigten sie sich darauf, sich bis auf weiteres auf antideutsche Propaganda zu beschränken. Sie wollten Informationen sammeln und versuchen, diese über Flugblätter und Pamphlete zu verbreiten.

Sie erfuhren, daß es noch mehrere solcher Gruppen gab. Eine wurde von Alfred Péron geleitet, einem Jugendfreund Sartres, der für den englischen Nachrichtendienst arbeitete. Bald fanden auf Schulhöfen und im Jardin de Luxembourg Treffen zwischen den Gruppen statt.

Zwar wollten alle diese neuen Widerstandsgruppen die Niederlage Nazideutschlands erreichen, doch ihre Vorstellungen über die Zukunft waren unterschiedlich. Die Kommunisten, die von allen am meisten für den offenen Kampf waren, arbeiteten, wenn schon kein durch und durch marxistisches Frankreich möglich sein sollte, auf eine Volksfrontregierung hin. Sartres Jugendfreund sympathisierte mit den Partisanen General Charles de Gaulles, der sein Land von London aus dazu aufrief, den Kampf weiterzuführen.

Sartre und seiner kleinen Gruppe fiel es schwer, sich die Zeit nach der Besetzung überhaupt vorzustellen, aber sie zwangen sich dazu, an die Zukunft zu denken. Simone schrieb später: »Im Falle eines Sieges der Demokratien würde die Linke ein neues Programm brauchen. Unsere Aufgabe war es, dieses Programm zu entwickeln, indem wir unsere Vorstellungen und Untersuchungen zusammenfaßten. Die Grundziele dieses Programms ließen sich in zwei Worten ausdrücken: Sozialismus und Freiheit. Sie gaben unserer Bewegung ihren Namen.« Sartre war damit einverstanden, daß einer von den marxistischen Mitgliedern der Gruppe sich mit ihm oder einem anderen Nichtkommunisten darin ablösen sollte, für ihr geheimes Nachrichtenblatt agitatorische Leitartikel zu schreiben.

Im Juni 1941, als Hitler das größte Land und damit auch seinen größten Feind, die Sowjetunion, angriff, atmeten die Kommunisten in Frankreich nicht nur auf, sondern fingen an, sich in großer Zahl im Widerstand zu organisieren. Mit Hilfe von Dominique Desanti versuchte Sartre, mit den Kommunisten ins Gespräch zu kommen, aber er stieß auf eine Wand des Mißtrauens. Allen Intellektuellen begegneten sie mit grundsätzlichen Zweifeln und fanden jeden verdächtig, der es geschafft hatte, aus der deutschen Gefangenschaft zu fliehen. Es dauerte nicht lange, und sie begannen das Gerücht zu verbreiten, Sartre sei nur freigelassen worden, um den Deutschen als Lockvogel zu dienen.

Im Juli starb Simones Vater. Georges de Beauvoir war an der Prostata operiert worden, und zunächst hatte man angenommen, er würde sich schnell wieder erholen. Aber die monatelange Unterernährung hatte ihn geschwächt, und als er auch noch an Tuberkulose erkrankte, kam das Ende schnell. Er wurde dreiundsechzig Jahre alt. Poupette war in Portugal, und während der letzten Monate hatte Simone versucht, ihm auch die zweite Tochter zu ersetzen. »Er kämpfte nicht. Ich bewunderte, wie gelassen er ins Nichts zurückkehrte. Er machte sich nichts vor und fragte mich, ob ich nicht, ohne meiner Mutter Kummer zu bereiten, verhindern könnte, daß ein Priester an sein Sterbebett geholt werde. Und tatsächlich fügte sie sich seinem Wunsch.«[6]

Gallimard arbeitete, wenn auch nur mit halber Kraft, weiter, die *NRF* erschien wieder, und zwar unter der Leitung von Pierre Drieu de la Rochelle. Die führenden Autoren aber hatten sich in die etwas tolerantere »freie Zone« von Vichy abgesetzt und sich an der Riviera versammelt, wo einige von ihnen sich in den wunderschönen Villen reicher Ausländer einnisteten, die gemeint hatten, es sei klüger, sich vor den neuen Herren Europas aus dem Staube zu machen. Als die Sommerferien näher rückten, beschlossen Sartre und Biber, mit dem Fahrrad an die Côte d'Azur zu fahren, immerhin waren das 1200 Kilometer. Sie hofften, vielleicht ein paar von den berühmten Leuten für »Socialisme et Liberté« zu gewinnen. Außerdem wollte Sartre versuchen, in der »freien Zone« seine rechtmäßigen Entlassungspapiere zu bekommen.

In der Nähe von Roanne, fünfzig Kilometer nordwestlich von Lyon, erklärte sich eine schwarzgekleidete Frau bereit, sie für eine angemessene Entschädigung »hinüberzubringen«. Noch in derselben Nacht überquerten sie in einem mühseligen Fußmarsch Felder und liefen durch Wälder, bis die Frau plötzlich sagte, sie hätten die Grenze überschritten. Schnell liefen sie in ein Dorf, das ganz in der Nähe lag, und gingen ins Gasthaus. Es war voll von Menschen, die wie sie »Grenzgänger« waren. In einem Zimmer, in dem schon sechs Personen übernachten wollten und wo ein Baby weinte, versuchten sie, auf Matratzen zu schlafen.

Das intellektuelle Paris hielt sich an der Riviera auf. Die meisten Männer hatten Frauen mitgebracht, mit denen sie nicht verheiratet waren. André Gide war in Nizza, Roger Martin du Gard in Cap Ferrat, und André Malraux lebte mit Josette Clotis, der Mutter seines soeben geborenen Sohnes, in der Villa eines englischen Ehepaares in Roquebrune Cap-Martin. In Marseille erfuhren Sartre und Biber von einem ehemaligen Kampfgenossen Léon Blums, der nicht viel von »Socialisme et Liberté« hielt, die Adresse André Gides. Sie radelten weiter nach Nizza.

Gutes Essen war nur schwer aufzutreiben, aber überreife Tomaten gab es überall. Nach einem Mittagessen, das aus Trauben, Brot und Wein bestand und das sie in einem Straßengraben in der Nähe von Porquerolles einnahmen, fuhr Simone mit dem Fahrrad über die Landstraße nach Grand Langoustier. Sartre blieb in einem Café zurück und arbeitete an dem Eingangsdialog eines »griechischen Schauspiels«. Die Idee dazu gründete in seiner Begeisterung über Jean-Louis Barraults Inszenierung von Äschylos' Drama *Die Schutzflehenden*. Barrault, Jean Marais und Alain Cuny spielten die Hauptrollen, Olga Kosakiewicz eine Nebenrolle. Während der Proben hatte Olga Barrault gefragt, wie man es anstellen müsse, eine Hauptrolle zu bekommen, und er hatte geantwortet, der beste Weg sei, jemanden zu finden, der bereit wäre, ein Stück für sie zu schreiben. Sartre fand, daß er diese Aufgabe übernehmen könnte. *Bariona* war im Lager ein großer Erfolg gewesen, warum sollte er es nicht einfach versuchen? Das Stück, das er in dem Café in Porquerolles begann, während Biber in den Bergen herumfuhr, handelte wie die Tragödie von Äschylos von den Atriden der griechischen Sage. »Beinahe jeder neue Gedanke formte sich bei ihm zunächst in mythischer Gestalt«, schrieb Simone, »und ich dachte, er werde Orest, Elektra und die übrige dem Untergang geweihte Sippe wohl bald wieder eliminieren.«

Sie fanden Gide schließlich in Grasse, genauer am Springbrunnen der Stadt, wo Simone einen platten Reifen an ihrem Fahrrad hatte. Als sie in ein Café gingen und Sartre anfing, über eine Untergrundzeitung zu sprechen, wurde der zweiundsiebzigjährige Gide nervös. Dreimal wechselte er mit Sartre den Tisch und beobachtete mißtrauisch die anderen Gäste. Gide meinte, er könne nicht mehr tun, als Sartre an Pierre Herbart weiterzuempfehlen. Gide und Herbart hatten gemeinsam eine Reise in die Sowjetunion gemacht, und außerdem war er ein Freund von Malraux. Als Sartre erwähnte, daß er sich für den nächsten Tag mit Malraux verabredet hatte, wünschte Gide ihm, er möge »einen gutgelaunten« Malraux treffen.

Sartre war weder der erste noch der letzte Intellektuelle, der mit Widerstandsplänen im Kopf den vierzigjährigen Malraux aufsuchte, der im Spanischen Bürgerkrieg gezeigt hatte, daß ein Schriftsteller in der Lage ist, mit Intelligenz und Energie für seine Sache zu kämpfen und mehr sein konnte als nur ein Mitläufer revolutionärer Politiker. Aber in Spanien hatte der Faschismus triumphiert, und im Sommer 1941, nach zehnjähriger politischer Arbeit, die zu nichts geführt hatte, fühlte Malraux sich müde. Möchtegern-Guerillas stellte er die pragmatische Frage: »Haben Sie Waffen?« Roger Stéphane war einer der jungen, energischen Journalisten, die nach Roquebrune gekommen waren, um Malraux um Hilfe zu bitten. Statt dessen hatte er von ihm eine Lektion in Geopolitik à la Malraux erhalten. Unter den anderen frisch gebackenen Widerstandskämpfern waren Francis Crémieux, der zu Malraux kam, um ihm die Führung einer fertigen, wenn auch noch nicht völlig durchorganisierten »Geheimarmee« in den Pyrenäen anzubieten, und Emmanuel d'Astrier, Aristokrat und Diplomat, der die Schwester eines sowjetischen Volkskommissars geheiratet hatte. Malraux fragte beide, ob sie nicht nur Pfadfinder spielen wollten, und sagte, es sei ihm lieber, »ernsthafte Leute« kennenzulernen, z. B. einige der Offiziere des englischen Nachrichtendienstes, die zu der Zeit mit dem Fallschirm über Frankreich absprangen.

Bei ihrer ersten Zusammenkunft mit Malraux waren Sartre und Biber von der Schönheit der Villa ziemlich beeindruckt und auch von dem »Hühnchen à la Maryland«, das ausgezeichnet zubereitet war und von dem italienischen Butler Luigi serviert wurde, den Malraux mit dem Haus übernommen hatte. Malraux hörte sich Sartres Ausführungen an, sagte dann aber, daß im Moment alle Unternehmungen auf jeden Fall nicht nur gefährlich, sondern auch absurd wären. Wie Malraux gegenüber Stéphane schon ausgeführt hatte, hing für ihn der Ausgang des Krieges davon ab, wer technologisch im Vorteil war. Nazideutschland walzte mit seinen Panzern gerade die Ukraine nieder, jagte durch Nordafrika in Richtung Ägypten und bombardierte England erbarmungslos, es feierte an allen Fronten Triumphe, und dennoch behauptete Malraux, die deutsche Militärmacht hätte ihren Höhepunkt schon überschritten. Für die Angelsachsen, die die »Welt kolonisieren werden, Frankreich nicht ausgenommen«, würde die Niederlage Deutschlands den Sieg bedeuten. Er sagte zu Sartre, es sei nur eine Frage der Zeit, bis die Vereinigten Staaten in den Konflikt hereingezogen werden würden. Er rechnete fest damit, daß die amerikanischen Bomber und die russischen Panzer den Krieg gewinnen würden.

Nachdem sie Colette Audry in Grenoble und Mme. Morel in Nantes besucht hatten, kehrten Sartre und Simone nach Paris zurück und dachten verbittert über die Worte Malraux' nach, mit denen er vor übereilten Unternehmungen gewarnt hatte. Sartres Jugendfreund Péron war verhaftet und ebenso wie einer von Simones Schülern deportiert worden. Und noch immer hatten weder sie noch die Gruppe »Socialisme et Liberté« es fertiggebracht, irgend etwas zu tun. Sartre war davon überzeugt, daß die Risiken in keinem Verhältnis zu den erreichbaren Zielen standen. »Bis dahin hatten wir Glück gehabt; keiner von uns wurde behelligt«, erinnert sich Simone, »aber Sartre sah jetzt, welchen Gefahren er unsere Freunde durch den Fortbestand von ›Socialisme et Liberté‹ nutzlos aussetzen würde. Den ganzen Oktober hindurch diskutierten wir darüber, genauer gesagt, Sartre setzte sich mit sich selbst auseinander, denn ich war schon früh der Meinung: aus reinem Starrsinn den Tod eines Menschen zu verschulden ist ein unverzeihlicher Fehler.« Die Bewegung »Socialisme et Liberté« wurde stillschweigend aufgegeben.

Das Schreiben blieb. Sartre begann seinen Unterricht am Lycée Condorcet, und Simone kehrte in ihre Klasse am Lycée Molière zurück. Er übergab Brice Parain Simones Roman über ihre »Ménage à trois« und stürzte sich auf sein griechisches Schauspiel. In *Bariona* war es ihm gelungen, eine Menge über die Besatzung, über Kollaborateure und über die Widerstandskämpfer zu sagen, und er glaubte, daß die Geschichte um Orest, Elektra und den widerrechtlich an die Macht gekommenen Ägist ihm ebenso reiche Möglichkeiten biete, die momentane Situation zu beschreiben. Er hatte *L'âge de raison (Zeit der Reife)* beendet, war sich aber darüber im klaren, daß es nicht vor Kriegsende veröffentlicht werden konnte. Auch Simone begann, einen Roman über die Résistance zu schreiben, von dem sie wußte, daß er nicht vor Ende der Besatzungszeit in Druck gehen würde. Aber sie hatten beschlossen, so zu leben, als sei der schließliche Sieg sicher. Im Dezember, als die Vereinigten Staaten in den Krieg eintraten, rückte der Sieg näher, wenn auch die Japaner im Pazifik mehrere durchschlagende Erfolge feiern konnten.

Die Bücher, wurde Sartre von Gallimard gesagt, die auch jetzt noch ohne Schwierigkeiten zu veröffentlichen seien, seien philosophische Abhandlungen. Seit der Zeit im Lager hatte Sartre mit dem Gedanken gespielt, eine systematische Darlegung seiner Existenzphilosophie zu schreiben. Im Winter 1941/1942, als das Leben immer schwieriger wurde, begann er *L'être et le néant (Das Sein und das Nichts)*. Seine Grundeinstellung hatte sich nicht geändert, und in dem neuen Werk wollte er die wichtigen Themen, die er in Essays, Artikeln und Kurzgeschichten angeschnitten hatte, vertiefen und weiter ausarbeiten. Außerdem plante er, auf so konkrete Fragen wie Liebe, Haß, Sex, die Falle des »mauvaise foi«, der Unwahrhaftigkeit und auf das Leiden einzugehen.

Der Winter brachte die ersten wirklichen Widerstandsaktionen gegen die Deutschen, obwohl die Vergeltungsmaßnahmen gnadenlos waren. Für jeden getöteten Wehrmachtsangehörigen wurden fünfzig französische Geiseln erschossen. Als auf der Strecke von Paris in die Bretagne die Sabotageakte auf die Eisenbahn anfingen, wurden drei Männer erschossen, die man sich wahllos herausgegriffen hatte. In Bordeaux töteten die Deutschen fünfzig Franzosen, weil ein deutscher Major auf offener Straße erschossen worden war.

Sartre und Biber hatten einen neuen Freund und neue Verpflichtungen. Der Freund war Alberto Giacometti, ein Bildhauer, der sich in eine ehemalige Schülerin Simones verliebt hatte. Sie hieß Lise und gehörte zusammen mit dem »kleinen Bost«, Olga und Wanda Kosakiewicz zu der Gruppe, die mehr oder minder von Sartres und Bibers finanzieller Unterstützung abhängig war. Lise hatte sich entschlossen, den Mann, mit dem sie zusammenlebte, zu verlassen, lehnte es aber ab, zu ihren Eltern zurückzukehren; der »kleine Bost« schlug sich mit nur wenig Geld durch, und die Schwestern Kosakiewicz, die sich inzwischen die Künstlernamen Olga Dominique und Marie Olivier zugelegt hatten, bekamen nur selten eine Rolle. Es war nicht das letzte Mal, daß Biber und Sartre junge Leute finanziell unterstützten.

Sie waren ins Hôtel Mistral umgezogen, das hinter dem Friedhof vom Montparnasse in der Rue de Cels lag und in dem es in einigen Zimmern einen Gasherd gab. Da die Preise für Fleischgerichte (wobei das Fleisch von unklarer Herkunft war) in den viertklassigen Restaurants allmählich immer mehr anstiegen, lieh Biber sich Pfannen und Geschirr und bereitete alle Mahlzeiten selber zu. »Die Hausfrauenarbeit sagte mir wenig zu, und um mich damit abzufinden, griff ich zu einem bewährten Mittel. Ich erhob die Nahrungssorgen in den Rang einer Manie, in der ich drei Jahre lang verharrte«, schrieb sie später. »Ich verfolgte die Ausgabe der Marken; ich ließ nie eine verfallen. Auf den Straßen versuchte ich, hinter den attrappengefüllten Schaufenstern irgendwelche Lebensmittel zu entdecken, die frei verkauft wurden. Diese Art Schatzsuche amüsierte mich. Was für ein Glücksfall, wenn ich eine Rübe oder einen Kohlkopf fand. Das erste Mittagessen, das wir in meinem Zimmer einnahmen, war ein ›Rüben-Kraut-Eintopf‹.«[7]

Die »Familie« führte eine Gewohnheit wieder ein, die noch aus der Zeit in Rouen stammte. Freundschaft war eine zerbrechliche und sehr zarte Sache, die sich am besten zu zweit pflegen ließ. Wenn Biber im Flore mit Olga oder Bost plauderte, wenn Sartre und Wanda zusammen ausgingen oder wenn Lise sich mit Wanda zu einem Tête-à-tête traf, fiel es keinem von den anderen ein, sich an ihren Tisch zu setzen. Andere fanden dieses Verhalten lächerlich, aber für sie war es selbstverständlich und natürlich.

Im Juli 1942 erschien ein neues Buch, das sie tief beeindruckte, *L'étranger (Der Fremde)* von Albert Camus. Er war ein junger »Piednoir«, ein Franzose aus Algerien, achtundzwanzig Jahre alt, Schauspieler, Regisseur und Dramatiker. Er hatte seinen Roman 1940 beendet und ihn anschließend Malraux nach Roquebrune geschickt. Malraux sollte, wenn möglich, das Buch Gallimard empfehlen. Malraux las den Roman in einem Zuge durch. Es war die Geschichte Patrice Meursaults, der »wegen der Sonne« und offenbar in Notwehr am Strand einen Araber tötet. Weil er gleichgültig und sein Verteidiger unfähig ist, wird er zum Tode verurteilt. Malraux schickte das Buch mit einem einzigen Wort, »Wichtig!«, an Gallimard.

Sartre und Biber lasen den Roman und fanden, daß seit langem kein französischer Schriftsteller sie so stark beeindruckt hatte. *L'étranger* war wie ein Echo auf *La nausée*, und Meursault schien ein leiblicher Bruder Antoine Roquentins zu sein. Wie Antoine erreicht auch Camus' Außenseiter den Zustand des Glücks, weil er es ablehnt, sich bedeutungslosen gesellschaftlichen Ritualen zu unterwerfen. Anfang 1943 schrieb Sartre eine Besprechung über *L'étranger*.[8]

Sartre schloß *Les mouches (Die Fliegen)* ab und gab es Jean-Louis Barrault zum Lesen. Der Inhalt des Buches war zeitgemäß: Die Menschen sollten ihre Schuldgefühle abwerfen und auf ihrem Recht auf Freiheit bestehen. Der Held des Stückes ist Orest. Als junger Mann kehrt er nach Argos zurück, von wo man ihn als Kind verschleppt hat. Der Liebhaber seiner Mutter, Ägist, hat seinen Vater, Agamemnon, getötet und sich des Thrones bemächtigt. Die Stadt Argos, in die Sartres Orest zurückkehrt, ist voller Fliegen, die die Einwohner quälen. Die haben Gewissensbisse, weil sie einem Verbrecher erlaubt haben, als ihr König den Thron zu besteigen. Wie bei Äschylos rächen Elektra und Orest ihren Vater, indem sie ihre Mutter, Klytämnestra, und Ägist töten. Aber die Erinnyen in Delphi verurteilen Orest nicht, statt dessen spricht er mit Zeus über die Freiheit des Menschen. Er sagt, das menschliche Leben beginne jenseits der Hoffnungslosigkeit, und die Macht der Götter habe nun ein Ende. Am Schluß des Stückes unterwirft sich Elektra der Tradition, und Orest lehnt das Angebot Zeus' ab, den Thron seines Opfers zu besteigen. Er verläßt Argos, verfolgt von den nach Rache schreienden Erinnyen.

Barrault wollte *Die Fliegen* inszenieren, bis Sartre ihm sagte, er wolle, daß Olga Kosakiewicz die Elektra spielte. Barrault fand es unmöglich, das Stück mit einer so unerfahrenen Hauptdarstellerin zu besetzen. Deshalb wandte Sartre sich an Dullin, der die Fähigkeiten Olgas höher einschätzte. Auf Drängen Camilles hatte er das Théâtre Sarah Bernhardt übernommen. Aber seine Inszenierungen von Camilles

Schauspiel *La princesse des ursins* und einer Komödie von Lope de Vega waren ein finanzieller Reinfall geworden. *Les mouches* würde ein sehr kostspieliges Stück werden, denn man brauchte griechische Kostüme und Kulissen und eine große Anzahl von Schauspielern. Dullin erklärte sich bereit, *Die Fliegen* aufzuführen, allerdings müßte Sartre sich bis zur nächsten Saison gedulden.

Simone hatte ihren Roman über Pierre, Françoise und Xavière *Légitime défense (Notwehr)* genannt. Parain fand, er sei es wert, veröffentlicht zu werden, machte aber die Einschränkung, es sei sehr unwahrscheinlich, daß Françoise zur Mörderin wird. Nur Paulhan mußte noch zustimmen, und er behielt das Manuskript ziemlich lange.

Sartre arbeitete an *Das Sein und das Nichts* meistens im Flore, wo es wärmer war als im Hôtel Mistral. *Das Sein und das Nichts* war der massive Versuch, eine ausgewogene existentielle Theorie aufzubauen, und in vieler Hinsicht eine erweiterte Darstellung der Thesen Heideggers. Was die Strukturanalyse des Bewußtseins betraf, so ging es weit über die Phänomenologie hinaus. Sartre bekannte sich aber zu Heideggers Einsicht: Nur in der Erkenntnis der eigenen Nichtigkeit sei der Mensch in der Lage, sein Schicksal zu gestalten. Handeln heißt sich für etwas entscheiden, und der Mensch ist zur Freiheit verurteilt, argumentierte Sartre. Sein berühmter Ausspruch »Die Existenz geht der Essenz voraus« enthielt den Kern seiner Ethik. Damit wollte er sagen, daß das Leben eines Menschen nicht von seiner Persönlichkeit (Essenz) bestimmt ist, sondern von einer Folge von freien Willensentscheidungen, die niemals wirklich ganz zu rechtfertigen sind. Der Mensch ist für seine Entscheidungen voll verantwortlich, aber seine Existenz ist nicht von diesen Entscheidungen bestimmt.

In über einem Viertel des Buches sprach er über den Begriff des »Anderen«. Die Wahrnehmung unserer Person durch ein anderes Bewußtsein, für das wir nur Objekt sind, war etwas, was Sartre und Biber schon seit Jahren beschäftigt hatte. Sartre behauptete, daß wir dem »Anderen« gegenüber schuldig werden, sobald wir ihn oder auch sie zu einem Objekt machen. Wir machen uns schuldig, weil wir dieser Entfremdung zustimmen und weil wir den »Anderen« dazu bringen, das gleiche zu empfinden. Wir können nicht leben, ohne den Anderen zu einem Objekt zu machen, das heißt, wir können nicht leben, ohne seine oder ihre Subjektivität zu vergewaltigen.

Im Juni forderte Paulhan Simone und Sartre auf, in seine Wohnung zu kommen. Er wollte wissen, ob der Schauspieldirektor in *Légitime défense* in Wirklichkeit Dullin war. Aber nachdem sie den Klatsch hinter sich hatten, sagte er Simone, daß das Buch im Frühjahr veröffentlicht werden würde. Sie hatte vier Jahre daran gearbeitet und fühlte sich sehr erleichtert. Der ursprüngliche Titel *Notwehr* erschien Paulhan zu juristisch, und nachdem sie mehrere anderslautende Titel erwogen hatte, schlug sie »L'invitée« (wörtlich: »Die Eingeladene«) vor. Dabei blieb es.

Im Sommer wollte Sartre weiter an seiner philosophischen Abhandlung arbeiten, aber Simone überredete ihn zu einer Fahrradtour durch die Pyrenäen. Bost fuhr ein Stück mit ihnen. Man hatte ihnen erzählt, daß es im Baskenland besonders leicht sei, in die Vichyzone zu gelangen, und so packten sie ihre Räder auf einen Zug und fuhren nach Sauveterre-de-Béarn, das an den Ausläufern der Pyrenäen liegt. Von dort aus fuhren sie mit einem Führer, der wie sie ein Rad hatte, über eine schmale Landstraße, bis er plötzlich sagte, sie wären am Ziel. Wenn Sartre in einem Landgasthof zurückblieb, um zu arbeiten, oder wenn er sich mit seinem Block auf eine Wiese setzte und stundenlang schrieb, fuhren Biber und Bost mit dem Rad durch die Gegend und sahen sich die Umgebung an. Bost verließ sie in Foix, wo er sich mit Freunden treffen wollte, bevor er nach Paris zurückfuhr. Er wurde erwischt, als er in das von den Deutschen besetzte Gebiet kam, und verbrachte wutschnaubend zwei Wochen in einem Gefängnis in Chalons. Sartre und Biber fuhren per Rad nach Marseille, wo die Lebensmittel noch knapper waren als im Jahr vorher. Halb verhungert reisten sie mit dem Zug nach Nantes und stiegen in der Villa Mme. Morels ab. Nach der ersten Mahlzeit brach Sartre zusammen und blieb drei Tage im Bett.

Als sie nach Paris zurückkamen, hatte die »Familie« Zuwachs bekommen: Lise hatte ihren Freund Bourla mitgebracht, einen neunzehnjährigen spanischen Juden, der im Jahr davor in Sartres Klasse am Lycée Pasteur gewesen war. Sein Vater war ein bedeutender Geschäftsmann, und Bourla meinte, er brauche vor den Deutschen keine Angst zu haben. Wenn er in Schwierigkeiten geraten sollte, würde die spanische Botschaft sich einschalten. »Er gefiel uns sehr«, erinnert sich Simone. »Stürmisch, kindlich, linkisch, leidenschaftlich und unermüdlich nahm er an der Welt Anteil. Er verschlang die Werke Spinozas und Kants und wollte später Philosophielehrer werden.« Bourla und Lise zogen ins Hôtel Mistral, und er teilte alles mit ihr: seine Schokoladenration, seine Pullover, das Geld, mit dem sein Vater ihn unterstützte, und auch jenes, das er zusätzlich von zu Hause mitgehen ließ.

Weihnachten verbrachten sie bei Mme. Morel und hörten sich die Berichte über die Schlacht bei Stalingrad an, die von der BBC ausgestrahlt wurden. Am 1. März 1942 konnte Stalin bekanntgeben, »daß dies der Beginn des großen Feldzugs sei, der den Feind von sowjetischem Boden vertreiben würde«. Die französische Presse, die von den Deutschen kontrolliert wurde, wechselte ihre Taktik und beschwor nun ihre Leser, Europa »vor der bolschewistischen Gefahr zu retten«, statt sie wie bisher aufzufordern, bei der Schaffung eines neuen Europas mitzuhelfen. Der Untergrund organisierte sich zunehmend, und die Intellektuellen schlossen sich den Ideen Sartres an, die er zwei Jahre vorher formuliert hatte. Mitglieder der kommunistischen Intelligenz forderten ihn auf, dem nationalen Schriftstellerbund (CNE) beizutreten. Er fragte sie, ob sie einen Spion in ihren Reihen haben wollten, aber sie versicherten ihm, sie wüßten nichts von den Gerüchten, die 1941 nach seiner Entlassung aus der Armee in Umlauf gewesen waren. Unter dem Vorsitz von Paul Eluard, dem surrealistischen Dichter, hielten sie langweilige Sitzungen ab, an denen Sartre teilnahm. Außerdem arbeitete er an den *Lettres Françaises* mit, einer Untergrundzeitung. Der CNE war den Autoren vorbehalten, die bereits ein Buch veröffentlicht hatten, und da *L'invitée* noch nicht erschienen war, war Simone noch nicht zugelassen.

Dullin hielt sein Versprechen und begann im Frühjahr 1943 im Théâtre Sarah Bernhardt mit den Proben zu *Die Fliegen*. Er führte Regie und spielte den Zeus. Olga Dominique übernahm die Rolle der Elektra. Der neokubistische Bildhauer Henri-Georges Adams entwarf die Kulissen, die Masken und die Statuen. Sein Stil war kühn und aggressiv, die Proben lang und anstrengend. Jean Lannier, der den Orest spielte, fehlte es wie Olga an Erfahrung, und verschiedene Male verlor Dullin die Beherrschung. Bei der Kostümprobe, als Sartre im Foyer stand, kam ein junger, dunkelhaariger Mann auf ihn zu und stellte sich ihm vor: Es war Albert Camus.

Die Fliegen wurden ein mittlerer Erfolg. Es gab fünfundzwanzig Aufführungen. Die meisten Kritiker übergingen die politischen Anspielungen. Fünfundzwanzig Jahre später erinnerte sich Sartre in einer Würdigung Charles Dullins: »Meine Monologe waren zu lang. Ohne ein Wort des Vorwurfs und ohne mir von vornherein Kürzungen vorzuschlagen, machte Dullin mir in Gesprächen mit den Schauspielern klar, daß ein Schauspiel keine Dialogorgie ist, sondern eine Beschränkung auf die kleinstmögliche Anzahl von Worten, die durch eine unveränderliche Handlung und eine unaufhörliche Leidenschaft auf das engste miteinander verknüpft sind.«[9]

Simone spielte mit dem Gedanken, sich ebenfalls an einem Theaterstück zu versuchen, aber sie hielt sich dann doch an den Roman, von dem sie wußte, daß er erst nach der Befreiung veröffentlicht werden würde. Dadurch hatte sie plötzlich wieder mehr Zeit. Lises Mutter war ärgerlich, weil ihre Tochter sich eine vorteilhafte Partie hatte entgehen lassen, um mit Bourla zusammenzuleben. Sie bat Simone, ihren Einfluß geltend zu machen, um Lise wieder zu ihrem früheren Liebhaber zurückzubringen. Als Simone sich weigerte, beschuldigte die Dame sie der Verführung Minderjähriger. Vor dem Krieg wäre die Affäre ohne Folgen geblieben, aber die Vichyregierung war, was moralische Fragen anging, sehr rigid. Am Ende des Schuljahres wurde Simone von ihrer Schule entlassen.

Sie regte sich nicht einmal besonders darüber auf, denn sie hatte zwölf Jahre unterrichtet und fand es allmählich ermüdend. Aber sie mußte Geld für ihren Lebensunterhalt verdienen, und es gelang ihr, bei »Radio Nationale« eine Stellung als »Programmgestalterin« zu bekommen. Die Arbeit beim staatlichen Rundfunk hieß nicht, daß man von der ständig wachsenden Bewegung der Résistance als Kollaborateur gebrandmarkt wurde. Es kam darauf an, wie man seine Arbeit machte. Das Programm, das Simone zusammenstellte, war eine Darstellung alter Feste vom Mittelalter bis in die Neuzeit mit Sprach-, Gesangs- und Geräuschkulisse. Das Mittelalter war eine »sichere Sache«, nicht nur im Radio, sondern auch im Film. Marcel Carné drehte *Les visiteurs du soir*, einen Film, der ungeheuer erfolgreich wurde. Jean Delannoy führte Regie in *L'éternel retour*, in dem er die Sage um Tristan und Isolde erneut aufnahm. Jacques Prévert schrieb das Drehbuch zu

Les visiteurs du soir und Jean Cocteau das zu *L'éternel retour*. Im Flore, am Tisch der »Cineasten«, führte Prévert immer noch den Vorsitz; eines Tages stellte er Sartre Delannoy vor. Er fragte, ob Sartre Lust hätte, Filmdrehbücher zu schreiben, und zog über die Qualität der Manuskripte her, die man ihnen in die Pathé-Studios schickte. Sartre wollte nur zu gerne, und so konnte er sich ab September 1943 als Lehrer, Philosoph, Autor und Dramatiker und auch als freier Drehbuchautor bezeichnen. Das erste Manuskript, das er ablieferte, hieß *Typhus* und ging auf Eindrücke zurück, die er während eines Aufenthalts mit Biber in Quarzazate, in Marokko, im Jahre 1938 gesammelt hatte. Der Vorschuß, den er dafür bekam, war recht ansehnlich, und Simone sagte er, wenn alles gutgehe, würde er in einem Jahr den Lehrerberuf aufgeben.

Im Sommer veröffentlichte Gallimard *L'être et le néant*[10] in seiner Reihe »Bibliothèque des idées«. Das Buch hatte siebenhundertvierundzwanzig Seiten und war »Castor« (Biber) gewidmet. Aber man nahm kaum Notiz von dieser so gewichtigen philosophischen Abhandlung. Erst 1945 wurde das Magnum opus Sartres richtig entdeckt. Im Überschwang der existentialistischen Bewegung wurde ihm mehr Aufmerksamkeit geschenkt als irgendeinem anderen philosophischen Werk der Moderne. Als das Buch 1945 neu aufgelegt wurde, nahm Gallimard eine Anregung Sartres auf und erklärte sich bereit, es mit einem werbeträchtigen Umschlagstreifen zu versehen, auf dem stand: Das Wichtige an einer Vase ist die Leere in der Mitte. Mit *Das Sein und das Nichts* trat Sartre als bedeutender Ontologe hervor, über den nach dem Krieg die führenden Philosophen wie Bertrand Russell und Georg Lukács Artikel schrieben. Sartres zentrale These in *Das Sein und das Nichts* ist: Sein bedeutet, sich frei zu entscheiden. Diese Freiheit kann weder angezweifelt noch abgelehnt werden; der Mensch ist dazu verurteilt, frei zu sein. Das erklärt seine seelische Angst, die es ihm möglich macht, zwei Dinge zu begreifen: einerseits das Nichts, aus dem er kommt, andererseits die Willkür der Entscheidungen, die sein Leben ausmachen. Diejenigen, die diese Wahrheit schreckt, werden versuchen, sich zu schützen, indem sie die Welt vernunftgemäß erklären. Darin ist sich der Wissenschaftler mit dem religiösen Menschen einig, denn beide versuchen, der Realität zu entkommen. Für Sartre sind beide auf dem falschen Weg, da die Welt weder so ist, wie die Wissenschaft sie sieht, noch so, wie die Religionen sie darstellen.

Sartre und Biber versuchten, den Begriff des »anderen« in neuen Romanen auszudrücken. Er in einem Stück, das er innerhalb von wenigen Tagen schrieb und das er zunächst *Les autres (Die anderen)* nannte, sie in *Le sang des autres (Das Blut der anderen)*, ihrem neuesten Roman.[11] »Mein neuer Held, Jean Blomart, bestand nicht, wie Françoise in *L'invitée*, darauf, der einzige fühlende Mensch in der Begegnung mit anderen zu sein«, schrieb sie in *In den besten Jahren*. »Er weigert sich, für sie ein bloßes Objekt zu sein, in ihre Existenzen mit der brutalen Undurchsichtigkeit eines leblosen Dings einzugreifen.« Die Heldin ihres Buches war dieses Mal eine sterbende Frau, Hélène. Ursprünglich hatte Simone nicht geplant, Hélène und Blomart mit der Résistance in Verbindung zu bringen, aber als sie im Oktober 1943 ihren Roman begann, wurde ihr klar, daß Attentate und Vergeltungsmaßnahmen dem zugrundeliegenden Thema mehr Zusammenhang und ein in die Zukunft gerichtetes Moment geben würden. 1945, als das Buch veröffentlicht wurde, nannte man es ein »Buch der Résistance«.

Auch Sartre schrieb für die Nachwelt. Er arbeitete am zweiten Band von *Les chemins de la liberté*, legte es aber von Zeit zu Zeit beiseite, um *Les autres* zu beenden. Olga Kosakiewicz hatte einen Industriellen aus Lyon, Marc Barbezat, geheiratet. Dieser gab auf eigene Kosten eine elegante Zeitschrift heraus, die halbjährlich erschien und *L'Arbelète* hieß. Er wollte, daß seine Frau den Schauspielerberuf gründlich erlernte, und schlug Sartre vor, ein Stück für sie und seine Schwägerin zu schreiben, mit anderen Worten ein Stück, das er finanzieren wollte. Die Idee faszinierte Sartre, besonders aber die Beschränkung auf nur wenige Personen. Er und Simone hatten mehr als eine Nacht in Luftschutzkellern verbracht, und er wollte auf der Bühne eine ähnliche Situation schaffen: Menschen, die eingeschlossen sind und sich allmählich auf die Nerven gehen.

In *L'Arbelète* wurde das Stück unter dem Titel *Les autres*[12] veröffentlicht; der endgültige Titel aber war *Huis clos*. Die deutsche Übersetzung lautet *Bei geschlossenen Türen*.[13] Außer einem Pagen, der die Personen einander vorstellt, hatte Sartre sich für ein teuflisches Trio entschieden, einen Mann und zwei Frauen. Alle drei haben sich des »mauvaise foi«, der Unehrlichkeit, schuldig gemacht und befinden sich jetzt in der Hölle, wo man sie in einen Salon eingeschlossen hat. Die drei, der Feigling Garcin, die lesbische Inez und die Kindsmörderin Estelle, sind in einem ewigen, teuflischen Zirkel gefangen. Um sich die langen Tage zu vertreiben, verliebt Garcin sich in Inez, die sich zu Estelle hingezogen fühlt; Estelle wiederum liebt Garcin. . . Dann kommt der vielleicht berühmteste Satz Sartres: »L'enfer c'est les autres« (»Die Hölle, das sind die anderen«). »Diese Zeile ist immer falsch verstanden worden«, sagte Sartre einmal seinem Biographen. »Die Leute meinen, ich denke, unsere Beziehungen zu anderen seien immer vergiftet. Was ich aber sagen will, ist, daß unsere Beziehungen immer verwickelt, verdorben und pervertiert sind. Gleichzeitig aber sind die anderen Leute auch das, was in uns selbst das Wichtigste ist: Ohne den anderen kann keiner von uns sich selbst verstehen. Natürlich sind die drei tot, denn sie sind ja in der Hölle. Ich wollte, daß das Publikum sich diese ›lebendigen Toten‹ ansieht, um ihm klarzumachen, daß man selbst auch ein lebendiger Toter ist, wenn man sich mit unveränderlichen Einstellungen und Verhaltensweisen umgibt. Ich wollte, ad absurdum, die Bedeutung des freien Willens aufzeigen und darauf hinweisen, daß eine Handlung durch eine andere verändert werden kann. Was auch immer der höllische Zirkel unseres Lebens sein mag, ich denke, daß wir die Freiheit haben, ihn zu sprengen.

Die, die nicht ausbrechen, bleiben da, wo sie sind, weil *auch sie* sich frei dazu entschieden haben. Sie schaffen sich freiwillig ihre eigene Hölle. Das Stück handelt von Beziehungen, die verrostet und erstarrt sind, und von der Freiheit, Freiheit als einer nur angedeuteten Möglichkeit.«

Sartre schlug Camus vor, in dem Schauspiel Regie zu führen und den Garcin zu spielen. Camus liebte das Theater, und als sie sich zum erstenmal im Flore trafen und sich über das Stück unterhielten, war das Eis zwischen ihnen schnell gebrochen. Die erste Probe fand in Simones Zimmer statt. Sartre und sie waren in das Hôtel de la Louisiane in der Rue de Seine umgezogen, nachdem sie den Sommer in Mittelfrankreich verbracht hatten, herumgefahren waren und versucht hatten, Lebensmittel aufzutreiben. Außer dem Autor und Camus waren auch Olga,

Wanda und R. J. Chauffard anwesend, ein ehemaliger Schüler Sartres, der den Pagen spielen sollte.

Der Camus, den Sartre und Biber 1943 kennenlernten, war ein großer, dünner und begabter junger Mann, der schon viel hinter sich hatte. Er hatte seine Depressionen darüber, dreißig Jahre alt zu werden, in seinem Buch *Der Mythos von Sisyphos* ausgedrückt, in dem er den Menschen mit der Gestalt des Sisyphos in der Unterwelt vergleicht, der dazu verurteilt ist, einen großen Stein einen steilen Berg hinaufzurollen. Aber bevor der Stein den Gipfel erreicht, rollt er wieder hinunter, und Sisyphos muß ewig von vorn beginnen. In seinem Essay, der in weniger als zehn Jahren in fünfundachtzig Sprachen übersetzt wurde, behauptete Camus, es sei notwendig, zwei Stadien zu durchlaufen: Zunächst müsse man hinnehmen, daß man in einem absurden Universum lebe, und dann müsse man sich gerade gegen dieses Sichabfinden zur Wehr setzen. »Diese Not, diese unberechenbare Enttäuschung, die man empfindet, wenn man seinem Spiegelbild gegenübersteht, dieser ›Ekel‹, wie es ein zeitgenössischer Schriftsteller bezeichnet hat, auch das ist das Absurde.«

Camus arbeitete bei Gallimard, war in Untergrundaktivitäten verwickelt und beteiligt an der Gestaltung, am Druck und an der Verteilung der Untergrundzeitung *Combat.* Sartre erinnert sich an den Camus des Jahres 1943 als an einen komischen Typ mit einem Einschlag eines Gangsters aus Algier. Camus hatte keine Lust, sich in tiefe Diskussionen einzulassen, war aber ein wahrer Freund. Simone fand ihn faszinierend, sein Charme »Ergebnis einer genau ausgewogenen Mischung von Gleichgültigkeit und Begeisterung«. Camus hatte seine Frau in Algier zurückgelassen und war Lektor bei Gallimard geworden. Diese Stellung behielt er bis zu seinem Tod im Jahre 1960. Simone gab ihm *Das Blut der anderen* zu lesen und war von seiner Reaktion darauf tief berührt. Er sagte: »Es ist ein brüderliches Buch.« Simone fand, das Schreiben sei der Mühe wert, wenn es möglich war, mit Worten Brüderlichkeit zu schaffen.

Da es in den Restaurants so gut wie kein annehmbares Essen gab, machte Simone es sich zur Gewohnheit, in ihrem Zimmer im Hôtel de la Louisiane Gäste zu bewirten. Der »kleine Bost« und Louise Leiris, die Frau des Dichters Michel Leiris, die sich darauf verstanden, ihrem

Fleischer ab und zu ein zusätzliches Stück Fleisch zu entlocken, halfen ihr. An Simones Tisch konnten bequem acht Personen sitzen, und so war häufig außer Sartre und Bost, dem Küchengehilfen, auch Camus dabei, der für die Getränke sorgte. Dazu kamen die Leiris und Jeanine und Raymond Queneau. Die Leiris lebten in einer riesigen Wohnung am Quai des Grands-Augustins, und oft revanchierten sie sich mit Einladungen zum Abendessen. Sie wurden diejenigen aus ihrem Bekanntenkreis, die Simone und Sartre am meisten einschüchterten. Michel hatte einen rasierten Schädel und war ein sehr formaler Mensch, in seiner Kleidung ebenso wie in seiner Gestik. Er war eigentlich Ethnologe, aber zugleich war er Literat und hatte der Gruppe der Surrealisten angehört. Er erzählte wilde Geschichten über André Breton, Louis Aragon, Max Ernst und Salvador Dali. Seine Frau Louise, die von ihren Freunden »Zette« genannt wurde, war mehr als nur die Verwalterin der Galerie ihres Schwagers Daniel-Henry Kahnweiler. 1913 hatten er und Ambroise Vollard den Kubismus entdeckt. Kahnweiler, ein Deutscher, war nie gut mit den Behörden seines Heimatlandes oder seiner Wahlheimat ausgekommen. Als der Erste Weltkrieg ausbrach, lebte er in Italien. Um zu vermeiden, daß man ihn in Frankreich internierte oder in Deutschland in die Armee des Kaisers steckte, hatte er die Kriegsjahre in der Schweiz verbracht. 1920 erlaubte man ihm, nach Frankreich zurückzukehren, wo er erfuhr, daß man sein Vermögen und ungefähr achthundert Bilder der von ihm ausgestellten Maler beschlagnahmt hatte. Darunter waren Gemälde von Pablo Picasso, Georges Braque, Juan Gris und André Derain. Im Zweiten Weltkrieg erreichten die deutschen Armeen Paris, noch bevor es Kahnweiler gelungen war, in die Schweiz zu entkommen. Seit 1940 versteckte er sich in der Wohnung der Leiris, deren Wände von Bildern von Picasso, Matisse, Miró und einigen der schönsten von Gris bedeckt waren. Die Queneaus waren die besten Freunde der Leiris. Raymond kam aus Le Havre. Er war ein hochgebildeter Mann, hatte eine Enzyklopädie herausgegeben und war Grammatiker, Philosoph, Historiker, Schriftsteller und Humorist. Er war einer der ersten, der mit lautmalenden Sätzen die französische Umgangssprache in die Literatur zu bringen versuchte. Queneau war ein bescheidener Mann, er verpackte seine Kenntnisse in eine Fülle von Anekdoten, witzigen Bemerkungen und schlagfertigen Antworten. Seine Frau dagegen gab lediglich Binsenwahrheiten und merkwürdig unzusammenhängende Bemerkungen zum besten.

Es war das erste Mal, daß Simone verheiratete Frauen ihres Alters traf. Sie war eine gute Zuhörerin und erkannte allmählich, wie falsch es gewesen war, die manchmal quälenden Fragen, mit denen sich ihre verheirateten Freundinnen Camille, Olga und Colette Audry herumschlugen, als individuelle und nicht als generelle Probleme zu sehen. Wie vieles hatte sie falsch gemacht, weil sie sich an Abstraktionen geklammert hatte. Der Krieg hatte ihr gezeigt, wie falsch sie sich damals verhalten hatte, als sie gegenüber Olga und deren jüdischen Freunden behauptet hatte, es gäbe keinen Unterschied zwischen Ariern und Juden. Aber nie hatte sie akzeptiert, daß es so etwas wie ein »Problem der Frau« geben könnte. Jetzt traf sie viele Frauen, die trotz verschiedener Voraussetzungen und Leistungen die gleiche Erfahrung gemacht hatten: sie waren die Ehefrauen ihrer Männer, abhängige Individuen. Simones eigene Situation unterschied sich sehr von der Jeanine Queneaus, Zette Leiris' oder der Simone Préverts, aber allmählich begann sie zu erkennen, welchen Schwierigkeiten, falschen Vorteilen, welchen Fallen und welchen Hindernissen die Frauen in der Ehe begegnen. »Ich fühlte auch, in welchem Maße sie von diesen Erfahrungen beengt und bereichert wurden«, schreibt sie in ihrem Buch *In den besten Jahren* über ihre erste Auseinandersetzung mit den Lebensbedingungen der Frau. »Ich maß dieser Frage, die mich nicht direkt berührte, noch keine große Bedeutung bei, aber mein Interesse war geweckt.«

Die Leiris kannten alle Welt, und eines Abends stellten sie im Flore Sartre und Biber Picasso und Dora Maar vor, einer großen Jugoslawin, die mit Picasso zusammenlebte und ständig ihren ebenso großen Hund mitbrachte. Picasso hatte ein kleines Schauspiel geschrieben, das im Stil der Avantgarde der zwanziger Jahre gehalten war, und Leiris schlug vor, es in verteilten Rollen öffentlich zu lesen. *Le désir attrapé par la queue (Wie man Wünsche beim Schwanz packt)* wurde von Camus inszeniert, Sartre las den »Rundkopf«, Dora Maar das »Fette Elend«, Leiris den »Großfuß« und Simone »Die Cousine«. Picasso brachte einen riesigen Schokoladenkuchen mit, und Simone lernte den Psychiater Jacques Lacan und seine Freundin Sylvia Bataille, eine Schauspielerin, kennen und traf zum erstenmal mit Lucienne und Armand Salacrou zusammen.

An ihren »Abenden« servierte Simone grüne Bohnen und Rindfleischeintopf. Sie hörten die BBC und redeten sich ein, daß der Sieg über Nazideutschland bevorstehe. Sie waren sicher. daß das Jahr 1944 eine Wende bringen würde. Die Deutschen waren in der Defensive. Sie sprachen auch über die Zukunft. Die Nachkriegszeit würde *ihr* Kampf werden. Sie waren sich darin einig, daß sie sich nicht am Wiederaufbau eines Nachkriegsfrankreich beteiligen konnten, das ihren Vorstellungen feindlich gegenüberstehen würde, aber genausowenig würden sie der Nachkriegsentwicklung Ideen aufzwingen können, deren Zeit vorbei war. Wie alle waren sie davon überzeugt, daß das Morgen keine Rückkehr in die Zeit vor 1939 werden dürfe, und in ihren Gesprächen kamen sie zu dem Schluß, daß vielleicht eine Ära zu Ende ging. Das Morgen würde Amerika und der Sowjetunion gehören. Die zentrale Aufgabe war nicht, störrisch an überholten Träumen festzuhalten, sondern zu verhindern, daß Ideen entstanden, die sie verurteilten. Sie fanden ihr Verhältnis zu den Kommunisten von größter Wichtigkeit. Sie wollten politisch aktiv werden, ohne dabei ihre Individualität zu verlieren. Keiner von ihnen war bereit, sich einer Parteidisziplin zu unterwerfen, aber sie fragten sich, ob eine schlagkräftige Linke ohne die Kommunisten überhaupt möglich sei. Was war besser, sich aus der Politik der Nachkriegszeit herauszuhalten oder, wenn es sein mußte, sich der Kommunistischen Partei anzuschließen?

Gallimard hatte sich grundsätzlich bereit erklärt, die Kosten für ein neues Literaturmagazin zu tragen. Unter der Leitung von Drieu de la Rochelle war die *NRF* zu hoffnungslos als Zeitung der Kollaborateure bloßgestellt worden, als daß man daran denken konnte, den Titel beizubehalten. Sartre sollte der Chef des neuen Magazins werden, alle anderen würden in der Redaktion mitarbeiten. Außerdem plante Gallimard, unter der Mitwirkung von Simone, Camus, Merleau-Ponty und Sartre eine philosophische Reihe zu veröffentlichen. Die deutsche Besatzungsmacht ließ jetzt in Paris keine Aufrufe mehr an die Hauswände kleben, sondern schlug Fotos von zweiundzwanzig »Terroristen« an, die am 4. März 1944 hingerichtet wurden. Sartre ging weiterhin zu den Versammlungen des CNE und des C.N.Th. (Comité national du Théâtre) und stürzte Simone in Todesängste, wenn er von diesen heimlichen Zusammenkünften nicht pünktlich nach Hause kam.

Im Hôtel de la Louisiane kannte jeder jeden. Eine Etage unter Simone und Sartre bewohnten Lise und Bourla ein großes Studio. Über ihnen lebte der Schauspieler und Sänger Marcel Mouloudji, ein schmächtiger Araber aus Paris, mit seiner Freundin Lola. Die anderen Bewohner waren alle Stammgäste im Flore.

Eines Morgens, als Sartre und Biber ins Flore kamen, trafen sie Mouloudji; er war verstört. Olga Barbezat und Lola waren verhaftet worden. Keine der beiden Frauen hatte etwas mit dem Untergrund zu tun, aber man hatte sie mit Freunden erwischt, die in der Widerstandsbewegung arbeiteten. Mit Sartres Unterstützung unternahmen Mouloudji und Barbezat alles, was sie nur konnten, um die Freilassung der beiden Frauen zu erreichen. Sie hatten keinen Erfolg, aber man versicherte ihnen, daß keine der Frauen deportiert würde. Im April wurde Bourla zusammen mit seinem Vater verhaftet. Er hatte nicht wie gewöhnlich die Nacht bei Lise verbracht, sondern im Hause seines Vaters übernachtet. Monsieur Bourla lebte mit einer blonden Frau zusammen, die sich sofort mit einem Deutschen namens Felix in Verbindung setzte und ihn um Hilfe bat. Als Lise von der Verhaftung erfuhr, hatte Felix schon versprochen, gegen eine Summe von vier Millionen Francs Vater und Sohn zu retten. Er bestach einen Gefängniswärter und schickte Lise einen Zettel, auf dem Bourla ihr mitteilte, daß man sie ziemlich geschunden hatte und daß sie darauf vertrauten, daß Felix sie freibekommen würde. Eines Morgens erzählte Felix der Blonden, man habe alle politischen Gefangenen aus dem Lager Drancy, das nordöstlich von Paris lag, nach Deutschland deportiert, es sei ihm aber gelungen, seine beiden Schützlinge vor dem Abtransport zu bewahren. Am Nachmittag fuhr Simone mit Lise nach Drancy. In einem Café in der Nähe eines Vorortbahnhofes sagte man ihnen, daß während der Nacht versiegelte Waggons den Bahnhof verlassen hätten, aber als sie näher an den Stacheldrahtzaun herangingen, bemerkten sie in der Ferne zwei Gestalten, die ihnen zuwinkten. Bourla zog seine Mütze vom kahl rasierten Kopf und schwenkte sie aufgeregt in der Luft. Offensichtlich konnte man Felix also trauen.

Vor ihrer Verhaftung hatte Olga hin und wieder einen verrückten, homosexuellen Gefangenen im Gefängnis besucht, den Cocteau dort entdeckt hatte und von dem er behauptete, er sei der größte Schriftsteller seiner Zeit. So jedenfalls hatte Cocteau den dreiunddreißigjährigen Jean Genet in einem Brief an den Richter genannt. Man wollte den vorher schon neunmal wegen Diebstahls verurteilten Dichter nun auch für Fahnenflucht, Zuhälterei und andere Vergehen bestrafen. Seine Karriere als Einbrecher und Dieb hatte ihn um die ganze Welt geführt. Barbezat beabsichtigte, einige seiner Gedichte und einen Auszug aus seinem Roman *Notre Dame des fleurs* in *L'Arbelète* zu veröffentlichen. Sartre und Biber lasen diesen Teil seines Buches und waren beeindruckt. Im Mai wurde Genet aus dem Gefängnis entlassen, und eines Nachmittags, als Sartre, Biber und Camus im Flore saßen, kam er an ihren Tisch und sagte: »Sind Sie Sartre?« Er blieb nur wenige Minuten, kam aber bei anderer Gelegenheit wieder. »Hart war er, ein Außenseiter seit seiner Geburt«, erinnert sich Simone. »Er hatte keine Veranlassung, die Gesellschaft zu respektieren, die ihn abgelehnt hatte. Aber er konnte immer noch lächeln. Es war leicht, sich mit ihm zu unterhalten. Er war ein guter Zuhörer und gab schnelle Antworten. Nie hätte man ihn für einen Autodidakten gehalten; sein Geschmack, sein Urteilsvermögen waren kühn; er besaß die Ungeniertheit eines Menschen, für den Bildung etwas Selbstverständliches ist.«

Unter einem neuen Theaterdirektor, einem neuen Regisseur und mit neuer Besetzung begannen im April die Proben zu *Bei geschlossenen Türen*. Nur Chauffard war geblieben. Olgas Verhaftung hatte Sartre dazu bewogen, sich von der Inszenierung zurückzuziehen, und Camus, der sehr mit dem *Combat* beschäftigt war, hatte ebenfalls einen Rückzieher gemacht. Annet Badel aber, der gerade das Théâtre Vieux Colombier gekauft hatte, wollte das Stück übernehmen und beauftragte den belgischen Regisseur Raymond Rouleau mit der Inszenierung. Badel setzte den Einakter zusammen mit *Le souper interrompu*, einer »Pariser« Komödie von Paul-Jean Toulet, auf den Spielplan. Die Premiere fand am 27. Mai 1944 statt. Camus brachte die Schauspielerin Maria Casarès mit, die gerade *Le malentendu (Das Mißverständnis)* probte, die absurde Geschichte eines Mannes, der nach Jahren zu seiner Mutter und seiner Schwester zurückkehrt, ohne daß sie ihn erkennen. Sie haben sich darauf verlegt, einsame Reisende zu bestehlen und sie anschließend zu töten, und bringen nun auch ihn um, weil ein alter Diener sich weigert, ihnen zu sagen, wer er wirklich ist.

Es war damals nicht leicht, Schauspiele zu inszenieren. Jede Nacht bombardierten englische und amerikanische Flugzeuge systematisch die Pariser Vorortbahnhöfe, oft gab es Stromausfälle, nach 22 Uhr fuhr keine Métro mehr, und die Zahl der Vorstellungen war begrenzt. Die Kritiken, alle sehr wohlwollend, erschienen erst am 4. Juni, zwei Tage, bevor die Alliierten in der Normandie landeten.

Die folgende Zeit schien ihnen wie ein langer Ferientag. Die Pariser waren glücklich und voller Erwartung. Aber der Kampf war hart. Drei Wochen brauchten die Alliierten, um Cherbourg einzunehmen. Olga und Lola wurden freigelassen. Lise versuchte, über Felix Nachrichten von Bourla zu erhalten, aber sie hörte nichts. Sie gab nicht nach und fragte nach einem Ring, den sie Bourla gegeben hatte und den er immer bei sich trug. Sie hörte auch nichts von dem Ring. Sie versuchte herauszubekommen, wo das Kriegsgefangenenlager lag. Tagelang bohrte sie weiter, bis sie die Wahrheit aus Felix herausbrachte: Vater und Sohn waren schon vor einiger Zeit erschossen worden.

Sie gingen in die Premiere von *Das Mißverständnis*. Sie hatten das Stück schon gelesen und sagten Camus, daß sein *Caligula* ihnen viel besser gefallen habe. Trotz der guten schauspielerischen Leistung der Casarès wurde *Das Mißverständnis* zu einem Reinfall. In der Pause beobachteten Sartre und Biber die Kritiker und trösteten sich damit, daß sowohl sie als auch ihre Kollaborationszeitungen bald verschwinden würden.

Auch Simone hatte ein Schauspiel geschrieben. Sie hatte es *Les bouches inutiles* genannt, war vor drei Monaten damit angefangen und hatte es schwer gefunden, sich auf die Arbeit zu konzentrieren. Mitte Juli wurde ein Mitglied des CNE verhaftet; es gelang ihm aber noch, den anderen mitzuteilen, daß er bestimmte Namen genannt hatte. Camus riet Sartre und Biber, die Wohnung zu wechseln. Ein paar Tage verbrachten sie in der Wohnung der Leiris. Anschließend fuhren sie mit dem Zug und per Rad nach Neuilly-sous-Clermont, sechzig Kilometer nordwestlich von Paris. In einem Hotel, das gleichzeitig der Krämerladen des Dorfes war, fanden sie ein Zimmer. Die BBC teilte mit, daß Hamburg mit Brandbomben bombardiert wurde und daß sich in Paris die Sabotageakte häuften. Im Südwesten Frankreichs vollzogen die Deutschen, die sich auf dem Rückzug befanden, Massenhinrichtungen, denen vermeintliche Saboteure und Zivilisten zum Opfer fielen. Am 10. Juni 1944 waren in Oradour-sur-Glane 1300 Personen, hauptsächlich Frauen und Kinder, lebendig verbrannt worden. In Tulle wurden fünfundachtzig »subversive Elemente« an den Balkons an der Hauptstraße aufgehängt. Am 26. Juni war de Gaulle in der Normandie, um auf französischem Boden eine neue Regierung zu bilden.

Zette und Michel Leiris kamen nach Neuilly-sous-Clermont und verbrachten einen Nachmittag mit Sartre und Simone. Sie berichteten von Massenhinrichtungen, denen auch uniformierte Widerstandskämpfer zum Opfer gefallen waren. Am 11. August näherten sich die Amerikaner Chartres, das sechsundfünfzig Kilometer von Paris entfernt war. Sartre und Biber beluden ihre Räder, da sie jetzt befürchteten, sie könnten von Paris abgeschnitten werden. Die Hauptstraße konnten sie nicht nehmen, weil man annahm, daß die Deutschen sie für den Rückzug benutzen würden. Trotz der brütenden Hitze radelten sie fieberhaft und fuhren über Nebenstraßen bis nach Chantilly. Von dort gingen noch Züge nach Paris. Sie verstauten ihre Räder im Gepäckwagen und wählten ein Abteil am Ende des Zuges. Der Zug fuhr ein paar Kilometer, passierte einen Bahnhof und blieb dann stehen. Man hörte das Dröhnen eines Flugzeuges und das Knattern von Maschinengewehren. Sie warfen sich auf den Boden, und als der Beschuß vorüber war, folgten sie den anderen und sprangen in einen Graben. Vorn im Zug gab es Verwundete. Jemand sagte, das Flugzeug habe die Lokomotive treffen wollen.

Vorsichtshalber gingen sie nicht wieder in das Hôtel de la Louisiane zurück, sondern stiegen in einem Hotel einige Meter weiter ab und trafen Camus, der ihnen sagte, daß alle Führer der Widerstandsbewegung sich einig wären: Paris mußte sich selbst befreien. Es gab keinen Strom und kein Gas; Lebensmittel waren nicht aufzutreiben, und Sartre und Biber mußten von ihren Vorräten leben: ein paar Pfund Kartoffeln und Nudeln. Eines Tages verschwanden plötzlich die Polizisten, vermutlich versteckten sie sich. Am Nachmittag des 18. August sah Simone deutsche Soldaten den Boulevard St. Michel hinuntermarschieren und hörte, wie Passanten sich zuflüsterten: »Sie rücken ab.« Aber noch immer verhafteten die Deutschen Menschen und deportierten sie, und über dem Senat flatterte weiter die Fahne mit dem Hakenkreuz. Als sie ins Bett ging, dachte Simone: »Vielleicht morgen!«

Am nächsten Tag wurde die Préfecture de Police (Polizeipräsidium) befreit: von der Wohnung der Leiris aus sah Simone die Trikolore auf dem Dach wehen. Das Rathaus, der Gare de Lyon und die meisten öffentlichen Gebäude waren in der Hand der Aufständischen. Am Pont Neuf war eine Gruppe der FFI (Forces Françaises de L'Intérieur) von einem Lieferwagen gesprungen und hatte auf eine deutsche Marschkolonne geschossen. Am Tag darauf wehte das Hakenkreuz noch immer über dem Senatsgebäude. Sartre war im Hauptquartier des CNE, Simone bei Zette. Camus und seine Leute übernahmen die Druckereien und die Büros der Kollaborateurpresse, und auf den Straßen begann der erste offene Verkauf des *Combat* und der *Libération*. Es gingen Gerüchte um, die sagten, die Deutschen hätten eingewilligt, sich zurückzuziehen, um die Stadt zu verschonen. Andere wiederum behaupteten, Notre-Dame und der größte Teil der Stadt wäre vermint und würde in die Luft fliegen. Eine Woche später waren die Deutschen noch immer da.

Camus bat Sartre, für den *Combat* eine Artikelserie über den Aufstand zu schreiben. Der erste Teil wurde am 22. August veröffentlicht. Die Eingangszeile lautete: »Ich berichte nur das, was ich selbst gesehen habe.« In gewisser Weise war das übertrieben, denn dieser Augenzeugenbericht basierte auf Eindrücken, die sowohl Sartre als auch Simone zusammengetragen hatten. Vom 29. August an erschien Sartres Beitrag täglich, in ihm beschrieb er die Entstehung des Aufstandes, die Ängste, die Hoffnungen, aber auch die Exzesse. Die Serie endete am 4. September mit einem Artikel, in dem er sich mit dem Verhalten der Massen auseinandersetzte, die an der Porte d'Orléans die 10. Division General Philippe Leclercs begrüßte, als diese in die Stadt einzog und sich über den Boulevard Raspail in Richtung Montparnasse bewegte. »Nie zuvor hat sich eine aufständische Gruppe in dieser Weise mit einer Armee verbrüdert, noch nie hat man Untergrundkämpfer in Zivil gesehen, die von der Menge genauso bejubelt wurden wie die untadelig uniformierten Soldaten und ihre Offiziere. Ihnen allen galt der Beifall der Menschen, obwohl sie die Doppeldeutigkeit dieses patriotischen und revolutionären Marsches nur halb verstanden. Sie mußten aber deutlich empfinden, daß diese ungewöhnliche Zeremonie viel versprach, und sie wußten auch, daß es nicht nur darauf ankam, die Deutschen aus Frankreich zu verjagen, sondern darauf, den wohl noch härteren und längeren Kampf für eine neue Ordnung aufzunehmen.«[14] De Gaulle marschierte über die Champs-Elysées; Sartre erlebte seinen Einzug vom Balkon des Louvre aus, während Simone mit Olga und den Leiris zum Arc de Triomphe ging. Am Rathaus eröffneten vom Dach des Gebäudes unentwegte Vichyanhänger das Feuer und trieben die Tausende unten auf dem Rathausplatz auseinander. In jener Nacht bei den Leiris trafen Simone und Sartre zum erstenmal einen Amerikaner; ungläubig bestaunten sie seine Uniform. Der faszinierendste Ort in der Stadt aber war das Büro Camus', in dem es zuging wie in einem Irrenhaus. Alle waren sie da, angefangen bei Hemingway, der gekommen war, um die Bar des Ritz zu befreien, bis hin zu André Malraux in seiner selbstentworfenen FFI-Uniform und einem spanischen Barett, das er aus dem Spanischen Bürgerkrieg herübergerettet hatte. Er war gerade auf wunderbare Weise der Gestapo in Toulouse entkommen. Malraux erzählte ihnen, daß Drieu de la Rochelle einen Selbstmordversuch unternommen hatte.

Die Befreiung von Paris zog sie alle unausweichlich in die Politik.

Theoretisch hatte die Gründung des »Komitees zur nationalen Befreiung« im Jahre 1943 alle Partisanen- und Widerstandsorganisationen der Autorität de Gaulles unterstellt. Mit der Befreiung von Paris begann das »neue Morgen«. Bis dahin hatte de Gaulle nur Feinde innerhalb der Rechten, dem Großbürgertum, das mit Vichy sympathisiert hatte und zum größten Teil seine Aufrufe aus London ignoriert hatte, in denen er zum bewaffneten Kampf und zum offenen Widerstand aufgefordert hatte. Nun aber machte er eine Kehrtwendung hin zur rechten Mitte, die die Mehrheit der Franzosen repräsentierte, eine konservative Mehrheit, die von ihm die Erhaltung der bestehenden Gesellschaft erwartete. Für sie war dieser Karrieresoldat mit seinen Generalssternen und seinem Gespür für Autorität der Mann des Rechts und der Ordnung, der die Millionen von Kommunisten und ihnen nahestehenden Untergrundkämpfern entwaffnen würde, sobald Frankreich den Feind von seinem Territorium vertrieben hätte.

In dem vier Jahre andauernden Kampf des Widerstands gegen die

Besatzungstruppen hatten die Kommunisten am härtesten gekämpft und am schwersten gelitten. Sie arbeiteten und kämpften für ein Nachkriegsfrankreich, das ihren Opfern angemessen war. Im Januar 1945 zeichneten sich in der nichtkommunistischen Linken zwei Strömungen ab.

Eine Anzahl führender Leute wollte den alten Traum einer Arbeiterpartei verwirklichen; andere wollten versuchen, de Gaulle auf ihre Seite zu bringen, indem sie sich in einem breiten Bündnis mit dem liberalen Bürgertum zusammenschlossen.

Alle diese Fragen wurden vom *Combat* mit viel Intelligenz und Engagement erörtert. Paris begann seinen Weg in die wiedergewonnene Freiheit, während der militärische Vorstoß nach Deutschland noch einmal von der deutschen Ardennenoffensive aufgehalten wurde. Aber Sartre und Biber sahen mit einiger Zuversicht in die Zukunft. Es stand außer Frage, daß sie nicht wieder in die politische Sorglosigkeit der Vorkriegsjahre verfallen würden. Sie verachteten nun die kleinen, individualistischen Ausflüchte, mit denen sie sich vor dem Krieg aus der Politik herausgehalten hatten. Wichtig war nicht mehr das *Sein,* sondern das *Handeln.* Sie konnten nicht länger im Abseits stehen oder als Intellektuelle mit geschultem Philosophieverständnis sich in Abstraktionen ergehen und Erkenntnisse sammeln. Das Erlebnis der Gefangenschaft hatte Sartre Solidarität gelehrt, und das Scheitern von »Sozialismus und Freiheit« war für ihn eine Lektion in Realismus gewesen.

Aber die Kommunisten mochten ihn nicht. Als die Gruppe »Sozialismus und Freiheit« noch existierte, hatten sie das Gerücht in Umlauf gebracht, er sei nur aus dem Gefangenenlager herausgekommen, um als Spitzel zu arbeiten. Sie wollten, daß im CNE Einigkeit herrschte, und hatten ihn akzeptiert, obwohl ein obskures Pamphlet ihn gemeinsam mit Montherlant auf die schwarze Liste gesetzt und ihn als reaktionär bezeichnet hatte. Sartre für sein Teil wollte mit den Kommunisten zusammenarbeiten, wollte aber nicht in die Partei eintreten. Erstens war sein Unabhängigkeitsdrang zu ausgeprägt, und zweitens und vor allem bestanden zwischen ihm und den Kommunisten ernste Meinungsverschiedenheiten. Für sie war er ein wohlmeinender Bürgerlicher, der an die phänomenologische Intuition glaubte, und er fand, daß der Marxismus den Menschen nicht in seinem ganzen Wesen erfaßte.

Er hatte nicht die Absicht, seine Ideen aufzugeben – seine Konzeption der Existenz und der freien Willensentscheidung. Er hoffte, die kommunistische Ideologie würde die Werte des Humanismus anerkennen und ihm, Sartre, dabei helfen, diesen Begriff den Klauen der Bourgeoisie zu entreißen. Er war davon überzeugt, daß es in der Linken Platz geben müsse für Sympathisanten wie ihn und Leute, die mit ihrer Position dazu beitragen konnten, die Kluft zwischen dem intellektuellen »Kleinbürger« und den Parteiintellektuellen zu überbrücken, Leute, deren Aufgabe es sein würde, Kritik und Unterstützung zu verbinden.

Die ersten Monate euphorischen Freiheitstaumels schienen seinem Optimismus recht zu geben. Die Kommunisten unterstützten die Regierung de Gaulles in »nationaler Eintracht«. Ihr Führer, Maurice Thorez, kehrte aus seinem russischen Exil zurück und erklärte den Arbeitern, es sei ihre Pflicht, die Industrie wiederaufzubauen, sich zu gedulden und vorläufig auf alle Forderungen zu verzichten. Daß Camus die Kommunisten ablehnte, erschien als eine unbedeutende, persönliche Laune, da er denselben Standpunkt vertrat wie sie; und Sartre, der mit den Kommunisten sympathisierte, billigte die politische Linie des *Combat* voll und ganz. Die kommunistische Wochenzeitung *Action* aber, die von einer Gruppe junger Leute um Francis Ponge herausgegeben wurde, griff Sartre plötzlich an und bezeichnete den Existentialismus als eine Ideologie, die vom Klassenkampf ablenken sollte. Ponge gab Sartre Gelegenheit, seinen Kritikern zu antworten,[15] aber sechs Monate später veröffentlichte er einen boshaften Artikel von Henri Lefebvre, in dem dieser schrieb, es mache ihm nichts aus, daß Sartre »ein Jünger des Nazis Heidegger gewesen sei«, wohl aber sei Sartre vorzuwerfen, daß er ein Idealist und Subjektivist sei und daß sein Existentialismus eine gegen den Marxismus gerichtete Ideologie sei.[16]

Im November war Sartre die Parteiquerelen leid und bat Camus, ihn als Korrespondenten nach Amerika zu schicken. Wie er Camus sagte, brauchte er eine neue Perspektive. Manchmal hatte er das Gefühl, als sei Frankreich aus dem Krieg als fünftklassige Macht hervorgegangen und als hätte die Tatsache, daß Paris den Krieg unversehrt überstanden hatte, sie alle darüber hinweggetäuscht, daß sie in der sterbenden Hauptstadt eines winzigen Landes lebten und mit der Befreiung eine radikale Veränderung eingetreten war. Die Emigranten kehrten zurück und brachten eine neue Einstellung mit. Raymond Aron hatte den Krieg in London verbracht und dort ein Magazin in französischer Sprache herausgegeben, das bei den Gaullisten nicht sehr beliebt war. Und auch Romain Gary wußte viel über die in London lebenden Franzosen zu berichten. *L'Arbelète* brachte eine Textsammlung unbekannter amerikanischer Autoren heraus: Henry Miller, Horace McCoy, Nathanael West.

Huis clos wurde wieder aufgeführt, und Biber und Sartre übergaben ihre Romane, die sie während des Krieges geschrieben hatten, Gallimard. Sartre legte ihm die ersten zwei Bände von *Les chemins de la liberté* vor, und Simone lieferte *Le sang des autres* ab. Die Schulverwaltung von Paris war bereit, sie wieder einzustellen, aber sie hatte nicht die Absicht, ihren Beruf als Lehrerin wiederaufzunehmen. Ihr Essay *Pyrrhus et Cinéas* erschien und wurde gut aufgenommen, und sie begann einen historischen Roman: *Tous les hommes sont mortels (Alle Menschen sind sterblich)*. Jeden Morgen ging sie in die Bibliothek und las über Kaiser Karl V. und seine graue Eminenz Mercurino Gattinara. Badel erklärte sich bereit, *Les bouches inutiles* aufzuführen, und Michel Vitold übernahm die Regie. Ursprünglich hatte er in *Bei geschlossenen Türen* die Rolle des Garcin spielen sollen.

Silvester feierten sie mit Francine und Albert Camus, die in der Wohnung Gides lebten. Am 12. Januar 1945 flog Sartre mit einer Militärmaschine in die Vereinigten Staaten. Er war einer von sechs französischen Journalisten, die vom Kriegsministerium Amerikas eingeladen worden waren, um über die Kriegsanstrengung der Vereinigten Staaten zu berichten. Um Sartre diese Reise zu ermöglichen, hatte Camus sich einverstanden erklärt, daß der *Combat* sich diesen »Sonderbeauftragten« mit dem *Figaro* teilte. Die zivile Post zwischen Amerika und Frankreich funktionierte noch nicht wieder, und so war das einzige, was Simone von Sartre sah, die Berichte, die er für den *Figaro* und den *Combat* schickte. Auch sie wäre gerne einmal aus Frankreich herausgekommen, und plötzlich bot sich ihr diese Gelegenheit. Unter den Heimkehrern war auch ihre Schwester. Poupette hatte während ihres vierjährigen Aufenthalts in Portugal Pierre Lionel geheiratet, der jetzt am Institut Français in Lissabon arbeitete. Er gab eine französisch-portugiesische Zeitschrift heraus und lud Simone im Namen des Instituts ein, nach Portugal zu kommen und dort Vorträge über die Besatzungszeit zu halten. Simone ging sofort in das Büro der Kulturabteilung und bat um eine Reiseerlaubnis. Es war nicht leicht, aber alle versprachen, ihr Bestes zu tun.

Sartre liebte Amerika, aber seine journalistische Laufbahn leitete er mit einem Schnitzer ein: Er schrieb über die inneren Kämpfe zwischen den Pétainanhängern und den Gaullisten im Jahre 1942/1943 in New York und Washington. Die Regierung der USA hatte 1940 das Regime Pétain anerkannt. Erst im November 1942, als die Alliierten in Nordafrika landeten, wurde de Gaulles Komitee der nationalen Befreiung als provisorische Regierung anerkannt. Nachdem Sartre das herzliche Willkommen beschrieben hatte, das man ihm und den fünf anderen Berichterstattern aus Paris bereitet hatte, stach er mit seinem ersten Bericht geradewegs in ein Wespennest. Er berief sich auf nicht genannte Quellen und schilderte, daß das Big Business und das amerikanische Außenministerium *Pour la victoire* finanziert hatten, eine Zeitung, die, wie er behauptete, der französischen Sache viel Schaden zugefügt hatte.[17] Am Tag darauf griff der Korrespondent der *New York Times* in Paris den Bericht des *Figaro* auf und beschuldigte seinen Kollegen Sartre, die Grundlagen der französisch-amerikanischen Freundschaft anzugreifen.[18] Sofort schrieb Sartre einen Brief an den Herausgeber, beschuldigte seinerseits den Mann der *New York Times* in Paris, er habe ihn falsch zitiert, und versicherte den Lesern des Blattes, daß er nicht die Absicht habe, die französisch-amerikanische Freundschaft zu gefährden. In einem späteren Artikel griff er noch einmal die Franzosen an, die in New York lebten und der Partei General Henri Girauds und dem Regime Pétain den Rücken gedeckt hatten.

In Manhattan verbrachte er seine Zeit mit alten Freunden, den vom Montparnasse dorthin verpflanzten Bohemiens und mit New Yorker Künstlern. Er traf Stépha und Fernando Gerassi, seinen ehemaligen Kommilitonen von der Ecole Normale Claude Lévi-Strauss und wurde Breton, Masson, Fernand Léger, Max Ernst und deren Freund Alexander Calder vorgestellt. Der Bildhauer David Hare machte ihn mit Dolores V. bekannt. Er bemühte sich zwei Nächte lang um sie und wurde ihr Liebhaber. Die gestrandeten Bohemiens waren alle sehr vorsichtig. Sie waren Flüchtlinge und lebten in einem Land, das sich im Krieg befand; sie äußerten sich nur spärlich über die Politik. Sartre war erstaunt, als man ihm erzählte, bestimmte amerikanische Intellektuelle fürchteten, der Totalitarismus würde auch die USA irgendwann erreichen. Vollends verwirrte ihn aber die Äußerung eines Werbefachmanns der Firma Ford, in der dieser gutgelaunt über den »bevorstehenden Dritten Weltkrieg mit der UdSSR« sprach. Einer von Sartres Kollegen hatte daraufhin gesagt, es gäbe doch gar keine gemeinsame Grenze zwischen Amerika und Rußland, und hatte gefragt: »Wo werden Sie kämpfen?« »In Europa«, hatte der Mann geantwortet.

Das Außenministerium hatte die sechs Journalisten im Waldorf-Astoria untergebracht, wo Sartres Jacke und die ebenso schäbige Kriegskleidung seiner Kollegen ziemliches Aufsehen erregten. Vieles verwirrte ihn, aber die Menschen in New York mochte er sehr. In seinen Augen waren die Amerikaner besser als das System, in dem sie lebten, und er versuchte, diese Überzeugung in seinen Berichten herauszustellen. In seinem ersten Artikel für den *Combat* schrieb er, die Amerikaner seien nie wohlhabender gewesen. Anschließend lieferte er eine gründliche Beschreibung der Gegensätze zwischen arm und reich, der Wertmaßstäbe, des Konformismus der Amerikaner, der Frage Isolationismus oder Intervention und sprach über die Industriereformen der Regierung Roosevelt. Einen Artikel widmete er ausschließlich der *Tennessee-Valley-Authority* und legte ihre Bedeutung für die Sozialpolitik der Nachkriegszeit dar.

Bevor sie nach Los Angeles flogen und in Hollywood das Zentrum der Kriegspropaganda besichtigten, brachte man sie nach Washington, wo sie Präsident Roosevelt sprachen und ihn kurz interviewten. Der bereits vom Tod gezeichnete Präsident sprach mit den sechs Franzosen über ihr Land, das er sehr liebte. »Was am meisten beeindruckt, ist der tiefe, menschliche Charme dieses langen, feinen, aber auch harten Gesichts«, telegrafierte der Korrespondent Sartre. »In ihm liegt eine Art großzügige Wärme, Offenheit und Entgegenkommen; das steht in einem merkwürdigen Widerspruch zu der fast wilden Härte des Kinns.«[19]

Die Tage in Hollywood verliefen ohne besondere Ereignisse, außer daß Sartre Henriette Nizan wiedersah, die sich ihren Lebensunterhalt damit verdiente, französische Untertitel für die Filme der *Twentieth Century Fox* zu schreiben. Ihre Kinder wurden allmählich zu Kaliforniern. Sartre schrieb Berichte für den *Combat* über die Gewerkschaftsbewegung, über Kriegsfilme und mexikanische Filmproduktionen. In einer längeren Zusammenfassung glaubte er in Hollywood die Entwicklung zu einem »Kino des denkenden Menschen« zu erkennen.

Sartre verbrachte zunehmend mehr Zeit mit Dolores, vernachlässigte aber seine Arbeit nicht. Er schrieb über den Patriotismus, über »neue Städte«, über den amerikanischen Gewerkschaftsbund und darüber, daß es keine Denkmäler gab, die an die Vergangenheit erinnerten. Kritisch äußerte er sich zum Rassenkonflikt. Eine Überschrift lautete: *»Nur wenige Schwarze haben Zeit zum Träumen.«* »Es scheint nur eine Lösung für das Problem der Schwarzen zu geben, und die wird nicht schon morgen verwirklicht werden. Das Proletariat Amerikas, das schwarze und das weiße, muß begreifen, daß es ein gemeinsames Interesse hat. Der Fortschritt Amerikas hängt im wesentlichen von der Weiterentwicklung seiner Fabrikarbeiterschaft ab.«[20] Als Präsident Harry S. Truman am 7. Mai 1945 über den Rundfunk im ganzen Land den Sieg in Europa bekanntgab, war Sartre mit Dolores in New York.

Er kehrte nach Paris zurück und nahm so viele Lebensmittel und Kleidung mit, wie er nur konnte. Er erfuhr, daß Simone in Portugal gewesen war und daß sein Stiefvater gestorben war. Francine Camus hatte Zwillinge geboren, Drieu de la Rochelle hatte schließlich doch Selbstmord begangen, und Robert Brasillach, der *La nausée* verrissen hatte, war vor Gericht gestellt und hingerichtet worden, weil er während des Krieges in seinen Schriften den Faschismus glühend verteidigt hatte. Sartres Mutter Anne-Marie lebte in tiefer Trauer über den Tod ihres Mannes. Um ihr zu helfen, entschloß Sartre sich, mit ihr zusammenzuziehen. Wenn er auch nicht gerade reich geworden war, so hatte er doch genug Geld, sich eine große Wohnung in der Rue Bonaparte 42 zu kaufen. Sie lag nur einen Steinwurf vom Flore entfernt. Seine dreiundsechzigjährige Mutter bewohnte den größten Teil, und er behielt ein großes Zimmer für sich, das er als Arbeitsraum benutzte, in dem er sich aber nie lange aufhielt. Er installierte ein Telefon, und Cau wurde sein Sekretär. Mindestens den halben Tag verbrachte Cau in der Wohnung, bediente das Telefon, beantwortete Briefe und leistete Mme. Mancy Gesellschaft.

Der Selbstmord des dreiundfünfzigjährigen Drieu de la Rochelle wurde beklagt, aber die Hinrichtung Brasillachs, der erst sechsunddreißig war, war für alle ein Schock. Drieu hatte in vieler Hinsicht als dekadent gegolten und hatte sich mit seiner für ihn qualvollen geschlechtlichen Veranlagung herumgeschlagen. Er war nicht der einzige Intellektuelle, den die Korruption der Vorkriegspolitik in den Faschismus getrieben hatte. Für den hochbegabten Brasillach und seine zügellose Begeisterung für den Nazismus aber gab es keine Entschuldigung. Dennoch: Seine Hinrichtung durch ein Erschießungskommando – das einzige Todesurteil gegen einen Schriftsteller nach der Befreiung – entsetzte alle, sogar die Schriftsteller der Résistance wie Sartre, Camus und Malraux. Nur wenige Autoren hatten den Nazismus unterstützt, andere aber hatten mit den Besatzern kollaboriert und mußten nun mit Gefängnis oder Verbannung aus der Gesellschaft dafür bezahlen. Der siebenundsiebzigjährige Charles Maurras, der die dem Faschismus nahestehende »L'Action française« gegründet hatte, war auch schon vor dem Krieg der Führer der französischen faschistischen Bewegung gewesen. Er wurde zum Tode verurteilt, aber auf Grund seines Alters begnadigt. Jean Giono wurde wegen seines anarchistischen Pazifismus für einige Monate ins Gefängnis gesteckt, und Célines antisemitische Einstellung und seine zwielichtige Tätigkeit als Kollaborateur ließen ihn zunächst mit der Wehrmacht nach Deutschland fliehen. Nach dem Zusammenbruch des Dritten Reiches kam er ins Gefängnis und verbrachte anschließend sechs Jahre im dänischen Exil.

Lissabon war für Simone ein aufregendes und zugleich aufwühlendes Erlebnis gewesen. Die Regierung unter dem Diktator Antonio Oliveira Salazar hatte mit Deutschland sympathisiert und ihm in gewisser Weise geholfen. Nach der Niederlage Hitlers versuchte sie, sich wieder an Frankreich anzunähern. Dieser Politik war es zu verdanken, daß man Simone erlaubte, ihre Vorträge in Portugal zu halten. Ein ehemaliger Minister bat Simone, Georges Bidault einen Brief zu übergeben, wenn sie nach Frankreich zurückkehren würde: Wenn de Gaulle ihm behilflich wäre, Salazar zu stürzen, würde die neue portugiesische Regierung Angola an Frankreich abtreten. Sie gab den Brief an Bidault weiter, aber sie wußte, daß das sinnlos war.

Simone kehrte mit fünfzig Kilo Lebensmitteln nach Paris zurück: Schinken, Zucker, Eier, Tee, Kaffee und Schokolade. Stolz verteilte sie alles unter ihre Freunde. Die Frauen bekamen Pullover und Schals; Bost, Camus und Vitold bunte Hemden, wie die Fischer in Nazaré sie trugen. Vitold hatte schlechte Nachrichten für sie. Er hatte sich mit Badel zerstritten, der ihr Stück nicht mehr aufführen wollte. Er versicherte ihr aber, daß er ein anderes Theater finden würde. Für den *Combat* schrieb sie Artikel über Portugal und erhielt ermutigende Zuschriften von einer ganzen Reihe Portugiesen; die portugiesische Botschaft protestierte scharf gegen ihre Berichterstattung.

Über Jeanine und Raymond Queneau lernten Sartre und Biber Michelle und Boris Vian und Alexandre Astruc kennen. Der vierundzwanzigjährige Vian liebte den schwarzen Humor und hatte seinen Beruf als Ingenieur aufgegeben, um Jazz zu spielen und um zu schreiben. Er wußte und unternahm viel, interessierte sich für Pornographie, Gesang, Schauspielerei, Trinken und Übersetzen. Er erfand kleine, technische Spielereien und schrieb an einer Oper für den führenden französischen Komponisten Darius Milhaud. Unter einem Pseudonym hatte er gerade einen Roman beendet, der ziemliches Aufsehen erregte: *J'irais cracher sur vos tombes (Ich werde auf eure Gräber spukken)*. Michelle, eine große Frau mit seidigem, blondem Haar, das ihr bis auf die Schultern fiel, war, was Jazz anging, genauso fanatisch wie ihr Mann. Astruc war zweiundzwanzig, Filmkritiker und wollte gerne selbst Filme machen. Als Simone ihn zum erstenmal traf, war er betrunken und schlief selig lächelnd auf Vians Sofa.

Sartre schrieb *Réflexions sur la question juive (Betrachtungen zur Judenfrage)*, eine Abhandlung über einhundertachtundneunzig Seiten, die sich mit dem Antisemitismus und dem Judentum beschäftigte. Sie wurde einer seiner berühmtesten Essays.[21] Die Reaktion der Juden auf dieses Werk war zu keiner Zeit überschwenglich; häufig wurden seine mangelnden Kenntnisse, was die Psyche und Erfahrung der Juden betraf, kritisiert. Zugleich wurde seine klare und schneidende Darstellung des Antisemitismus anerkannt. Sartre untersuchte die Judenfrage von einem phänomenologischen Gesichtspunkt aus und zeichnete die Porträts der, wie er sie nannte, »echten« und »unechten« Juden: Ersterer ein Jude, der die Tatsache, daß er ein Jude ist, hinnimmt, ohne sich notwendigerweise für die jüdische Ethnik oder Religion zu entscheiden, letzterer ein Jude, der versucht, sich zu befreien, indem er ein anderer wird, statt seine Befreiung in seiner Eigenschaft als Jude zu suchen. Zwanzig Jahre später sagte Sartre, er hätte dieses Thema unter zwei Gesichtspunkten betrachten sollen, dem geschichtlichen und dem wirtschaftlichen, trotzdem aber wären dann seine Schlußfolgerungen nicht unbedingt andere gewesen.[22]

Camus war im Begriff, nach Amerika zu fahren, um dort eine Vortragsreise zu machen. Der »kleine Bost« reiste mit einer Gruppe von Journalisten durch Italien, als Simone erfuhr, daß Olga an offener Tuberkulose erkrankt war. Obwohl alle Spezialisten unterschiedlicher Meinung waren, stellte es sich schließlich heraus, daß beide Lungenflügel angegriffen waren. Nach einer schmerzhaften Behandlung mit dem Pneumothorax wurde sie in ein Sanatorium in die Alpen geschickt, was bedeutete, daß es lange dauern würde, bis sie sich wieder erholte. Ihre Krankheit machte alle Pläne, *Die Fliegen* wieder aufzuführen, zunichte, denn weder Sartre noch Charles Dullin konnten sich jemand anderes als Elektra vorstellen.

Für ein paar Wochen fuhren Sartre und Biber nach Belgien und besuchten Antwerpen, Brügge und Gent. Anschließend reiste er mit seiner Mutter aufs Land, und Simone fuhr mit dem Fahrrad in die Ferien. Sie trafen sich wieder am 6. August 1945 in Paris, dem Tag, an dem auf Hiroshima die Atombombe fiel. Das bedeutete das Ende des Krieges, die Möglichkeit eines dauerhaften Friedens oder auch das Ende der Welt. Sie führten endlose Gespräche darüber.

Noch vor Ende August schlossen sie die erste Ausgabe von *Les Temps modernes* ab. Wegen Papiermangels durften nur die Zeitschriften erscheinen, die auch schon vor dem Krieg existiert hatten, und daneben die anerkannten Résistancezeitungen. Aber Simone hatte sich mit Jacques Soustelle, dem dreiunddreißigjährigen Minister de Gaulles, getroffen, der für die Massenmedien zuständig war, und ihn gebeten, für die neue Monatszeitschrift mit 192 Seiten eine Papierzuteilung zu bewilligen. Sartre schrieb die Einleitung und stellte darin fest, die

TM sei kein politisches Magazin und solle an die nicht mehr bestehende *NRF* erinnern. Die *TM* würde politische und gesellschaftliche Ereignisse kommentieren, ohne dabei politisch zu sein. Sie würde keine Partei unterstützen, sondern Probleme analysieren, Streitfragen klären und ihren eigenen Standpunkt beziehen. »Wir werden nichts auslassen, was unsere Zeit betrifft. Es mag bessere Zeiten gegeben haben, aber dieses ist unsere Zeit; wir haben nur dieses eine Leben zu leben, inmitten *dieses* Krieges und vielleicht inmitten *dieser* Revolution.« Die Redaktion setzte sich aus Simone de Beauvoir, Michel Leiris, Maurice Merleau-Ponty, Albert Olivier und Jean Paulhan zusammen. Chefredakteur Sartre »empfing« laut der Ankündigung im Impressum am Dienstag und Freitag von 17.30 bis 19.30 Uhr im Redaktionsbüro bei Gallimard. Er wurde mit Beiträgen überschwemmt und selbst auch um Artikel für Magazine in aller Welt gebeten. Für die *Vogue* in Amerika schrieb er einen langen Bericht über die neue französische Literatur im allgemeinen und über Camus im besonderen. Der Essay enthielt auch eine Inhaltsangabe von *La Peste (Die Pest)*, die Camus erst zwei Jahre danach veröffentlichte.[23] Er nahm an einem Symposium teil und sagte dem katholischen Philosophen Gabriel Marcel: »Ich weiß nicht, was Existentialismus ist.« Sein Einwand war vergeblich. Bis zum Oktober dieses Jahres war der Existentialismus zur Mode einer ganzen Generation geworden.

Kapitel V

November 1949

Simone war erstaunt. Sie hatte nicht erwartet, daß die Kritiker ihr neues Buch als den Beginn eines neuen Erwachens der Frau hinstellen würden. Von dem ersten Band waren in einer Woche 22 000 Exemplare verkauft worden. Noch erstaunter aber war sie über den Skandal, den der zweite Band auslöste. Und warum sagte die Journalistin Claudine Chonez: »Sie haben Mut bewiesen, aber Sie werden viele Freunde verlieren«? In das Büro der *Les Temps modernes*, die drei Kapitel aus dem zweiten Band von *Le deuxième sexe (Das andere Geschlecht)*[1] in Fortsetzungen veröffentlichte, flatterten Epigramme, Strafpredigten, Ermahnungen und obszöne Einladungen. Man nannte sie unbefriedigt, frigide, priapeisch, nymphomanisch, lesbisch und behauptete, sie habe schon hundertmal abgetrieben und habe ein uneheliches Kind. Einige Leser boten ihr an, sie von ihrer Frigidität zu heilen, andere, ihre Klitoris zu erregen. Man versprach ihr Offenbarungen, zwar mit den schmutzigsten Ausdrücken, aber im Namen der Freude, der Schönheit und der Poesie. Sie konnte verstehen, daß anonyme Verrückte ihr ihre phantastischen Abhandlungen schickten, aber nicht, daß François Mauriac sich dazu hinreißen ließ, an einen Mitarbeiter der *TM* zu schreiben: »Nun weiß ich alles über die Vagina Ihrer Chefin.« Im *Figaro littéraire* begann er eine Offensive gegen die Pornographie im allgemeinen und gegen Simone de Beauvoir im besonderen.

Die Kritiker folgten den bekannten Mustern. Entweder sie sagten, die Frauen wären den Männern seit jeher ebenbürtig gewesen, oder sie behaupteten, sie wären ihnen auf ewig unterlegen. Alles, was Simone in *Das andere Geschlecht* geschrieben habe, wisse man bereits oder auch, an allem sei kein wahres Wort. Entweder sei sie eine arme, neurotische Frau, unterdrückt und vom Leben betrogen, oder ein böses Weib, neidisch, verbittert und voller Minderwertigkeitskomplexe gegenüber Männern und anderen Frauen. Sie führe ein »trauriges Leben«, und ihr Buch sei das Ergebnis persönlicher Erniedrigungen. Sie sei eine Frauenhasserin, die so tue, als wolle sie die Sache der Frau voranbringen, während sie in Wirklichkeit ihre Schwestern verdamme. »Das Thema der Minderwertigkeit wurde von zahlreichen Kritikern aufgenommen; dermaßen von dem Gefühl ihrer männlichen Überlegenheit durchdrungen, konnten sie sich nicht vorstellen, daß meine Weiblichkeit mich nie belastet hatte«, schreibt sie in *Der Lauf der Dinge*. »Der Mann, den ich höher stelle als alle anderen, war nicht der Meinung, daß ich ihm unterlegen sei.« *Das andere Geschlecht* verärgerte auch ihre Freunde. Camus warf ihr vor, den französischen Mann lächerlich gemacht zu haben, und sagte, sie hätte das Argument bringen müssen, daß auch der Mann darunter leidet, daß er in einer Frau keine richtige Gefährtin finden kann.

Das Buch entstand aus dem Konzept des »anderen«. Simone war der Ansicht, daß die Erziehung die Geschlechter schon in frühester Kindheit voneinander trennt. Die Gesellschaft ist eine Männergesellschaft, und daß das so ist, wird der heranwachsenden Generation ständig wieder ins Bewußtsein gebracht. Sie wußte, daß sie *nicht* wie ein Junge aufgewachsen war, daß sie weder die gleichen Bücher gelesen noch sich mit den gleichen Mythen auseinandergesetzt hatte wie Jungen, daß Frauen niemals den Männern gleich sind, sondern Geschöpfe, die gewöhnlich im Abseits stehen, denen man zwar die Gleichheit verspricht, ihnen aber nur sehr selten einen wirklich gleichwertigen Status zugesteht.

Simone hatte, ebenso wie Sartre und Lévi-Strauss, *L'âge d'homme (Mannesalter)*, den ersten Teil von Leiris' Autobiographie, sehr bewundert. Darin hatte er bestätigt, daß das Thema des Schriftstellers er selbst ist und daß alles Geschriebene, auch die Autobiographie, auf irgendeine Weise Dichtung ist.[2] Sie mochten *L'âge d'homme*, weil Leiris sich dafür entschieden hatte, sein Leben als organische Einheit zu sehen, als kontinuierliche Entwicklung, die nicht einfach chronologisch zu erfassen war, sondern nach Sinnzusammenhängen. Er glaubte an die Zusammengehörigkeit von Gegenwart und Vergangenheit, an die Entsprechungen, die sich über die Zeiträume hinwegspannten. 1946 war Simone die Idee gekommen, etwas Ähnliches zu unternehmen.

Als sie mit Sartre darüber sprach, hatte sie geglaubt, daß es leicht sein würde, darzulegen, was es ihr bedeutete, eine Frau zu sein. Sie hatte ihm erzählt, daß es für sie nie eine Rolle gespielt hatte, weiblich zu sein. Darauf hatte er geantwortet: »Trotzdem sind Sie nicht so erzogen worden wie ein Junge. Es lohnt sich, weiter darüber nachzudenken.« Sie hatte sich daraufhin eingehend mit diesem Thema auseinandergesetzt, dann aber den Plan einer persönlichen Beichte à la Leiris zugunsten eines ausführlichen Essays über die Situation der Frau aufgegeben. In der Bibliothèque Nationale hatte sie angefangen, die Mythen des weiblichen Geschlechts zu untersuchen, und war von einer Überraschung in die andere gefallen. Ihre Reise in die Vereinigten Staaten und ihre Liebesaffäre mit Nelson Algren gab dem Essay eine neue Dimension.

Philippe Soupault hatte ihr diese Reise nach Amerika verschafft. Früher hatte er surrealistische Gedichte geschrieben und mit Breton das »automatische Schreiben« erfunden. Als Simone und Sartre ihn 1946 nach dem Zusammenbruch im Flore kennenlernten, arbeitete er in der Kulturabteilung des Außenministeriums. Er sagte, wenn sie ernsthaft daran interessiert sei, könnte die Kulturabteilung eine Vortragsreise in die Vereinigten Staaten organisieren. Bei seinem letzten Besuch hatte Sartre in den USA vor den Mitgliedern der Universität Yale gesprochen und gesagt, daß die neueren französischen Schriftsteller wie Camus, Beauvoir und er selbst Faulkner, Hemingway, Dos Passos, Steinbeck und Caldwell bewunderten, weil diese eine neue literarische Technik eingeführt hatten.[3] Simone war im Januar 1947 in die Vereinigten Staaten geflogen; die Kulturabteilung hatte ihr das Flugticket bezahlt. In New York hatte sie Dolores kennengelernt, die im Begriff war, nach Paris zu fliegen, wo sie bis zu Simones Rückkehr bei Sartre bleiben wollte. In *Der Lauf der Dinge* schreibt Simone großzügig: »Dolores war so reizend, wie Sartre sie geschildert hatte, und besaß das hübscheste Lächeln der Welt.«

Die vier Monate in Amerika waren eine anstrengende und aufregende Zeit gewesen. Der materielle Überfluß, die Schaufenster, die Flut der Neonlichter, die Bars, die »drugstores«, die Autos, die Frisuren, die überheizten Häuser und die kahle Weite des Landes hatten sie verwirrt. Um alles in Erinnerung zu behalten, hatte sie ein Tagebuch geführt, das mit viel Erfolg in den *TM* abgedruckt und später unter dem Titel *L'Amérique au jour le jour (Amerika – Tag und Nacht)* veröffentlicht wurde. Ihre Kommentare, die in den *TM* erschienen, waren noch härter als die Artikel, die Sartre 1945 für den *Combat* und den *Figaro* geschrieben hatte. Ihre Untersuchungen waren entschiedener. Es sei richtig, schrieb sie, daß Amerika die Heimat des Kapitalismus war, aber es hatte Europa vor dem Faschismus gerettet. Die Atombombe sichere dem Land seine Vormachtstellung in der Welt und befreie es von jeglicher Angst. Trotzdem stellten die amerikanischen Intellektuellen einen unerträglichen Chauvinismus zur Schau; ihr Antikommunismus entwickelte sich zu einer Neurose, und ihre Haltung gegenüber Europa und Frankreich war von arroganter Herablassung bestimmt. »Von Harvard bis New Orleans, von Washington bis Los Angeles hörte ich Studenten, Lehrer und Journalisten ernsthaft fragen, ob es nicht besser sei, die Atombombe über Moskau abzuwerfen, bevor die UdSSR in der Lage wäre, zurückzuschlagen. Man erklärte mir, um die Freiheit zu verteidigen, könnte es notwendig werden, sie zu unterdrücken.«[4]

New York beeindruckte sie. An ihrem ersten Abend stand sie erschüttert an der Ecke der 42. Straße und des Times Square und »fühlte sich von der Vergangenheit und der Gegenwart abgeschnitten«. Sie bewunderte die geometrische Konzeption der Stadt, ihr Klima, das an jenes der Mittelmeerländer erinnerte, jedenfalls so lange, bis es schneite, und probierte ehrfürchtig ihren ersten Martini und eine Languste à l'Américaine. Für sie stellte sich nicht die Frage, ob sie Amerika liebte oder nicht. »Diese Worte bedeuten nichts. Amerika ist ein Schlachtfeld, und es gibt keine Möglichkeit, diesem Kampf zu entkommen, einem Kampf, dessen Ziele alle Grenzen sprengt.«

Sie kannte Stépha und Fernando Gerassi, und Sartre hatte ihr einige Adressen gegeben. Aber sie war es leid, sich mit europäischen Emigranten zu treffen, und war froh, wenn Ellen und Richard Wright sie zum Abendessen einluden. Schon in Paris hatte der »kleine Bost« ihr den Verfasser von *Native Son* vorgestellt. Die Wrights waren nur nach New York gekommen, um soviel wie möglich von ihren Sachen aus ihrer Wohnung in Greenwich Village in große Kisten zu verpacken. Sie wollten nach Paris und auf unbestimmte Zeit dort bleiben. Wright nahm sie mit ins Savoy, damit sie einmal richtigen Jazz hörte. Unter den Gästen war sie fast die einzige Weiße. Ein Redakteur der *Vogue* veranstaltete eine Cocktailparty für sie, um sie mit den Schriftstellern der Stadt bekannt zu machen. Der Alkohol floß in Strömen, und die Party wurde sehr lebhaft. Dwight Macdonald sagte ihr, daß die Art, in der französische Intellektuelle ihrer Bewunderung für die amerikanische Literatur Ausdruck verliehen, eine Beleidigung sei. Amerikas wahre Schriftsteller seien nicht Hemingway, Dos Passos, Caldwell oder Steinbeck, sondern Thoreau, Whitman, Melville, Hawthorne und Henry James. Philip Rahv fragte Simone, wie sie sich anmaßen könne, einen philosophischen Standpunkt zu beziehen, ohne Konfuzius und Jakob Böhme gelesen zu haben. Als Simone einige Tage darauf im Hause des *Partisan Review* Macdonald und Rahv wiedertraf, entschuldigten sie sich und erklärten ihr mit sehr viel Geduld, daß es so etwas wie die amerikanische Literatur nicht gebe. Der *Partisan Review* hatte einen Artikel Sartres über engagierte Literatur veröffentlicht,[5] und Simone erörtete die Möglichkeit eines weiteren Meinungsaustausches mit den *Temps modernes*. In der Februarausgabe begann Sartre die Serie *Qu'est-ce que la littérature?*, einen großangelegten Versuch, das engagierte Schreiben zu definieren, indem er die Fragen stellte: Was ist Literatur? und: Für wen schreibt der Schriftsteller?[6] Irgend jemand nahm Simone mit zur *New York Times*, wo ein Redakteur in einem Drehstuhl ihr ironisch die Frage stellte: »Also hat Frankreich Spaß am Existentialismus?« Er fand, es sei ziemlich selbstgefällig, wenn ein wirtschaftlich armes Land so tue, als könnte es denken. Mary McCarthy bot Simone an, mit ihr eine Stadtrundfahrt zu machen, ein Erlebnis, das sich für keine von beiden als besonders lohnenswert erwies. Simone wäre gern in ein Horn & Hardet-Restaurant gegangen, aber die McCarthy und ihre Freunde hätten das Essen in diesem Automatenrestaurant als Fraß empfunden. Simone entwickelte eine so penetrante Touristenneugier, daß sie die Geduld ihrer amerikanischen Bekannten auf eine harte Probe stellte.

Ihren ersten Vortrag hielt sie am Vassar-College, wo die Französischgruppe eine Schulaufführung von Sartres *Fliegen* probte. Um zwei Wochen hatte sie die Aufführung von *Bei geschlossenen Türen* verpaßt, das im Biltmore-Theater lief. Der Filmregisseur John Huston hatte zum erstenmal ein Bühnenstück inszeniert, und der aus Frankreich ausgewanderte Schauspieler Claude Dauphin spielte den Garcin (in der Londoner Version des Stückes wurde dieser von Alec Guinness dargestellt). Simone fiel auf, wie steif und unnatürlich die Mitarbeiter des Konsulats und andere Franzosen sich im Vergleich zu »bedeutenden« Amerikanern verhielten, die instinktiv zu wissen schienen, wie man sich locker und menschlich zugleich verhielt. »Ich finde diese Freundlichkeit verführerisch, aber auch verwirrend. Sie ist ein Ausdruck von Selbstvertrauen, aber sie ist zweideutig: Großzügigkeit oder Heuchelei?«

Nach drei Wochen in New York fuhr sie mit dem Zug und einem Greyhound-Bus nach Washington und nach Macon in Georgia, wo sie das Wesleyan-College für Mädchen besuchte. Die Hauptstraße dieser Stadt erinnerte sie an Sinclair Lewis. Anschließend ging es weiter, zurück in den Norden; durch verschneite Landschaften fuhr sie über Rochester und Cleveland zum Oberlin-College in Ohio, der ersten integrierten und koedukativen Hochschule, die sie auf ihrer Reise sah. In Buffalo besuchte sie eine Picasso-Ausstellung und reiste weiter nach Detroit, Pittsburgh und St. Louis. Sechsunddreißig Stunden in Chicago reichten, um sich das Museum und die Michigan Avenue anzusehen und um sich mit Nelson Algren zu treffen, dessen Telefonnummer man ihr beim *Partisan Review* gegeben hatte.

Algren war ein Jahr jünger als Simone und *der* Poet der Boheme Chicagos. Die Romane, mit denen er bekannt wurde, *The Man with the Golden Arm* und *A Walk on the Wild Side*, waren zu der Zeit noch nicht geschrieben. Er war als Sohn deutsch-schwedischer Juden in Detroit geboren und in ärmlichen Verhältnissen in Chicago aufgewachsen. An der Universität von Illinois hatte Algren sein Examen in Journalismus abgelegt, war zur Zeit der Weltwirtschaftskrise ruhelos umhergezogen und hatte eine Reihe von Berufen ausgeübt, angefangen bei seiner Tätigkeit für den Schriftstellerverband von Illinois bis hin zum leitenden Angestellten der Gesundheitsbehörde von Chicago. Drei Jahre hatte er als Sanitäter bei der Armee gedient. Seit zwei Jahren versuchte er, Ansätze von Ordnung in sein Leben zu bringen. In seinen ersten Erzählungen hatte er über seine Erlebnisse als Gelegenheitsarbeiter und Tramp im Südwesten geschrieben und in Chicago systematisch Material über die im Nordwesten der Stadt lebenden Polen gesammelt. Er hatte sich mit hilflosen, ausgestoßenen Menschen und mit Kriminellen angefreundet, sah bei Polizeiverhören zu und las die Lokalpresse, um sich Anregungen für seine Dialoge zu holen. Daraus war *Somebody in Boots* (1935) entstanden, ein erster, unreifer Roman, in dem er sich zum Marxismus bekannte. *Never Come Morning* (1942) spielt im polnischen Milieu und erzählt von einem gewissen Bruno Bicek, der davon träumt, Schwergewichtschampion zu werden, und als Mörder endet.

Unter dem Titel *The Neon Wilderness* hatte er vierundzwanzig seiner Kurzgeschichten zusammengefaßt, kaum strukturierte, authentische Berichte voller bedrückender, alptraumhafter Details von Polizeiverhören, dem Leben in der Armee, der Prostitution, dem Glücksspiel und dem Nachtleben.

Dem Treffen der beiden war nur ein kurzes Telefongespräch vorausgegangen. Als Algren Simone in ihrem Hotel abholte, wußte er nur, daß sie eine französische Schriftstellerin war. Sie war nach Chicago gekommen, um etwas zu sehen, und so nahm er sich ihrer an. In den folgenden zwei Tagen zeigte er ihr den elektrischen Stuhl, eine psychiatrische Anstalt und die Bars in der Nachbarschaft, die, wie er sagte, nur von zwielichtigen Typen besucht wurden. Sie antwortete ihm: »Ich glaube, Sie sind hier der einzige zwielichtige Typ.« Er ging mit ihr in eine Mitternachtsmesse und behauptete, es sei Zeit, daß jemand ihre Seele rette. Sie besuchten eine mäßige Varietévorstellung in der Maxwell Street und den Zoo. Er sprach über die amerikanische Literatur und erklärte ihr, warum er seit Dick Wrights Abreise der einzige ernsthafte Schriftsteller in Chicago sei.

Ihre Freunde in New York hatten ihr die Bowery und Harlem gezeigt. Algren zeigte ihr West Madison, das im Westen von Chicago lag. Sie hatte das Gefühl, als könne das Elend nirgendwo schrecklicher sein als hier. Er war hier aufgewachsen und erklärte ihr, wie Kinder, genau wie Erwachsene, Banden gründeten. Als Jugendlicher hatte er die Weltwirtschaftskrise erlebt, war in Güterzügen als blinder Passagier mitgefahren, hatte als Würstchenverkäufer gearbeitet und Hunderte anderer stumpfsinniger Arbeiten verrichtet. In Alpine in Texas hatte er eine Schreibmaschine gestohlen und fünf Monate im Gefängnis gesessen, wo er einige der Leute traf, die seine Erzählungen bevölkerten: einen Einarmigen, der mit seinem gefühllosen Armstumpen Tabakdosen eindrückte, und einen exzentrischen Rodeoreiter, der zwei Morde begangen haben sollte und im Gefängnis ein Spiel erfand, bei dem die Beteiligten sich mit einem Gürtel gegenseitig verprügelten. Während des Krieges war Algren in Deutschland gewesen und hatte auch schon New York und Paris gesehen, wo er nicht länger als einen Tag geblieben war. Er verließ Chicago niemals wirklich. Er kannte keine anderen Schriftsteller; seine Freunde waren die Menschen in West Madison und in den Mietskasernen der Division Street.

Simone tat es leid, daß sie abreisen mußte. Angehörige des französischen Konsulats führten sie in ein elegantes Restaurant und fuhren sie in einem Auto über den Loop, um ihr die erleuchtete Silhouette von Chicago zu zeigen. Anschließend brachten sie sie an den Zug nach Los Angeles, in dem sie ein Schlafwagenabteil belegt hatte. Die Silhouette von Chicago war fast so schön wie die von New York, aber sie war froh, hinter die Kulissen gesehen zu haben. Sie würde wiederkommen. Im Zug las sie *Never Come Morning*.

Kalifornien bedeutete Sonne, Vorträge an der Universität von Kalifornien und in Berkeley, ein Wiedersehen mit Henriette Nizan, die zum zweitenmal geheiratet hatte, und Bars, die pünktlich um Mitternacht schlossen. Kalifornien, das waren für sie die mexikanischen »Barrios« im Osten von Los Angeles, die Studios der Paramount und das Treffen mit William Wyler und Darius Milhaud. Obwohl Henriette sich um sie kümmerte, fühlte sie sich einsam in Los Angeles. San Francisco war atemberaubend schön, Oakland dagegen war eine deprimierende Industriestadt. Im April war sie wieder in New York, nachdem sie einen Monat lang mit einem Greyhound-Bus durch das bezaubernde Neu-Mexiko, bei Nacht durch das düstere Houston und New Orleans gefahren war, wo übrigens niemand Französisch sprach. Hinter Charleston hatte sie auf den Vordersitzen des Busses den Hinweis *Nur für Weiße* bemerkt.

Dieses Mal erschien ihr New York zahm und angenehm. Mit Stépha und Fernando verbrachte sie gemeinsam mit Miró, der einige sorgenvolle Jahre in Francospanien gelebt hatte und dessen Bilder jetzt von Peggy Guggenheim verkauft wurden, einen spanischen Nachmittag.

Der Maler und Schriftsteller Carlo Levi, den Sartre und sie ein Jahr vorher in Rom kennengelernt hatten, kam nach New York. Nun war sie es, die einen anderen durch die Stadt führte. Levis Eindrücke deckten sich mit ihren. Auch ihn berührte die Schönheit New Yorks, »eine Umkehrung der Roms«. Am 9. April ging sie in die Premiere von *Die Fliegen*, die in Erwin Piscators Theater in der 48. Straße aufgeführt wurden. Mary McCarthy stellte ihr den zweiundzwanzigjährigen Gore Vidal vor, dessen päderastisches Stück *Williwaw* sich als »succès de scandale« erwiesen hatte. Simone lud ihn zu einem üppigen T-Bone-Steak ein.

Drei Tage verbrachte sie an den Frauencolleges Smith und Wellesley und fühlte sich durch die amerikanische Frauenwelt mehr und mehr verwirrt. In Greenwich Village hatten ihr amerikanische Männer erzählt, sie fänden ihre Frauen anstrengend, da sie ständig Respekt und Aufmerksamkeit verlangten und dazu noch frigide seien. Jemand hatte gesagt: »Man braucht sich nur die Küsse anzusehen, die in Hollywoodfilmen ausgetauscht werden.« Kleider und Verabredungen waren das einzige, wofür sich die Studentinnen dieser beiden erlesenen Hochschulen in Massachusetts interessierten. Sogar die wenigen, die ihr sagten, sie wollten in ihrem Leben mehr erreichen, als nur einen Mann zu finden, versuchten, ihren Ehrgeiz zu verbergen. An diesen zwei hervorragenden Anstalten galt es als wenig elegant, sich mit wirklich wichtigen Fragen zu beschäftigen. Eine ältere Französin, die schon seit Jahren in Wellesley unterrichtete, erklärte Simone, was »necking« und »petting« bedeutete und daß diese Form sexueller Initiation die Mädchen nicht zu Erwachsenen mache, sondern eher eine Fortsetzung der Kindheitsspiele sei. Als sie nach Boston kam, um dort einen Vortrag an der Harvarduniversität zu halten, und sie von einigen jungen Männern abgeholt wurde, zeigten diese auf Radcliffestudentinnen und sagten: »Die kommen hierher, um uns zu heiraten.«

In New York zog sie ins Brevoort in der East Eleventh Street: »So wie die Pariser nicht mehr an den Champs-Elysées wohnen, leben auch die Leute in New York nicht mehr am Times Square.« Allmählich wurde sie in ihrer Begeisterung etwas wählerischer. Am 30. April kam Algren nach New York, um den Preis der amerikanischen Kunst- und Literaturakademie, den »Academy Award«, entgegenzunehmen, der ihm für *Never Come Morning* verliehen worden war. Der Preis war mit eintausend Dollar dotiert, und Simone machte es Spaß, Algren zuzusehen, wie er New York entdeckte. Dann reiste er wieder ab.

Sie ging auf mondäne Partys, saß am Washington Square und schrieb über die amerikanische Frau: »Ich habe alle Sorten von Frauen kennengelernt; einige waren sehr gute Hausfrauen, die von der Sorge um den Mann und die Kinder aufgefressen wurden; andere waren Lehrerinnen, die in ihrem Beruf aufgingen. B's Mann hatte eine angegriffene Gesundheit, sie war es, die durch ihre ständige Arbeit die Familie ernährte. Viele von ihnen besaßen eine lebhafte Warmherzigkeit, um die viele Europäerinnen sie hätten beneiden können. Wie soll man jene junge Schriftstellerin mit ihrem häßlichen, aber offenen Gesicht, ihre von Armut geprägte Jugend und ihre Vorliebe für den Alkohol mit der schönen, aber kalten Romanschreiberin vergleichen, die schon dreimal verheiratet war und im Laufe ihrer sehr klug eingefädelten Karriere mehrere Liebhaber gehabt hat? Daß die amerikanischen Frauen gegenüber ihren Männern nicht gleichberechtigt sind, wird deutlich, wenn man sich ihre Forderungen betrachtet. Sie sind voller Spott, und das oft mit Recht, wenn es um die sklavische Unterwürfigkeit der Französinnen geht und um deren Bereitschaft, ihre Männer zu belächeln. Sie ertragen ihre Launen, aber die Spannung, die sie empfinden, wenn sie am Sockel der Männer rütteln, verbirgt eine ähnliche Schwäche. Die Gottesanbeterin ist das Gegenstück zu der unterwürfigen Haremsdienerin; beide sind vom Mann abhängig. Die Hegelsche Dialektik des Herrn und Sklaven bewahrheitet sich wieder einmal: Die Frau, die sich als Idol betrachtet sehen möchte, wird von denen zur Sklavin gemacht, die sie verehren. Sie verbringt ihr Leben damit, den Mann in die Falle zu locken und ihn zu unterjochen. Wahre Freiheit ist positiv; ältere Frauen haben mir erzählt, daß die vorige Generation mehr Freiheit gehabt habe als die gegenwärtige, da der Feminismus damals noch keine Triumphe gefeiert hat. Die Freiheit stellt sich ein, wenn man sie praktiziert. Im wirtschaftlichen Bereich gibt es noch immer Widerstände zu überwinden, Bereiche, die man sich aneignen muß. Aber der Kampf ist gewonnen. Statt noch einen Schritt weiter als ihre älteren Geschlechtsgenossinnen zu gehen, versuchen die Frauen von heute, es schön zu finden, daß sie auf der Stelle treten. Das ist falsch, weil ein Ende nur dann wertvoll ist, wenn es einen neuen Anfang bedeutet.«[7]

Ihr langer Aufenthalt in Amerika ging zu Ende. Freunde gingen mit ihr in ein modernes Ballett, die Wrights organisierten einen Abschiedsabend und luden sie zum Dinner nach Harlem ein. Da bekam sie einen Brief von Sartre, in dem er sie bat, ihre Rückkehr zu verschieben, da Dolores noch zehn Tage in Paris bleiben wollte. Simone fühlte sich wie eine Närrin. Algren hatte sie eingeladen, nach Chicago zu kommen. Sie zögerte, rief ihn dann aber doch an. Ja, er würde sich freuen, sie zu sehen.

Er holte sie am Flughafen ab. Sie verbrachten einen langen, unangenehmen Tag und Abend in Bars und Restaurants, einen Tag voller Verwirrung, Mißverständnisse, Ungeduld und Müdigkeit. Spät in der Nacht schliefen sie miteinander.

Sieben Jahre später schilderte sie diese drei Tage mit Algren auf zwanzig bewegenden Seiten ihres berühmtesten Romans *Les mandarins:*

> Er war nackt, ich war nackt, und ich fühlte keine Scham; sein Blick konnte mich nicht verletzen; er prüfte mich nicht. Von den Haaren bis zu den Zehen lernten seine Hände mich auswendig. Wiederum sagte ich: »Ich liebe Ihre Hände.«
>
> »Sie lieben sie?«
>
> »Den ganzen Abend habe ich mich gefragt, ob ich sie auf meinem Körper fühlen würde.«
>
> »Die ganze Nacht werden Sie sie fühlen«, sagte er.
>
> Mit einemmal war er weder linkisch noch bescheiden. Sein Begehren verwandelte mich. Wie lange hatte ich keinen Geschmack, keine Gestalt, nun besaß ich wieder Brust, Leib, Sexus, war ich wieder Fleisch und Blut; ich nährte wie das Brot, duftete wie die Erde. Das war so wunderbar, daß ich nicht daran dachte, Zeit oder Lust zu messen; ich weiß nur, daß der Vogelruf der Morgenfrühe hereindrang, als wir endlich einschliefen.[8]

Er nannte sie »meine kleine Gallierin«, und am letzten Abend, als sie am Ufer des Michigansees waren und eine Sternschnuppe sahen, sagte er zu ihr: »Wünschen Sie sich etwas.« Sie wollte wiederkommen. Aber es war ausgeschlossen, daß sie ihr zwanzigjähriges Zusammenleben mit Sartre in Frage stellte. Sie sagte ihm, ihr Leben sei für immer an Paris gebunden; er glaubte ihr, ohne wirklich zu verstehen, was sie damit meinte.

War es möglich, Treue und Freiheit miteinander in Einklang zu bringen? Fünfzehn Jahre später stellte sie in *Der Lauf der Dinge* selbst diese Frage: »Oft gepredigt, selten gewahrt, ist die totale Treue gewöhnlich ein Attribut derjenigen, die sie sich wie eine Selbstverstümmelung auferlegen. Sie trösten sich mit Sublimierungen oder mit Alkohol. Die traditionelle Ehe erlaubt dem Mann einige Seitensprünge, ohne der Frau das gleiche zu gestatten. Heute sind sich viele Frauen ihrer Rechte und Grundbedingungen ihres Glücks bewußt geworden: denn wenn nichts in ihrem eigenen Leben sie für die männliche Unbeständigkeit entschädigt, werden sie von Eifersucht und Langeweile geplagt. Es gibt viele Paare, die mehr oder weniger das gleiche Abkommen treffen wie Sartre und ich: trotz aller Seitensprünge ›eine gewisse Treue‹ zu wahren. *Ich bin dir auf meine Art treu gewesen, Cynara.* Das Unterfangen ist riskant. Es kann passieren, daß der eine Partner die neue Beziehung der alten vorzieht. Dann fühlt sich der andere Teil ungerecht behandelt und verraten. Statt zwei freier Menschen stehen sich dann Opfer und Henker gegenüber.« Als *Die Mandarins von Paris*, die Algren gewidmet waren, ihr Verhältnis an die Öffentlichkeit brachten und das Magazin *Time* Algren um eine Stellungnahme bat, hüllte er sich in Schweigen. 1963 aber sagte er, man zerstöre eine Beziehung zwischen zwei Menschen, wenn man sie publik macht. »Es zeigt, daß die Beziehung nie besonders viel bedeutet haben kann, wenn man sie für eine Sache benutzt, die letztlich so wenig mit Liebe zu tun hat. Sie verändert sich. Sehen Sie, das Wichtige an der körperlichen Liebe ist, daß du sie und sie du wirst, aber wenn man diese Beziehung mit jedem teilt, der sich ein Buch leisten kann, verkleinert man sie.«[9]

Als Simone am 20. Mai nach Paris zurückkehrte, war Dolores noch immer da, und Sartre saß in der Klemme. Vor ihrer Abreise aus New York hatte Dolores ihm geschrieben, daß sie alles tun würde, damit er sie bitte zu bleiben. Er hatte sie nicht darum gebeten, und nun wollte sie zumindest noch bis Juli bleiben. In New York, als sie einander als flüchtige Bekannte begegnet waren, war sie noch freundlich zu Simone gewesen. Jetzt wurde die Situation allmählich unangenehm.

Am südlichen Rand von Paris mietete Simone ein Zimmer in einem kleinen Hotel, das in der Nähe von Port Royal im Tal der Chevreuse lag. Sartre verhielt sich wie ein reisender Diplomat. Wenn er bei Biber war, wanderten sie gemeinsam auf den Pfaden, die vor zweihundertfünfzig Jahren auch Jean Racine gegangen war. An bestimmten Abenden fuhr er nach Paris, um Dolores zu sehen, wenn er aber über Nacht in Port Royal blieb, führte er mit ihr dramatische Gespräche am Telefon. Sie konnte sich nicht damit abfinden, daß er sie nach Amerika zurückgehen ließ und sie ihn am Ende monatelang nicht sehen sollte. Er fühlte sich schuldig.

Aber er hatte ihr von vornherein gesagt, daß er nicht mit ihr zusammenleben wollte. Dennoch: seine Liebesgeständnisse straften seine Erklärungen Lügen. »Es war nur normal, daß M glaubte, die Lage würde sich ändern«, schrieb Biber in *Der Lauf der Dinge*. »Ihr Fehler war, daß sie Sartres ernste Erkenntnis für eine rein verbale Vorsichtsmaßnahme hielt. Er hatte sie insofern hintergangen, als er nicht imstande war, ihr seine Erkenntnis verständlich zu machen. Und sie hatte ihm verschwiegen, daß sie keine Grenzen mehr anerkennen würde, als sie sich auf diese Geschichte einließ. Vielleicht war es gedankenlos von ihm gewesen, das nicht erkannt zu haben. Er entschuldigte sich damit, daß er es zwar ablehne, seine Beziehungen zu mir zu ändern, trotzdem aber sehr an ihr hing und bis zuletzt einen Kompromiß für möglich hielt.«

Doch es gab nicht nur Probleme in der Liebe. Sowohl ihre rechten als auch ihre linken Freunde stellten sich in politischer Hinsicht gegen Simone und reagierten auf ihre gerade erschienenen Werke mit Feindseligkeit oder, was noch schlimmer war, mit Gleichgültigkeit. Obwohl *Les bouches inutiles* fünfzigmal aufgeführt worden war, wurde es nicht gerade ein Erfolg. »Das ist doch in keiner Weise Theater«, hatte Jean Genet während der Kostümproben zu ihr gesagt, ein Urteil, das von den Kritikern bestätigt wurde. Auch ihr Roman *Tous les hommes sont mortels (Alle Menschen sind sterblich)* erwies sich, was die Kritik und die Meinung der Leserschaft anging, als ein Fehlschlag. Während Blomart in *Das Blut der anderen* ein Mann von großem Verantwortungsbewußtsein war, spiegelte ihr Held in *Alle Menschen sind sterblich*, das im 16. Jahrhundert spielt, ein pessimistisches Bild der Ohnmacht und der Sinnlosigkeit des menschlichen Lebens wider.[10] Die Hauptgestalt des Romans ist Fosca, ein italienischer Adliger, der einen Zaubertrank zu sich nimmt, der ihn unsterblich macht. Sie wollte damit nachweisen, daß die Unsterblichkeit bedeutungslos wäre, weil jedem Individuum damit der Lebenssinn und die Hoffnung genommen wäre.

Das Buch ist eine düstere Beschreibung des ausgehenden Mittelalters mit seinen verheerenden Kriegen, seinen sinnlosen Rebellionen und Massakern. Es spiegelt die Meinung der Beauvoir nach dem Krieg wider, daß der Tod der meisten oder auch aller Kämpfer der Résistance, wenn auch nicht ganz umsonst, so doch sehr unbedeutend für die weitere geschichtliche Entwicklung gewesen war. Die einzige Hoffnung war, daß diese verlorenen Leben ihren Sinn in sich selbst getragen hatten. Die Erinnerung der Lebenden an die Opfer war kurzlebig. Als Gegengewicht zu Fosca hatte sie Régine geschaffen, die versucht, sein unsterbliches Herz zu erobern, um so auch ein Stück Einzigartigkeit und Unsterblichkeit zu gewinnen, aber auch das schlägt fehl. Alle ihre Handlungen und ihre Tugenden bemänteln lediglich ihre absurden, existentiellen Anstrengungen, die mit denen aller anderen identisch sind. Mit Entsetzen sieht sie, wie ihr Leben zu einer Komödie wird, und versinkt im Wahnsinn. Die Kritiker warfen dem Buch Längen vor und nannten *Alle Menschen sind sterblich* ein phantasievolles und amüsantes Werk, das trotz allem ein thesenhafter Roman bliebe.

Die ersten drei Bände von Sartres *Les chemins de la liberté* wurden von den Kritikern als Enttäuschung gewertet. Der September 1938 und der »Stellungskrieg« waren vorbei.[11] Das ehrgeizige Romanwerk ist die Geschichte einer Gruppe von Menschen, die zwischen Individualismus und Kollektivismus gefangen sind. Mathieu wählt den Weg des Engagements, aber die Impulse, die ihn zum Individualismus hinziehen, werden ebenso energisch und systematisch beschrieben wie sein Gespür für politische Zusammenhänge. Auf den dreihundertundneun Seiten des Bandes *Zeit der Reife* konstruiert Sartre eine Handlung, die nacheinander aus der Sicht von Mathieu, Boris und Daniel wiedergegeben wird. Alle drei ahnen nichts vom drohenden Krieg, und ihre persönlichen Entscheidungen führen alle in die Sackgasse. Die dreihundertundfünfzig Seiten des Bandes *Der Aufschub* verlegen den Zeitpunkt des Geschehens. München liegt hinter uns, und wir bewegen uns auf den Krieg zu. Die Zahl der Charaktere wird enorm ausgeweitet. Mit einer Technik der »Gleichzeitigkeit« wie bei Dos Passos werden Personen, die über die ganze Welt verstreut sind, wie in einer großen atomisierten Individualität vereint. Mit dem dritten Band *Der Pfahl im Fleische* ändert sich die Erzähltechnik von neuem, da Sartre hier versucht, einen globalen Überblick der Niederlage im Jahre 1940 zu vermitteln.

Die Vielfalt der Techniken und das Übermaß an Personen verlangten nach einem abschließenden Band, der sowohl die moralische Schlußfolgerung als auch die formale Synthese bringen würde. Aber für Sartre war der Krieg vorbei, und wie Simone war auch er von den zerstörten Hoffnungen und den gebrochenen Versprechungen der »Libération« enttäuscht. Es war klar, daß er Mathieu und die anderen nur mit der »Résistance« in Verbindung bringen konnte, aber unter der Perspektive des Jahres 1947 betrachtet, schien die Gegenüberstellung Kollaborateur–Widerstandskämpfer zu einfach.

In den *TM* veröffentlichte Sartre *Drôle d'amitié*,[12] einen Auszug aus dem vierten Band, der *La dernière chance* heißen sollte. Er hat ihn nie zu Ende geschrieben. 1959 sagte er in einem Interview, im Rückblick sei die persönliche Entscheidung zur Zeit des Krieges sehr einfach gewesen. »Heute – eigentlich seit 1945 – ist die Situation komplizierter geworden. Vielleicht braucht man jetzt weniger Mut, um seine Entscheidung zu treffen, aber es ist schwieriger geworden, sich zu entscheiden. Ich kann die Zweideutigkeit unserer Zeit nicht in einem Roman ausdrücken, der im Jahre 1943 spielt. Aber diese unbeendete Arbeit bedrückt mich. Es ist schwer, etwas Neues anzufangen, wenn dieses nicht abgeschlossen ist.«[13]

Les chemins de la liberté, dieser epische Bericht über Frankreich und seinen Abstieg bis hin zur Niederlage und der Schande von Vichy, war ein Symbol für das verzweifelte Verlangen des Menschen, der Freiheit auszuweichen. Im Laufe der Jahre sollte das Werk an Bedeutung gewinnen. Französische Kritiker schrieben später, dieses gewaltige, unvollendete Werk beschwöre eine Phase, in der das Individuum sich seiner geschichtlichen Verantwortung zwar bewußt gewesen sei, aber nicht mehr die Kraft besessen habe, um die Geschichte zu gestalten.[14] Die amerikanische Kritik nannte es »eines der bemerkenswertesten

Romanwerke des Jahrhunderts . . . und ein Beispiel dafür, daß ein Meisterwerk nicht unbedingt neue Formen bringen müsse«.[15] Im *Penguin Companion to European Literature* hieß es: »Die Brillanz der Romane liegt in der Darstellung der Zweideutigkeit der menschlichen Entscheidung.«[16]

Dolores reiste ab, und Sartre brachte sie nach Le Havre. Eigentlich hatte er nach Cannes fahren wollen, um der Premiere von *Les jeux sont faits (Das Spiel ist aus)* beizuwohnen, dem ersten Film Jean Delannoys. Das Drehbuch dazu hatte Sartre 1943 für Pathé geschrieben. Sartre nahm eine Einladung nach London an, wo die englische Premiere von *Tote ohne Begräbnis* und *Die ehrbare Dirne* stattfand. Simone begleitete ihn. Der Regisseur sagte ihnen, sie sollten sich auf eine Überraschung gefaßt machen. Und tatsächlich hatte er einen ganzen Akt herausgenommen. Am Abend der Premiere erregte das Erscheinen von Rita Hayworth größeres Aufsehen als das des Autors.

In Paris war es drückend heiß, und bevor Biber nach Chicago flog, um Algren wiederzusehen, fuhren Sartre und sie nach Skandinavien, um sich abzukühlen. In Kopenhagen war Sartre so schweigsam, daß Simone fürchtete, er würde in eine ähnliche Depression verfallen wie 1935 während seiner halluzinatorischen Neurose. Aber nachdem sie Stockholm verlassen hatten und weiter nach Norden bis dicht an den Polarkreis heranfuhren, besserte sich seine Stimmung. Sie setzten ihre Reise mit dem Schiff fort und stießen bis in ein kleines Lappendorf vor. Es war von geduckten Wäldern und einsamen Bergen umgeben. Sie bestiegen einen dieser Berge, betrachteten in einer Höhe von 1400 Metern den ewigen Schnee und waren betroffen von der Vergänglichkeit des menschlichen Lebens: »Sogar Sartre, der für die Einsamkeit der Dinge weniger empfänglich ist als ich, war bestürzt: Diese schneebedeckte Felsenlandschaft, wo die Abenddämmerung mit der Morgenröte verschmilzt, würde noch da sein, auch wenn unser Blick sie für immer verlassen hat.«

Mitte September flog Simone nach Chicago. Beim ersten Blick in Algrens Augen wußte sie, daß es richtig gewesen war, wiederzukommen.

Am 19. September 1947 ging Sartre in Paris in die Premiere von *Les jeux sont faits*. Es war ein Erfolg und wurde von den Kritikern und dem

Publikum gut aufgenommen. Die Hauptrollen in diesem Film, der eine hervorragende Besetzung hatte, zu der auch Dullin und Mouloudji gehörten, spielten Micheline Presle und Marcello Pagliero (er spielte auch den Helden in De Sicas *Fahrraddiebe*). Die Geschichte des Films handelte von zwei Leuten, die sich in einer Vorhölle à la Sartre treffen und erkennen, daß sie füreinander geschaffen sind. Sie dürfen auf die Erde zurückkehren, wenn sie innerhalb von vierundzwanzig Stunden beweisen können, daß sie sich wirklich lieben. Sie sterben ein zweites Mal, da die Frau das Elend ihrer Schwester nicht vergessen kann und er sie aufgibt, um seine Freunde vor dem Irrsinn zu bewahren, einen Aufstand zu organisieren, der von vornherein zum Scheitern verurteilt ist. Sartre wollte damit seine existentialistische These bestätigen, daß der Mensch die Summe seiner Handlungen ist und nur insoweit existiert, als er sich selbst verwirklicht.

Im Herbst des Jahres 1947 erreichte die Welle des Existentialismus die Modemagazine. Für den Mann gehörte zum korrekten Anzug für einen abendlichen Barbummel in Saint-Germain-des-Prés ein schwarzer Rollkragenpullover; das Kleid der Dame für diese Gelegenheiten war eng und schwarz; Christian Dior nannte es das »Sack-Kleid«. Das Tabou in der Rue de Dauphine war der bekannteste existentialistische Treffpunkt. Anne-Marie Cazalis, die wie Boris Vian zur Subkultur von Saint-Germain-des-Prés gehörte, war die Chefin. Der *Samedi-Soir* war finanziell an diesem Nachtklub beteiligt und machte lebhaft Propaganda. Das Blatt baute das Tabou mit endlosen Geschichten über seine Stammgäste auf, Schriftsteller, Starlets und bekannten Leuten, die sich dort drängten, um Vian am Klavier oder Jazzplatten im New-Orleans-Stil zu hören. Boris hatte gerade *L'automne à Pékin* veröffentlicht, eine poetische Fabel voller Gewalt und Phantasie. Außerdem erschien sein Buch *L'écume des jours*, eine bewegende Liebesgeschichte, in der auch Sartre und Biber vorkamen. Die Hohepriesterin des Club Saint-Germain-des-Prés war die junge Juliette Greco, eine dunkelhaarige Sängerin mit tiefschwarzen Augen und einer kehligen Stimme. Sie brachte die Tristesse Vians und Mouloudjis mit solcher Anziehungskraft dar, daß den Männern die Knie zitterten und die Frauen glaubten, sie selbst wären die Greco. Sartre war nur zweimal im Tabou gewesen, aber das Geschwätz der Leute bezeichnete ihn als den

»Hohenpriester« der nächtlichen Laster auf dem Rive Gauche. War es nicht er, der behauptete, das Leben sei absurd, und lebten seine Anhänger nicht nur ihrem Vergnügen? Bei einem Abendessen schwor der zurückgekehrte Verleger Pierre Lazareff, der den *France-Soir* wieder übernahm, daß er sein Blatt nicht nur zur größten französischen Abendzeitung machen, sondern daß er über den *France-Soir* auch dem Existentialismus ein Ende bereiten würde. Aber um Sartre zu schaden, mußte Lazareff ausführlich über ihn berichten. Die Presse also verursachte erst die Publizität, die anzustreben sie ihn dann beschuldigte.

Zwischen Camus und Sartre war es zu Meinungsverschiedenheiten gekommen, aber beide glaubten daran, daß der Existentialismus ein vernünftiger dritter Weg zwischen den beiden polarisierenden Bewegungen des Kommunismus und des Antikommunismus sein könne. Nach zweimonatiger Amtszeit war Charles de Gaulle im Januar 1946 als Chef seiner Allparteienkoalition zurückgetreten, zu deren Kabinett Kommunisten und als Informationsminister auch André Malraux gehört hatten. De Gaulle befürchtete das Wiederaufleben der Parteiquerelen aus der Vorkriegszeit und hoffte, sein Rücktritt würde sich als Schocktherapie erweisen. Das Land würde ihn erschrocken zurückrufen, und dann konnte er seine Bedingungen stellen: eine starke Exekutive nach amerikanischem Muster und eine geschwächte Legislative. Aber das Land fiel nicht auseinander, und es sollte noch zwölf weitere Jahre dauern, bis Frankreich aufgrund des verheerenden algerischen Abenteuers am Rande des Bürgerkrieges stand und den hochgewachsenen General zurückrief.

Statt dessen fiel Frankreich nun in das Vorkriegsmuster ständig wechselnder Regierungen und Mehrheiten zurück. Der stalinistische Staatsstreich in der Tschechoslowakei und die Blockade Berlins, die dazu beitrugen, daß in Europa der Eiserne Vorhang niederging, polarisierten Frankreich und seine Intellektuellen. Auch Malraux glaubte, der Kontinent durchlebe seine endgültige Götterdämmerung à la Wagner, an deren Ende die Übernahme durch Rußland oder Amerika stehen würde. Die kommunistische Linke, unter ihnen Louis Aragon und dessen Frau Elsa Triolet, nannten Malraux einen Abtrünnigen und falschen Propheten, der seine Vergangenheit Lügen strafe und zum Faschismus übergelaufen sei, da er sich de Gaulle angeschlossen hatte. Im

April hatte de Gaulle das »Rassemblement du Peuple Français« (RPF, die französiche Sammlungsbewegung) gegründet. Für ihren Führer war sie nicht sosehr eine politische Partei, sondern eher ein Sammelbecken nationaler Interessen. Die Mitgliederstruktur der RPF setzte sich zu achtzig Prozent aus Arbeitnehmern, kleinen Geschäftsleuten und Beamten zusammen. Aber der Stamm der Partei bestand aus Leuten, die aus Tradition rechts von der Mitte standen. Sie verärgerten sogar Malraux, der sich dem linken Flügel der Gaullisten zurechnete. Einen Monat später gingen die Kommunisten in die Opposition.

Für eine dritte Kraft gab es wenig Raum, seit die Kommunisten zu einer kompromißlosen Opposition übergegangen waren. In den folgenden Jahren baute de Gaulles RPF allmählich einen extremen Antikommunismus auf, der Sartre und seine Freunde des »dritten Weges« nicht schonte. Die Kommunisten nannten ihn eine schleimige Viper, einen Spion, der von Uncle Sam bezahlt wurde, einen pornographischen Romanschreiber und den Hohenpriester einer Philosophie, die den Menschen dem Tier gleichsetze. »Sie hindern die Leute daran, zu uns zu kommen«, sagte der Parteiideologe Roger Garaudy zu Sartre. Und Elsa Triolet meinte: »Sie sind Philosoph, infolgedessen Antikommunist.« Aber die lächerlichsten Angriffe waren im Januar in der *Prawda* erschienen: »Existentialismus kommt aus dem Französischen, und zwar von ›existence‹. Er lehrt, daß alle historischen Vorgänge absurd sind und daß die Moral eine Täuschung ist.« Es war D. Zaslawsky, der sich in dieser Weise geäußert hatte und den Existentialismus als »ekelerregendes und verrottetes Gebräu« bezeichnete, »das die bürgerliche Presse als die neueste und originellste Form der Philosophie hinzustellen versucht«.[17]

Sartre steckte alles ein. Auch wenn es unmöglich zu sein schien, sich zu verständigen, konnte er sich eine Linke ohne die Kommunisten nicht vorstellen. Er war unschlüssig, ob er das Wagnis eingehen und wirklich eine politische Partei gründen sollte oder ob er versuchen sollte, auf die Angriffe der Kommunisten zu antworten. Im April hatte Arthur Koestler versucht, Sartre und Camus mit Malraux zu versöhnen. Sartre und Biber verband eine »heftig bewegte« Bekanntschaft mit dem in Ungarn geborenen britischen Schriftsteller, die aus der Zeit datierte, als er mit seinem Buch *Darkness at Noon (Sonnenfinsternis)* ganz

Paris beeindruckt hatte. Die französische Übersetzung seines Romans war in Frankreich zu einem Nachkriegsphänomen geworden und hatte alle Verkaufsrekorde gebrochen. Es war die Geschichte eines Kommunisten, der den Säuberungsaktionen Stalins zum Opfer fällt. Koestler, der in *Die Mandarins von Paris* als Scriassine auftritt, war ein Mann, der sich auf einem Kreuzzug gegen den Kommunismus befand. Jedem, der es wissen wollte, erzählte er, daß die gewaltigste Kriegsmaschine der Welt, die Rote Armee, rund 200 Kilometer vor der Grenze Frankreichs in Ostdeutschland stand. Trotzdem: Als er Camus, Sartre und Biber fragte, ob sie sich mit Malraux treffen wollten, hatte keiner von ihnen abgelehnt. Camus hatte die Unterhaltung begonnen und ließ das Wort »Proletariat« fallen. Malraux unterbrach ihn sofort und bat ihn, den Ausdruck genauer zu definieren, woraufhin Camus nervös wurde und nur eine sehr dürftige Definition anbot. Sartre wurde wütend, und Koestlers Friedensmission endete in einem Fiasko.

Simone verbrachte zwei Wochen mit Algren in Chicago, kam zurück und berichtete über die antikommunistische Hysterie, die die Vereinigten Staaten überschwemmte. Algren, der früher Marxist gewesen war, befand sich in Gefahr, aber er hielt sich sehr zurück und schrieb *The Man with the Golden Arm*, einen Roman über Drogenabhängigkeit. Simone las den ersten Entwurf, der auf gelbes Papier getippt und von Streichungen übersät war.

Algren bat sie, für immer bei ihm zu bleiben, und sie erklärte ihm, daß das unmöglich sei. Ihr Entschluß, sich im nächsten Frühjahr wieder zu treffen, erleichterte ihnen die Trennung. Sie wollten eine Reise machen, die mehrere Monate dauern sollte und während der sie auch nach Mexiko fahren wollten.

Unerwartet bekam Sartre die Gelegenheit, im staatlichen Rundfunk zu sprechen. Frankreich stand vor den Wahlen, die erste Wahl, in der de Gaulles neue RPF ihre Stärke würde testen können. Lucien Bonafé, ein ehemaliger Kollege Sartres aus seiner Zeit als Lehrer, der jetzt für die Sozialistische Partei arbeitete, überredete die Rundfunkanstalt, Sartre eine wöchentliche Sendung anzubieten, die *La Tribune des Temps Modernes* heißen sollte. Sartre griff zu, und gemeinsam mit den Mitarbeitern der *Temps modernes*, zu denen auch Simone, Bonafé, Merleau-Ponty und J. B. Pontalis gehörten, bereitete er sechs Podiumsdiskussionen und einen politischen Sketch vor, die im Oktober und November ausgestrahlt wurden. Während der Wahlkampagne betonten de Gaulle und Malraux, daß es nötig sei, den Kommunisten die Stirn zu bieten, und daß man sich verbünden müsse, um die Republik zu verteidigen. »Der Marxismus gehört nicht unserer Linken, sondern dem Osten«, verkündete Malraux. Am Wahltag errang die RPF siebenunddreißig Prozent der Stimmen. Das war mehr, als sie je wieder bekommen sollte.

In der ersten Sendung der *Tribune des Temps Modernes* riefen Sartre und seine Mitarbeiter ihre Zuhörer auf, die Blockpolitik des Kalten Krieges abzulehnen. Sartre sagte, man vertiefe nur die Kluft zwischen den beiden Blöcken, wenn man sich einem von ihnen anschließe. In einer Diskussion am 20. Oktober attackierten Sartre, Beauvoir, Merleau-Ponty, Pontalis, Bonafé und R. J. Chauffard die RPF. Sartre warf den Gaullisten vor, daß sie an die Unvermeidbarkeit eines Dritten Weltkrieges glaubten; Merleau-Ponty kritisierte die Grundsätze der Partei; Simone fragte, ob man den »linken Flügel« der Gaullisten als ehrlich bezeichnen könne, woraufhin Bonafé den General auf das schärfste angriff und ihn mit Hitler verglich. Nachdem Sartre um etwas Mäßigung gebeten hatte, sprach Pontalis über den Hochmut de Gaulles und über seine Verachtung für die Masse des Volkes.

Sofort nach der Sendung gab es Ärger. Eine mit Orden dekorierte Gruppe früherer gaullistischer Widerstandskämpfer durchkämmte das Tabou und das Flore, um Sartre aufzuspüren. Der ehemalige Mitarbeiter der *TM* und jetzige Mitstreiter der RPF Albert Olivier nannte die Mitglieder des Podiums »potentielle Faschisten«. Malraux lief geradewegs zu dem siebzigjährigen Gaston Gallimard und stellte ihm ein Ultimatum: Entweder gab Gallimard die Veröffentlichung der *TM* auf, oder Malraux würde kündigen, mit ihm Gide und die meisten der älteren Starautoren des Verlages. Die Angelegenheit wurde innerhalb von vierundzwanzig Stunden geregelt. Sartre würde weiterhin für Gallimard schreiben, aber die *TM* würden gehen, vielleicht würde René Julliard, ein aufstrebender Verleger, der später mit der Entdeckung von Françoise Sagan ein Vermögen machen sollte, sie übernehmen.[18]

Zwei Wochen nach der Sendung über de Gaulle nahm *La Tribune des Temps Modernes* die Kommunisten aufs Korn. Der Angriff war gemäßigt, aber Pierre Hervé, ein Parteimitglied, schlug mit wilder Kritik zurück. Als nächstes übertrug die Gruppe eine Unterhaltung mit David Rousset, der Trotzkist gewesen war und die Deportation nach Deutschland überlebt hatte. Rousset, der eine schwarze Augenklappe trug und seine Fettleibigkeit der Vorkriegszeit zurückgewonnen hatte, kam gerade aus Berlin und erzählte von der Spaltung der Stadt in einen »westlichen« und einen sowjetischen Sektor. Am 3. Dezember, als der Christdemokrat Robert Schuman eine Koalitionsregierung ins Leben rief – die Gruppe arbeitete gerade an einer Sendung über den von den Konservativen angeprangerten sogenannten »schmutzigen Materialismus« der Massen –, wurde *La Tribune des Temps Modernes* abgesetzt.

Weihnachten und Silvester verbrachten Sartre und Biber bei Mme. Morel in Nantes. Sie hatten sie im Verdacht, die RPF gewählt zu haben, aber um der alten Zeiten willen maßen sie ihrer politischen Meinung keine weitere Bedeutung bei. Sie hielt es ebenso. Die Stimmung in dem großen Landhaus war sehr entspannt, und Sartre begann *Les mains sales (Die schmutzigen Hände)*. Simone arbeitete weiterhin an ihrem Essay über die Frau.

Im Februar 1948 waren sie in Berlin und nahmen an der Premiere der *Fliegen* teil. »Mir war nicht wohl zumute, als ich in den Zug stieg«, schreibt Simone. »Der Gedanke, Deutsche zu sehen und mit ihnen zu sprechen, war mir zuwider. Nun war es soweit. Man hatte mir früher einmal eingeschärft: sich erinnern heißt vergessen. Für alle verrinnt die Zeit, auch für mich. Kaum hatte ich den Fuß auf Berliner Boden gesetzt, da war mein Groll verflogen: Überall Ruinen. So viele Krüppel – und was für ein Elend! Alexanderplatz, Unter den Linden, alles war zerstört. Monumentale Tore gaben den Blick frei auf Gemüsegärten, Balkone hingen schief an ausgeweideten Fassaden.«

Die Fliegen waren im expressionistischen Stil inszeniert: Apollos Tempel sah aus wie ein Bunker. Simone fand die Aufführung nicht besonders gut, aber das Publikum applaudierte begeistert, »weil das Stück es aufforderte, sich von seinen Gewissensbissen zu befreien«.

Als Sartre mit dem Regisseur Jürgen Fehling zusammentraf und sich bereit erklärte, ein Interview zu geben, sagte er, das, was *Die Fliegen* 1943 für das besetzte Paris bedeutet hätten, ließe sich auch auf das Berlin des Jahres 1948 anwenden. »Die Frage ist nicht, herauszufinden, warum wir frei sind, sondern zu erkennen, welches die Wege der Freiheit sind. In dieser Hinsicht stimmen wir mit Hegel überein, wenn er sagt, niemand könne frei sein, solange nicht alle Menschen frei sind. Unser konkretes Ziel zu dieser Zeit ist ein dreifaches: den Menschen als Individuum zu befreien, das heißt, daß wir unsere völlige Freiheit erkennen und alles bekämpfen, was diese Freiheit einschränkt, den Menschen in künstlerischer Hinsicht zu befreien, das heißt, die Kommunikation freier Menschen durch die Kunst fördern, und abschließend als drittes Ziel die politische und soziale Befreiung, die Befreiung derjenigen, die von anderen unterdrückt werden, also die Menschen von anderen Menschen zu befreien.«[19]

Die Zeitungen im sowjetischen Sektor brandmarkten *Die Fliegen* wegen ihres angeblichen »Antikommunismus«. Sartre und Biber wurden zu einem Essen in einen sowjetischen Club eingeladen. Die Russen tauten nur langsam auf. Sartre saß zwischen der Frau eines russischen Offiziers und einer deutschen Dame, die ihn bat, eines seiner Bücher für sie zu signieren. Er tat es und wandte sich an seine russische Nachbarin mit den Worten: »Ich nehme an, Sie finden diese Sitte idiotisch.« »Überhaupt nicht«, entgegnete sie und riß ein Stück von der Papiertischdecke ab, damit er es mit seinem Namen versehe, aber ihr Mann warf ihr quer über den Tisch einen bedeutungsvollen Blick zu, und sie zerknüllte das Papier.

Gab es außer dem Idealismus und dem dialektischen Materialismus nicht noch eine dritte Möglichkeit? Rousset und einige andere sozialistische Politiker waren davon überzeugt gewesen und hatten das »Rassemblement Démocratique Révolutionaire« (RDR) gegründet. Diese Partei hielt sich trotz ihres feurigen Namens ziemlich in der Mitte. Im Februar baten sie Sartre, Camus, Merleau-Ponty und André Breton, sich einem Aufruf zugunsten des Friedens und eines neutralen und sozialistischen Europas anzuschließen. Sonnabend für Sonnabend trafen sie sich und stritten um jedes Wort, jedes Komma und erarbeiteten einen Aufruf, der ein in Frieden vereinigtes Europa forderte: »Die

Sowjetunion fürchtet nicht Europa, sondern die Politik Amerikas in Europa; die Vereinigten Staaten haben keine Angst vor Europa, sondern vor dem Einfluß der Komintern auf die europäischen Massen«, behaupteten sie.[20] Die Gruppe zerbrach an der Frage der Todesstrafe: Camus und Breton wollten sie abschaffen, und die anderen meinten, sie könnten die Abschaffung nur gutheißen, wenn sie einem politischen Zweck dienlich wäre. Trotzdem bat Rousset Sartre, dem Vorstand des RDR beizutreten. Sartre nahm an und widmete der Partei im Jahr darauf viel Zeit und Energie.

Sartre und Camus trieben langsam auseinander. Camus schob sich in der Politik des Kalten Krieges allmählich zwischen Malraux und Sartre und nahm eine neutrale Stellung ein. Sartre versuchte stillzuhalten, bis er erkannte, daß der RDR mit keiner erkennbaren politischen Realität übereinstimmte. Sartre und Camus waren gleichermaßen entsetzt und fasziniert von dem stalinistischen Rußland, und beide empfanden die Loslösung Jugolawiens vom Einfluß der Sowjetunion als sehr bedeutend. Sie lehnten es ab, ihren Humanismus der »historischen Notwendigkeit« zu opfern, aber Camus suchte einen Humanismus, der sozusagen außerhalb der Geschichte stand, während Sartre versuchte, einen Humanismus zu entwerfen, der in der Lage war, historische Erscheinungsformen aufzunehmen und zu nutzen. Mit Beginn des Jahres 1948 beschäftigten sich beide mit dem Kommunismus und der Sowjetunion. In *Les mains sales* und in *Les justes (Die Gerechten)* untersuchten Sartre und Camus jeder auf seine Weise die Beziehung von Politik und Moral und die Frage der Gewalt.

Es gab immer noch Dinge, die sie verbanden. Beide haßten den Gaullismus, und zusammen lehnten sie den Orden der Ehrenlegion ab. Aber ihre Diskussionen verloren an Spontaneität, Unstimmigkeiten wurden nicht bereinigt. Camus hatte 1948 die Leitung des *Combat* aufgegeben und fuhr mit Francine und den Zwillingen nach Algerien, wo er lange blieb. Nach seiner Rückkehr mußte er mit *L'état de siège (Belagerungszustand)* seine erste Niederlage einstecken. Es war eine Theaterbearbeitung seines Bestsellerromans *Die Pest*. Dennoch war der *Belagerungszustand* sein dramatisch wirkungsvollstes Schauspiel, in dem er bewußt den Realismus aufgab und sich der Stilmittel des spanischen Renaissancetheaters bediente.

Im März schloß Sartre *Les mains sales* ab. Er lehnte sich zurück und ließ den Dingen ihren Lauf, er war ein heißbegehrter, umworbener Autor. Es dauerte nicht einmal einen Monat, und das Stück hatte Premiere. Zwei Monate später wurde es als Buch veröffentlicht und weitere acht Monate danach am Broadway aufgeführt. In der Aufführung des Théâtre Antoine spielte André Luguet die Rolle des Hoederer, des beeindruckenden Führers der Kommunisten. François Périer spielte Hugo, den jungen, bürgerlichen Überläufer, der von der Partei dazu ausersehen wird, Hoederer wegen seiner Abweichung von der Parteilinie umzubringen. Paula Dehelly und Wanda Kosakiewicz stellten zwei militante Frauen dar, die zwischen Hoederer und Hugo treten. Pierre Valde führte Regie, und Jean Cocteau überwachte »aus Freundschaft« die Arbeiten an diesem Stück.

Les mains sales entstand ursprünglich aus einer Phase der Waffenruhe während der Befreiung von Paris und aus den Schwierigkeiten, die einige von Sartres Studenten mit den Kommunisten zu der Zeit der Résistance gehabt hatten. Auch die Ermordung Trotzkis 1940 in Mexico-City hatte Sartre zu diesem Stück inspiriert. In den Räumen der *Partisan Review* hatte Simone einen ehemaligen Sekretär Trotzkis kennengelernt, der ihr in Einzelheiten schilderte, wie ein Agent Stalins längere Zeit mit seinem Opfer zusammen gelebt hatte, um ihn schließlich mit einem Eispickel zu erschlagen.

In einem Interview, das Sartre dem *Combat* gab, sagte er, Hoederer repräsentiere einen revolutionären Realismus, Hugo dagegen einen revolutionären Idealismus. Er lehne es ab, sich für eines von beiden zu entscheiden, weil ein gutes Stück »Fragen stellen, aber sie nicht beantworten soll«.[21] Man wußte von vornherein, wie die Kritiken ausfallen würden. Die gemäßigte und die konservative Presse wartete das Urteil Guy Leclercs ab, der für die *L'Humanité* schrieb. Er nannte Sartre einen »unverständlichen Philosophen, einen ekelerregenden Schriftsteller und einen drittklassigen Demagogen« und pries dann *Les mains sales* als eine gegen die Methoden und Verbrechen Stalins gerichtete Anklage. Das Stück wurde ein durchschlagender Erfolg und lief ohne Unterbrechung vom 2. April bis zum 20. September.

Die Broadwayfassung war eine Katastrophe. Der Drehbuchautor Daniel Taradash und der Regisseur Jed Harris (er hatte gerade *Die Er-*

bin verfilmt) hatten *Die schmutzigen Hände* vollkommen verändert, um Charles Boyer, der den Hoederer spielen sollte, einen Gefallen zu tun (Hugo wurde von John Dall dargestellt). Drei Szenen waren ganz und gar gestrichen, der Prolog und der Epilog auf zwei Drittel gekürzt worden, wahrscheinlich, weil Hoederer darin nicht auftrat, und man hatte eine ausführliche Rede über die Ermordung Abraham Lincolns hineingebracht. Freunde aus New York benachrichtigten Sartre, der daraufhin seinen Theaterverleger Nagel alarmierte und ihm mitteilte, daß die Produzenten Jean Dalrymple und Gabriel Pascal sich weigerten, ihm per Luftpost eine Abschrift von Taradashs Fassung zuzuschicken. Statt dessen telegrafierten sie ihm: »Worüber regen Sie sich auf? Sie verdienen einen Haufen Geld.«[22] Als Sartre die amerikanischen Produzenten, die das Stück am 4. Dezember im Mansfield-Theater zum erstenmal aufführen wollten, offiziell verklagte, schlug Dalrymple hinterlistig zurück: »Wenn es ein vulgäres, allgemeines Melodrama und eine antikommunistische Tirade ist, dann deshalb, weil Sartre es so geschrieben hat«, sagte sie auf einer Pressekonferenz. »Sartres schroffe Haltung gegenüber seinem Erfolg in Amerika ist von liebenswürdiger Absurdität. Sollte es Bescheidenheit sein?«

Als Brooks Atkinson von der *New York Times* seine Kritik zu dem Stück schrieb, erwähnte er auch die Aufregung, die es verursacht hatte. Trotzdem nannte er *Die schmutzigen Hände* »ein langweiliges Werk, das durch die schauspielerischen Leistungen von Boyer und Dall gerettet wird«.[23] Aber Roderick Mac Arthur von *Theater Arts* flog nach Paris, um mit dem Autor selbst das Original und die amerikanische Bearbeitung durchzugehen.

»Wir nahmen uns das Manuskript und gingen es Zeile für Zeile durch«, berichtete Mac Arthur. »Es schien, als sei es immer noch in Arbeit: Einige Seiten waren vervielfältigt worden, andere mit der Maschine geschrieben, und ganze Abschnitte waren entweder gekürzt oder ganz gestrichen worden. ›Von meiner Joanna steht da überhaupt nichts mehr‹, sagte Sartre. Übrigens hatte sie in der Originalfassung den Namen Olga getragen. ›Jetzt sagt sie idiotische Dinge zu Hugo, etwa: Erinnerst du dich an den Abend, an dem du bei mir bliebst, nachdem die anderen schon gegangen waren?‹ Wir machten weiter und sahen uns den Parteichef Hoederer an, der von Boyer gespielt wurde.

›Hier‹, sagte Sartre und lachte, ›jetzt weiß ich, warum sie so viel geändert haben. Die Bombe verletzt nicht den Führer der Liberalen [Taradash bezeichnete ihn als einen Sozialdemokraten], sondern sie trifft Hoederer: Boyer kann also in der nächsten Szene einen Verband tragen. In meinem Stück ist Hoederer vulgär, brutal, einfach menschlich. Er verachtet die Oberschicht. Bei ihrem ersten Zusammentreffen sagt Jessica: Er ist vulgär. Aber hier in diesem [Sartre hielt das amerikanische Manuskript hoch] ist er ein perfekter, vornehmer, guter, sanfter, schwacher und ausgesucht höflicher Typ und tituliert einen Prinzen mit Eure Hoheit.‹«

Sartre zeigte Mac Arthur die fehlenden Szenen und erklärte ihm, wie man die Schlüsselidee, daß niemand, ohne Schuld auf sich zu laden, herrschen kann, verdreht hatte. »In Sartres Version ist Hugo ein aufrichtiger Revolutionär, und Hoederer verlangt: ›Wir müssen unsere Hände schmutzig machen.‹ An einer Stelle in Dalrymples Fassung sagt er: ›Wir müssen uns sauberhalten – wir müssen rein und frisch sein.‹ Ich sagte, ich sei etwas verwirrt. Sartre antwortete: ›Ich auch; ich glaube, hier hat Hoederer sich vergessen.‹«[24]

Im Mai 1948 begrüßten Sartre und Biber die Gründung des Staates Israel. In einem Artikel, den er kurz vorher geschrieben hatte, hatte Sartre die Gründung eines jüdischen Staates gefordert, der von der UNO militärisch geschützt werden sollte, »damit er stark genug wäre, sich Anerkennung zu verschaffen«.[25]

Nach einem kurzen, arbeitsreichen Urlaub in einem Landhaus in Cabris an der Riviera, wo Olga sich mit Bost aufhielt, um sich zu erholen, trennten Sartre und Biber sich für vier Monate. Sartre blieb mit Dolores in Europa, und Simone machte mit Algren eine Reise durch Amerika. Nur widerwillig war Dolores bereit gewesen, für vier Monate nach Europa zu kommen, und am Abend vor Simones Abreise erhielten sie die Nachricht, daß sie entschlossen sei, Sartre unter den gegebenen Umständen nicht wiederzusehen. Das stürzte Simone in eine verzwickte Lage. »Ich sehnte mich sehr danach, wieder mit Algren zusammen zu sein, hatte aber schließlich bisher nur drei Wochen mit ihm gelebt. Ich wußte nicht, wieviel er mir wirklich bedeutete«, erinnert sie sich. »Die Frage wäre müßig gewesen, wenn die Umstände sie nicht für mich entschieden hätten. Plötzlich aber stand ich vor der Wahl: Da ich wußte, daß ich bei Sartre bleiben könnte, riskierte ich ein schlechtes Gewissen, das, wenn es nicht Algren gegenüber in Unmut umschlug, zumindest mir selber Verdruß bereiten würde.«[26]

Sie entschloß sich, statt vier Monate nur zwei mit ihm zu verbringen, schrieb ihm aber nicht, daß sie ihre Pläne geändert hatte. In New York legte sie einen kurzen Aufenthalt ein, traf sich mit Stépha und Fernando Gerassi und ging in die hundertste Aufführung der *Ehrbaren Dirne*, die im New Stage in der Bleecker Street gespielt wurde. Die ersten vierundzwanzig Stunden in Chicago erlebte sie mit gemischten Gefühlen. Algren führte sie zu einer Bande von »Junkies«, Rauschgiftsüchtigen, die sie seiner Meinung nach unbedingt gesehen haben mußte, aber als sie wieder mit ihm allein war, ging es ihr besser. In Cincinnati bestiegen sie einen Dampfer und fuhren den Ohio und den Mississippi hinunter. Nach einer Woche waren sie in New Orleans. Sie blieben in einem Hotel, in dem Varietétänzerinnen und Prostituierte im Negligé auf den Gängen herumliefen und die Besitzerin, eine fette, halbirre Russin, behauptete, Simone sei ebenfalls Russin.

Von New Orleans flogen sie weiter nach Mexiko und Guatemala. Sie besichtigten die Ruinen der Mayas in Yucatan und sahen die elenden Hütten der Indianer in Guatemala-City. Auf einer langen Busfahrt von Mexico-City nach Morelia gestand Simone Algren, daß sie am 14. Juli wieder in Paris sein müsse. Daraufhin sagte Algren zu Simones Erstaunen, er habe die Indianer, die Märkte und auch Mexiko satt. In *Les mandarins* schreibt ihr nachempfundener Algren heimlich einen Brief an seinen Verleger und bittet ihn, ihm ein Telegramm zu schicken, das ihn dringend nach New York ruft.

Sie kehrten nach New York zurück. Die Stadt lag unter einer Hitzeglocke, und sie verbrachten eine steife, schwierige Woche miteinander, bis sie am 14. Juli nach Paris zurückflog. Sie war sich nicht sicher, ob sie ihn jemals wiedersehen würde. »Wäre ich so ehrlich und klug gewesen, Algren vor unserem Wiedersehen von der Verkürzung meines Aufenthaltes zu erzählen, dann wäre alles besser verlaufen: Zweifellos hätte er mich mit weniger Begeisterung empfangen, aber mir wäre sein Groll erspart geblieben«, schreibt sie in *Der Lauf der Dinge*. »Auch wenn es Sartre nicht gegeben hätte, wäre ich nicht in Chicago geblie-

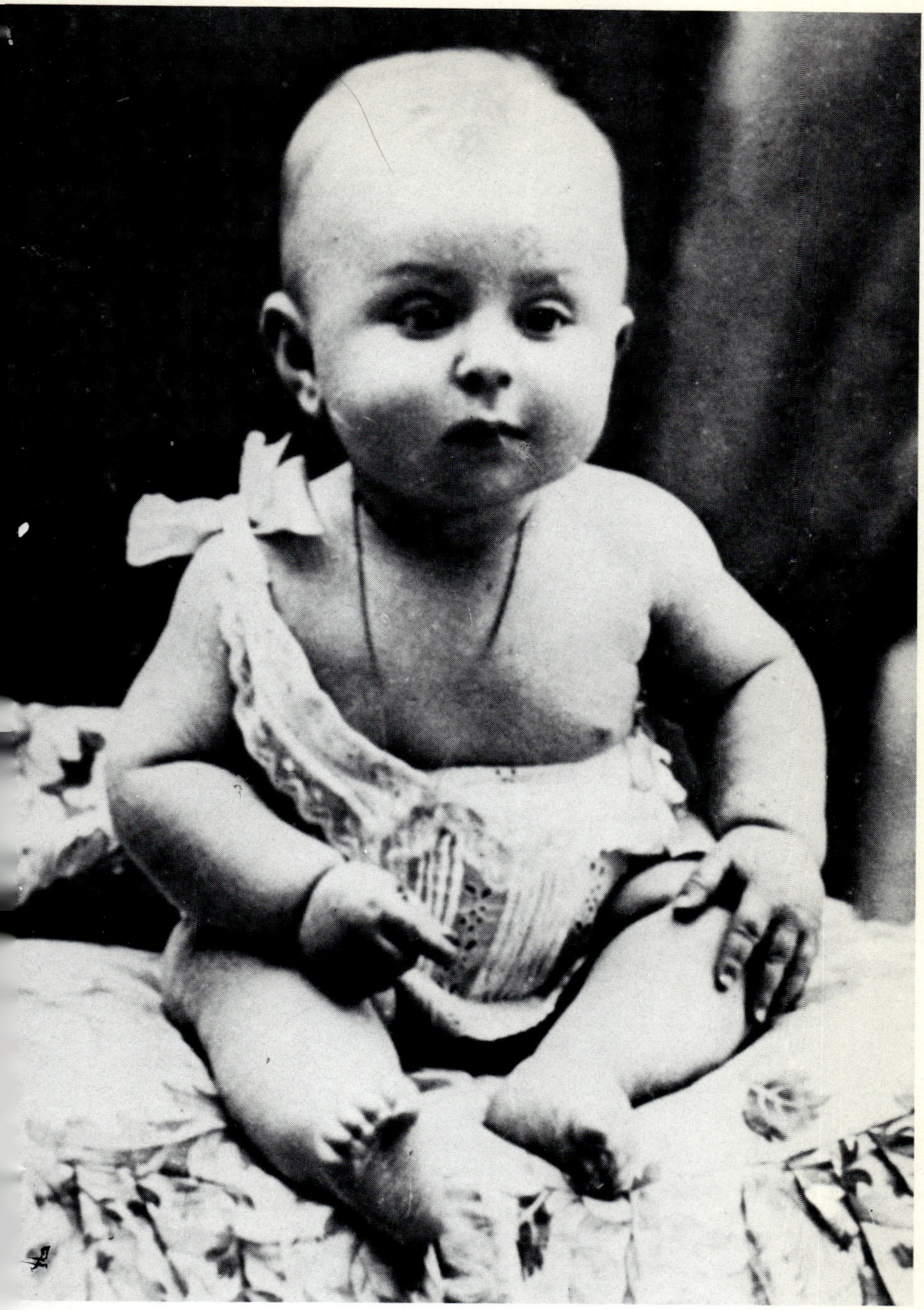

Baby Poulon

Anne-Marie mit Poulon

Der junge Lehrer

Sartre 1939
(Gisèle Freund)

Albert Camus
(René Saint-Paul)

Simone in der Rue de la Bucherie, 1948
(Gisèle Freund)

Die Autorin von *Les Mandarins*, 1954
(Gisèle Freund)

Simone de Beauvoir und ihre Mutter, 1954
(Gisèle Freund)

Das Haus in der Rue de la Bucherie, in dem Simone in den frühen Fünfzigern wohnte (rechts)
(Gisèle Freund)

Arlette Elkaim und Sartre bei den Proben zu *Die Eingeschlossenen*, 1961
(Roger-Viollet)

Sartre in der Rue Bonaparte. Im Hintergrund das Café Les Deux Magots, 1963
(Gisèle Freund)

Simone de Beauvoir und Jean-Paul Sartre am Boulevard Raspail, 1964
(Gisèle Freund)

Simone in ihrer »Ecke der Porträts«, 1970
(Gisèle Freund)

Jean-Paul Sartre, 1963
(Gisèle Freund)

Jean-Paul Sartre, 1975. In seiner Wohnung
(Gisèle Freund)

Simone de Beauvoir, 1975
(Gisèle Freund)

ben, und auch wenn ich es versucht hätte, so hätte ich es doch sicherlich nicht länger als ein paar Jahre in einem Exil ausgehalten, das meine schriftstellerischen Voraussetzungen zerstören würde. Algren seinerseits konnte, obwohl ich es ihm vorgeschlagen hatte, nicht in Paris leben, und wäre es auch nur für ein halbes Jahr. Um zu schreiben, brauchte er die Verbindung zu seinem Land, mit seiner Stadt, mit dem Milieu, das er sich geschaffen hatte. Wir hatten uns beide unser Leben aufgebaut, keines von beiden ließ sich verpflanzen. Indessen bedeuteten uns unsere Gefühle mehr als ein Scherz, mehr auch als eine leichtfertige Eskapade. Wir bedauerten beide bitter, daß der andere sich weigerte, einem Zusammenleben zuzustimmen.«

Sartre hatte die zwei Monate mit Arbeit an *Der Pfahl im Fleische* verbracht und einen Essay über Stéphane Mallarmé begonnen. Dolores rief aus New York an und teilte mit, daß sie einen Monat mit Sartre verbringen wolle. Plötzlich bedauerte Simone, daß sie ihren Amerikabesuch vorzeitig abgebrochen hatte, telegrafierte Algren nach Chicago, sie könne zurückkommen. Seine Antwort hieß: »*Nein, zuviel Arbeit.*« Das tat weh. Sartre fuhr mit Dolores nach Südfrankreich, und Simone blieb in Paris.

Im September fuhren Sartre und Biber nach Algerien, aber die Stimmung zwischen ihnen war nach dem Chaos dieses Sommers sehr schlecht. Beide waren unglücklich. Von August bis Oktober wurde Sartre von Rechten und Linken gleichermaßen angegriffen und verdammt. Auf einem Kongreß der kommunistischen Schriftsteller in Breslau nannte Alexander Fadejew (er selbst wurde 1956 auf dem sowjetischen Parteikongreß verurteilt) Sartre »eine Hyäne der Feder«. Am 30. Oktober setzte der Vatikan alle Werke Sartres auf seinen Index librorum prohibitorum, eine offizielle Liste von Büchern, die den Gläubigen der römisch-katholischen Kirche verboten waren.

Der Ruhm machte für Sartre und Biber das Leben in den Cafés immer schwieriger und oft auch unerfreulich. Lola und Mouloudji erzählten von einer kleinen möblierten Wohnung in der Rue de la Bucherie, die frei wurde. Simone griff zu, und die beiden verbrachten von nun an ihre Abende dort. Die kleine Straße neben der Notre-Dame wurde zunehmend arabischer: endlose Schauspiele sich prügelnder Algerier,

Lumpensammler, Landstreicher beiderlei Geschlechts und ganze Horden von Katzen. Aber Simone liebte ihre Wohnung und schmückte sie mit Reiseandenken. Sie kaufte einen Plattenspieler, Sartre entdeckte seine Vorliebe für Arnold Schönberg und Alban Berg. Jede Woche bekam sie einen langen Brief von Algren, den sie immer sofort beantwortete. Im kommenden Sommer wollte er nach Paris kommen.

Sartres Zusammenleben mit seiner Mutter war für ihn nur deshalb erträglich, weil er sehr selten zu Hause war. Anne-Marie hatte das größte Zimmer der im vierten Stock gelegenen Wohnung in der Rue Bonaparte 42 zu Sartres Arbeitszimmer gemacht und den Salon und ein kleineres Schlafzimmer für sich behalten. Eugénie, eine ältere Frau aus dem Elsaß, half ihr bei der Hausarbeit und bewohnte ein Hinterzimmer. An den Nachmittagen kam Cau, und Sartre gefiel es, in dem sehr eleganten, mit Büchern vollgestopften Arbeitszimmer Besucher zu empfangen. Von da aus konnte man die Kirche Saint-Germain-des-Prés sehen, das Deux Magots, die lange, in der Ferne verschwindende Rue de Rennes und am Horizont den Montparnasse. Anne-Marie aber hatte sich alles ganz anders vorgestellt. Sie hatte erwartet, daß die Berühmtheit ihres Sohnes ihm ein strahlendes, gesellschaftliches Leben eröffnen würde, daß sie darin eine zentrale Rolle hätte spielen können. Es hätte ihr Freude gemacht, für ihn die Honneurs zu machen, und er mußte sie ständig ermahnen, sich nicht mit irgendwelchen Journalisten einzulassen. Sie hielt nichts von dem Lebensstil Simones und ihres Sohnes, war ihnen aber sehr zugetan. Oft warf sie ihnen vor, »ihr in vielen Dingen nicht die Wahrheit zu sagen«, und fragte Cau und Sartres und Simones Freunde aus. Am meisten beklagte sie sich aber über Sartres politische Aktivitäten.

Simone beendete den ersten Band von *Das andere Geschlecht*, das in Fortsetzungen in den *TM* veröffentlicht werden sollte, die jetzt praktisch von Merleau-Ponty allein herausgegeben wurden, obwohl sich die Redaktionsmitglieder einmal in der Woche in Simones Wohnung trafen. Auch Sartre arbeitete sehr viel. Wenn die Politik ihn nicht gerade vom Schreiben abhielt, arbeitete er an *Der Pfahl im Fleische* und begann den vierten Band des nun fast eintausend Seiten starken Buches

Die Wege der Freiheit. Außerdem schrieb er an einer »Ethik«, ein Plan, der schon seit dem Erscheinen von *Das Sein und das Nichts* existierte. Irgendwie waren die mehreren hundert Seiten, die er im Sommer über Mallarmé geschrieben hatte, verlorengegangen, und so begann er noch einmal von vorn.

Rousset und die RDR beanspruchten ein Übermaß seiner Zeit. Seitdem er zum Vorstand der Bewegung gehörte, hatte er zwei große Aufrufe verfaßt, zwanzig ausführliche Interviews gegeben und war zu zahlreichen Versammlungen gegangen. Im November und Dezember forderte man ihn auf, an einer Massenversammlung teilzunehmen. Es schien dringender als je zuvor, für Europa einen »dritten Weg« zu finden. Marschall Josip Tito hatte sich Stalin widersetzt, aber die Blokkade Berlins dauerte immer noch an, und die amerikanische Präsidentschaftswahl vollzog sich in einer hysterischen Atmosphäre: Thomas Dewy fragte seine Mitkandidaten: »Was würden Sie tun, wenn die Rote Armee Frankreich besetzte?« Die wechselnden französischen Regierungen hatten alle die Versprechen gebrochen, die sie während der Befreiung abgegeben hatten, und verhielten sich in Indochina und Afrika immer repressiver. Anfang Dezember organisierte die RDR eine Versammlung in der Salle Pleyel. Rousset führte ekstatische Reden, und Sartre, Camus, Carlo Levi und Richard Wright hörten ihm höflich zu. Rousset griff unter großem Beifall die Kommunisten an, aber trotzdem bahnte sich eine Spaltung der RDR an. Die Basis wollte die sozialistischen Ziele der Kommunisten übernehmen, während Rousset allmählich nach rechts abdriftete, weil die Kommunisten der RDR feindlich gesonnen waren.

Im Januar 1947 wurde Sartre erneut von den Kommunisten angegriffen, dieses Mal von Lukács, der nach Paris gekommen war, um der Veröffentlichung der französischen Übersetzung seines Buches über den Marxismus und den Existentialismus beizuwohnen.[27] In einer Reihe von Vorträgen und Interviews behauptete der vierundsechzigjährige Ungar, die Werke Sartres (und auch die Samuel Becketts) spiegelten eine Gesellschaft ohne Zukunft wider, da der existentialistische Mensch keine Bindungen zu seinen Mitmenschen habe. Als der *Combat* Sartre um eine Stellungnahme bat, sagte er, er führe in Zeitungen nur ungern Debatten über Philosophie. Da Lukács ihm aber den Fehdehandschuh hingeworfen hatte, konnte Sartre nur antworten, Lukács kümmerte sich wohl mehr um Sozialgeschichte als um Philosophie, und die Strenge des Marxismus sei nur Scholastik in neuen Kleidern. Lukács reagierte darauf, indem er Sartre das moralische Recht absprach, sich über den Marxismus Gedanken zu machen, und bezeichnete ihn wenig elegant als einen »mittelmäßigen Akademiker«, obwohl er ihn in seinem Buch einen »authentischen und hervorragenden Denker« genannt hatte. Da holte Sartre zum letzten Schlag aus und fragte, warum Lukács, als er von den neuen Herren Ungarns aufgefordert worden war, seine prämarxistischen Gedanken zu widerrufen, nicht den Mut gehabt hätte, wie Galileo Galilei zu sagen: »Und sie bewegt sich doch.« »Vielleicht«, spottete Sartre, »bewegt sich die Erde für Lukács nicht mehr.«[28]

Der Stalinismus und der Antikommunismus erreichten im Winter ihren Höhepunkt. Aragon war der Großinquisitor der Kommunisten. Ebenso eilfertig, wie er sich während der Zeit der Volksfront, in der sich alle Linken brüderlich vereinigt hatten, und offenherzig und gutwillig gegeben hatte, deckte er jetzt im stalinistischen Stil Verschwörungen auf und denunzierte seine Gegner. Er schrieb *Les Communistes*, ein modernes *Krieg und Frieden*, das zweitausend Seiten hatte und rechtfertigen sollte, daß die französischen Kommunisten sich 1939 nicht gegen Stalins Pakt mit Hitler gestellt hatten. Die Kommunistische Partei Frankreichs war isoliert und aggressiv, brandmarkte Ketzer und räucherte Abweichler aus, während die Strenggläubigen Autorität und Disziplin zum höchsten aller Werte machten. Jetzt wurde Sartre als »intellektueller Wirrkopf« und Camus als ein »ausgestoßener Linker« und »Neofaschist« bezeichnet. Garaudy warf Sartre und Malraux in einen Topf und erklärte sie zu Autoren einer »Totengräberliteratur«.[29]

Die andere Seite des politischen Spektrums schlug häufig einen Ton heiliger Pflichterfüllung an. Claude Mauriac gründete die Vereinigung »Liberté de l'esprit«, die der Verteidigung »westlicher Werte« dienen sollte. Malraux bezeichnete sich als die wahre Linke und ließ auf Versammlungen der RPF in seine Reden apokalyptische Beschreibungen der Zwangslager Stalins und Anspielungen auf die »tatarischen Horden« einfließen, die von Frankreichs Grenzen im Osten weniger als zwei Tour-de-France-Etappen entfernt standen.

Es war schwer, diesen Diskussionen auszuweichen. Eines Tages kam Roger Stéphane zu Sartre, legte ihm die englische Übersetzung des »Sowjetischen Gesetzes über die Zwangsarbeit« vor und bat ihn, es in den *Temps Modernes* zu veröffentlichen. Sartre druckte es in der Maiausgabe 1950 ab, einen Monat vor dem Ausbruch des Koreakrieges. Zudem erschien ein von Sartre und Merleau-Ponty unterzeichneter Protest gegen die Zwangsarbeit im gleichen Heft. Rousset war von seinem Besuch in den USA zurückgekehrt und berichtete, er habe Mittel und Wege gefunden, für die Partei die nötigen Gelder zu beschaffen: Der »Congress of Industrial Organizations« (CIO), der amerikanische Gewerkschaftsbund, sei bereit, ihnen finanzielle Unterstützung zu gewähren. Sartre war damit nicht einverstanden. Die RDR war eine europäische Bewegung: Die Amerikaner konnten wie Richard Wright mit ihr sympathisieren, durften sie aber nicht finanzieren. Dieses Angebot wurde noch verdächtiger, als Wright Biber und Sartre erzählte, daß die amerikanische Botschaft ihn gezwungen habe, an einem »Tag des Widerstandes gegen die Diktatur und den Krieg« teilzunehmen, für den Rousset plötzlich hatte Geld auftreiben können.

Die Rede, die Sartre zur Verteidigung der europäischen Kultur im April vor einer Konferenz der Außenminister hielt, war von Bibers feministischer Rhetorik geprägt. Er verglich die wirtschaftlich abhängigen Länder mit Frauen, die in einer Männergesellschaft leben, für die sie nicht verantwortlich sind, für die sie aber wichtige Leistungen vollbringen. Er wandte sich gegen die politische Abstinenz der Schriftsteller. »Wenn wir glauben, wir könnten das alles bewahren, indem sich die Schriftsteller wie Mönche in ein Kloster zurückziehen und über Vögel disputieren, während nebenan der Krieg tobt, dann wird unsere Kultur wahrhaftig verloren sein, und zwar für alle Zeiten.« Er fügte hinzu, die Kultur sei nur ein Element im historischen Prozeß, und man könne Probleme nur in ihrer Totalität untersuchen.[30]

In einer Brainstormingsitzung hatten Sartre, Biber und der »kleine Bost« lange nach einem Titel für Simones neues Buch gesucht. Sie dachten unter anderem an »Die andere«, »Die zweite«, und endlich hatte Bost den endgültigen Titel vorgeschlagen: *Das andere Geschlecht*. Das Buch wurde im Juni veröffentlicht, und Sartre druckte in den *TM* einige Kapitel des zweiten Bandes ab: *Erste Erfahrung, Lesbi-*

sche Liebe und *Mutterschaft*. *Das andere Geschlecht* wurde im November 1949 von Gallimard veröffentlicht. Simone hatte vier Jahre an diesem großen Essay gearbeitet und freute sich, als das Buch ein Bestseller und sogar ein Welterfolg wurde.

Le deuxième sexe ist im wesentlichen eine dialektisch-materialistische Studie des Daseins der Frau. Es erklärt die Frau nicht als ein geheimnisvolles Wesen, sondern unter dem Gesichtspunkt ihrer gesellschaftlichen und wirtschaftlichen Situation. Die Versklavung der Frau und ihre Befreiung sind die Folgen ihrer wirtschaftlichen Abhängigkeit und wirtschaftlichen Emanzipation. Diese Auffassung taucht auf den siebenhundert Seiten des Buches immer wieder auf. Die Behauptung, die in dem Buch der Beauvoir am meisten überrascht, ist vielleicht ihre Ansicht, daß die Versklavung der Frau eine historische Notwendigkeit war und daß der Fortschritt der Menschheit sich nur *gegen* die Frau durchsetzen konnte. Der erste Band von *Das andere Geschlecht* heißt *Fakten und Mythen*, sein erster Teil beschäftigt sich mit den biologischen, historischen und sozialen Gegebenheiten des weiblichen Daseins. Das zweite Buch trägt die Überschrift *Gelebte Erfahrung*. *Fakten und Mythen* und die einleitenden Bemerkungen zu den Selbstzweifeln der Frau sind das, was dem heutigen Leser vielleicht am wenigsten veraltet erscheinen mag. Vieles aus dem Band *Gelebte Erfahrung* erscheint theoretisch und der Ton irgendwie mürrisch, aber die Schlußfolgerungen, die Simone de Beauvoir zieht, haben auch nach dreißig Jahren nichts von ihrer Gültigkeit verloren: Männer und Frauen müssen einander als ebenbürtig anerkennen. »Damit dieser höchste Sieg errungen wird, ist es unter anderem notwendig, daß Mann und Frau jenseits ihrer natürlichen Differenzierungen rückhaltlos geschwisterlich zueinander finden.«

Algren kam nach Paris, beladen mit Whisky, Schokolade, Büchern, Fotografien und einem geblümten Hausmantel. Um seine Ankunft zu feiern, gaben Michelle und Boris Vian eine Party. Alle kamen sie, auch Juliette Greco und René Guyonnet, der Algrens Bücher übersetzte und Schwierigkeiten mit dem Chicagoslang hatte. Raymond Queneau sagte etwas Lustiges, und Algren lächelte gequält, bis Michelle es ihm übersetzte. Olga bezauberte ihn, weil sie mit vor Staunen weit aufgerissenen Augen allen seinen Geschichten zuhörte. Am wichtigsten aber war, daß Sartre und Algren sich mochten. Es spricht tatsächlich alles dafür, daß Sartre sexuelle Eifersucht einfach nicht kannte.

Zu Fuß und mit dem Taxi, einmal auch in einem Fiaker zeigte Simone Algren Paris und freute sich über seine Kommentare. Ihm gefielen die Straßen, die Menschen und die Märkte. Die Autofahrer hielt er für verrückt, er mochte das Essen und den Beaujolais und auch die zeremoniellen Unterhaltungen in den Läden der Nachbarschaft. In Chicago, sagte er, erledige man seine Einkäufe schweigend. Einen Nachmittag mietete Sartre einen Wagen mit Chauffeur und fuhr mit Bost, Michelle, Algren und Biber durch die Vororte von Paris; zum Schluß besichtigten sie den Hundefriedhof in Clichy. Guyonnet lud Algren ein, mit ihm und Sartres Sekretär Cau, der sich zu einem erstklassigen Journalisten entwickelt hatte, einen Boxkampf anzusehen. Im Tabou gefielen ihm die Lieder Mouloudjis, aber noch lieber hörte er im Club Saint-Germain-des-Prés Yves Montand singen. Zum erstenmal in ihrem Leben trank Simone Champagner im Lido.

Sie flog mit Algren nach Rom. Aber für Algrens Geschmack gab es zu viele Ruinen, und die Stadt war ihm zu ruhig. Nach einem kurzen Aufenthalt in Neapel flogen sie nach Tunesien und reisten durch Algerien und Marokko. Anschließend trafen sie sich mit Olga und Bost in deren Haus in Cabris an der Riviera. Eines Abends mieteten sie sich einen Wagen und fuhren nach Monte Carlo ins Casino. Sie verloren nur wenig. In Antibes hörten sie die Greco singen: »Si tu t'imagines.« Die Leute aus Saint-Germain-des-Prés hielten sich den Sommer über im nahe gelegenen St. Tropez auf. Algren trank viel und tanzte, zuerst mit Olga, dann sehr elegant mit einem Stuhl.

Sie kehrten nach Paris zurück und erlebten einen wunderbaren September. »Wir hatten uns nie besser verstanden«, schreibt Simone in *Der Lauf der Dinge*. »Im nächsten Jahr sollte ich nach Chicago kommen. Als ich mich von Algren verabschiedete, war ich überzeugt, ihn wiederzusehen.«

Bei der Zwischenlandung in Gander auf Neufundland erfuhr Algren aus einem Magazin, daß er für *Der Mann mit dem goldenen Arm* den Pulitzer-Preis erhalten hatte.

Kapitel VI

Oktober 1954

Sartre bestieg in Mailand den Zug. Biber und Claude Lanzmann fuhren mit dem Wagen und machten in Genua und Nizza halt. Als sie in einem Hotel in Grenoble abstiegen, lag auf dem Empfangstresen eine Ausgabe der *Paris-Presse*. Simone schlug sie auf und stieß auf einen Artikel, in dem ihr Roman *Les mandarins* besprochen wurde. Er war sehr positiv. Sie rief Sartre in Paris an, und er erzählte ihr, daß auch die *Lettres françaises* sich positiv über das Buch geäußert hätten. Sowohl der bürgerlichen als auch der kommunistischen Presse gefiel ihr Roman. Die nichtkommunistische Linke war natürlich begeistert, denn aus ihrer politischen Perspektive war der Roman geschrieben. Zu ihrer Überraschung bekam sie Beifall von allen Seiten, und schon im ersten Monat wurden von *Les mandarins* 40000 Exemplare verkauft. Sie würde eine Menge Geld verdienen. »Da ich Zugang zu Sartres Geld hatte, brauchte ich es nicht dringend«, schreibt sie in *Der Lauf der Dinge*, »aber ich wollte gerne auch etwas zu unserer gemeinsamen Kasse beitragen.«

Sie hatten eine gemeinsame Kasse, eine gemeinsame Weltsicht und die gemeinsamen Gewohnheiten eines Vierteljahrhunderts von Liebe und Freundschaft, aber sonst waren sie einander in den frühen Fünfzigern so fern wie noch nie. Simone lebte mit Lanzmann zusammen, einem begabten Journalisten, militanten Zionisten und glühenden Marxisten, der siebzehn Jahre jünger war als sie. Sartre hatte ein Verhältnis mit Michelle Vian, die sich von Boris getrennt hatte. Der Erfolg, die Politik und die Angst davor, die einmal gewonnene bedeutende Stellung wieder zu verlieren, hatte ihre Lebensart verändert und indirekt auch ihre Vertrautheit berührt, obwohl es ihnen schwerfiel, das zuzugeben. »Warum sind Sie nicht ein unbekannter Poet?« sagte Biber zu Sartre, wenn sie sah, wie er nachdenklich in seinem Arbeitszimmer herumlief. Er arbeitete achtundzwanzig Stunden in einem durch, ohne zu schlafen und ohne sich eine Pause zu gönnen. Nach einem kurzen Nickerchen fing er manchmal sofort wieder an zu arbeiten, rund um die Uhr, bis es schien, als hörte und sehe er nichts mehr. »Ich vermißte seine alte Sorglosigkeit, die guten alten Tage, in denen wir so viel Zeit hatten: unsere Spaziergänge, unsere Streifzüge durch Paris, unsere Abende im Kino (in das er überhaupt nicht mehr ging)«, erinnert sie sich. »Er forderte mich auf, es ihm gleichzutun. ›Das müssen Sie lesen‹, sagte er und zeigte auf die Bücher, die sich auf seinem Schreibtisch stapelten. Er gab nicht auf und sagte: ›Das ist faszinierend.‹ Ich konnte nicht. Ich mußte meinen Roman zu Ende schreiben. Zwar hatte auch ich das Verlangen, mein Jahrhundert und meinen Standpunkt besser zu begreifen, aber es war mir nicht so unerläßlich wie ihm.«

Der Erfolg hatte Sartre nicht verändert, aber er hatte eine Distanz zwischen ihnen geschaffen, unter der Simone litt. Das Ende ihrer Affäre mit Algren hatte in Simone eine Leere hinterlassen, die sie ängstigte. Zu Beginn des Koreakrieges hatten Marcel Péju und Claude Lanzmann sich den *Temps Modernes* angeschlossen. Merleau-Ponty hatte die Zeitung entpolitisieren wollen, Sartre dagegen wollte sie noch kämpferischer gestalten. Lanzmann war siebenundzwanzig, überschwenglich und von extravagantem Benehmen. Jeden Sonntagnachmittag trafen sich die Mitarbeiter der *TM* bei Sartre. Lanzmann und Péju unterstützten Sartre in seinem Bestreben, den *TM* eine noch stärkere politische Richtung zu geben. Lanzmann gab in völlig unbefangenem Ton die extremsten Dinge zum besten, sein komisch-einfältiger Humor und seine außergewöhnliche Art zu sprechen belebte ihre Sitzungen. Er war ein Mann, den viele Frauen attraktiv fanden, auch Simone. Im Dezember, zwei Wochen vor ihrem vierzigsten Geburtstag, als sie eine Hollandreise machten, wurde er ihr Geliebter. Sie gingen an zugefrorenen Kanälen spazieren, tranken »Advokats« und unterhielten sich. Algren, schrieb sie später, hatte einem anderen Kontinent angehört, Lanzmann gehörte zu einer anderen Generation, aber er gab ihrem Leben wieder einen Sinn, zeigte ihr von neuem, was Freude, Staunen, Besorgnis und Lachen waren. »Seine Jugend verurteilte mich dazu, in seinem Leben nur ein flüchtiger Augenblick zu sein. In meinen Augen war das eine Entschuldigung dafür, daß ich ihm nicht mein ganzes Leben schenkte.«[1]

Seine jüdische Abstammung bereitete ihm innere Schwierigkeiten, und manchmal erschienen ihm *alle* Nichtjuden als Hitlers Komplizen. Er war der älteste Sohn einer Arbeiterfamilie und hatte in Clermont-Ferrand eine glückliche Kindheit verbracht. Erst mit dreizehn Jahren war er mit dem Antisemitismus in Berührung gekommen, eine Erfahrung, die seine Welt erschütterte. Später, als sein Vater sich in Clermont-Ferrand als einer der ersten der Résistance anschloß, fand er wieder zu seinem Stolz zurück. Mit neunzehn Jahren hatte Claude zu den Untergrundkämpfern gefunden, ein Erlebnis, das ihn sehr früh reifen ließ und ihn später zu einem Superjuden machte, der vor Zorn weinte, wenn er an die Massenhinrichtungen dachte, und vor Stolz strahlte, wenn er erfuhr, daß eine Berühmtheit ein Jude war. Er war nach Israel gefahren und hatte entdeckt, daß es nicht nur eine jüdische Marine, jüdische Städte, Felder und Bäume gab, sondern auch arme und reiche Juden. Sein Erstaunen darüber brachte ihn dazu, sein Selbstverständnis zu überprüfen. Als er darüber sprach, riet Sartre ihm, ein Buch zu schreiben, in dem er seine Berichte über Israel mit seiner eigenen Geschichte verbinden sollte. Er beendete das Buch nicht. 1973 drehte er *Pourquoi Israel?*, einen Dokumentarfilm, in dem er selbst Regie führte. Der Film war eine eingehende und provokative Betrachtung Israels. Dem Marxismus hatte er sich angeschlossen, wie Simone sagt, weil er glaubte, daß dieser die menschlichen Konflikte verständlich machte, die Zukunft wieder mit Hoffnung erfüllte und ihn selbst aus seiner Subjektivität erlöste.

Die Bedeutung der Geschichte, die sowjetischen Konzentrationslager und die Frage, ob es eine »progressive« Gewalt gebe, waren die Streitpunkte, die zu dem berühmten Bruch zwischen Camus und Sartre führten. Das war 1952.

In der schwärzesten Zeit des Kalten Krieges, 1952/1953 – die USA erprobten die erste Wasserstoffbombe, die Amerikaner machten einen General zu ihrem Präsidenten, und der im Sterben liegende Stalin begann, gegen seine jüdischen Ärzte zu wüten, weil sie ihn nicht retten konnten –, gab Sartre seinen »dritten«, neutralen Standpunkt endgültig auf. Obwohl die Kommunisten die Filmfassung von *Die schmutzigen Hände* in aller Schärfe angriffen, näherte er sich ihnen wieder. Die sinkenden Temperaturen des Kalten Krieges machten den »dritten Weg« unmöglich, und im Zweifelsfall, so empfand er es, konnte er sich nicht gegen das Proletariat stellen.

Die Gelegenheit zu der Wiederannäherung bot sich, als der Generalsekretär der kommunistischen Partei, Jacques Duclos, verhaftet wurde, weil er sich an einer großen Demonstration beteiligt hatte, die sich gegen den US-General Matthew Ridgway richtete und gegen die Ablehnung der französischen Regierung, Henri Martin freizulassen, solange sich die Kommunisten für ihn einsetzten. Henri Martin war aktiv an den Demonstrationen gegen den Krieg in Indochina beteiligt gewesen. Was Sartre noch mehr empörte als die Verhaftung Duclos', war der Spott der aufgebrachten, antikommunistischen Rechten. Er war mit Michelle in Italien gewesen, als er von der Festnahme Duclos' erfuhr. »Ich mußte schreiben, oder ich wäre erstickt«, sagte er zu Merleau-Ponty, als er sich wütend daranmachte, den ersten Teil von *Les communistes et la paix* (*Die Kommunisten und der Frieden*)[2] zu schreiben. In den ersten Kapiteln, die in den *TM* veröffentlicht wurden, sagte er, der Kommunismus sei eine Notwendigkeit. Um jede Zweideutigkeit auszuschließen, schrieb er: »Der Sinn dieses Artikels ist es, meine Übereinstimmung mit dem Kommunismus in bestimmten und abgegrenzten Fragen zu erklären, aber dies aufgrund meiner und nicht ihrer Argumentation.«[3] Er sagte, er sympathisiere nicht mit dem Kommunismus, weil er das stalinistische oder auch das marxistische Dogma unterstützen wolle, sondern aus Gründen der gegenwärtigen politischen Situation in Frankreich. Sich gegen die Partei stellen hieße, daß man ganz einfach »die Hoffnung der verzweifelten Massen in der Wurzel zerstöre«.

Es war nicht leicht, ein aufrichtiger Anhänger des Fortschritts zu sein und dem Kommunismus und mit ihm der Sowjetunion beizupflichten. Die Nachkriegszeit hatte enthüllt, daß es sibirische Todeslager gab, in denen innerhalb von zehn Jahren sieben Millionen Menschen verschwunden waren. Die Zwangslager und der Polizeistaat Stalins waren nicht wegzudiskutieren, und die Kommunisten versuchten das auch nie. Jeden, der die UdSSR kritisierte, erkannten sie entweder nicht an, oder sie verleumdeten ihn. Trotzdem gingen Merleau-Ponty und nun auch Sartre dieses Risiko ein.

Sie argumentierten sehr gekonnt. Niemand konnte leugnen, daß die stalinistischen Säuberungsaktionen der Jahre von 1936 bis 1938 Millionen und aber Millionen nach Sibirien gebracht hatten oder daß das gegenwärtige Sowjetregime viel Ähnlichkeit mit dem Faschismus hatte. Aber konnte man die Sowjetunion, den einzigen marxistischen Staat, mit bürgerlichen Maßstäben messen? Wenn man die Bedingungen in Betracht zog, unter denen die Sowjetmacht gekämpft hatte, nämlich den Bürgerkrieg, die Tatsache, daß sie von kapitalistischen Staaten umgeben war, die Bedrohung durch die Nazis und den Krieg, war es kein Wunder, daß ihre Führer sich gezwungen gesehen hatten, zur Gewalt zu greifen. Außerdem war der Kommunismus kein Ziel, das über Nacht zu erreichen war. Um die endgültige, gerechte Gesellschaft zu erreichen, mußte man Umwege in Kauf nehmen und, wie Sartre in *Die schmutzigen Hände* gesagt hatte, bereit sein, sich die Hände schmutzig zu machen. Vielleicht war ein gewisser gewalttätiger Zwang unvermeidlich, aber solange diese Gewalt im Sinne des Fortschritts angewandt wurde, solange sie sich in der *richtigen* Richtung bewegte, war sie gerechtfertigt. Man muß auch die andere Seite betrachten. Wenn Liberale über Stalins »Terror« herziehen, dann tun sie es, indem sie eine Art von Kantschem Humanismus beschwören: Der Mensch ist ein Zweck und kein Mittel. Aber wo wird er als Zweck behandelt? Wo man auch hinsieht, gibt es Herren und Sklaven, Henker und Opfer. Liberalismus ist nicht besser als Stalinismus, weil hinter der frommen Kantschen Rhetorik nichts anderes als die Unmenschlichkeit des Menschen gegenüber dem anderen lauert: Kolonialismus, Imperialismus und so weiter. *Jede* Politik ist Zwang, und auch in der schönsten der denkbaren Welten ist Humanismus nicht mehr als ein süßer Traum. Ihr langfristiges geschichtliches Konzept ist das, was die Marxisten auszeichnet. Während alle bürgerlichen Staaten danach streben, sich zu verewigen und damit auch ihre Gewalt, sieht der marxistische Staat sein Ende voraus. Unter dieser Perspektive ist die Sowjetunion »privilegiert«, weil der Marxismus darauf abzielt, eine Situation, in der es Herren und Sklaven gibt, aufzuheben. Faschistische und kapitalistische Gewalt gehören zur unmittelbaren Geschichte der Menschheit; die kommunistische Gewalt ist vielleicht nicht mehr als die Kinderkrankheit einer neuen Ära, ein Umweg, den die Menschheit gehen muß, um den wahren Humanismus zu erreichen.

In *Humanisme et terreur*[4] hatte Merleau-Ponty sich mit diesem Argument auseinandergesetzt, jetzt wurde es von Sartre weiter ausgeführt. Es gab Einwände. Raymond Aron fragte, warum man Stalin glauben sollte, wenn er sich einen Marxisten nannte, und warum die Kollektivierung des Eigentums eine Vorbedingung für die Erreichung des wahren Humanismus sei und warum ausgerechnet das Proletariat imstande sein sollte, diese wesentliche Veränderung der menschlichen Beziehungen zu verwirklichen. Der katholische Denker Gaston Fessard sagte, die Herren-und-Sklaven-Dialektik führe in eine Sackgasse, da durch nichts verhindert werden könne, daß sich neue Sklaven gegen neue Herren auflehnen, was durch die immer noch andauernden Säuberungsaktionen gegen die Trotzkisten und »Faschisten« in der Sowjetunion bewiesen würde. Dagegen beruhe z. B. die Mann-Frau-Dialektik auf der *unmittelbaren* Anerkennung der Humanität der oder des anderen.

Dann kam Camus.

Sein Buch hieß *L'homme révolté (Der Mensch in der Revolte)*.[5] In ihm vertrat er die Ansicht, daß, wenn man die Gewalt für richtig hält, man davon überzeugt sein müsse, daß Geschichte sowohl eine Richtung als auch eine Bedeutung hat. Wenn man den Gedanken akzeptiere, daß die Rechte und das Glück der gegenwärtigen russischen Generation der perfekten Gesellschaft von morgen geopfert werden könnten, müsse man voraussetzen, daß die Sowjetunion in der Gegenwart etwas Absolutes geschaffen hatte. Aber kann der Mensch überhaupt etwas Absolutes schaffen? Die Marxisten sollten »über der Zukunft nicht die Gegenwart, über den schattenhaften Möglichkeiten nicht die Substanz des Menschen, über geplanten Wohnformen nicht die bestehende Wohnungsnot und über dem versprochenen gelobten Land nicht die Gerechtigkeit vergessen«.

L'homme révolté ist nicht sosehr eine Anklageschrift gegen den Stalinismus, sondern eher eine gegen seine Apologeten in Frankreich. Die tatsächliche Auseinandersetzung mit dem Kommunismus als Gesellschaftsform nimmt nur einige Seiten in Anspruch. Was Camus interessiert, ist die Art und Weise, wie die Marxisten die Geschichte vergötzen; ausschlaggebend ist nicht das, was sie *tun*, sondern was sie tun *wollen*, nicht die Handlung, sondern die Intention.

Camus fragt, ob eine Intention überhaupt eine Bedeutung hat. Er lehnt jede Art von Heilsverkündung ab, das Christentum nicht ausgenommen, und sagt, die marxistischen Theorien über die Zukunft der Menschheit gehörten ins Reich der Utopie und des Mystizismus. Er greift den historischen Determinismus an und verurteilt die UdSSR auf Grund ihrer Todeslager. Kein Zweck kann ungerechte Mittel rechtfertigen, sagt er, und verweist auf den Faschismus, der auf die französische und auf die russische Revolution folgte, auf den »Cäsarismus«, in den die »prometheische« revolutionäre Handlung noch immer hineintaumelte. Revolutionäre leben im Niemandsland des Absoluten: Die absolute Gerechtigkeit, die die Harmonie und die Brüderlichkeit um jeden Preis an die Macht bringen will, unterdrückt jeden Widerspruch und so auch jede Freiheit. In Wirklichkeit läßt sich der Mensch nicht auf sein »soziales, vernünftiges Selbst« reduzieren, das heißt, er läßt sich nicht zu einem »berechenbaren Objekt« machen, weil seine Interessen und Wertmaßstäbe sich von denen der anderen unterscheiden. Es ist ein Widerspruch, wenn man über absolute Gerechtigkeit und Freiheit spricht, obwohl man weiß, daß diese beiden Dinge durch nichts miteinander zu vereinen sind. Es ist möglich, eine *relative* Gerechtigkeit mit der Freiheit in Einklang zu bringen.

Im letzten Kapitel fragt Camus, ob revolutionäre Ideale nicht einfach unerreichbar sind und ob sie nicht nur metaphysische Fragen verdecken. Er hält es für falsch, wenn Revolutionäre meinen, sie könnten der Menschheit *Trost* geben und das Leiden in der Welt mathematisch verringern. »Ungerechtigkeit und Leiden wird es immer geben, und sosehr wir auch versuchen mögen, beides einzuschränken, werden sie nie aufhören, uns zu treffen.« Er kann nicht an die Erlösung durch die Religion glauben und noch weniger an die Befreiung durch die Geschichte. Die Marxisten machen die Geschichte zum Gott, aber sie »umgehen« *(esquiver)* geschickt die Existenz des metaphysischen Bösen. In bestimmten Bereichen mag Fortschritt tatsächlich möglich sein, aber in ihrem Wesen bleiben die Dinge, wie sie sind. Die Macht des Menschen ist begrenzt.

L'homme révolté erschien im November 1951. Es war Camus' erstes Werk nach seinem Kampf mit der Tuberkulose und nach den Enttäuschungen seiner Ehe. Er hoffte, daß man sein Buch als wichtigen Beitrag zur Neuorientierung der politischen und ethischen Werte in der Nachkriegsphase anerkennen würde. Aber seinem Buch *Der Mensch in der Revolte* fehlte die bestechende Knappheit von *Der Mythos von Sisyphos*. Das Werk war sehr abstrakt, zu lang und in seinen Urteilen oft sehr anmaßend. Camus verlangte Treue: Treue zur menschlichen Natur und gegenüber einem heidnischen Ideal. Er wollte eine südlich-sonnige Zufriedenheit, die jede Forderung der Christen, der Nietzscheanhänger und der Marxisten nach einer Veränderung der Welt ablehnt. Er glaubte nicht, daß Kämpfe und Kriege der Menschheit einen wirklichen Fortschritt bringen konnten.

Die Mitarbeiter der *Temps Modernes* waren verwirrt. Da Sartre mit Camus befreundet war, zog er es vor, *Der Mensch in der Revolte* nicht zu rezensieren, und suchte sechs Monate nach einem Freiwilligen, der das Buch nicht völlig verreißen würde. Francis Jeanson, der seit einem Jahr bei den *TM* war, erklärte sich schließlich bereit, einen behutsamen Artikel zu schreiben. Im April 1952 trafen Sartre und Simone Camus in einem kleinen Café an der Place Saint Sulpice. Camus war unzufrieden mit den Kritiken, die bis jetzt erschienen waren, machte sarkastische Bemerkungen darüber und war davon überzeugt, daß die Besprechung der *TM* günstiger sein würde. Kurze Zeit später traf Sartre allein mit Camus zusammen und bereitete ihn darauf vor, daß auch die Kritik der *TM* reichlich reserviert ausfallen würde. Camus schien unangenehm überrascht. Es war das letzte Mal, daß sie sich sahen.

Sartre überredete Jeanson, sich in dem Artikel zurückzuhalten, aber in der Redaktion der *TM* gab es keine Zensur, und so wurde Jeansons Rezension ein Verriß. Er warf Camus seine »ablehnende Haltung gebenüber der Geschichte« und die Einstellung eines moralisierenden, wirkungslosen Predigers vor.[6] Sartre bot Camus an, eine Antwort auf die Rezension zu veröffentlichen. Camus' Reaktion war unüberlegt. Er überging Jeanson und wandte sich in geringschätzigem Ton direkt gegen Sartre. Er schrieb, er sei es leid, »sich von Leuten eine Lektion in Effektivität erteilen zu lassen, die nichts anderes können, als ihr Mäntelchen nach der Geschichte zu hängen«.[7] Mit großer Präzision legte er den Finger auf einen Widerspruch in Sartres Philosophie. Um die Sowjetunion zu *der* Ausnahme zu machen, habe Sartre, so Camus, das humanistische Ideal der Versöhnung der Gegensätze angerufen, obwohl er gerade dieses Ideal in *Das Sein und das Nichts* als Hirngespinst abgetan hatte.

Sartre antwortete in den *TM*: »Die Frage ist nicht, ob die Geschichte eine Richtung hat und ob wir daran teilhaben sollten, sondern, da wir bis jetzt uns in der Geschichte befinden, ob wir versuchen sollten, sie in die Richtung zu lenken, die uns als eine Lösung erscheint. Wir dürfen unsere Hilfe nicht verweigern, so klein sie auch sei, und sollten, wo es um konkrete Handlungen geht, helfen, sie voranzutreiben.«[8] Seine Stellungnahme wurde in der gleichen Ausgabe von Jeanson bestätigt: »Wir halten den Stalinismus nicht für revolutionär, aber er ist die einzige Bewegung, die den Anschein hat, es zu sein, und die einzige, die fähig zu sein scheint, die Mehrheit des Proletariats zu vereinen. Deshalb sind wir sowohl dafür als auch dagegen. Dagegen, weil wir seine Methoden kritisieren, und dafür, weil wir nicht wissen, ob revolutionäre Experimente zwangsläufig Umwege gehen müssen, bevor sie zu einer besseren sozialen Ordnung führen, und ob diese pervertierten Wege nicht besser sind als der totale Untergang der revolutionären Idee.«[9]

Sartres Antwort war zumindest in taktischer Hinsicht eine Meisterleistung. Er unterstrich, daß die Antikommunisten immer dann besonders wachsam waren, wenn Ungerechtigkeit und Unterdrückung von einer kommunistischen Regierung ausging. Er war vorsichtig, bezeichnete sich als »Nichtmarxisten« und betonte, daß die *TM* das Problem der sibirischen Arbeitslager nicht übergangen hätten. Er lenkte die Aufmerksamkeit auf eine gewisse Arroganz und Egozentrik in Camus' Argumentation. In der zentralen Frage aber war er keineswegs sicher.

Wie konnte es auch anders sein? War Sartre wirklich davon überzeugt, daß die Geschichte die Richtung einschlagen würde, die Marx ihr gewiesen hatte? Sein letztes philosophisches Werk war *Das Sein und das Nichts*. Darin hatte er darauf hingewiesen, daß die Bereitwilligkeit des Menschen, seinen Mitmenschen zu töten, ebenso unüberwindlich sei wie der Tod selbst. Diese Ansicht war nicht mit dem »wissenschaftlichen« marxistischen Optimismus zu vereinen, der eine endgültige soziale Gerechtigkeit voraussah. Das galt ebenso für Camus' Begriff der Authentizität, der Bereitschaft zur ständigen Selbstprüfung und für seine Anklage der Heuchelei, die die Existenz des menschlichen Leidens ignoriert. Sartre machte dem Autor von *Der Mensch in der Revolte* ein großes, man könnte sagen, unbewußtes Kompliment, als er ihm sagte, mit seiner Auffassung könne er nur noch auf die Galapagosinseln gehen. Erinnerte sich Sartre nicht daran, daß auf diesen abgelegenen Inseln Charles Darwin nach den Grundlagen der Evolution und damit auch den Wurzeln des Menschen geforscht hatte?

Als philosophische Auseinandersetzung berührt die Meinungsverschiedenheit zwischen Sartre und Camus das zentrale Problem des modernen Denkens. Sie beschäftigt sich mit der »Geschichtlichkeit«, der Frage der Historizität, die die metaphysischen und religiösen Erklärungen der menschlichen Existenz heute überlagert hat. Der Marxismus lehnt es ab, die Zukunft des Menschen als einen unbegrenzten Prozeß anzusehen, und setzt statt dessen auf eine Partei oder eine Klasse, die die inneren Widersprüche des menschlichen Schicksals lösen soll. Wie aber kann man sich vorstellen, daß die Geschichte ein Ende hat, und wie soll man akzeptieren, daß das Geheimnis der Geschichte der Besitz von Produktionsmitteln ist? Was hat das Leben des einzelnen mit der Geschichte unserer Art gemein? Das sind Camus' Fragen.[10] In *Der Mensch in der Revolte* sagte Camus, daß, auch wenn eine Zukunft im Sinne des Marxismus sich abzeichnete, uns das nicht von den Ängsten befreien würde, die uns die Absurdität des Kosmos bereitet. In seinem »Brief an den Direktor der *Temps modernes*« fragte er, ob Geschichte überhaupt eine Richtung haben könne. »Um seine [Jeansons] Haltung gegenüber meinem Buch rechtfertigen zu können, müßte er aufzeigen, daß die Geschichte eine notwendige Richtung und ein Ziel hat, daß das grausame und verzerrte Gesicht, mit dem sie uns anstarrt, kein Wahn ist. Daß im Gegenteil die Geschichte, auch wenn sie uns durch Höhen und Tiefen führt, *unvermeidlich* voranschreitet bis zu dem Moment der Versöhnung, in dem wir in die unbegrenzte Freiheit hineinspringen.« Sartre antwortete ihm, es sei bedeutungslos, danach zu fragen, ob die Geschichte eine Richtung hat. »Das Problem ist nicht, diesen Sinn der Geschichte zu *kennen*, sondern ihr einen Sinn zu geben.«

Noch immer hatten Sartre und Camus vieles gemeinsam, nämlich, wie Aron feststellte: »Die gemeinsame Sehnsucht nach Wahrhaftigkeit, die Ablehnung der Illusionen und falschen Vorspiegelungen, die gleiche Art, der Welt gegenüberzutreten, und den gleichen Stoizismus.«[11] Politisch aber strebten sie in verschiedene Richtungen. Für Camus war die Politik Zeitverschwendung, für Sartre war die Literatur Zeitverschwendung. Camus wollte die Literatur von der Tyrannei der politischen Relevanz befreien und versuchte, sich selbst aus allen Auseinandersetzungen herauszuhalten. Im Gegensatz zu ihm war Sartre im Begriff, die Phase einzuleiten, die man seine politisierteste nennen könnte. Sie gipfelte in *Die Wörter*, ein Buch, das, wie er sagte, sein »Abschied von der Literatur« war.

Für Camus führte der Streit um *Der Mensch in der Revolte* zu einer ernsten inneren Krise. Zugleich kostete ihn das Buch viel öffentliches Prestige. Er hatte es immer gehaßt, daß man ihn als Rivalen Sartres bezeichnete; jetzt aber hielten ihn viele für unbedeutend und für einen einsamen und irgendwie verschrobenen Statisten. Er fühlte sich verletzt, schrieb *La chute (Der Fall)* und ließ seinen Helden sagen: »Meine Beziehungen zu anderen sind schwierig geworden, so als wären sie plötzlich und auf kaum faßbare Art nicht mehr im Einklang mit dem Empfinden meiner Zeitgenossen.« Die Hauptperson des Buches war zugleich ein Selbstporträt und eine Karikatur Sartres: das düstere Bild des Intellektuellen als Betrüger, der beides, seinen Ruhm und seine Schuld, genießt.

Für kurze Zeit kehrte Camus zum Journalismus zurück und arbeitete an der neuen Wochenzeitung *L'Express* mit. Aber er geriet in Konflikte: einerseits fühlte er sich seinen alten Landsleuten, den algerischen »Pieds-noirs«, verbunden, die darum kämpften, daß Algerien bei Frankreich blieb, andererseits verabscheute er den Kolonialismus. Viele störten sich an dem Schweigen, mit dem er in seinen widerstreitenden Gefühlen die algerische Tragödie betrachtete. Literarisches Schaffen war für ihn eine zu einsame Beschäftigung, und so ging er wieder an das Theater, bearbeitete Stücke und führte Regie in Dino Buzzatis Bühnenfassung von *Un caso clinico*, in Faulkners *Requiem für eine Nonne* und in *Die Erniedrigten und Beleidigten* von Dostojewskij. 1957, in dem Jahr, in dem er den Nobelpreis erhielt, veröffentlichte er *L'exil et le royaume (Das Exil und das Reich)*. Die Pläne, die er danach machte, wurden durch einem Autounfall zerstört, in dem er am 4. Januar 1960 starb.

Auch wenn Sartre sich dazu entschlossen hatte, der Literatur nur noch einen untergeordneten Platz in seinem Leben einzuräumen, so faszinierten ihn literarische Gestalten noch immer: Er arbeitete an Büchern über Mallarmé und Genet, und sein *Magnum Opus* über Flaubert war noch nicht geschrieben. Als es zum Bruch mit Camus kam, hatte er gerade mit einem neuen Theaterstück Triumphe gefeiert.

Das Stück hieß *Le diable et le bon Dieu (Der Teufel und der liebe Gott)* und war eine extravagante, heldenhaft-komische Umsetzung des Konfliktes zwischen Moral und Handeln, Mittel und Zweck. Es spielt zur Zeit der Reformation in Deutschland und erzählt von Götz, einem fluchenden, treulosen und grausamen Freibeuter und Glücksritter, der mit seiner Armee brandschatzt, plündert und bewußt Böses tut, um sich zu vergewissern, daß es keinen Gott gibt. In dem Moment, als er sich daranmacht, die Bevölkerung einer besetzten Stadt abzuschlachten, wendet er sich nach einer Wette dem Guten zu. Er verteilt sein Land an die Bauern, gründet eine Stadt des Glücks und wird fromm. Sein Verhalten ermutigt die Bauern, einen großen Aufstand zu organisieren, der in einer Katastrophe endet. *Der Teufel und der liebe Gott* wurde zu dem Ereignis der Theatersaison 1951/1952. Pierre Brasseur spielte barbarisch geschminkt den Götz, Jean Vilar einen eilfertigen Priester, Maria Casarès die widerspenstige Hilda, die Geliebte des Götz. Henri Nassier übernahm die Rolle des Bäckers Nasty, der bereit ist, Generationen zu opfern, um in der Zukunft Gerechtigkeit und Frieden zu erreichen. Wanda Kosakiewicz spielte die Catherine. Das Stück lief ohne Unterbrechung einhundertundzwanzig Abende im Théâtre Antoine.

Die Katholiken nannten das Stück einen »Feldzug gegen Gott«, und dem katholischen Schriftsteller und Kritiker Henri Daniel-Rops gelang es, sich während einer Probe in das Théâtre Antoine hineinzuschmuggeln; später warnte er seine Leser vor Sartres neuem Werk und nannte es »eine absurde Blasphemie«.[12] Von kommunistischer Seite verdammte Elsa Triolet das Schauspiel, weil der militante Nasty die Bauern des Götz aufruft, einen Aufstand zu organisieren, obwohl sie noch nicht »reif« sind für die Revolution.[13] Sartre gab der Linken und der Rechten Interviews und sagte einem Journalisten des *Samedi Soir*, sein Stück sei vom christlichen Gedanken geprägt, weil es die Religionskriege im 16. Jahrhundert behandele.[14] Gegenüber dem *Figaro littéraire* erklärte er, er wolle nicht versuchen, irgend etwas zu beweisen und am allerwenigsten die Tatsache, daß Gott nicht existiere.[15] Der *Paris-Presse* sagte er, jede Liebe richte sich in gewisser Hinsicht gegen Gott. »Wenn zwei Menschen sich lieben, richten sie sich in ihrer Verliebtheit gegen Gott. Jede Liebe ist gegen das Absolute, weil sie sich selbst absolut setzt.« Auf den Vorwurf, er übe einen schädlichen Einfluß auf die Jugend aus, antwortete er: »Man beschuldigt Simone de Beauvoir, Camus und mich, daß wir die Jugend verderben, weil wir eine Moral wollen; die Leute, die sich darauf beschränken, einfach das selbstzufriedene Bild der Laster und Vergnügungen einer bestimmten Zeit zu zeichnen, werden niemals angegriffen.«[16]

Zwar sollte Sartre die fast fünfhundert Seiten über Stéphane Mallarmé, die er 1948 verloren hatte, nie völlig neu schreiben, aber den Plan, ein Buch über diesen Dichter des 19. Jahrhunderts zu schreiben, hatte er nicht aufgegeben. Wie Baudelaire wandte Mallarmé sich von der Realität ab und einer reinen Vorstellungswelt zu und lebte, während er das banale Dasein eines Englischlehrers führte und als Herausgeber einer Frauenzeitschrift arbeitete, in einer totalen Verinnerlichung, die sich in seiner komprimierten Dichtung ausdrückte. Sartre hielt Mallarmé für den größten französischen Lyriker, und sein Leben war in seinen Augen ganz anders, als seine Biographie glauben machen wollte. In der verblümten, elliptischen, »nichteuklidischen« Syntax und der rätselhaften Sprache des Dichters sah er einen »höflichen Terrorismus«, der in seinen Implikationen beinahe revolutionär war. Das geplante Buch wurde nicht geschrieben, aber Sartre veröffentlichte einen Essay, der später eine Neuauflage von Mallarmés *Poésie*, die bei Gallimard erschien, einleiten sollte.

Saint-Genet, comédien et martyr (Über Jean Genet) war im Grunde ein außer Kontrolle geratenes Vorwort. Als es veröffentlicht wurde, betrachtete man seine 578 Seiten als ein literarisches Monstrum. Es war ein philosophischer Essay, literarische Kritik, moralische Abhandlung und eine psychoanalytische Biographie in einem. Das Buch untersuchte die bewußte Entscheidung eines Menschen für eine Existenzform und die Befreiung eines Schriftstellers durch die Verarbeitung seiner persönlichen Zwangsvorstellungen.[17] Sartres Absicht war es, wie er auch in der kurzen Einführung schrieb, »die Grenzen sowohl der psychoanalytischen Deutung als auch der marxistischen Erklärung aufzuzeigen . . ., zu verdeutlichen, daß Genius keine Gabe ist, sondern für bestimmte verzweifelte Menschen ein Fluchtweg«. Das Leben Jean Genets und sein Verhalten sind für Sartre das perfekte Beispiel des »Existentialistischen Menschen«: das Individuum, das bewußt sein eigenes Sein wählt und die Folgen seiner Wahl akzeptiert. Bei dem Versuch, Jean Genets »verwandte Seelen« zu finden, geht Sartre bis auf François Villon und Marquis de Sade zurück, beide Schriftsteller, die von ihren Zeitgenossen für lasterhaft und pervers gehalten wurden und wie Genet unter Verfolgung und Gefangenschaft zu leiden hatten und deren Selbstdarstellungen noch heute unser moralisches Bewußtsein überschatten. Genet, wie er selbst bekannte, symbolisiert in seiner Existenz die Tatsache, daß Wahrnehmung und das, was man wahrnimmt, sich nicht decken können: Ich kann mich nicht selbst erkennen, ich weiß nur, was ich nicht bin. Für Sartre ist Genet ein Zeuge seiner Zeit, ein Mensch, der es trotz widriger Umstände schafft, sich gegen seine Umwelt zu dem zu entwickeln, was er sein wollte.

Sartre und Simone verbrachten ihren Urlaub wie schon so oft in dem Haus von Mme. Morel in Nantes. Sartre arbeitete an *Saint-Genet*, als sie erfuhren, daß Dullin an Krebs gestorben war. Camilles Alkoholismus hatte seine letzten Jahre überschattet. Zu einer Gedenkfeier, einer »Huldigung für Charles Dullin«, die seine Freunde im Februar 1950 organisierten, holten Sartre und Biber Camille ab. Sie war betrunken und in Tränen aufgelöst, ihr Haar und ihre Kleidung waren in Unordnung, und Sartre und Biber schleppten sie aus dem Taxi in eine Loge des Théâtre de l'Atelier, wo sie sich während der Feier versteckte. Einige Monate vor Dullins Tod war Sartre von *seiner* Reise mit Dolores durch Mittelamerika zurückgekommen. Sie hatten Mexiko, Guatemala, Kuba, Panama, Haiti und Curaçao besucht, aber ihre Zukunft war so unklar wie zuvor. Dennoch entschloß Dolores sich, nach Paris zu ziehen, obwohl Sartre von dieser Idee nicht gerade begeistert war.

Da im Sommer davor Algren in Paris gewesen war und Sartre in diesem Jahr mit Dolores seine lange Reise durch Mittelamerika unternommen hatte, waren er und Biber seit ihrem kurzen Skandinavienurlaub nicht mehr zusammen verreist. 1950, bevor Simone nach Chicago flog, um zwei weitere Monate mit Algren zu verbringen, entschlossen sie sich zu einem gemeinsamen Urlaub. Michel Leiris schlug ihnen vor, nach Afrika zu fahren, zunächst nach Algerien und von dort aus weiter bis ins französische Äquatorialafrika. Wie immer war Simone für die Reiseroute verantwortlich, und als sie erfuhr, daß es möglich war, als zahlender Gast mit einem Lastwagen zu reisen, der durch die Sahara fuhr, buchte sie zwei Plätze von Ghardhaia in Südalgerien bis nach Timbuktu. Die Reise mit dem Lastwagen ging über 1500 Kilometer und dauerte drei Wochen. In Tamanrasset, einer Oasenstadt, machten sie eine Woche Station. Von Timbuktu setzten Sartre und Biber ihre Reise nach Goa am Niger fort. Es war sehr heiß, und Sartre erkrankte am Tropenfieber. Ein Arzt verschrieb ihm Chinin, und zwei Tage verbrachte er bewußtlos unter einem Moskitonetz. Sobald er wieder aufstehen konnte, flogen sie nach Bobo-Dioulasso in Obervolta. Sein Fieber hielt noch bis Bamako an, wo die Hitze in ihrem Zimmer so unerträglich war, daß sie auf dem Balkon schliefen. Über Dakar und Casablanca, wo Simones Schwester lebte, fuhren sie nach Hause.

Gerade als Simone nach Chicago fliegen wollte, brach der Koreakrieg aus. Der Angriff der Nordkoreaner, der Aufruf der Vereinten Nationen an die Mitgliedstaaten, Südkorea mit Waffen zu unterstützen, und die Tatsache, daß Präsident Truman die Luftwaffe und die Marine der Vereinigten Staaten in den Krieg schickte, erregten in Paris Kriegsgerüchte. Wenn die junge Volksrepublik China Taiwan angreifen sollte, würden die USA intervenieren, und die Sowjetunion wäre verpflichtet, China den Rücken zu decken. Alle sprachen davon, daß dann die Rote Armee Paris besetzen würde.

Trotz ihrer Sehnsucht nach Algren zögerte Simone ihre Abreise hinaus. Sartre sagte ihr, sie solle fahren. Er glaubte nicht an einen Dritten Weltkrieg, und außerdem, meinte er, könne sie jederzeit zurückkommen. Sie reiste ab.

Ein ganzes Jahr lang hatte Algren ihr witzige und zärtliche Briefe geschrieben. Aber nach ihrer Ankunft sagte er ihr, er liebe sie nicht mehr, aber sie würden auf jeden Fall einen schönen Sommer miteinander verbringen können. Sie war ziemlich verwirrt. Die Wohnung an der Wabansia Avenue und Algrens Unsicherheit und Unbeholfenheit erdrückten sie. Von den 15 000 Dollar, die er mit dem Verkauf der Filmrechte von *Der Mann mit dem goldenen Arm* verdient hatte, hatte er sich in Miller, Indiana, am Lake Michigan ein Haus gekauft. Sie fuhren hin, und dort gestaltete sich ihr Zusammenleben in einer zumindest erträglichen Routine. Algrens Grundstück grenzte an den See, er hatte ein Boot, in der Nacht erhellten die Stahlwerke von Gary den Himmel, Simone las viel, und Algren fuhr allein für ein paar Tage nach Chicago. Keiner von ihnen konnte besonders gut schwimmen, und als er sie einmal zwar unbeholfen, aber auf ziemlich dramatische Weise vor dem Ertrinken rettete, brachte sie das einander wieder näher. Algren war vor ihrer Ankunft wegen des Verkaufs der Filmrechte nach Hollywood gefahren und hatte dort seine frühere Frau wiedergetroffen. Als Simones Urlaub zu Ende ging, sagte er ihr, er denke daran, sie ein zweites Mal zu heiraten. »Es sollte wohl so sein«, schrieb Simone später in *Der Lauf der Dinge*. »Die Verzweiflung hatte mich allmählich gelähmt, und ich reagierte auf nichts mehr. Es war Altweibersommer. Ich wanderte am See entlang, geblendet von der Schönheit des rotgoldenen, grüngoldenen, gelbgoldenen, kupfer- und feuerfarbenen Laubes, und mein Herz war schwer, ich konnte weder an die Vergangenheit noch an die Zukunft glauben.« In *Les mandarins* schreibt sie, er habe eine Frau gewollt, die nur ihm allein gehörte. Sie machte sich Vorwürfe, daß sie sein Leben für poetisch gehalten hatte, wo es doch hart und einsam war. »Einen Moment hatte er geglaubt, er könne der Einsamkeit entkommen, er hatte es gewagt, noch nach etwas anderem zu verlangen. Er war enttäuscht worden, hatte gelitten und sich selbst wieder unter Kontrolle bekommen.«

Als Simone nach Paris zurückkehrte, hatte Sartre mit Dolores gebrochen. Die Kriegshysterie war auf ihrem Höhepunkt, und Camus riet Sartre, zu emigrieren, bevor die Russen Frankreich besetzten. Der Entschluß Dolores', nach Paris zu kommen, um dort zu leben, hatte die beiden einander nicht näher gebracht. Im Gegenteil, sie hatten sich gestritten und gingen auseinander. Die einzige Erinnerung, die Sartre an Dolores behielt, war ein Tonbandgerät, im Jahre 1950 eine ganz neue Errungenschaft, das sie ihm überlassen hatte. Es machte ihm großen Spaß, heimlich die Gespräche seiner Freunde aufzunehmen und sie ihnen anschließend vorzuspielen.

Im September schlugen die Truppen General MacArthurs die Vorstöße Nordkoreas zurück und überschritten im Oktober in Richtung Norden den 38. Breitengrad. Der Krieg drohte zu eskalieren, denn chinesische »Freiwillige« standen bereit, in den Konflikt einzugreifen. Der Krieg führte zu Meinungsverschiedenheiten zwischen Merleau-Ponty, der praktisch die *Temps modernes* leitete, und Sartre. Merleau-Ponty wollte, daß die *TM* sich aus dem Krieg heraushielte, und Sartre verlangte, das Magazin müsse sich zu dem Thema äußern. Als Gegenleistung für die militärische Hilfe, die Amerika Frankreich in dem seit Jahren andauernden Guerillakrieg in Indochina gewährte, unterstützte die Regierung Antoine Piney den Plan der Amerikaner, Deutschland wiederaufzurüsten, und stimmte der Einrichtung amerikanischer Stützpunkte in Frankreich zu. Für die meisten Linken hieß das, daß die Vereinigten Staaten damit insgeheim Frankreich besetzten. Als die *The Nation* Sartre bat, anläßlich ihres fünfundachtzigjährigen Bestehens in der Jubiläumsausgabe einen Artikel zu veröffentlichen, schrieb er eine lange Abhandlung, die seine Verwirrung und seinen Pessimismus, aber auch seine Vorahnung künftiger Kriege deutlich machte. »Ihre Moral ist großzügig und puritanisch, und Sie verfolgen eine Politik, die Ihrer Moral widerspricht. Dabei haben Sie ein schlechtes Gewissen und das Gefühl, daß ein Fluch auf Ihnen liegt«, schrieb er seinen amerikanischen Lesern. »Das ist also Ihre Situation: hineingezerrt in den Teufelskreis, der Sie dazu führt, in Korea Krieg zu führen. Sie kämpfen gegen die Nordkoreaner für eine Bevölkerung, deren Gefühle für ihre Verteidiger zumindest zweifelhaft sind. Und das nur, weil Sie es nicht fertiggebracht haben, die Südkoreaner durch eine Agrarreform aus ihrer Armut zu befreien, als Sie es noch hätten tun können. Später ist es Ihnen nicht gelungen, weil Sie sich nicht ehrlich für das Problem der koreanischen Einheit eingesetzt haben, aus Angst, die Kommunisten im Norden könnten das ganze Land für sich gewinnen.«[18] Er wünschte, der gute Geist Amerikas möge siegen, und Washington möge den Mut haben, eine Politik des »kalkulierten Risikos« einzuschlagen: eine Politik, die nicht das Risiko des Krieges, sondern das des Friedens eingehen würde.

Sartre und Biber verbrachten den Weihnachtsabend mit Olga, Wanda, dem »kleinen Bost«, Michelle Vian und dem Schauspieler Scipion. Im Januar 1951 gelang es Simone, Sartre zu überreden, mit ihr zum Skilaufen nach Auron in die südlichen französischen Alpen zu fahren. Dort hatte er die Ruhe und den Frieden, die er brauchte, um *Le diable et le bon Dieu* zu schreiben. Der »kleine Bost« kam auch mit. Sartre verließ das Hotel nicht ein einziges Mal. »Wenn ich um fünf Uhr in sein Zimmer kam, berauscht von der Luft und dem Geruch der Berge, saß er in Rauchwolken eingehüllt und schrieb«, erinnert sich Simone. »Nur mit Mühe riß er sich los, um in dem riesigen Speisesaal zu Abend zu essen.« Michelle Vian hatte ein Haus in St. Tropez, und Sartre und Biber baten sie, sich in der Nähe nach einer Wohnung für sie umzusehen. Diese erwies sich als kalt und dunkel, und so zogen sie weiter nach Cannes, Sartre in Gedanken noch immer tief im Deutschland des 16. Jahrhunderts vergraben. Pierre Brasseur kam nach Cannes, um mit ihm über seine Rolle zu sprechen, und brachte seine Frau, eine Pianistin, mit. Er zerstreute sie mit seiner Imitationsgabe und gewagten Geschichten über berühmte Leute, die er kannte. Auch der Regisseur Fernand Rivers tauchte in Cannes auf und beriet mit Sartre die Filmfassung von *Les mains sales*, in der Brasseur den Hoederer und Daniel Gélin den Hugo spielen sollten.

Simone korrespondierte weiter mit Algren. Wie Camus war auch er der Meinung, daß Sartre Frankreich verlassen sollte, bevor die Rote Armee es besetzte, und bot ihm und Biber sein Haus in Miller an. Auch er hatte Sorgen. Eine Welle antikommunistischer Hysterie überschwemmte Hollywood, und es war ausgeschlossen, daß der »Salonbolschewist« John Garfield die Hauptrolle in *Der Mann mit dem goldenen Arm* übernahm; tatsächlich war es überhaupt fraglich geworden, ob der Film gedreht werden würde. Algren hatte seine frühere Frau nicht wieder geheiratet, aber Simone bedeutete das nichts mehr. Er schrieb ihr nach St. Tropez und schlug vor, sie solle den Oktober mit ihm in Miller verbringen. »In aller Aufrichtigkeit bot er mir die Freundschaft an, die so leicht aufrechtzuerhalten ist, wenn zwei Menschen sich ohne Bitterkeit getrennt haben und in der gleichen Stadt leben. Ich fragte Sartre um Rat. ›Warum nicht?‹, sagte er, und ich nahm Algrens Einladung an.«[19]

Im Sommer reisten Sartre und Biber nach Norwegen, Island und England. Mit einem Dampfer fuhren sie um die arktische »Spitze« Norwegens. In Kirkenes bestiegen sie einen Bus, der sie an die russische Grenze brachte, wo sie über das Niemandsland und den Stacheldraht hinweg auf russische Wachtposten starrten und auf das Land, das ihnen gefühlsmäßig soviel bedeutete. Während der Reise zeigte Simone Sartre die erste Version ihres Romans *Die Mandarins von Paris*. Er sagte voraus, es würde ihr bestes Buch werden, schlug aber vor, die Handlung noch besser aufzubauen, die Episoden fester miteinander zu verknüpfen und mehr Spannung hineinzubringen.

Sartre hatte ein Verhältnis mit Michelle Vian. Er hatte sie schon immer attraktiv gefunden mit ihren wellig herabfallenden blonden Haaren, ihrer lebhaften Gestik und ihrer Undurchschaubarkeit, die an eine Sphinx erinnerte. Diskret, aber dennoch sehr bestimmt paßte sie sich der kleinen Familie an, die aus Olga, Wanda, dem »kleinen Bost« und später auch Lanzmann bestand. Simone und Sartre zogen sich nun, da sie »zu berühmt« waren, mehr und mehr auf den Umgang mit ihrer »Familie« zurück. Anders als bei ihrer Schwester Wanda ging es mit Olga gefühlsmäßig und auch beruflich bergab, und sie war jetzt endgültig auf die finanzielle Unterstützung Sartres angewiesen. Seit ihrer Scheidung von Marc Barbezat hatte sie sporadisch mit Bost zusammengelebt und nach ihrer Tuberkuloseerkrankung ihren Beruf als Schauspielerin zu schnell wiederaufgenommen. Sie verpatzte ihr Comeback und gab die Schauspielerei verletzt auf. Bost war Journalist und ein treuer Mitarbeiter der *TM*, außerdem trat er in die Fußstapfen seines berühmten Bruders und schrieb Filmdrehbücher: Er inszenierte mit Fernand Rivers *Les mains sales* und arbeitete mit Alexandre Astruc an *Le rideau cramoisi*. 1952 gelang Astruc und Anouk Aimée mit diesem Film der Durchbruch.

Den Oktober verbrachte Simone in Miller. Algren war nun wirklich im Begriff, seine frühere Frau wieder zu heiraten. Der Urlaub im Glanz des Spätsommers verlief friedlich. Als er zu Ende ging, waren sie sich einig, daß er sie nach Gary zum Zug bringen und nicht bis zum Flughafen begleiten würde, um den Abschied so kurz wie möglich zu machen.

Als sie sich für alles bedankte und hinzufügte, daß zwischen ihnen zumindest eine wahre Freundschaft bestehe, brach es aus ihm heraus: »Ich könnte Ihnen nie weniger geben als Liebe.« Seine Worte nach diesen so friedlichen vier Wochen brachten alles wieder in Aufruhr: »Die ganze Vergangenheit lastete wieder auf meinem Herzen, meine ganze Mühe war umsonst, das Leben war unerträglich«, schrieb sie später in *Der Lauf der Dinge*. »Im Taxi, im Zug, im Flugzeug und abends in New York in einem Kino, wo ich einen Disneyfilm sah, in dem Tiere einander fraßen, weinte ich unaufhörlich. In meinem Zimmer im Hotel Lincoln schrieb ich mit einem Tränenschleier vor den Augen einen kurzen Brief an Algren: ist es aus oder nicht?«

Seine Antwort erhielt sie in Paris. »Man kann Gefühle für jemanden bewahren, ihnen aber nicht gestatten, daß sie einem das Leben beherrschen und durcheinanderbringen«, zitiert sie aus seinem Brief. »Eine Frau zu lieben, die einem nicht gehört, die anderen Dingen und anderen Menschen den Vorzug gibt, ohne daß es in Frage käme, jemals an die erste Stelle zu treten, ist etwas, was man einfach nicht hinnehmen kann.«

Es konnte nicht anders sein. Sartre und Simone konnten sich in andere verlieben, der erste Platz in ihrem Leben aber war vergeben. Sie lebten in einer Offenheit und Ehrlichkeit, die ihre Freunde und Bekannten unaufhörlich in Erstaunen versetzte. Sartre brauchte Klarheit und Aufrichtigkeit wie Luft zum Atmen. Schon immer hatte er die Gesellschaft von Frauen der von Männern vorgezogen, aber es war undenkbar, daß er log, am allerwenigsten gegenüber Biber.

Sartre besaß eine seltene innere Unabhängigkeit, er verlor sich kaum jemals in Erinnerungen, er empfand keine Eifersucht und selten Bedauern. Stolz war er auf das, was er zu tun beabsichtigte, er hatte eine Art distanzierter Eitelkeit, die sich darin ausdrückte, daß er versuchte, sich von allen Umständen unabhängig zu machen. Das brachte ihn unvermeidlich in Konflikt mit Tatsachen, die sich nicht beiseite schieben ließen. Aber Niederlagen machten ihm nichts aus, er begann immer, sofort neue Dinge in Angriff zu nehmen.

Als Simone und Claude Lanzmann aus Amsterdam zurückkamen und sich entschlossen, zusammen zu leben, sah sie Sartre nicht weniger als vorher, aber ihre Gewohnheiten änderten sich. Sie war nicht bereit, die langen Reisen aufzugeben, die Sartre und sie mehrmals im Jahr unternahmen. Aber sie hatte Angst davor, Lanzmann deshalb für einige Monate nicht zu sehen, und so machten die drei ab, daß ungefähr nach der Hälfte des Urlaubs Lanzmann sich ihnen anschließen und ein paar Wochen mit ihnen verbringen würde. Der Versuch, mit Olga ein »Dreiecksverhältnis« zu schaffen, war damals auch an Simones Eifersucht gescheitert. Dieses Mal ging es gut, denn Sartre kannte keine Eifersucht.

Lanzmanns Gegenwart brachte Simone über das Ende ihrer Beziehung zu Algren hinweg. Die Trennung von Algren war schmerzlich gewesen, denn sie hatte sich gesagt, daß ihr Alter und ihre Lebensumstände die Wahrscheinlichkeit einer neuen Liebe verringern, wenn nicht gar unmöglich machen würden. Aber jetzt, drei Jahre später, erfüllten Claudes Spontaneität und seine natürliche Freiheit, mit der er seine Gefühle ausdrückte, sie mit neuer Lebenskraft. Seine Jugend half ihr über ihre Angst vor dem Alter hinweg. Diese Ängste hatten sie manchmal mit der Wucht von Anfällen gepackt. »Zwei- oder dreimal hat er es miterlebt und war dermaßen erschrocken, daß ich mir fest gelobte, diesen Anwandlungen nie mehr nachzugeben. Ich fand es empörend, ihn schon jetzt mit den Schrecken des Alterns in Berührung zu bringen«, schreibt sie in *Der Lauf der Dinge*. Ihr Zusammenleben entwickelte seine eigenen Formen. Er verdiente seinen Lebensunterhalt als Berichterstatter für die »Agence France-Presse« und hatte genug Zeit, um selbst zu schreiben und auch bei den *TM* mitzuarbeiten. Morgens schrieben sie nebeneinander in ihrer kleinen Wohnung in der Rue de la Bucherie: er an seinem Buch über Israel, sie an *Les mandarins*. Trotz der Bücherstapel war die Wohnung groß genug für zwei; sie war jedoch sehr alt, das Dach des Hauses war undicht, und die Zimmerdecken waren häufig feucht.

Sartre lebte einmal hier und einmal da, hauptsächlich aber bei seiner Mutter in der Rue Bonaparte, in wahllos ausgesuchten Hotels auf dem linken Ufer der Seine, wenn er nicht wollte, daß jemand ihn aufspürte, und bei Michelle. Sie hatte zwei Kinder, war wohlhabend und unabhängig von Boris, der so etwas wie eine Kultfigur der Pariser Szene war. Sartre und Biber waren am glücklichsten, wenn sie in ihrer Wohnung mit dem kleinen Kreis zusammenkamen, den sie oft zusammentrommelten: Olga, Bost, Wanda, Michelle und Claude. Sie verstanden einander bis ins Detail und aßen, so oft es nur ging, gemeinsam im La Palette, einem neuen Bistro, das sie auf dem Boulevard Montparnasse entdeckt hatten. Aber Sartre und Biber verbrachten jetzt nur noch eine Hälfte des Jahres in Paris. Immer häufiger machten sie Reisen, und seit dem Sommer 1953 lebten sie den Sommer über in Rom.

Sie brauchten einander für ihre schriftstellerische Arbeit. In einem der seltenen persönlichen Interviews sagte Sartre 1965: »Es ist schwer zu sagen, was man einem anderen verdankt. In gewisser Weise verdanke ich ihr alles. Andererseits hätte ich selbstverständlich geschrieben, auch wenn sie nicht existiert hätte, da ich schreiben wollte. Aber wie kommt es, daß das volle Vertrauen, das ich in sie setze, mir immer völlige Sicherheit gegeben hat? Eine Sicherheit, die ich nicht hätte, wenn ich allein geblieben wäre, es sei denn, ich wäre so mit Stolz vollgepumpt wie viele Schriftsteller. Ich bin es nicht, aber vielleicht auf anderen Gebieten. Wenn ich ihr ein Manuskript zeige, was ich immer tue, und wenn sie es kritisiert, werde ich zunächst einmal ärgerlich und werfe ihr Schimpfworte an den Kopf. Dann akzeptiere ich ihre Kommentare, immer. Nicht aus Gründen der Disziplin, sondern weil ich sehe, daß sie grundsätzlich zutreffen. Sie kommen nicht von außen, sondern zeigen ein absolutes Verständnis für das, was ich will, und gleichzeitig sind sie von einer Objektivität, die ich nicht aufbringen kann.«[20]

Im Frühjahr 1953 erlebte Simone mit Genugtuung die Veröffentlichung von *Das andere Geschlecht* in Amerika. Dort gab es keine hämischen Kritiken. Aber mit *Les mandarins* stand es nicht so gut. Seit sie Sartre auf der Norwegenreise die erste Fassung gezeigt hatte, hatte sie das Buch vollständig umgeschrieben. »Da mich die Konventionen des Romans störten, fügte ich mich ihnen nur widerwillig, er war zu kurz, zu lang, zu wirr, die Dialoge klangen nicht echt; ich wollte ungewöhnliche Charaktere mit ihren Überzeugungen und ihren Zweifeln zeigen, die von anderen und von sich selbst in Frage gestellt werden. Ich schwankte zwischen Scharfblick und übermäßiger Einfachheit, zwischen Voreingenommenheit und Aufrichtigkeit, und statt Menschen zu beschreiben, schien ich Ideen zu erörtern.«[21]

Unter den Gestalten ihres Romans finden wir Simone als Anne und Sartre als Dubreuilh wieder, und auch Camus, Aron, Algren, Koestler, David Rousset und andere treten in den verschiedensten Verkleidungen auf. Anne und Dubreuilh sind verheiratet und haben eine magere, freche und schwierige Tochter, Nadine, die gerade ihre Liebe zu einem jüdischen Freund überwunden hat. Wie Bourla ist auch er in einem Lager der Nazis gestorben. Nadine schläft mit allen möglichen Männern, um ihren Schmerz zu betäuben und um ihre nachsichtigen, akademischen Eltern zu treffen. Anne ist Psychiaterin und Dubreuilh Journalist in Sachen Politik. Henri gehört zu den Eroberungen Nadines, ist ebenso alt wie ihr Vater und Herausgeber einer ehemaligen Widerstandszeitung, die in der Nachkriegszeit ihre politische Linie verliert und eingeht. Henri versucht, seine Affäre mit Paule, die schon lange läuft und allmählich unerfreulich wird, zu beenden. Paule ist eine Frau, die zunehmend neurotischer wird (niemand konnte sagen, wer in Wirklichkeit ihre »Doppelgängerin« war, aber in ihrer Person erkannten sich viele von Simones Freunden wieder). Der Roman spielt in der Nachkriegszeit vor dem Hintergrund der Euphorie über die Befreiung und des anhaltenden Hasses auf die wieder ins öffentliche Leben zurückkehrenden Kollaborateure und der allmählichen Desillusionierung der nichtkommunistischen Linken, deren Beziehungen zur Kommunistischen Partei und deren widersprüchliche Gefühle der Sowjetunion und den Vereinigten Staaten gegenüber geschildert werden.

Als Lanzmann das Manuskript gelesen hatte, überredete er sie, die Gründe für die distanzierte Haltung Dubreuilhs und Henris gegenüber den Kommunisten näher und ausführlicher zu erklären. Claude war wie Sartre ein Sympathisant und erklärte die Tatsache, daß er nicht zur Partei gehörte, mit seiner Subjektivität, obwohl er sich über jede Annäherung Sartres an den Kommunismus freute. Simone hatte die größten Bedenken von allen, denn sie fürchtete, die Kommunisten könnten Sartre verletzen und ihn zu sehr von seiner eigenen Wahrheit abbringen. Im März 1953 starb Stalin, und mit ihm schien auch sein barbarisches Zeitalter unterzugehen. Vier Monate später wurde in Korea ein

Waffenstillstand erreicht. Der neue Begriff in den Ost-West-Beziehungen hieß »Tauwetter«.

Im Februar 1954 lud Elsa Triolet Sartre ein, an einem Gespräch zwischen Schriftstellern aus Ost und West teilzunehmen, das in dem belgischen Ferienort Knokke-le-Zoute stattfinden sollte. Michelle, Biber und Claude fuhren mit ihm in Simones neuem Auto nach Knokke: Sartre machte nie den Führerschein. Unter den Kommunisten und deren Mitläufern, die die Triolet eingeladen hatte, befanden sich auch Carlo Levi und der alternde Konstantin Fedin, der alle Säuberungsaktionen überstanden hatte, aber seit 1928 außer seinem Buch *Die Brüder* nur noch wenig geschrieben hatte. Auch die neuen »Ostdeutschen« nahmen an diesem Gespräch teil, unter ihnen Anna Seghers und Bertolt Brecht. Der Autor der *Dreigroschenoper* versetzte die zu Ende gehende Konferenz in Aufruhr, als er mit unschuldiger Miene verlangte, man müsse in die Schlußformulierung des Textes einen Protest gegen die Atomversuche der Amerikaner hineinbringen. Fedin und Sartre übergingen den Vorschlag Brechts, Sartre wurde von der russischen Delegation nach Moskau eingeladen.

Sartre war völlig überarbeitet, und Simone machte sich Sorgen um ihn. Über ein Jahr hatte er übermäßig angestrengt geschrieben und litt unter zu hohem Blutdruck. Der Arzt hatte ihm einen langen Erholungsurlaub auf dem Lande verordnet; aber er schluckte nur noch mehr Tabletten. Die Nächte vor seiner Abreise hatte er kaum geschlafen, weil er sein Vorwort zu Henri Cartier-Bressons Fotoreportage *China gestern und heute* zu Ende bringen mußte. Außerdem arbeitete er an einer Einführung für eine Giacometti-Ausstellung. Von seinem Hotel in Moskau, dem National, rief er Simone an und versicherte ihr, daß er sich gut erhole. Außerdem erzählte er ihr, daß er von seinem Fenster aus den Roten Platz überblicken könnte. Er besuchte die Universität und sah sich die Stadt an. Konstantin Simonow lud Sartre auf seine Datscha ein, die diesen sehr beeindruckte. Nach einem vierstündigen Festessen, bei dem der georgische Wein in Strömen floß und zwanzig Trinksprüche mit Wodka ausgebracht wurden, folgten ähnliche Empfänge in Leningrad und Moskau. Als er nach Paris zurückkehrte, war er eher tot als lebendig.

Im Oktober erhielt Simone für *Les mandarins* den hochangesehenen

Prix Goncourt. Später nannten französische Literaturwissenschaftler ihr Buch den repräsentativsten Roman der Nachkriegszeit. Um die Preisverleihung zu feiern, traf sich die »Familie« zum Essen bei Michelle. Sartre überreichte Simone ein passendes Geschenk: eine Biographie der Brüder Goncourt.

Einen Monat später begann der Konflikt, der zum Algerienkrieg führen sollte.

Kapitel VII

Neujahr 1961

»Sie sollten nach Kuba fahren«, sagte Sartre über den Tisch hinweg zu Aragon.

»Dafür sind wir zu alt«, antwortete Aragon. Elsa Triolet saß neben ihm.

»Na, hören Sie«, lächelte Sartre. »Sie sind nicht viel älter als ich.«

»Wie alt sind Sie?«

»Fünfundfünfzig.«

»Mit fünfundfünfzig fängt es erst an.«[1]

Sie waren bei einem Essen der sowjetischen Botschaft in der Rue de Grenelle, das zu Ehren von Galina Nikolajewa gegeben wurde, einer Autorin, die ein Buch geschrieben hatte, das sich auf interessante und beinahe romantische Weise mit einem Thema auseinandersetzte, daß nach Bibers Meinung im Westen nur unzulänglich behandelt wurde: der Arbeit. Simone saß neben François Mauriac, der *Das andere Geschlecht* so grimmig angegriffen hatte. Es war das erste Mal, daß sie mit dem Nobelpreisträger zusammentraf. Sartre hatte ihr erzählt, Mauriac könne sehr ironisch sein, aber sie kam zu der Überzeugung, daß entweder sein Alter oder auch der Gaullismus seinen Humor zerstört hatten.

Ein Kulturattaché hob sein Glas und sagte: »Auf das nächste Jahrzehnt.«

So vieles war neu. Nikita Chruschtschow war der neue Herrscher in der Sowjetunion. Er hatte das Land entstalinisiert, sprach von der »friedlichen Koexistenz«, und eine russische Mondsonde hatte Bilder von der Rückseite des Mondes aufgenommen. In Kuba wurde Fidel Castro nach einem euphorischen Jahr Regierungszeit als Volksheld gefeiert, und die amerikanischen Schwarzen in den Südstaaten begannen ihren langen Marsch in die Integration. Frankreich schien das einzige Land zu sein, in dem sich nichts tat.

Vor mehr als zwei Jahren war de Gaulle wieder an die Macht gekommen. Im Mai 1958 hatte die demoralisierte und aufsässige Armee gedroht, Algerien sich selbst zu überlassen. Der achtundsechzigjährige General war der starke Mann, den die Armee sich wünschte und den die eine Million der »Pieds-noirs« als die Garantie dafür ansahen, daß Algerien französisch blieb. Durch eine Volksabstimmung hatte de Gaulle seine Fünfte Republik abgesichert und siebzehn afrikanischen und karibischen Ländern die Unabhängigkeit angeboten. Aber der Krieg ging weiter: Mutmaßliche moslemische Unabhängigkeitskämpfer wurden von französischen Soldaten gefoltert, und der Bombenterror der paramilitärischen arabischen Gruppen und der französischen »Ultras« war ungebrochen. Von Anfang an gehörte die französische Armee zu den mächtigsten Verbündeten der einen Million französischer Siedler in Algerien. Als Soldaten und mehr noch als eine Macht, die neun Zehntel der moslemischen Mehrheit in Algerien unterdrückte, fühlten sie sich gezwungen, zur Massenbestrafung zu greifen und die Bevölkerung blindwütig zu terrorisieren. In dem täglichen Kampf gegen einen Feind, der immer wieder in der anonymen Masse der Araber untertauchen konnte, griffen sie zur Folter, um Informationen zu erhalten.

Folter war ein Thema, über das nicht gesprochen wurde. Zur Zeit der Vierten Republik war es ein offenes Geheimnis, daß französische Soldaten militante Anhänger der »Fédération de libération nationale« (FLN) (Nationale Befreiungsfront) folterten, obwohl die Mehrheit der Franzosen nicht daran glauben wollte. Diese Praktiken ließen sich jedoch nicht mit dem Konzept de Gaulles vereinbaren, der Frankreichs zivilisatorische Mission so pathetisch hervorhob. Sein Kulturminister André Malraux hatte in seiner ersten Pressekonferenz gesagt: »Soweit ich und auch Sie wissen, haben in Algerien keine Folterungen stattgefunden, seitdem de Gaulle Algier besucht hat.« Malraux hatte die drei französischen Nobelpreisträger Mauriac, Camus und Roger Martin du Gard aufgefordert, nach Algier zu fahren und den Gerüchten über Folterungen nachzugehen. Martin du Gard lag im Sterben, Mauriac hatte zu viele Zweifel, und der Pied-noir Camus war nicht gerade erpicht darauf, sich gegen seine algerischen Landsleute zu stellen. Die Folterungen wurden nicht eingestellt.

Sartre und Biber waren von Anfang an gegen den Krieg gewesen. Zweimal war die *Temps Modernes* beschlagnahmt worden, weil sie angeblich »aufrührerische« Artikel veröffentlichte. Die Büroräume der Zeitung wurden durchsucht und Francis Jeanson ins Gefängnis gesteckt, weil er seine Sympathie für die FLN zu deutlich gemacht hatte. Von Soldaten erhielten die *TM* Augenzeugenberichte über Folterungen, Plünderungen und nächtliche Massaker. Jeder dieser Berichte hatte zehn andere zur Folge. Das Innenministerium zog *La gangrène* aus dem Verkehr, ein Buch, das von Bachir Mouzama und drei anderen gefolterten Studenten geschrieben worden war, die zur FLN gehörten. Als Sartre zu einer Protestaktion aufrief, wurde Simone von einem Polizeikommissar bedroht. »Wir wußten nicht alles, aber eine ganze Menge, und das war zuviel«, schrieb sie später in *Der Lauf der Dinge* über den Algerienkrieg. »Meine eigene Situation im Hinblick auf mein Land, auf die Welt und auf mich selbst wurde dadurch vollkommen verändert.«

Sartre war ein unerbittlicher Kriegsgegner. Früher als alle anderen erfaßte er die Bedeutung der kolonialen Frage und sprach offen darüber. Seine Reden, in denen es ausnahmslos um den Frieden ging, und seine zahllosen Artikel in *Les Temps modernes*, im *L'Express* und in mehreren Untergrundblättern waren voller schneidender, beweiskräftiger und häufig ironischer Berichte. Während die Kommunisten und die Sozialisten immer noch nach Reformen suchten und sich selbst Hoffnung machten, war er schon längst auf der Seite des Feindes. »So etwas wie einen guten, weißen Siedler und wieder andere, die Schurken sind, gibt es nicht. Es gibt weiße Siedler, Punkt; je eher wir das begreifen, desto eher können wir verstehen, daß die Algerier im Recht sind und warum ihre Befreiung und die Frankreichs sich nur vollziehen kann, wenn der Kolonialismus zerstört wird.« Diese Worte sagte er auf einer Protestversammlung, als mit Hilfe kommunistischer Stimmen die sozial-radikale Koalition von Pierre Mendès-France ein Ermächtigungsgesetz durchgebracht hatte, das erlaubte, neu eingezogene Soldaten nach Nordafrika zu schicken, die dort, wie die Regierung es nannte, »an der letzten Viertelstunde« des Krieges teilnehmen sollten. »Es ist wichtig, daß wir auf der Seite des algerischen Volkes kämpfen, damit sowohl dieses Volk als auch wir von der Tyrannei des Kolonialismus befreit werden.«[2]

Die »letzte Viertelstunde« des Krieges wurde zu einer letzten großen Kriegsanstrengung, für die die Armee noch einmal alle Kräfte mobilisierte. Sartre war unerbittlich und schrieb, die Folter sei eine hoffnungslose Flucht vor der Angst. »Sinnlose Gewalt. Ob das Opfer spricht oder stirbt, die vielfältige Wahrheit liegt immer anderswo und ist unerreichbar. Der Folterknecht wird Sisyphos. Wenn er die Daumenschrauben anlegt, muß er bei einem anderen wieder von vorn beginnen.« Als dieser Artikel im *Express* erschien, wurde die Zeitung beschlagnahmt.[3] Drei Jahre später explodierte im Flur des Hauses Rue Bonaparte 42 eine Bombe. Weder Sartre noch seine 79jährige Mutter wurden verletzt.

Es schien so, als habe sich das Elend des Indochinakrieges nach Algerien verlagert. Der Dschungelkrieg gegen die Befreiungskämpfer Ho Tschi Mins war für die meisten Franzosen eine Sache, die sich in weiter Ferne abgespielt hatte, unbestimmt und unwirklich, bis es zu spät war und sich am 7. Mai 1954 in Dien Bien Phu zwölftausend Mann den Guerillas Vo Nguyen Giaps ergaben: es war das erste Mal, daß eine westliche Armee von einer Befreiungsfront der Dritten Welt besiegt wurde. Zwei Monate später traf sich Mendès-France in Genf mit der vietnamesischen Delegation, um den Vietnamesen die Unabhängigkeit zuzugestehen, die de Gaulle 1945 Ho Tschi Min versprochen hatte.

Die Koalitionsregierungen der Kommunisten und der Sozialisten, die de Gaulle abgelöst hatten, hatten mit Berufung auf die eine Million Katholiken in Indochina ihr Wort gebrochen. Das Genfer Abkommen spaltete Vietnam am 17. Breitengrad in zwei Hälften und legte fest, daß innerhalb von zwei Jahren allgemeine Wahlen stattfinden sollten, um das Land wieder zu vereinen.

Mauriac, Camus, Malraux und der Herausgeber des *L'Express*, Jean-Jacques Servan-Schreiber, schlossen sich zusammen, unterstützten Mendès-France, der auch Tunesien die Selbstverwaltung zugestanden hatte, und träumten von einer neuen Linken. Sartre hielt an seinem widerspruchsvollen Sympathisantenverhältnis zu den Kommunisten fest, veröffentlichte die dritte Folge von *Les Communistes et la paix* und erlebte mit der politischen Posse *Nekrassov* seinen ersten Theaterreinfall.

Nekrassov war eine Satire auf den Antikommunismus und den Journalismus in der Manier von Aristophanes. Der Held, der Schwindler Georges de Valera, gibt sich als russischer Dichter mit Namen Nekrassov aus. Sartre fiel es schwer, das Stück zu Ende zu schreiben, da er de Valera nicht zu einem Vollblutschurken machen, ihn aber auch nicht als einen Mann darstellen wollte, der zum Schluß des Stückes noch bekehrt wird. Wie schon bei *Le diable et le bon Dieu* wurden auch die Proben für dieses Stück im Théâtre Antoine viel zu früh angesetzt. Michel Vitold spielte den de Valera, Wanda Kosakiewicz die Véronique, und Jean Mayer führte Regie. Während der Premiere verhielt sich das Publikum sehr feindselig, und den Pressevertretern gefiel es überhaupt nicht, daß ihr Berufsstand verunglimpft wurde, trotzdem lachten sie aus vollem Hals. Die Kritiken aber waren vernichtend. Als Sartre sich bereit erklärte, ein Interview zu geben, interessierte sich der Journalist lediglich für die Frage, ob Sartre sich in dem Dubreuilh der *Mandarins* wiedererkenne (»In gewisser Hinsicht hat Dubreuilh nichts mit mir zu tun. Er bezieht politisch Stellung und übernimmt politische Verantwortung, das heißt, er ist viel weiter gegangen als ich.«), ließ sich dann aber von Sartre auseinandersetzen, was mit dem Stück schiefgelaufen war.[4] *Nekrassov* war sechzig Abende lang auf dem Spielplan.

Mit dem Film hatte Sartre mehr Glück. *Typhus*, sein erstes Manuskript, das er 1943 für die Pathé-Studios geschrieben hatte, wurde wie *Les orgeuilleux* ein durchschlagender Erfolg. 1953 wurde Sartre für *Typhus* bei den Filmfestspielen von Venedig ausgezeichnet. Er wurde, merkwürdig genug, als Script-Writer sogar für einen Oscar vorgeschlagen. Aurenche und Bost hatten die Dialoge geschrieben und Yves Allégret hatte Regie geführt. Michelle Morgan spielte die Frau eines Typhuskranken in einem verdreckten, verseuchten mexikanischen Nest und Gérard Philippe einen trunksüchtigen, gescheiterten Arzt. Als der Film nach Amerika kam, wo die Werke Sartres nur unter Schwierigkeiten zu veröffentlichen waren, rümpfte das Magazin *Time* die Nase und nannte ihn »existentialistische Schmiere«.[5]

Bei der Verfilmung von *Huis clos* führte Jacqueline Audry Regie. Die Schwester Colettes, die Sartre und Biber früher einmal mit in das Filmstudio genommen hatte, als sie beide noch als Lehrer in der Provinz tätig waren und sie selbst noch als Skriptgirl arbeitete, hatte bereits in fünf anderen Filmen Regie geführt. Unter anderem auch in *Gigi* mit Danielle Delorme. Jetzt bat sie Sartre um die Erlaubnis, *Huis clos* zu verfilmen. Er bot ihr an, das Stück umzuarbeiten, aber sie lehnte ab. Sie wollte *Bei geschlossenen Türen* und nichts anderes. Ihre Filmversion, die Sartre sehr gefiel, begann mit einer Einstellung, in der die drei Personen, die sich in der Hölle befinden, durch ein Fenster Episoden aus ihren früheren Leben betrachten. Am Schluß des Films entdecken sie, daß das Fenster zugemauert ist. Die Kritiker fanden, die Rolle der Inez sei mit der Arletty fehlbesetzt, aber der Film wurde ein Erfolg. In einer Fernsehbearbeitung aus dem Jahre 1965 spielte Evelyn Rey, die Schwester Lanzmanns, die Rolle der Lesbierin.

Die ersten Bücher über Sartre erschienen. Das erste war *Le problème moral et la pensée de Sartre*, das Sartre selbst als die beste Darstellung seiner Sittenlehre bezeichnete.[6] Emmanuel Mournier, der Gründer der Zeitschrift *L'Esprit*, die von einem aufgeklärten Katholizismus beeinflußt war, erschloß Sartres Existentialismus vom christlichen Standpunkt aus und fand, er sei vom Protestantismus geprägt.[7] In England verfaßte Iris Murdoch eine ausgewogene Würdigung Sartres als Philosoph und Schriftsteller und verglich *Les chemins de la liberté* mit den philosophischen Erzählungen L. H. Myers.[8] *The Tragic Finale*[9] von Wilfred Desan war eines der ersten Bücher über Sartre, die in den USA erschienen, es war eine sorgfältige Erörterung der zentralen Themen der Ontologie Sartres. Es folgte *The Marxism of Jean-Paul Sartre* vom gleichen Autor.[10]

Ein Buch, das Sartre sehr traf, war *Les aventures de la dialectique* von Merleau-Ponty. Es erschien im Mai 1955.[11] Für Merleau-Ponty war Moral immer noch auch eine Frage des politischen Handelns, und der Marxismus bedeutete ihm viel, weil er ihn für eine realistische Theorie über die Auswirkungen der Industriegesellschaft auf die Moral hielt.

Er protestierte allerdings nachhaltig gegen das, was er die Blindheit der Kommunisten der individuellen Moral gegenüber nannte. In seinem neuen Buch bekundete er seine anhaltende Sympathie für den Marxismus, aber auch seine starke Verachtung für den Verfall der marxistischen Theorie innerhalb der kommunistischen Bewegung. Er machte klar, daß für ihn die Kontingenz der Geschichte unbestreitbar war und daß keine einzelne Klasse der Gesellschaft den Anspruch erheben konnte, die einzig wirksame Kraft der historischen Entwicklung zu sein. Sartres Versuche, den Marxismus zu revidieren, bezeichnete er als bloßen »Ultrabolschewismus«.

Das, was an Sartres Denkweise falsch sei, argumentierte er, sei die Torheit seiner Annahme, daß wir für alle unsere Schwierigkeiten, für unsere Ideen und Gefühle verantwortlich sind, auch wenn wir diese Verantwortung ablehnen.

Sartre antwortete Merleau-Ponty nicht, aber Simone. Sie fand, daß man die Ideen Sartres schon zur Genüge verdreht und mißverstanden hatte. Ziemlich angriffslustig versuchte sie, Merleau-Pontys Annahmen über die Dialektik Sartres zurechtzurücken.[12] Im Unterschied zu dem Streit mit Camus führte die Meinungsverschiedenheit mit Merleau-Ponty nicht zu einem dauerhaften Bruch. Im folgenden März trafen sie sich auf einer Konferenz in Wien und diskutierten über Nikita Chruschtschows Angebot einer Koexistenz zwischen Ost und West.

Nach einem Jahrzehnt des Kampfes gegen politische Windmühlen schien sich die Geschichte plötzlich auf Sartres und Bibers Seite zu stellen. Auf dem XX. Parteitag der Kommunistischen Partei der UdSSR kritisierte Chruschtschow 1956 öffenlich Stalins Personenkult und schien bereit, in der Sowjetunion eine Zeit der größeren kulturellen Freiheit einzuleiten. In Amerika gehörten Senator Joseph McCarthy und seine Hexenjagd der Vergangenheit an. Auf der ersten afro-asiatischen Konferenz in Bandung begründeten der Inder Jawaharlal Nehru und der Jugoslawe Josip Tito die Bewegung der blockfreien »Dritten Welt«. Mit dem Delegierten Sartre fuhr Simone nach Helsinki zum Weltfriedenskongreß. Dort sagte ihr Ilja Ehrenburg, daß es im Moment noch nicht möglich sei, *Les mandarins* ins Russische zu übersetzen, obwohl jeder, der in Moskau Französisch sprach, es schon gelesen hatte und amerikanische Studenten Simone für den Roman in den Vereinigten Staaten einen großen Erfolg voraussagten. Anschließend sagte Sartre ihr, daß man sie beide nach China eingeladen hätte.

Vom September bis November 1955 reisten sie durch die Sowjetunion und die Volksrepublik China; es war drei Jahre vor dem chinesischen »Großen Sprung nach vorn«. Der Unterschied zwischen der

Volksrepublik China und der UdSSR machte Sartre und Biber betroffen. Die russische Revolution im Jahre 1917 war die Nachwirkung der Niederlage im Ersten Weltkrieg, die chinesische im Jahre 1949 folgte einem Sieg. Das paradoxe Ergebnis war, daß es der chinesischen Revolution gelungen war, das Elend, die Unsicherheit, die Anarchie und die Tyrannei zu vermeiden, die gewöhnlich die Revolutionen begleiteten. Bei ihrer Rückkehr sagte Sartre zu Journalisten: »Wenn man in China keinen Terror kennt und wenn die Regierung unter Mao Tse-tung bewundernswerte Mäßigung gezeigt hat, so deshalb, weil seine siegreiche Armee tatsächlich im Volk verwurzelt war. Dadurch gab sie der zentralen Regierung etwas, was keine Revolutionsregierung je gehabt hat: die Gelassenheit eines umfassenden Machtgefühls.«[13]

Sonderbarerweise erinnerte China Sartre an den Tod. Alles war »morgen«, angefangen bei der Einigkeit des Volkes, dem völlig klar zu sein schien, daß das, was es aufbaute, für die folgenden Generationen geplant war. »Ein nagelneues Krankenhaus mit weißen Wänden und modern, das aber noch auf einen Teil seiner Ausrüstung warten muß und noch keine Patienten hat; eine Fabrik, so groß wie eine Stadt, aber noch leer. Alle diese Ruinen der Zukunft lassen einen viel mehr an den Tod denken als das Kolosseum.« In Peking wurde Sartre vom *People's Daily* interviewt und mit Simone von Maos Außenminister Marschall Ch'en Yi empfangen. Simone schilderte ihre Eindrücke in *La longue marche (China, das weitgesteckte Ziel)*, einem Buch, das in einem ziemlich pedantischen Stil geschrieben ist, voller statistischer Daten. 1963 gestand sie praktisch ein, es sei ein etwas überladenes Buch.[14]

Nach ihrer Rückkehr machte Simone mit Lanzmann eine Reise durch Spanien, und Sartre begann mit dem Drehbuch zu *Hexenjagd (The Crucible)*, Arthur Millers Stück über die Hexenjagden von 1690 in Nordamerika. In der Filmfassung, die Sartre im Winter 1955/1956 schrieb, machte er den Text Millers rauher, hielt sich aber gewissenhaft an die Aussage des Stücks. Der Film trug den Titel *Les sorcières de Salem*. Raymond Rouleau, der den Danforth spielte, führte Regie, und Yves Montand und Simone Signoret übernahmen die Hauptrollen. Als der Film im April 1957 freigegeben wurde, war die Aufnahme durch die Kritik und das Publikum nicht mehr als höflich. Man warf Sartre zu langatmige Dialoge und Rouleau eine zu starre Regie vor.

Wie *Nekrassov* war auch *Les sorcières de Salem* eine Aufgabe, der Sartre sich nicht entziehen zu dürfen glaubte. Das Thema war die Frage: Lohnt es sich, sein Leben für einen Glauben oder ein Ideal zu opfern? Für ihn war diese Frage natürlich eng mit politischer Problematik verbunden. Der McCarthyismus in den USA hatte ihn persönlich getroffen. Amerikanische Studenten hatten an der Konferenz der Friedensbewegung in Helsinki genauso heimlich teilnehmen müssen wie die Abgesandten aus Algerien, und das amerikanische Außenministerium hatte Algren seinen Paß abgenommen. Ab und zu schrieb er noch an Simone. Er sehnte sich nach dem Tag, an dem er wieder würde verreisen können. Inzwischen führte er einen mit finanziellen Verlusten verbundenen Kampf gegen Otto Preminger, der die Produktion von *Der Mann mit dem goldenen Arm* leitete; Frank Sinatra und Kim Novak spielten die Hauptrollen. Der amerikanische Schauspielerverband und die amerikanische Autorengewerkschaft unterstützten Algren, der Preminger auf Zahlung seines Anteils an der Filmfassung verklagte. Es war der erste Film, der mit dem Tabu brach, das vorher die Drogenabhängigkeit umgeben hatte.

Algren war alles andere als glücklich, als 1956 die amerikanische Ausgabe von Simones *Les mandarins* erschien. Das Buch war ihm gewidmet und enthielt kaum verhüllte Beschreibungen ihres Liebesverhältnisses. *Die Mandarins von Paris* brachten ihm nicht nur die Aufmerksamkeit der Journalisten, sondern auch schmeichelhafte und ziemlich eindeutige Einladungen literarisch interessierter Damen ein.

1956 war es in Frankreich nicht einfach, ein Linker zu sein. Im März gewährte der radikalsozialistische Premierminister Guy Mollet Tunesien und Marokko die Unabhängigkeit und nannte den Algerienkrieg »grausam und irrsinnig«. Einen Monat später aber kapitulierte er vor der Armee und der einen Million Pieds-noirs und intensivierte den Krieg. Er begann einen Propagandafeldzug an der Heimatfront, der darauf zielte, die algerische Mehrheit der Moslems als Freunde Frankreichs hinzustellen und die Aufständischen zu einer »Gruppe islamischer Verschwörer« zu machen, die angeblich von der Arabischen Liga und dem ägyptischen General Gamal ad-Din Nasser gesteuert wurden. Nachdem die *L'Humanité* Berichte über grausame Ausschreitungen der französischen Armee veröffentlicht hatte, versuchte die Regierung, der linken Presse einen Maulkorb umzulegen. Einige Journalisten wurden vor Gericht gestellt, andere als Verräter gebrandmarkt. Der Besitz Algeriens wurde zu einer Frage der nationalen Ehre hochstilisiert. Im März waren 190000 französische Soldaten in Algerien gewesen, im Juni waren es schon 380000.

Es gab Proteste. Man organisierte Treffen, Demonstrationen und Streiks. Die Abfahrt von Truppentransporten wurde durch Straßensperren behindert. Im Januar sprach Sartre auf einer Antikriegsversammlung. Im März versuchte er auf einem Treffen der Friedensbewegung in Wien, eine breite Ablehnungsfront gegen den Krieg zu erreichen, aber die Kommunistische Partei Frankreichs wollte sich mangelnden Nationalismus nicht vorhalten lassen, und die Sowjetunion fürchtete, daß ein Abzug der Franzosen Algerien in den Einflußbereich Amerikas bringen würde.

Im Juni traf Sartre Arlette Elkaim, eine siebzehnjährige Studentin, die sich in Sèvres, einem Vorort von Paris, auf den Eintritt in die Ecole Normale vorbereitete. Sie war die Tochter eines jüdischen Kaufmanns aus Constantine in Ostalgerien und hatte an Sartre geschrieben, nachdem ihr Philosophielehrer sein Mißfallen darüber ausgedrückt hatte, daß sie als Thema für ihre Prüfungsarbeit die Ethik Sartres gewählt hatte. Sie war ein Mädchen von zerbrechlicher Schönheit und empfindsamem Intellekt. Sehr bald wurde sie Sartres Geliebte, und drei Jahre später, als das Gerücht umging, sie sei schwanger und Sartre wolle sie heiraten, war sie es, die beinahe für den großen, nie vorstellbaren Bruch zwischen Sartre und Biber sorgte. Da Arlette als Algerierin ständig von der Ausweisung bedroht war, stellte Sartre später den Antrag, sie adoptieren zu dürfen, um sie auf diese Weise zur französischen Staatsbürgerin zu machen.

Im Oktober brach Sartre, deutlich und eloquent wie immer, mit den Kommunisten. Michelle, Sartre, Simone und Lanzmann hatten eine Reise durch Griechenland unternommen und auch Jugoslawien besucht. Anfang November, als die Rote Armee in Ungarn einfiel, waren Sartre und Biber allein in Rom. Sie saßen mit dem Filmausstatter Renato Guttuso und dessen Frau im Chez Georges auf der Via Veneto und lasen einander vor, was italienische und französische Zeitungen über die Invasion der russischen Panzer berichteten. Der Überfall auf Ungarn strafte alle Versprechungen Lügen, die auf dem XX. Parteitag der Kommunistischen Partei der UdSSR gemacht worden waren und in denen es geheißen hatte, daß die Sowjetunion das Prinzip der Nichteinmischung achten würde.

Lanzmann kam mit dem Flugzeug nach Rom und fuhr mit Simone in ihrem Wagen wieder nach Paris. Bei seiner Rückkehr aus Italien fühlte Sartre sich von der Art, wie die Kommunistische Partei Frankreichs in der Presse über die ungarische Tragödie sprach, angewidert. Besonders aber stieß ihn das Verhalten des Herausgebers der *L'Humanité*, André Stil, ab, der die Budapester Arbeiter »den Abschaum des ungarischen Volkes« nannte. Ohne deshalb alles zu widerrufen, was er seit seiner Annäherung an die KPF im Jahre 1952 gesagt und geschrieben hatte, verurteilte er die Intervention der Russen in einem Interview mit dem *L'Express* auf das schärfste. In Frankreich war das eine Sensation, und im Ausland wurde er häufig zitiert. »Ich verurteile voll und ganz und ohne jede Abstriche diesen Angriff der Sowjetunion«, sagte er. »Ohne damit die Verantwortung dem russischen Volk auferlegen zu wollen, sage ich noch einmal, daß seine gegenwärtige Regierung ein Verbrechen begangen hat und daß der Streit zwischen den Fraktionen der Partei einer Gruppe von Leuten zur Macht verholfen hat (militärische Falken oder ehemalige Stalinisten?), die, nachdem sie Stalin verurteilt haben, sich nun selbst wie Stalinisten aufführen. Alle Verbrechen der Geschichte werden vergessen; wir haben unsere vergessen, und die anderen Länder werden sie allmählich auch vergessen. Es kann sein, daß der Tag kommt, an dem die Verbrechen der Sowjetunion in Vergessenheit geraten werden, falls ihre Regierung sich ändert und falls neue Männer versuchen, das Prinzip der Gleichheit der Staaten und ihrer Gesellschaften wirklich anzuwenden. Im Moment bleibt einem nichts anderes, als zu verurteilen. Voller Bedauern, aber ohne Einschränkung breche ich mit meinen Freunden, den sowjetischen Schriftstellern, die das Massaker in Ungarn nicht öffentlich anprangern (oder es nicht können). Es ist unmöglich, sich der herrschenden Fraktion der sowjetischen Bürokratie gegenüber freundschaftlich zu verhalten: Im Moment herrscht das Entsetzen.«[15]

Am härtesten wandte er sich gegen die Kommunistische Partei Frankreichs. Er sagte, nach Jahren der Angst, des Grolls und der Bitterkeit könnte es vielleicht möglich sein, der Sowjetunion zu vergeben, besonders dann, wenn Rußland seine Politik radikal ändern würde. »Aber ich muß sagen, daß es mir nie möglich sein wird, wieder Verbindung mit den Leuten aufzunehmen, die jetzt die Kommunistische Partei Frankreichs leiten. Jeder ihrer Sätze und jede ihrer Gesten ist das Endergebnis von dreißig Jahren Lüge und Verhärtung.«

Der Bruch war erschütternd für Sartre und schmerzlich für Biber und die Freunde, die ihnen gefolgt waren. Er bedeutete, daß die Sowjetunion nicht länger »privilegiert« war, daß ihre Politik nicht an einer überlegenen, geschichtlichen Moral orientiert war. Es hieß, daß Merleau-Ponty und Camus recht gehabt hatten, daß Sartres *Les communistes et la paix* ein Irrtum war und daß seine These: »Ohne die Kommunistische Partei ist in Frankreich keine sozialistische Lösung möglich«, nicht länger gültig war. Und irritierenderweise bedeutete es auch, daß die Rechte nicht völlig falsch gelegen hatte, auch wenn es widerwärtig war zu hören, wie reaktionäre Kräfte, die Algerien um jeden Preis bei Frankreich halten wollten, über das Recht des ungarischen Volkes auf Selbstbestimmung sprachen.

Der Ungarnaufstand fiel mit der militärischen Intervention Großbritanniens und Frankreichs in Ägypten zusammen, die erfolgte, nachdem Nasser die Suezkanalgesellschaft verstaatlicht hatte, die israelische Armee auf der Halbinsel Sinai vorgedrungen war und Ägypten einer französisch-britischen Aufforderung zur Feuereinstellung nicht nachgekommen war. Zwei Tage später zogen sich die Streitkräfte Frankreichs und Großbritanniens unter dem Druck der UNO, besonders der Sowjetunion und Amerikas, zurück. Das Nachgeben gegenüber der UNO, gegenüber der Regierung Eisenhower, dem Regime Chruschtschows und gegenüber der britischen Labourpartei wurde in Frankreich als »nationale Demütigung« gewertet. Die Suezkrise drängte die Ungarnfrage in den Hintergrund.

Gemeinsam mit anderen nichtkommunistischen Mitgliedern der Friedensbewegung setzte Sartre eine Resolution durch, die den Abzug der sowjetischen Truppen aus Ungarn forderte. Er trat aus der Französisch-Russischen Gesellschaft aus, schrieb das Vorwort zu einem Buch eines Exilungarn[16] und beantwortete einen offenen Brief, den sowjetische Schriftsteller an ihn gerichtet hatten.[17] Er schrieb, das Verbrechen bestehe für ihn nicht allein in der Tatsache, daß man Budapest mit Panzern angegriffen habe, sondern darin, daß der Angriff wegen des zwölfjährigen sowjetischen Terrors und sowjetischer Dummheit notwendig geworden sei. Im Januar 1957 erschien eine Dreifachausgabe von *Temps modernes*, die sich ausschließlich mit dem Aufstand in Ungarn befaßte. In einem zwanzigseitigen Leitartikel, in dem er die neue redaktionelle Richtung der Zeitschrift aufzeigte, schrieb Sartre, ein Bündnis mit den Kommunisten gefährde die letzte Chance einer vereinigten französischen Linken. Der einzige Weg, der Kommunistischen Partei zu helfen, sei, ihr bei der Entstalinisierung in den eigenen Reihen behilflich zu sein.[18] Die Idee, die Ungarnkrise mit einer Veränderung der Partei von innen her, und zwar durch einen »lebenden Marxismus«, wie Simone es nannte, zu überwinden, wurde von einigen Parteimitgliedern aufgegriffen und von einer beträchtlichen Anzahl Sympathisanten unterstützt.

In Polen wurde, wenn auch vorsichtig, versucht, so etwas wie einen »lebenden Marxismus« zu praktizieren. Die Rückkehr Wladyslaw Gomulkas bedeutete das Ende der Zwangskollektivierung, die Aufhebung der Zensur für Presse, Literatur und Theater und in der Kunst die Aufgabe der Doktrin des »sozialen Realismus«. Sartre und Biber wurden zu einem Essen in die polnische Botschaft eingeladen, wo Jerzy Lisowski, der Herausgeber der Krakauer Zeitschrift *Tworczosc*, ihnen erzählte, die Intellektuellen in Polen glaubten, Sartre habe sich mit seinen Worten besonders an sie gewandt. Der Botschafter lud ihn ein, zu der Premiere von *Die Fliegen* nach Warschau zu kommen. Sartre nahm an. Warschau im Winter war kalt, aber die Begrüßung sehr herzlich. In überheizten Cafés und im Hause von Jerzy Andrzejewski, dem Autor von *Asche und Diamant*, der eine wichtige Rolle in dem von Gomulka initiierten politischen Tauwetter spielte, gab es lange Diskussionen. Bald darauf trat er aus der Partei aus, um gegen die sich erneut einschleichende Zensur zu protestieren. Auf den Vorschlag Lisowskis hielt Sartre auf fünfzig dichtbeschriebenen Seiten seine neuesten Gedanken über Marxismus und Existentialismus fest. Der Artikel für den *Tworczosc* wurde die Grundlage für *La critique de la raison dialectique*

(Kritik der dialektischen Vernunft), Sartres letztem bedeutendem philosophischem Werk.[19]

Die Frage, die er in diesem Essay für die polnische Zeitschrift[20] stellte und die er sieben Monate später in *Les Temps modernes*[21] weiter ausführte, hieß: Haben wir heute die Mittel, eine strukturelle und historische Wissenschaft aufzubauen, die den Ursprung, die Entwicklung und das Denken des Menschen erklären könnte? Dieses Problem quälte ihn die nächsten drei Jahre, fesselte ihn für bis zu zehn Stunden täglich an seinen Schreibtisch. Schließlich schluckte er Amphetamine, bis zu zwanzig Stück pro Tag. »Die Amphetamine verhalfen mir zu einer Geschwindigkeit des Denkens und des Schreibens, die mindestens dreimal so hoch war wie mein normaler Rhythmus, und ich wollte schnell sein«, sagte er zwanzig Jahre später. »Die *Kritik* richtete sich gegen die Kommunisten, allerdings von einem marxistischen Standpunkt aus, denn ich hatte das Gefühl, daß die Kommunisten den Marxismus vollkommen verdreht hatten.«

Den Bruch mit den Kommunisten erlebte Sartre wie ein geistiges Exil. Er fühlte sich wie in »der Leere eines Wartezimmers«. Seine Pflicht war es, so glaubte er, zu versuchen, die Ideen zu Ende zu denken, die die Kommunisten einfach verdrängten. Außerdem war es ein Versuch, auch die Widersprüche seines eigenen Denkens zu lösen. 1952 hatte er die Sowjetunion gegen den Vorwurf, ein Zwangssystem zu sein, verteidigt, jetzt, nach Budapest, verurteilte er sie aus dem gleichen Grund.

In der großen *Critique* argumentierte er, daß nicht er sich getäuscht habe, sondern daß der Marxismus nicht länger ein lebender Organismus sei, sondern ein erstarrtes Dogma, ein Mausoleum von mumifizierten Konzepten, daß er zu einer Staatsreligion geworden war, die nicht länger duldete, daß reale Situationen objektiv analysiert werden. Um seine Wirksamkeit wiederzuerlangen, dürfe der Marxismus nicht mehr versuchen, alles Einzigartige und Besondere zu unterdrücken, müsse seine »faulen Klischees«, seine Erbauungsformeln aufgeben und auf neuartige Situationen mit echten Analysen antworten. Die Marxisten können Valéry nicht einerseits als kleinbürgerlichen Dichter bezeichnen und andererseits der sich daraus ergebenden Frage »Warum ist dann nicht jeder Kleinbürger ein Valéry?« ausweichen. Jeden Menschen auf seine Klassenzugehörigkeit zu reduzieren heißt, ihn klein machen, heißt ihn zu einem passiven, nicht aktiven Element des Klassenkampfes machen. Wenn man die französischen Revolutionskriege für nichts anderes hält als für eine von der Kaufmannsklasse erfundene Intrige, dann spielen die realen Menschen, von denen die Revolution ausging, keine Rolle mehr. Logischerweise sind dann alle Ereignisse nicht mehr als ein zufälliges Geschehen, und auch das menschliche Leben ist somit Zufallserscheinung.

Die einzige Möglichkeit, diesen erstarrten, verkümmerten Marxismus zu überwinden, ist die, daß er die dialektische Vernunft auch sich selbst reflektiert und ihre Voraussetzung eines historischen Determinismus überprüft. Wie gut kennen wir die Geschichte, wieviel kann man überhaupt wissen, welcher Bereich des menschlichen Seins ist der materialistischen Dialektik überhaupt zugänglich? Um das zu beantworten, müssen wir von den breiten historischen Strömungen zu dem »datierbaren, wirklichen Kampf« kommen, zur besonderen, zur existentiellen Dimension der Geschichte. Die Rolle des Individuums muß anerkannt werden. Die Menschen machen ihre eigene Geschichte, und sie tun es nicht immer auf die gleiche Art und Weise. Am Ende sind wir für das verantwortlich, was die Umstände aus uns machen.

Damit hatte Sartre praktisch den Existentialismus in den Marxismus »eingebaut«. Zur Frage der Organisation erklärte er in der *Kritik*, daß die Partei im Verhältnis zur Masse eine Notwendigkeit sei, weil Massen keine eigene politische *Spontaneität* entwickeln könnten. Aber sobald die Partei sich im umgekehrten Fall zu einer Institution entwikkelt, ist sie immer in Gefahr, eine reaktionäre Kraft zu werden. Außerdem, sagt Sartre, müsse sich der dialektische Marxismus der Erkenntnisse der amerikanischen Soziologie und der Freudschen Psychoanalyse bedienen, um das Individuum, die Geschichte und auch sich selbst zu begreifen.

Während Sartre wie besessen an der *Kritik* schrieb, begann Simone ihre Autobiographie, ein alter Plan, der bis auf ihre Versuche zurückging, über Zaza zu schreiben. Aber es war nicht so einfach, ihre Kindheit wiederauferstehen zu lassen. Sie mußte in Bibliotheken nach Daten und Ereignissen suchen und hatte das Gefühl, als stelle das Schreiben ihrer Biographie ebenso hohe Ansprüche an ihre Phantasie wie ein

Roman. Der Krieg in Algerien war nach wie vor der deprimierende Hintergrund ihrer Arbeit. Sartre trat als Entlastungszeuge für einen algerischen Jugendlichen auf, der beschuldigt wurde, einen Anhänger der Bewegung »Algérie Française«, einen Moslem, ermordet zu haben. Simone tat das gleiche für eine ihrer ehemaligen Schülerinnen aus Rouen, die einen Algerier geheiratet hatte und der man vorwarf, an einem Bombenattentat der Terroristen beteiligt gewesen zu sein. Simone war empört, als Camus nach Stockholm reiste, um den Nobelpreis in Empfang zu nehmen, und vor einem breiten Publikum erklärte: »Ich liebe die Gerechtigkeit, aber ich würde eher für meine Mutter als für die Gerechtigkeit kämpfen.« Diese Äußerung bedeutete, daß er sich auf die Seite der »Pieds-noirs« stellte. »Diese Heuchelei, diese Gleichgültigkeit, dieses Land, ich selbst wurde mir unerträglich«, schreibt sie in *Der Lauf der Dinge*. »Diese Menschen in den Straßen wurden, ob sie nun zustimmten oder sich taub stellten, zu Mördern: Sie alle waren schuldig. Auch ich. ›Ich bin Französin.‹ Diese Worte brannten mir in der Kehle wie das Eingeständnis einer Schande. Für Millionen Männer, Frauen, Greise und Kinder war ich ganz einfach eine von denen, die sie folterten, ausbrannten, sie erschossen und ihnen die Kehlen durchschnitten. Ich verdiente ihren Haß, weil ich noch immer schlafen, schreiben und mich an einem Spaziergang oder einem Buch freuen konnte.«

Überall gab es heimliche Zensur. Zwölf Jahre nach der Hinrichtung Robert Brasillachs, der mit Hitlers Politik sympathisiert hatte, wurde sein Stück *La reine Césarée* endlich aufgeführt, aber die Veteranen der Résistance hinderten das Publikum daran, das Theater zu betreten. Auch das Theater, in dem Jean Genets Stück *Le Balcon* aufgeführt wurde, geriet in Schwierigkeiten. *Der Balkon* ist eine Vision der Welt als Hurenhaus der Illusionen, in dem falsche Bischöfe, Richter und Generäle ihren Phantasien freien Lauf lassen, während draußen in der wirklichen Welt die Revolution ihren Fortgang nimmt. Sartre sah die Parallele und schrieb einen kurzen, ätzend-scharfen Essay über den politischen Druck, dem das Pariser Theater ausgesetzt war.[22]

Um nicht länger französische Stimmen hören und Fallschirmjäger auf der Place Saint-Germain-des-Prés sehen zu müssen, fuhren Lanzmann und Simone nach Italien. Sie reisten in den Süden des Landes und kehrten über Sizilien nach Rom zurück, wo Simone einen Monat mit Sartre verbrachte. Anschließend fuhr sie mit ihm nach Capri, um noch einen weiteren Monat an der See zu bleiben. Sie lebten in einem nur wenig einladenden Hotel in der Stadtmitte, in dem sich nur ein paar Touristen aufhielten. Sie stiegen zum Palast des Tiberius hinauf, gingen am Strand spazieren und sahen sich die schreiend rote Villa an, die der kürzlich verstorbene Curzio Malaparte den Schriftstellern der Volksrepublik China hinterlassen hatte. Sartre wurde von der *Welt am Sonntag* interviewt und sprach mit Simone über Tintoretto, über den er für Gallimard eine Einleitung zu einem Bildband schrieb. Nach Mitternacht, wenn alle Touristen verschwunden waren, erinnerte ihn der Anblick der steinernen Treppe, die von der Salotto-Terrasse herabführte und auf der Leute, paarweise oder in Gruppen, langsam in der Dunkelheit verschwanden, an die Fähigkeit Tintorettos, den Betrachter direkt in die Handlung des Bildes mit einzubeziehen, indem er sich für ungewöhnliche Perspektiven entschied. Um sich noch eingehender mit Tintoretto zu beschäftigen, fuhr Sartre nach Venedig. Simone traf sich mit Lanzmann in Mailand.

Als sie zurückkamen, war in Algerien immer noch Krieg, er wollte einfach nicht enden. Poupette und ihr Mann lebten in Paris, aber die Zusammenkünfte der Familie waren immer unerfreulich. Pierre Lionel verteidigte die Antiterrormaßnahmen der Regierung in Algerien. »Schließlich haben wir dem Terrorismus in Algier ein Ende gemacht«, sagte er und brachte damit Simone zur Raserei.

Im Februar 1958 kam Sartre die Idee zu einem Stück, in dem es um die Reaktion einer Familie auf die Rückkehr ihres Sohnes geht, der aus einem Krieg heimkehrt, in dem er sich an unmenschlichen Handlungen beteiligt hat. Neben seiner Arbeit an der *Kritik* und dem Essay über Tintoretto schrieb Sartre an diesem neuen Stück. Ein Treffen mit Arthur Adamov, dessen absurdes Schauspiel *Paolo Paoli* von mehreren Theatern als politisch zu riskant abgelehnt worden war, überzeugte Sartre davon, daß diese Familie in seinem Stück keine französische sein durfte. Wenn er sie dagegen zu einer deutschen machte, würde er noch vernichtendere Dinge sagen können. Sein Held sollte ein Überlebender des Hitlerkrieges sein, dessen Familie dem Krieg anfangs zustimmend gegenübergestanden hat und die daher mitverantwortlich ist. Das Stück war einfach zu schreiben. Es war eine Art Erläuterung zu der *Kritik*, ein Beispiel dafür, daß Individuen Geschichte machen, auch wenn es nicht die ist, die sie eigentlich machen wollen. Und es war eine Auseinandersetzung mit der Verantwortung des Soldaten, mit dem Problem des Gehorsams.

Er legte all dies zur Seite, als er sich entschloß, »Une Victoire« zu schreiben, das Vorwort zu Henri Allegs Buch, in dem dieser seine Gefangenschaft bei einem französischen Fallschirmjägerregiment beschrieb, während der er gefoltert worden war. Das Vorwort wurde gesondert in *L'Express* veröffentlicht. Die Zeitschrift wurde sofort beschlagnahmt. Später wurde das Buch in der Schweiz verlegt.[23] Alleg war Mitglied der Kommunistischen Partei und seit 1950 Herausgeber des *Alger républicain*, bis die Zeitung fünf Jahre später von der Militärbehörde verboten wurde. Er war mit der FLN in den Untergrund gegangen und im Juni 1957 verhaftet worden. Man steckte ihn in Einzelhaft und folterte ihn im Lager der Fallschirmjäger in El-Biar. Im April unterzeichnete Sartre zusammen mit Martin du Gard und Mauriac ein »feierliches« Gesuch an Präsident René Coty, in dem sie die Regierung aufforderten, die Folter öffentlich und eindringlich zu verurteilen.

Sartre war pleite. Es kam ganz plötzlich in Form einer Steuernachzahlung in schwindelnder Höhe. Er hatte sein Geld immer großzügig ausgegeben, aber auch viel verdient. Claude Faux, der als Sartres Sekretär arbeitete, seit Jean Cau sich hauptberuflich als Journalist betätigte, verwaltete die laufenden Kosten. Gallimard und Julliard zahlten ihm umgerechnet 5000 DM monatlich an Autorentantiemen und für seine Tätigkeit als Herausgeber der *TM*. Von Gisèle Halimi, der Anwältin Sartres und Simones, kamen jeden Monat etwa 6000 DM Tantiemen für Theaterstücke und Filme und zusätzlich, was sehr wichtig war, die Gelder aus dem Verkauf der Film- und Buchrechte ins Ausland. Wie er es schaffte, jeden Monat beinahe 11000 DM zu verbrauchen, war für Sartre selbst ein Rätsel, mehr noch als für die Halimi und für Faux. Aber neben seiner Mutter lebte eine ganze Reihe von Menschen von seinem Geld. Er war sehr großzügig, und die vielen Reisen waren kostspielig. Er hatte gern viel Bargeld bei sich, oft bis zu umgerechnet

5 000 DM. Simone sagte ihm, das sei lächerlich, und er stimmte ihr zu, machte aber weiter und meinte, seine Brille, seine Zigaretten, sein Feuerzeug und auch das Geld würden ihn »definieren« und gäben ihm ein albernes Gefühl der Überlegenheit. Er gab übermäßig hohe Trinkgelder und behauptete, es sei seine Pflicht, dafür zu sorgen, daß die Kellner ihr Auskommen hätten.

Anne-Marie und John Huston kamen ihm zu Hilfe. Irgendwie hatte seine Mutter es fertiggebracht, in den fünfzehn Jahren seiner übermäßigen Freigebigkeit große Beträge auf die Seite zu schaffen. Stillschweigend bezahlte sie die Steuerschuld, aber danach hatten sie und Sartre wirklich nichts mehr.

Als er sich noch Gedanken darüber machte, wie er und die »Familie« nun zurechtkommen sollten, erzählte ihm jemand, der Regisseur von *Der Schatz der Sierra Madre* und von *African Queen* wolle ihn treffen. Sartre beauftragte Faux, einen Termin auszumachen. Eines Morgens tauchte Huston auf und schlug Sartre vor, er solle das Drehbuch zu einem Film über Freud schreiben. Das bedeutete viel Geld, und Sartre sagte ja.

Das Vorhaben war kompliziert und ziemlich vom Stil Hollywoods geprägt. Der Drehbuchautor Charles Kaufman interessierte sich dafür, einen Film über Freud zu drehen, seitdem er und Huston in einem erschütternden Kriegsdokumentarfilm *Let There Be Light* über die psychologische Schockwirkung im Kampf Regie geführt hatten. 1947 hatte Kaufman sich an die Twentieth Century Fox gewandt, aber die Tochter Freuds, Anna, hatte angekündigt, sie werde es nicht zulassen, daß man einen Film über das Leben ihres Vaters drehte. Freuds Sohn Ernst war zwar noch immer dagegen, aber Huston erklärte Sartre, daß alle sich entschlossen hätten, die Drohungen zu übergehen. »Freud gehört der ›Ewigkeit‹, und wir meinen, wir können sein Leben ohne die Erlaubnis seiner Nachkommen verfilmen, solange wir keine lebenden Personen ins Spiel bringen und ihn selbst nicht verleumden.« Huston war fasziniert von dem Gedanken, Freud in der Zeit zu zeigen, als er noch nicht berühmt war, ungefähr dreißig Jahre alt und noch weit entfernt von seinen späteren Erkenntnissen. Das war es, was Sartre aufhorchen ließ.

Zu Huston sagte er, es sei eine ironische Konstellation, daß er,

Sartre, der die Existenz des Unbewußten immer angezweifelt hatte, gebeten wurde, die Geschichte des Entdeckers des Unbewußten zu schreiben. »Genau«, erwiderte Huston. »Ich will nicht, daß Sie über das Unbewußte etwas sagen.« Je länger sie miteinander sprachen, desto interessanter schien das Projekt zu werden. Natürlich würde es nicht leicht sein. Zunächst würde es Schwierigkeiten bereiten, deutlich zu machen, wie Freud zu seinen umwälzenden Erkenntnissen kam. Huston, der gerade den Film *Moby Dick* beendet hatte und in Irland lebte, brachte eines Tages Darryl Zanuck mit, der für die Twentieth Century Fox arbeitete. Sie einigten sich darauf, daß Sartres Drehbuch an der Stelle enden sollte, an der Freud den Ödipuskomplex entdeckt.

Die *Kritik*, Tintoretto, das Schauspiel und nun auch noch Freud. Die Besitzerin des Théâtre Antoine, Simone Berrieu, die *Die ehrbare Dirne, Die schmutzigen Hände, Der Teufel und der liebe Gott* und *Nekrassov* inszeniert hatte, behielt sich das Recht vor, das neue Stück abzulehnen, aber nachdem sie die erste Fassung gelesen hatte, sagte sie, sie wolle die nächste Saison mit diesem neuen Schauspiel Sartres beginnen. Die Proben würden spätestens Ende August oder Anfang September beginnen.

Sartre stopfte sich voll mit Amphetaminen und verließ kaum noch den Schreibtisch. »Er schrieb nicht mehr wie früher, als er noch Pausen einlegte, um nachzudenken, zu korrigieren, eine Seite zu zerreißen, und dann wieder von vorn anfing«, erinnert sich Simone. »Stundenlang beschrieb er eine Seite nach der anderen, ohne sie noch einmal durchzulesen, als enteilten ihm die Gedanken, die seine Feder auch nicht im Galopp einzuholen vermochte. Ich hörte, wie er Corydramtabletten schluckte, um dieses Tempo durchzuhalten; er brauchte pro Tag eine Röhre. Gegen Abend war er erschöpft, seine ganze Konzentration erschlaffte, seine Bewegungen wurden unsicher, und häufig verwechselte er ein Wort mit einem anderen. Die Abende verbrachten wir bei mir in meiner Wohnung; wenn wir einen Whisky tranken, stieg ihm der Alkohol sofort zu Kopf. ›Jetzt ist es genug‹, sagte ich zu ihm, aber es war nicht genug. Widerstrebend gab ich ihm ein zweites Glas, und dann verlangte er ein drittes. Zwei Jahre früher hatte er viel mehr vertragen. Heute aber verlor er sehr schnell die Kontrolle über seine Bewegungen und seine Sprache, und ich sagte: ›Nun reicht es aber.‹

Zwei- oder dreimal verlor ich die Beherrschung und zerschmetterte auf dem Fliesenboden meiner Küche ein Glas. Aber ich fand den Streit mit ihm zu anstrengend, und außerdem wußte ich, daß er etwas brauchte, um sich zu entspannen.«[24]

Da die Regierung unfähig war, sich entweder für den Krieg oder für den Frieden zu entscheiden, schien ein Bürgerkrieg bevorzustehen. Sartre lenkte sich ab und arbeitete wie besessen. Für Simone war es schwieriger, in ihrer Arbeit Zuflucht zu finden, denn im Juni trennte sich Lanzmann von ihr.

Das war nur normal: Claude war dreiunddreißig, sie war fünfzig. Von Anfang an hatte sie damit gerechnet, aber trotzdem war es schwer, sich damit abzufinden, daß er sie entbehren konnte. Sie war sicher, daß sie Freunde bleiben würden, aber irgendwie hatte sie immer das Gefühl gehabt, ihre Beziehung stünde außerhalb jeden Zeitbegriffes. »Das gefährliche Alter« mit seinen organischen Auswirkungen und seinen psychischen Problemen machte sie aus einer Geliebten zu einer Wohltäterin, die versucht, sich von einem jüngeren Liebhaber den Anschein von Zuneigung, Bewunderung und Hochachtung zu erkaufen. Sie hatte über alle diese Dinge in ihrem Buch *Das andere Geschlecht* gesprochen, und jetzt war sie selbst an diesem Punkt angelangt.

Im Mai 1958 überrollten die Ereignisse in Algerien die Vierte Republik. Der achtundsechzigjährige General de Gaulle war bereit, sich von einem Parlament wählen zu lassen, das er eigentlich abschaffen wollte. Seine »Wiedereinsetzung« war möglich geworden, weil sich auf ihn sowohl die Hoffnung derer richtete, die Algerien behalten wollten, als auch derer, die der Kolonie die Selbständigkeit zugestehen wollten. De Gaulles enormes Prestige erschien beiden Seiten als die Garantie ihrer Erwartungen.

Für Sartre gab es nichts Bedrückenderes als den Gaullismus. Mitte Juni fuhr er mit Biber nach Italien und blieb dort bis zum Ende des Jahres. Sie reisten nach Venedig und Spoleto. Simone korrigierte die Fahnen der *Mémoires d'une jeune fille rangée*, und anschließend ließen sie sich in Rom nieder. Sartre nannte sein Stück *Les séquestrés d'Altona (Die Eingeschlossenen von Altona)*, denn sein Held, der Soldat Franz, hielt sich seit Kriegsende in einem fensterlosen Raum seines Elternhauses in Altona, dem Ortsteil von Hamburg, versteckt. Seine Familie, die der Familie Krupp sehr ähnelt, ist in ihren Widersprüchen, ihrem Versagen und ihrer Einsamkeit gefangen.

Kurz zuvor hatte Simone Berrieu erlebt, wie Sartre, von Amphetaminen benebelt, in ihr Büro gestolpert war und ein Glas Scotch auf einem Tisch abstellen wollte, den es nicht gab. Sie hatte ihn aufgefordert, sofort zum Arzt zu gehen, und setzte die bevorstehende Premiere des neuen Stückes ab. Er ging aber erst zum Arzt, nachdem er Biber in Todesangst versetzt hatte, weil er völlig unzusammenhängende Sätze vor sich hinmurmelte. Der Arzt hatte ihm gesagt, er habe kurz vor einem Herzanfall gestanden. Sartre versprach Biber, daß die Italienreise auch eine Urlaubsreise werden würde. »Ich hatte selbst nie Angst um mich, obwohl ich merkte, daß ich ziemlich kaputt war«, sagte er achtzehn Jahre später. »Ich hörte mit allem auf; zwei Monate lang dachte ich an nichts und tat nichts, dann fing ich wieder an zu arbeiten, aber *Die Eingeschlossenen von Altona* mußte noch ein Jahr warten.«

In den italienischen Zeitungen verfolgten sie die Berichte über de Gaulles Algerienbesuch, lasen seinen machiavellistischen, an die euphorischen Algerienfranzosen gerichteten Ausruf: »Ich habe euch verstanden!« Für den 28. September 1958 rief er zu einer Volksbefragung auf, die, wenn er Erfolg haben sollte, die Fünfte Republik einleiten würde. Der Herausgeber des *L'Express*, Servan-Schreiber, flog nach Rom und überredete Sartre, drei Artikel zu schreiben, die sich gegen ein »Ja« für de Gaulle richten sollten. Sartre ging es zwar immer noch nicht gut, aber er schrieb diese drei Artikel, und Simone redigierte sie.[25]

Sie wohnten in der Albergo Nazionale an der Piazza di Monte Citorio, abseits der Via del Corso. Ihre Zimmer hatten eine Klimaanlage, und Sartre stellte sie so ein, daß es eisig kalt war; Simone las, eingewickelt in eine Wolldecke, *Les séquestrés d'Altona*. Carlo Levi stellte den beiden Alberto Moravia vor, der ihnen von zahllosen und ziemlich unwahrscheinlich klingenden Autounfällen erzählte. Sie trafen Merleau-Ponty und dessen Frau, die auf dem Weg nach Neapel waren. De Gaulle trug in dem Referendum mit noch nie dagewesenen fünfundachtzig Prozent der Stimmen den Sieg davon. Sartre arbeitete weiter, nahm Optalidon, Belladenal und Corydran, um sich selbst zur Arbeit anzutreiben und um die immer wieder auftretenden Schwindelanfälle und die zermürbenden Kopfschmerzen loszuwerden. Eine Zeitlang fiel ihm das Gehen schwer, und er fing an zu stottern. Mitte Oktober zwang Simone ihn, sich in Behandlung zu begeben. Die Diagnose lautete: eine geschwächte linke Herzklappe. Die Therapie hieß: Ruhe. Sartre arbeitete weiter.

Auch Simone fühlte sich nicht wohl. Als die *Memoiren einer Tochter aus gutem Hause* erschienen, nahm sie Beruhigungsmittel, um ohne Alpträume schlafen zu können. Der Erfolg ihrer Autobiographie war die beste Medizin, und als Sartre sich außerhalb jeder Gefahr befand, ging es auch ihr besser, und sie widmete sich ganz ihrem neuen Erfolg. Sie wurde mit Briefen überschwemmt. »Gespenster stiegen aus der Vergangenheit herauf, manche waren lästig, andere freundlich«, schreibt sie in *Der Lauf der Dinge*. »Schulfreundinnen, die ich ziemlich schlecht behandelt hatte, lächelten über die Torheiten ihrer Jugend – Freunde, von denen ich mit Sympathie gesprochen hatte, waren empört. Einige der früheren Zöglinge des Cours Désir waren mit meiner Darstellung unserer Schulzeit einverstanden, andere protestierten. Eine Dame drohte mir mit einem Prozeß. Die Familie Mabille war mir dankbar dafür, daß ich Zaza wieder zum Leben erweckt hatte.«

Sartre erholte sich allmählich, und das Jahr 1959 begann mit einem glücklichen Ereignis. Fidel Castro, der als eine Art kubanischer Robin Hood angesehen wurde, stieg mit seinen aufständischen Guerillas aus den Bergen herab. Am Neujahrstag verließ der Diktator Fulgencio Batista fluchtartig das Land, und eine Woche später zog der bärtige Fidel mit seinen Leuten in das vor Begeisterung tobende Havanna ein.

De Gaulle ernannte Michel Debré zum Ministerpräsidenten und Malraux zum Kulturminister, aber der Krieg ging weiter. Francis Jeanson war zum Radikalen geworden und hatte sich der FLN angeschlossen, in der er als Herausgeber einer Untergrundzeitung mit dem Namen *Vérité pour* . . . arbeitete. Anfangs hatte die Zeitung, die heimlich erschien, die wirtschaftlichen und politischen Hintergründe des Krieges analysiert; jetzt forderte sie, daß man sich öffentlich von ihm distanzierte. Sartre meinte, er müsse der *Vérité pour* . . . ein Interview geben, das unter seinem Namen erscheinen und die Staatsanwaltschaft dazu bringen würde, ihn anzuklagen, weil er dem Feind behilflich war und ihn unterstützte. Es war nicht das letzte Mal, daß Sartre versuchte, die Regierung de Gaulle zu reizen.

Sartre und Biber verbrachten einen Monat in Rom. Er beendete *Die Eingeschlossenen von Altona*, und sie begann mit dem zweiten Band ihrer Autobiographie, *In den besten Jahren*, in dem sie auch über ihre erste Begegnung mit Sartre berichtet. Wie immer arbeiteten sie zusammen und kritisierten die Texte des anderen mit großer Offenheit. Als Simone die neue Version der letzten Szene von Sartres neuem Stück las, in der die Familie über Franz zu Gericht sitzt, sagte sie ihm, sie fände diese Szene im Vergleich zu der ursprünglichen Fassung enttäuschend. Er kehrte zur ursprünglichen Fassung zurück und sagte, er wüßte nicht, warum er sie geändert hatte. Sie las die Szene noch einmal und war davon überzeugt, daß es das Beste sei, was er je geschrieben hatte.

Es war eine schwierige Zeit für sie beide. Sartre war tief in seine Affäre mit Arlette Elkaim verstrickt, und seine Bereitschaft, sie zu heiraten, auch wenn sich ihre Schwangerschaft als falscher Alarm erweisen sollte, war mehr, als Simone ertragen konnte. »Das kann er mir nicht antun«, sagte sie auf dem Höhepunkt der Krise zu Freunden, aber nicht alle gaben ihr recht. Vor dem Krieg, als Sartre *sie* hatte heiraten wollen, hatte sie nein gesagt, also konnte sie ihm kaum Vorwürfe machen.

Aber angesichts ihres Zorns gab Sartre nach, und statt Arlette zu heiraten, adoptierte er sie dann später. Am 16. September 1959 bot de Gaulle Algerien drei verschiedene Möglichkeiten der »Selbstbestimmung« an: völlige »Frankisierung« (dieser häßliche Ausdruck im Munde des politischen Ästheten war ein Beweis dafür, daß er selbst diese Möglichkeit ablehnte), totale Unabhängigkeit, die er »sécession« nannte, und die »association«, ein lockerer Anschluß Algeriens an Frankreich, dem er offensichtlich den Vorzug gab. Die Reaktion der FLN war keineswegs negativ, aber die fanatischen Anhänger der »Algérie Française« antworteten ihm mit Barrikaden in Algier, einer Welle von Gewaltakten in Algerien und Paris und mit einer ganzen Serie von Anschlägen auf sein Leben.

Die Eingeschlossenen von Altona hatte eine Woche nach diesem Angebot de Gaulles Premiere. Die Hauptrollen spielten Serge Reggiani als

Franz, Fernand Ledoux als Vater, Lanzmanns Schwester Evelyn Rey als Schwester von Franz, Johanna. Robert Moncade übernahm die Rolle von Werner, Franz' jüngerem Bruder, und Wanda Kosakiewicz spielte dessen Frau Leni. Das Stück wurde begeistert aufgenommen, und die Kritiker bezeichneten es als eines von Sartres besten Dramen, wenn nicht als sein bestes überhaupt. Der Erfolg war so groß, daß es im Théâtre Antoine zehn Monate lief und im Jahre 1965 im Théâtre Athénée noch länger auf dem Spielplan stand. *Les séquestrés d'Altona* ist ein dichtes und leidenschaftliches Stück, bewegend, sehr lang, eine brennende Darstellung der Frage: Wie kann der moderne Mensch Verantwortung für eine Geschichte übernehmen, die ihn selbst entstellt?

Als der Vorhang sich öffnet, erfährt der alte Schiffbaubaron von Gerlach von seinem Arzt, daß er nur noch kurze Zeit zu leben hat. Er will daraufhin seine Angelegenheiten ordnen und ruft seinen idealistischen Sohn Werner und dessen Frau zu sich. Der ältere Sohn ist, wie man annimmt, vor einigen Jahren hingerichtet worden, nachdem man ihn während der Nürnberger Prozesse zum Tode verurteilt hat. Dann kommt das grausige Geheimnis des Hauses in Altona ans Licht: Franz lebt. Fünfzehn Jahre hat er sich in seinem Zimmer eingeschlossen, während seine Schwester sich um ihn kümmerte.

Franz ist Sartres Jedermann, ein Mensch, der von den Erinnerungen an die Folterungen beherrscht wird, an denen er sich an der Ostfront beteiligt hat. Franz ist bereit, die Verantwortung für seine Vergangenheit auf sich zu nehmen. Aber er ist nicht nur Täter, er ist zugleich auch Opfer. Hier ist die Hölle nicht der andere, sondern ein Jahrhundert, das von seinen Verbrechen in die Knie gezwungen wird, unser Jahrhundert mit seinen teils schuldigen, teils unschuldigen Helden, mit seinen Mitläufern und seinen Opfern. Wie in *Huis clos* sind die Überlebenden von ihrer Vergangenheit fasziniert, stellen sich ihr und zerstören sich selbst. Wie in *La chambre*, einer der Kurzgeschichten aus *Le mur*, befällt der Wahnsinn Franz' alle, die mit ihm in Berührung kommen. In seiner Wahnpsychose im Jahre 1935 hatte Sartre wie jetzt Franz monströse Krebse von der Zimmerdecke herabhängen sehen. An dieses Gericht der Krebse wendet sich Franz mit seinen Beteuerungen, nimmt sie auf einem Tonband auf, um auch die künftigen Jahrhunderte von seiner Unschuld zu überzeugen.

Die Eingeschlossenen von Altona ist Sartres gehaltvollstes und schwierigstes Stück, der Versuch, das Jahrhundert von außen her zu beurteilen. Das Schauspiel ist frei von jeder bürgerlichen Moral und außerdem Sartres am konsequentesten durchkonstruiertes Theaterstück. In *Bei geschlossenen Türen* sprachen die Personen über die Vergangenheit, hier endet sie als eine Phase, die die Gegenwart beeinflußt und verändert. Wenn Franz am Ende Selbstmord begeht, dann nicht, weil er sich schuldig fühlt, sondern weil er die Sinnlosigkeit seines Daseins begreift. In Interviews sagte Sartre, er wolle den Menschen nach seinem Verbrechen zeigen. Sein Thema sei der Soldat, der aus Algerien zurückkehrt, wo er sich an unmenschlichen Folterungen beteiligt hat, »jemand, den wir nicht verachten oder mit einem Lächeln wegwischen können«. Die Familie in seinem Stück ähnelt der Familie Krupp deshalb, weil deren Struktur ihm die Widersprüche innerhalb der deutschen Industriellenklasse verdeutlicht hat, eine Schicht, die die Nazis zwar verachtete, aber dennoch mit ihnen zusammenarbeitete, Menschen, die *gegen* eine Sache waren, aber *für* sie handelten. »Auf diese Weise konnte ich das Problem der Begünstigung deutlich machen, eine Frage, die zum Verständnis des Menschen wesentlich ist.«[26] Als er gefragt wurde, ob er selbst Franz sei, sagte er: »Das trifft nur insofern zu, als diese Person das negative Element eines meiner liebsten Träume darstellt: In einer Zelle sitzen und in Ruhe schreiben können.«[27] Die Krebse sind in Franz' Kopf. »Da er schuldig ist, stellt er sich seine Richter so schrecklich wie möglich vor. Ich glaube, das Tribunal der Geschichte beurteilt Menschen immer nach Normen und Wertmaßstäben, die sie selbst sich nie würden vorstellen können. Wir können niemals wissen, wie die Zukunft sich über uns äußern wird. Es kann sein, daß die Geschichte Hitler für einen großen Mann halten wird, obwohl mich das über alle Maßen erstaunen würde. Auf jeden Fall bleibt immer noch Stalin! Das Wesentliche aber ist, daß man eines Tages ein Urteil über uns abgeben wird, und zwar nicht mit den Regeln, nach denen wir uns selbst beurteilen. In diesem Gedanken liegt etwas Entsetzliches. Außerdem wurde einmal gesagt, daß Fortschritt nebenbei gemacht wird, in einer Seitwärtsbewegung wie bei den Krebsen. Auch das hatte ich dabei im Kopf.«[28]

Sartre flog nach Irland, um mit Huston über den Freudfilm zu sprechen. Das Script, das Sartre vorlegte, hätte einen siebenstündigen Film ergeben. Huston und sein Produzent Wolfgang Reinhardt verlangten Kürzungen; Sartre strich einige Szenen und begrenzte die Länge des Films auf sechseinhalb Stunden. Huston hatte gerade *Nicht gesellschaftsfähig* mit Clark Gable, Marilyn Monroe und Montgomery Clift gedreht und sagte Sartre, »Monty« habe ihm so gut gefallen, daß er ihm die Rolle Freuds geben wollte. Während Huston in der Umgebung Reitausflüge machte, feilte Sartre weiter an dem Drehbuch und kürzte das Manuskript Seite um Seite, aber es gab Schwierigkeiten. Huston hatte kein Verständnis für das Unbewußte, und Sartre konnte die Bedingungen der kommerziellen Filmarbeit nicht nachvollziehen. Trotzdem zahlte man ihm die halbe Million Dollar, die ihm vertraglich zugesichert worden war; sie trennten sich freundschaftlich. Huston behielt Sartres Idee bei, verschiedene Patienten Freuds in einer Anna O. zu vereinen, und kehrte mit Reinhardt zu der zehn Jahre alten, von Kaufmann geschriebenen Fassung zurück. Sartre fuhr wieder nach Paris, wo er feststellte, daß er zu den Freudschen Gedanken und zu der psychoanalytischen Theorie Freuds eine neue Einstellung gefunden hatte. Wie er glaubte, bestand der Hauptfehler der Psychoanalyse in ihrem Mangel an Dialektik, in ihrer Unfähigkeit, Phänomene in ihrer gegenseitigen Abhängigkeit voll zu erfassen, zu sehen, daß jeder Schritt die Bedingungen des vorherigen aufnehmen, sie zugleich enthalten und aufheben muß.

Die Beschäftigung mit Freud weckte Sartres Interesse an Flaubert von neuem. Seit 1954 hatte er hin und wieder etwas über ihn geschrieben. Im Jahre 1957 hatten die *TM* einen Essay von Sartre über Flaubert angekündigt, aber er hatte dann diese Abhandlung in einem Kapitel der *Kritik* untergebracht und sich darin mit den unzulänglichen Mitteln auseinandergesetzt, mit denen sowohl die Freudsche als auch die marxistische Methode versucht, das Leben des Menschen zu erfassen. Die Psychoanalyse zeigt die Entwicklung eines Individuums, der Marxismus die der sozialen Umgebung, aber keines von beiden macht die *Begegnung* zwischen Mensch und Geschichte deutlich. Wieso gerade Flaubert? fragte man Sartre. Weil er eine der wenigen historischen oder literarischen Persönlichkeiten war, die eine Menge an Information über die eigene Person hinterließen. Er schrieb täglich eine Unmenge von Briefen, die oft nur geringfügig voneinander abwichen. Sie ergaben später dreizehn Briefbände, von denen jeder sechshundert Seiten hatte. Flaubert war dadurch eine der wenigen »durchsichtigen« Gestalten der französischen Literatur, das Verhältnis von Kunst und Leben war bei ihm nachvollziehbar. Sartre hoffte rekonstruieren zu können, warum Flaubert gerade *Madame Bovary* und nicht irgendein anderes Buch geschrieben hatte.

Auch Simone versuchte sich an dem Drehbuch zu einem Film. André Cayatte, ein ehemaliger Jurist, hatte schon drei Filme über die Ungerechtigkeiten des französischen Rechtssystems gemacht. In dem populären *Nous sommes tous des assassins (Wir sind alle Mörder)* mit Mouloudji in der Hauptrolle hatte er die Todesstrafe angegriffen. In *Justice est faite* kritisierte er das Geschworenensystem, und in *Avant le déluge* setzte er sich mit dem Problem der Jugendkriminalität auseinander. Zwar brachte er in all diesen Filmen beeindruckende Tatsachen, aber der Effekt im ganzen wurde durch seine Neigung zum Moralischen beeinträchtigt. Cayatte schlug Simone vor, mit ihm einen Film über die Ehescheidung zu machen. Sie war nicht besonders an »Eheproblemen« interessiert, aber Cayatte hatte eine ungewöhnliche Idee: Er wollte zwei Filme über ein und dasselbe Ehepaar drehen, einer sollte die Ansichten der Frau, der andere die des Mannes in Hinblick auf den sie trennenden Konflikt darstellen. Sie gab zu bedenken, daß das Leben jedes Ehepaares zwar zwei Seiten, aber keine unterschiedliche Geschichte habe. Cayatte gab nicht auf, aber als er ihr Manuskript las, fand auch er, daß die Zweiteilung es zerstörte.

Sie begriff, daß Cayatte sich an sie gewandt hatte, weil man von ihr sagte, sie habe ein Talent für »Problemromane«. Immer häufiger wandten sich Menschen an sie, besonders jüngere Frauen, die sich in ihrer Lebenssituation – Ehemann, Kinder, Beruf – wie Gefangene fühlten. Es waren oft Frauen, die diese Situation mit verschuldet, sie selbst in der Zwiespältigkeit ihrer Gefühle mit herbeigeführt hatten. In ihrem Drehbuch bemühte sich Simone, nichts als erwiesen hinzustellen und sämtliche Szenen und Gefühle zweideutig zu halten. Cayatte fand das verwirrend und hielt an seiner Mann-Frau-Zauberformel fest. »Ich hätte es vorgezogen, das Publikum durch weniger offensichtliche Methoden zu fesseln«, erinnert sie sich. »Aber ich hatte keinen Grund zur Klage. Cayatte wußte, was er wollte, und es war eben nicht das, was ich ihm anzubieten hatte. Ich verstand vollkommen, warum er sich entschloß, mein Manuskript abzulehnen.«

Am 4. Januar 1960 war sie allein in Sartres Wohnung, als Lanzmann anrief und ihr sagte, daß Camus bei einem Autounfall ums Leben gekommen war. Anstatt den Zug zu nehmen, hatte er das Angebot des Lektors Michel Gallimard angenommen, mit ihm, seiner Frau und seiner Tochter nach Paris zu fahren. Michel Gallimard hatte am Steuer gesessen, Camus neben ihm und Mme. Gallimard mit ihrer Tochter auf dem Rücksitz. Auf der Nationale 7, 80 Kilometer von Paris, in Sens, verlor Gallimard die Kontrolle über seinen Facel-Vega und fuhr gegen einen Baum. Camus war sofort tot, alle anderen überlebten. Bei Camus fand die Polizei die unbenutzte Zugkarte. Als Simone den Hörer auflegte, sagte sie sich, daß sie nicht weinen würde, Camus bedeutete ihr seit langem nichts mehr. Sartre kam nach Hause und war ziemlich verstört. Den Abend verbrachten sie mit dem »kleinen Bost« und sprachen über Camus. Bevor sie ins Bett gingen, schluckte Simone zum erstenmal nach Sartres Genesung wieder Atropintabletten. Sie blieb hellwach und machte schließlich im Regen einen langen Spaziergang am Rive Gauche bis zur Avenue d'Orléans, wo in den Hauseingängen die Asozialen schliefen. »Alles quälte mich: diese Armut, dieses Elend, diese Welt, das Leben und der Tod«, schreibt sie in *Der Lauf der Dinge*. »Als ich aufwachte, dachte ich: Diesen Morgen erlebt er nicht. Es war nicht das erste Mal, daß ich mir das sagte, aber jedesmal ist es das erste.«

Sartre und Biber waren wieder häufiger zusammen. Sie verbrachten lange Abende damit, Schallplatten zu hören – Webern war ihre neueste Entdeckung –, und sonntags machten sie lange Spaziergänge an der Seine, hinter dem Panthéon, wo Sartre seine Kindheit verbracht hatte, oder in Ménilmontant, dem Wohnviertel der Arbeiter. Auf diesen Spaziergängen klagten sie darüber, wie das Alter ihre Neugierde gedämpft hatte, und Sartre sagte, dieser Mangel an Begeisterung für neue Reisen sei wohl eher das Ergebnis physischer Erschöpfung als geistige Müdigkeit. Sie gab ihm bereitwillig recht, aus Angst, er würde sich wieder überanstrengen. Es war nicht so, daß es ihnen an Einladungen gefehlt hätte. Carlos Franqui, der schwarzbärtige, hitzige Herausgeber der in Havanna erscheinenden Zeitung *Revolución*, machte auf einer Blitzreise durch Europa auch in Paris Station. Als er Simone und Sartre traf, sagte er, es sei ihre Pflicht, nach Kuba zu kommen, um mitzuerleben, wie eine Revolution vor sich ging. Obwohl sie große Sympathie für Castro empfanden, interessierte sie das Angebot Franquis nicht besonders. Und als Jorge Amado und andere brasilianische Linke sie in ihr Land einluden, reagierten sie darauf ebenso halbherzig.

Aber Mitte Februar flogen sie dann doch nach Kuba. Sartre hatte einen Vertrag mit dem *France-Soir* in der Tasche, für den er eine Artikelserie über das neue Kuba schreiben sollte. Ihre Ankunft in Kuba verwirrte sie: Die Ohren sausten ihnen noch, die Sonne brannte, Simone wurden Blumen in die Arme gedrückt; es gab Komplimente, Pressekonferenzen. »Was denken Sie über die kubanische Revolution?« fragte ein Journalist Sartre. »Um das herauszufinden, bin ich hergekommen«, antwortete er. Die Eindrücke, der Zeitplan und das Echo auf ihren Aufenthalt in Kuba erinnerten von Anfang an an einen offiziellen Besuch. Sartre traf sich privat mit »Che« Guevara, machte mit Castro eine Rundfahrt über die Insel, führte mehrere Gespräche und hielt sogar eine Rede im kubanischen Fernsehen. Simone, Sartre und Castro fuhren Motorboot und nahmen an der Beerdigung der ersten Opfer der gegen Castro gerichteten Bombensabotage teil.

Die Entfremdung zwischen den Vereinigten Staaten und Castro hatte gerade begonnen, der amerikanische Botschafter in Havanna hatte die Stadt verlassen. Soweit Sartre es beurteilen konnte, befand sich die Revolution noch in den Flitterwochen: eine Welle gärender, chaotischer Hoffnungen noch ohne jede bürokratische Lenkung. Zum erstenmal waren Sartre und Biber Zeugen einer siegreichen Revolution, erlebten, wie ein Volk und die Soldaten, die es befreit hatten, in der Freude über den Sieg verschmolzen. Es war wie eine karnevalistische Verwirklichung all der Dinge, die er in der *Kritik* geschrieben hatte, ein historischer Moment der Einigkeit, in dem revolutionäre Spontaneität Berge versetzen konnte. Und es war ein Gegensatz zu dem algerischen Alptraum (in einem Brief schrieb Lanzmann ihnen, daß einige Leute aus der Gruppe Francis Jeansons verhaftet worden waren). Als Sartre im Fernsehen interviewt wurde, sagte er, an der kubanischen Revolution habe ihn mehr als alles andere die Idee begeistert, daß jeder Kubaner, der lesen und schreiben kann, seine Fähigkeiten an fünf Analphabeten weitergeben sollte. Außerdem beeindrucke ihn die Tatsache, daß es keine vorgefaßte Ideologie gebe, dadurch bliebe das kubanische Experiment frei von jedem Dogma und unterscheide sich von herkömmlichen kommunistischen Revolutionen.[29]

1949 war Sartre mit Dolores in Kuba gewesen, und in den sechzehn Artikeln für den *France-Soir*, die von Lanzmann redigiert wurden, verglich er das Kuba vor Castro mit dem, das er jetzt, Anfang 1960, sah.[30] Ein Gespräch zwischen ihm, Castro und Simone über die Bedürfnisse und Erwartungen des Menschen wurde wörtlich abgedruckt, denn Castros Ideen deckten sich mit denen Sartres. »Wir müssen von jedem einzelnen das Äußerste verlangen«, sagte Castro knapp. »Aber niemals werde ich diese Generation den kommenden opfern.«

Von Havanna flogen Sartre und Biber nach New York. Sie waren noch nie zusammen in den Vereinigten Staaten gewesen, und ohne Umschweife erklärten sie einem kubanischen Kulturattaché der Vereinten Nationen, der eine Pressekonferenz für sie arrangiert hatte, er solle sie auf einen späteren Zeitpunkt verschieben. Zu Fuß und im Auto durchstreiften sie die Stadt. Nach dem bunten Durcheinander in Havanna erschien ihnen New York an diesem kalten Märzsonntag grau und beinahe ärmlich. Die Menschen in den Straßen waren schlecht gelaunt und gelangweilt.

Algren war es gelungen, seinen Paß wiederzubekommen, und er war nach einem feuchtfröhlichen Treffen mit Brendan Behan in Dublin nach Paris gefahren, wo er Sartre und Simone erwartete. Er war älter geworden, trug Kontaktlinsen und war froh, daß er die Vereinigten Staaten hatte verlassen können. »Früher lebte ich in Amerika«, sagte er. »Jetzt lebe ich in einem von Amerika besetzten Gebiet.« Was er seinem Land nicht vergeben konnte, waren die Arroganz und der Machtanspruch des Spießertums. Wie er sagte, war die Atmosphäre intoleranter als je zuvor. Die Gesellschaft behandelte ihre Opfer wie Kriminelle. Er blieb in Simones Wohnung, und sie machte ihn mit den alten und neuen Freunden bekannt: Sartre, Michelle, Bost und Olga, aber auch Lanzmann und Monique Lange, eine Lektorin bei Gallimard, die daran gewöhnt war, ausländische Schriftsteller durch Paris zu lotsen.

An der Sorbonne hielt Sartre einen Vortrag über das Theater. Er sprach über zwei Stunden, und, wie John Weightman im *Encounter* schrieb, es schien, als hätte er die ganze Nacht hindurch reden können.[31] Sartre kritisierte sowohl Becketts als auch Ionescos Theater und sagte, sie wären bürgerlich. Brechts epischem Theater warf er vor, es mache das Publikum zu Völkerkundlern, die auf Wilde stoßen und feststellen: »Mann, die sind ja wie wir!« Er schloß mit der Bemerkung, das einzig wahre Theater sei das dramatische Theter.

Der Algerienkrieg war immer noch nicht zu Ende. Die algerischen »Pieds-noirs« hatten auf de Gaulles Selbstbestimmungsangebot mit Straßenbarrikaden in Algier geantwortet. Eines Morgens erhielt Simone einen Anruf von Gisèle Halimi, ihrer Anwältin, die sie bat, so schnell wie möglich zu ihr zu kommen. Die Halimi kam gerade aus Algier zurück, wo sie als Verteidigerin einer gewissen Djamila Boupacha Voruntersuchungen angestellt hatte. Das algerische Mädchen war gefoltert worden, obwohl sie freiwillig zugegeben hatte, daß sie Terroristin war. Als die Halimi ihre Klientin gesehen hatte, war diese blaß, abgemagert und stand offensichtlich unter einem Schock. Sie hatte Brandwunden und sagte, sie könne Zeugen nennen. Die Halimi forderte sie auf, Anzeige zu erstatten und eine neue Untersuchung zu beantragen, um den Prozeß hinauszuzögern. Ob Simone bereit wäre, einen Artikel über diesen Vorfall zu schreiben?

Simone schrieb einen Bericht nach den Angaben des Mädchens und schickte ihn an *Le Monde*. Die große Zeitung veröffentlichte ihn, milderte aber Simones Zeile »stieß ihr eine Cola-Flasche in die Vagina« in »stieß ihr eine Cola-Flasche in den Unterleib« ab. In Algerien wurde diese Ausgabe beschlagnahmt, was den Verlag vierhunderttausend Francs kostete, wie man Simone vorwurfsvoll sagte. Sie und die Halimi gründeten ein Komitee zur Verteidigung Djamila Boupachas, Françoise Sagan unterstützte die Kampagne im *L'Express*, und zwei Frauen, die in Nazilagern gefoltert worden waren, schlossen sich der Gruppe an. In Algier bot der Staatsanwalt einen Handel an: Wenn Djamila sich für geisteskrank erklären ließe, würde die Untersuchung der Folterung eingestellt, aber sie wäre frei. Die Halimi lehnte ab, und Mitte des Sommers wurde Djamila in ein französisches Gefängnis gebracht und ein Richter aus Caen mit der Untersuchung beauftragt. Sartre sagte in einem Interview der *Vérité-Liberté*, einer neuen Zeitung der Antikriegsbewegung, ein Sieg der FLN sei ein Sieg der Gerechtigkeit. Man warf ihm vor, das Interview »fordere die Soldaten zum Ungehorsam auf«, beschlagnahmte die Ausgabe, in der Sartres Interview erschienen war, und überwachte die Redakteure der Zeitung. Noch wichtiger aber war das »Manifest der 121«. Es ging auf Sartres Idee zurück, daß die französische Linke sich auf die Seite der FLN stellen müsse. Eine beeindruckende Gruppe Intellektueller, Lehrer und Künstler, ursprünglich waren es 121, unterzeichnete und veröffentlichte diese Protestschrift gegen den Krieg. Der schärfste Absatz dieses Manifestes forderte Frankreichs wehrpflichtige Jugend auf, den Kriegsdienst zu verweigern. Dieser Aufruf zur offenen Meuterei innerhalb der Armee war so radikal, daß der *L'Express* und die *L'Humanité* ihn mißbilligten. Und als die *Temps modernes* diesen Text in der Augustausgabe veröffentlichte, wurde die Ausgabe sofort beschlagnahmt. Sartre und Biber waren zwar nicht die Initiatoren des Manifestes, aber sie waren die ersten, die es unterschrieben hatten. Am 8. September brachte *Paris-Presse* auf der Titelseite die Überschrift: *Jean-Paul Sartre, Simone de Beauvoir, Simone Signoret und hundert andere riskieren fünf Jahre Gefängnis.*

Am 8. September waren Sartre und Biber in Rio de Janeiro, aber die französische Botschaft ließ sie unverzüglich wissen, daß Sartre verhaftet werden würde, sobald er französischen Boden betrete.

Ihr Besuch in Havanna hatte sie neugierig auf das riesige, unterentwickelte und noch halbkoloniale Brasilien gemacht, wo die revolutionären Kräfte sich noch nicht entfaltet hatten. Jorge Amado überzeugte sie davon, daß es notwendig sei, dem vielbeachteten Besuch Malraux' in Brasilien als Kulturminister de Gaulles etwas entgegenzusetzen (Malraux' siebenundzwanzigjährige Tochter Florence gehörte zu den »121«). Mitte August landeten sie in Recife. Dann ging es weiter nach Bahia, Rio de Janeiro, São Paulo, Belo Horizonte, Brasilia, und die Reise wurde zu einem dreimonatigen Gewirr von Pressekonferenzen, Fernsehauftritten, Treffen, Autogrammstunden, anstrengenden Ausflügen zu Kaffeeplantagen und Naturschönheiten. In Manáus am Rio Negro im Bundesstaat Amazonas erkrankte Simone an Paratyphus und wurde nach Recife ins Krankenhaus gebracht. Es kamen nur vereinzelt Nachrichten von zu Hause, aber im Oktober erfuhren sie durch einen Brief Lanzmanns, daß man die Büros der *TM* durchsucht hatte, daß noch viele andere das »Manifest der 121« unterschrieben hatten und daß den ursprünglichen Unterzeichnern in subventionierten Theatern, im Radio und im Fernsehen keinerlei Rechte mehr zugestanden wurden. Fünftausend ehemalige Frontkämpfer waren über die Champs-Elysées gezogen und hatten gerufen: »Erschießt Sartre!« *Paris-Match* hatte eine ihrer Ausgaben mit der Überschrift *Sartre, ein Bürgerkriegshetzer* versehen.

Die Franzosen in Recife meinten, Simones Krankheit sei reine Taktik, weil sie und Sartre Angst davor hätten, nach Frankreich zurückzukehren. Im letzten Brief Lanzmanns stand, ihre Freunde wären einstimmig der Überzeugung, daß es besser sei, sich Frankreich nicht weiter als bis Barcelona zu nähern. Im November flogen sie nach Spanien, und zwar über Kuba, wo Sartre feststellte, daß das Regime sich gefestigt hatte und die »Flitterwochen« vorüber waren. Jean Pouillon und der »kleine Bost« trafen sich mit Sartre und Biber in Barcelona und erzählten ihnen, was geschehen war. Die Kommunisten, die sozialistischen Jugendgruppen und die Gewerkschaften hatten sich mit verschiedenen Aktionen gegen den Krieg gestellt, Professoren waren in einem Aufruf zu Friedensverhandlungen eingetreten, und eine Protestveranstaltung von Studenten wurde zu einem enormen Erfolg, obwohl die Polizei Gummiknüppel angewendet hatte. Die Maßnahmen, die sich gegen die »121« gerichtet hatten, waren für die Regierung zu einem Fiasko geworden; die Gewerkschaft der Fernsehschauspieler war in den Streik getreten, als Evelyn Rey aus einem Programm gestrichen wurde. Auf der anderen Seite hatte Marschall Alphonse Juin ein Manifest unterzeichnen lassen, das sich gegen die »Professoren des Verrats« richtete, der nationale Verband der Reserveoffiziere forderte Maßnahmen gegen die »121«, deren Namen in allen Kasernen ausgehängt worden waren.

Von Paris aus riet Lanzmann ihnen telefonisch, nicht mit dem Flugzeug nach Hause zu kommen, weil der Empfang am Flughafen stürmisch werden könnte und vielleicht Journalisten Fragen stellen würden, die sie nur so würden beantworten können, daß die Polizei sie verhaften müßte. Sie fuhren in Bosts Wagen über die Grenze. Der französische Grenzbeamte sagte ihnen mit Bedauern, daß er den Auftrag habe, Paris zu verständigen, sobald sie die Grenze passierten, anschließend bat er sie, ihre Namen in ein Gästebuch zu schreiben.

Als sie endlich in Paris waren, besorgten sie sich einen Anwalt und unternahmen alles mögliche, um ihre Verhaftung zu provozieren. Der Polizeibeamte, der in Simones Wohnung kam, um sie zu verhören, half ihnen bei der Formulierung ihrer Aussagen. Am Vorabend der Gerichtsverhandlung meldete sich der Untersuchungsrichter krank. Ein neuer Termin wurde festgesetzt, dann auch der »sine die« verschoben, angeblich, weil die Staatsanwaltschaft die Akten noch nicht weitergegeben hatte. Dann erfuhren sie, daß man alle Anschuldigungen fallengelassen hatte.

Die Regierung war offensichtlich ganz und gar nicht erpicht darauf, auf einer Anklage zu bestehen: Es gab Gerüchte, denen zufolge de Gaulle selbst sich mit einer für ihn typischen Äußerung eingeschaltet hatte: »Voltaire verhaftet man nicht.« Sartre versuchte, mit einer Pressekonferenz zu kontern, die er in Simones Wohnung gab. Auf ihr erklärte er dreißig französischen und ausländischen Journalisten, warum die Staatsanwaltschaft es ablehnte, Anklage zu erheben. Die Presse brachte eine Zusammenfassung seiner Erklärung, aber der Fall blieb geschlossen.

In den besten Jahren erschien und hatte einen enormen Erfolg. Simone fragte sich, ob sie dabei sei, zu einer Bestsellerautorin zu werden. Viele Kritiker versicherten ihr, dies sei ihr bestes Buch, ein Urteil, das sie etwas beunruhigend fand.

Silvester nahmen Sartre und Biber eine Einladung zu einem Essen in der sowjetischen Botschaft an. Es war seit ihrer Rückkehr nach Frankreich das erste Mal, daß sie wieder ausgingen.

Kapitel VIII

Mai 1968

Während der Maiunruhen, jenem Gemisch aus Lyrik und Politik, das zu de Gaulles Sturz führte und im Bewußtsein der Franzosen noch auf Jahre hinaus lebendig bleiben sollte, entdeckte Sartre etwas Neues: Es gab eine Bewegung *links* von der Kommunistischen Partei! Die »Unruhen«, die ein Echo auf Maos Kulturrevolution, auf den Aufruhr in Berkeley, auf »Che« Guevara und den »Prager Frühling« waren, radikalisierten Sartre und Biber. Die linke Jugend zeigte enorme politische Schwungkraft. Nicht nur die politische Bewegung war auf einem Höhepunkt, auch der Feminismus begann sich abzuzeichnen. Sartre und Simone waren in den Sechzigern und erlebten, wie die neue Generation entschlossen auf die Gegenwart setzte, auf das »Jetzt!«, und Dinge *tat*, über die sie beide in Jahrzehnten nur geschrieben hatten. Die Jugend machte dem gaullistischen Frankreich nicht nur deutlich, daß es ein erstarrter Klassenstaat war, immer noch im Zustand eines inneren Kolonialismus, sondern sie besetzte auch Universitäten und Fabriken, kritisierte die politische Struktur der Kommunistischen Partei und erklärte die Intellektuellen für überholt.

Sartre und Biber waren nicht dabei, als auf der verbarrikadierten Place Saint-Germain-des-Prés Tränengasbomben in die aufrührerische Menge geworfen wurden oder als die Sorbonne besetzt wurde, um sie in eine maoistische »université critique« umzuwandeln. Die alte Gewohnheit politischer Impotenz, das Alter, die Sorge um die sich ständig verschlechternde Gesundheit von Sartres Mutter und die schwierige Arbeit an seinem Buch über Flaubert hielten Sartre auf Distanz zu der neuen Bewegung. Am 11. Mai aber erklärte er im Rundfunk, die Studenten seien im Recht, wenn sie die Sorbonne stürmten. Simone war tief in ihrem Buch über das Alter vergraben, aber am 9. Mai unterschrieb sie ein Manifest und bekundete damit wie Sartre ihre Solidarität mit den aufrührerischen Studenten.

Alle anderen hatten genausowenig wie Sartre und Simone diese Ereignisse vorausgeahnt. In dem Frühjahr, in dem der Gaullismus den zehnjährigen Jahrestag seiner Machtübernahme feierte, schien alles ruhig, fast friedlich zu sein. Die Schlagzeilen am 1. Mai konzentrierten sich auf den Appell des tschechischen Ministerpräsidenten Alexander Dubček für einen »lächelnden Sozialismus« und auf Hanois Ablehnung der amerikanischen Friedensbedingungen. Der Ausschluß eines gewissen Daniel Cohn-Bendit von der Universität Nanterre am westlichen Rand von Paris wurde mit keinem Wort erwähnt. Cohn-Bendit, ein gebürtiger Deutscher mit jüdischem Familienhintergrund, wurde beschuldigt, Sit-ins initiiert, auf dem Universitätsgelände Traktate verteilt und Prüfungen und Vorlesungen gestört zu haben. Als die Verwaltung von Nanterre die Universität schließen ließ, um die »Hitzköpfe« zum Gehorsam zu zwingen, nahmen sich die Studenten der Sorbonne der Sache an und beschlossen, ebenfalls den Lehrbetrieb durch selbstorganisierte Seminare zu stören. Der Direktor Jean Roche forderte die Polizei auf, die »Rebellen« hinauszuwerfen, und zum erstenmal in diesem Jahrhundert drang die Polizei in die heiligen Hallen der Universität ein. Drei Tage später stieß der Protestmarsch der Studenten auf dem Boulevard St. Germain mit der Polizei zusammen. Eine Anzahl Studenten wurde verletzt.

De Gaulle stand kurz vor der Abreise zu einem Staatsbesuch in Rumänien, und sein Ministerpräsident Georges Pompidou plante, in den Iran und nach Afghanistan zu fahren. »Kinderkram«, sagte der General verächtlich, als Pompidou vor seiner Abfahrt zum Flughafen eine besorgte Bemerkung zu den Studentenunruhen fallen ließ. Während der nächsten drei Tage verurteilten die *L'Humanité* und die Regierung die »Splitterparteien«, die »Unruhe in die Bevölkerung trügen«. In Paris demonstrierten tausend Studenten, um ihre drei Hauptforderungen durchzusetzen: die sofortige Wiedereröffnung der Sorbonne, den Abzug der Polizei und die Freilassung der verhafteten Studenten. Am 9. Mai gelang es dem Erziehungsminister Alain Peyrefitte, die Situation zu entschärfen, indem er die Wiedereröffnung der Sorbonne versprach. Als aber in Nanterre die Studenten ihre Universität besetzten, weigerte er sich, die Polizei aus der Sorbonne abzuziehen. Die Lehrer- und Studentengewerkschaften riefen zum unbegrenzten Streik auf, und im Quartier Latin errichteten Studenten Straßenbarrikaden. Am Abend versuchte Roche, die Verhandlungen wiederaufzunehmen, lehnte es aber ab, die festgenommenen Studenten freizulassen. Am 11. Mai um zwei Uhr früh gab der Polizeipräsident von Paris, Maurice Grimaud, über ein Megaphon bekannt, daß er den Auftrag habe, die Barrikaden niederzureißen. Als sich zwei Stunden später der Rauch verzogen hatte, waren die Straßen mit ausgebrannten Autowracks übersät, und dreihundert Studenten waren verwundet. Die Polizei hatte eine wilde Verfolgungsjagd betrieben und Demonstranten, derer sie habhaft werden konnte, zusammengeschlagen. Die Brutalität der Polizei bracht die öffentliche Meinung gegen sie auf. Fünfhundert Demonstranten wurden verhaftet.

Niemand hatte es in der Nacht gewagt, de Gaulle zu wecken. Am nächsten Tag kehrte Pompidou aus Kabul zurück und griff sofort energisch durch. Er verurteilte das rücksichtslose Vorgehen der Polizei, ließ fünfundzwanzig der achtundzwanzig am Anfang der Unruhen verhafteten Studenten frei und gab bekannt, daß die Sorbonne am folgenden Tag wieder geöffnet würde. Aber die Studentenführer hatten die Gewerkschaften schon dazu überredet, einen eintägigen Generalstreik auszurufen. Dadurch nahm der Konflikt eine ganz neue Dimension an. Am 13. Mai marschierten achthunderttausend Menschen hinter den Studentenführern, liberalen Fakultätsmitgliedern, Gewerkschaftsbossen und linken Politikern durch die Straßen und riefen »Wir wollen eine Volksregierung« und »Zehn Jahre sind genug!«. Aber es gab nicht nur Harmonie. Die Gewerkschaftsführer wollten Cohn-Bendit ausschließen und versuchten, mit Megaphonen und Lautsprecherwagen den Kontakt zwischen Arbeitern und Studenten in Grenzen zu halten.

De Gaulle ignorierte die Ratschläge seiner Mitarbeiter und lehnte es ab, seinen Rumänienbesuch zu verschieben. Am Tag nach seiner Abreise besetzten junge Arbeiter das Werksgebäude der Flugzeugfirma Sud-Aviation; einen Tag darauf wurden die Fließbänder des riesigen Renault-Fabrikkomplexes durch militante Gruppen zum Stillstand gebracht. Am 17. Mai hatte sich die Bewegung auf Hunderte von Firmen ausgedehnt. Was die Regierung am meisten alamierte, war die Tatsache, daß die Ereignisse weder von den großen Gewerkschaften noch von der Kommunistischen Partei kontrolliert wurden. Am 17. Mai brach de Gaulle seinen Besuch in Bukarest vorzeitig ab. In einer öffentlichen Stellungnahme brachte er es fertig, die gesamte französische Jugend auf einmal zu beleidigen. War ihm der Ernst der Situation nicht klar? Sein Aufruf vom 24. Mai, in dem er eine Volksabstimmung für den Monat Juni anbot, zeigte seine Unentschlossenheit und enthüllte die Konzeptlosigkeit der Regierung.

Am 20. Mai sprach Sartre zu den aufständischen Studenten, die die Sorbonne besetzt hielten. Wie ein Lauffeuer verbreitete es sich im Quartier Latin, daß er mit den Revoltierenden einer Meinung war, und als er in dem großen Saal auf das Podium stieg, war die Halle bis zum Bersten mit Menschen gefüllt. Simone und Marguerite Dumas schafften es nicht mehr, hineinzukommen. Man hatte Angst, daß es zu Ausschreitungen kommen würde. Sartre unterstützte das Vorgehen der Studenten und sagte, die Gewerkschaftsführung fürchte die »wilde Demokratie« der Studenten. Eine Stunde lang beantwortete er Fragen, während Simone mit einigen Freunden in einem Café auf ihn wartete; sie war erleichtert, als er, gefolgt von einer Horde Studenten, Journalisten und Fotografen, endlich kam. Als nächstes interviewte Sartre Cohn-Bendit für den *Nouvel Observateur*.

Am 24. Mai versuchte Pompidou, mit bedeutenden Lohnzugeständnissen, die eine zehn- bis dreißigprozentige Anhebung der Mindestlöhne vorsahen, den Frieden zu erkaufen. Als die Gewerkschaftsführer den Arbeitern bei Renault dieses Lohnpaket vorlegten, wurden sie verhöhnt und ausgelacht. Das Land schien sich auf die Anarchie zuzubewegen. De Gaulles Angebot, eine neue Volksbefragung durchzuführen, hatte kaum ein Echo, und die linken Organisationen, die Kommunistische Partei nicht ausgenommen, schienen den Kontakt mit ihren Anhängern zu verlieren.

De Gaulle machte einen niedergeschlagenen Eindruck, und man hatte ihn angeblich sagen hören, das Volk wolle ihn nicht mehr. Aber dieser Meister der politischen Strategie kannte seine Landsleute und verstand sich darauf, jeder Geste eine dramatische Bedeutung zu geben. Er verschwand, um wieder zu einem Mythos zu werden. Den Kabinettsmitgliedern hatte man gesagt, er sei mit seinem Hubschrauber auf seinen Alterssitz nach Colombey-les-deux-Eglises in Ostfrankreich geflogen, aber dort landete kein Hubschrauber. Man munkelte, er sei statt dessen nach Deutschland geflogen, um das Hauptquartier der französischen Armee in Baden-Baden zu besuchen. Die Vermutung war richtig. Viel später sagte er, er habe einen Staatsstreich der Kommunisten befürchtet.

Tatsächlich reichten die Stunden, die de Gaulle bei dem Oberbefehlshaber Massu verbracht hatte, aus, um eine Reaktion zu provozieren. (Massu war ähnlich wie de Gaulle eine legendäre Gestalt. Bei einem Putsch der Generäle gegen de Gaulle im Jahre 1961 hatte der ehemalige Fallschirmjägerkommandant von Algier, wenn auch auf etwas undurchsichtige Weise, die legitime Regierung unterstützt.) Die öffentliche Meinung in Frankreich spaltete sich in zwei Lager. Hatte Massu de Gaulle klargemacht, daß die Armee hinter ihm stand, daß nicht alle Jugendlichen auf die Barrikaden gegangen waren und daß trotz der Streiks, die den Schienenverkehr lahmlegten, die Soldaten zu ihren Einheiten zurückkehrten? De Gaulle hat nie ein Wort über sein Gespräch mit Massu verloren. Am 30. Mai kehrte er in einem dramatischen Auftritt nach Paris zurück, rief energisch sein Kabinett zusammen und richtete über den Rundfunk eine großangelegte Ansprache an die Nation. Auch Pompidou hatte den Eindruck, daß die stillschweigende Unterstützung wuchs, empfahl aber Neuwahlen statt einer Volksbefragung. Ein verlorenes Referendum würde, wie er de Gaulle sagte, die politische Ordnung erschüttern, eine verlorene Wahl hingegen sei nicht das Ende der Welt. Nach der Ansprache, die um 15.30 Uhr gesendet wurde und in der de Gaulle für den 30. Juni die Neuwahl ankündigte, wandte sich das Blatt. Jahre danach noch fragten sich die revolutionären Kräfte, warum sie am Rande der Machtergreifung so lange gezögert hatten.

Die besetzte Sorbonne hielt sich noch zehn weitere Tage. Am 10. Juni ging Simone in die Universität, wo die Situation allmählich unangenehm wurde. Nachts war die Sorbonne voller Hippies und Drogenhändler, die in den Fluren ihre Ware anboten, und aus dem hastig eingerichteten Krankenrevier stahlen Studenten Morphiumampullen. Das ganze Gelände um die Sorbonne wurde von behelmten und mit Eisenstangen bewaffneten Studenten bewacht, die von Elementen angeführt wurden, denen es an jeglicher politischer Überzeugung fehlte. Ein Arzt forderte Simone auf, einen Artikel über diese »Verwahrlosung« der Sorbonne zu schreiben, aber sie lehnte ab. Zwei Tage später brach der Aufstand zusammen. In einem Interview mit dem *Spiegel* sagte Sartre, die Kommunisten hätten angesichts der Ereignisse Angst bekommen, die »Revolution« sei so weit gegangen, wie es unter den Umständen möglich war, habe aber den »Pessimismus« Herbert Marcuses entkräftet und die gesamte französische Jugend politisiert.[1] Dem *Nouvel Observateur* sagte er, »die unkontrollierte Gewalt der Studentenschaft sei nicht der Ausdruck von Anarchie, sondern ihrer Hoffnung auf eine andere Gesellschaft«.[2]

Im August fiel die Sowjetunion in die Tschechoslowakei ein, um den »Sozialismus mit menschlichem Antlitz« der Regierung Dubček zu ersticken. Sartre war auf dem Filmfestival in Venedig, wo er die Forderung der maoistischen Filmemacher unterstützte, mit dem »Starrummel«, dem Wettbewerb und den Preisverleihungen Schluß zu machen. Er verurteilte die Invasion der Russen und bezeichnete die Sowjets in einem Interview mit der kommunistischen Tageszeitung *Paese Sera* als »Kriegsverbrecher«. Drei Monate später fuhren er und Simone nach Prag, vordergründig, um an der Premiere von *Les mouches* und *Les mains sales* teilzunehmen, in Wahrheit war ihre Reise eine herausfordernde Geste an die Adresse der Sowjetunion, deren Panzer auf dem Wenzelsplatz standen. »Ich kenne keinen einzigen fortschrittlich Gesinnten, der das Einrollen ausländischer Truppen in die Tschechoslowakei nicht verurteilt«, sagte er zu einem Journalisten des *Svobodne Slovo*. »Immer mehr Menschen werden sich darüber klar, daß Sie trotz all Ihres Kummers und Ihrer Not bewiesen haben, daß es noch andere Wege gibt, um den Sozialismus zu erreichen.«[3] Wie schon 1963 waren sie auch dieses Mal Gäste des tschechischen Schriftstellerverbandes. Sie trafen Antonin Liehm und Milan Kundera, deren Werke jetzt nicht mehr veröffentlicht und in Bibliotheken nicht mehr geführt werden durften. Nach der Aufführung von *Die Fliegen* wurde Sartre auf die Bühne gerufen. Liehm hatte ihm gesagt, er könne ganz offen sprechen, und als das Publikum ihn aufforderte, seine Meinung darzulegen, sagte er, er betrachte die sowjetische Okkupation als ein Kriegsverbrechen. *Die Fliegen* habe er geschrieben, um die Franzosen zum Widerstand zu ermutigen, und er sei sehr froh, daß sein Stück jetzt in der besetzten Tschechoslowakei gespielt würde.

Sartre hatte schon größeren Gefahren als die, denen er sich in Prag mit dieser offenen Stellungnahme aussetzte, hinter sich gebracht. Im Sommer 1961 und im Winter darauf hatten Mitglieder der »Organisation de l'armée secrète« (OAS) versucht, ihn umzubringen. Am 19. Juli hatte die Terrororganisation, deren Ziel es war, Algerien um jeden Preis bei Frankreich zu halten, eine Bombe gelegt, die im Hausflur der Rue Bonaparte 42 explodierte. Niemand wurde verletzt, aber Sartre beschloß, seine Mutter in einem Hotel am Boulevard Raspail unterzubringen. Die neunundsiebzigjährige Anne-Marie hatte nichts gegen diesen Wohnungswechsel einzuwenden, denn obwohl sie eine Hilfe hatte, strengte sie der Haushalt sehr an. Das Hotel ersparte ihr diese Verpflichtungen, sie hatte ihre eigenen Möbel, ihre Erbstücke, ihre Lieblingsbücher und ihren Plattenspieler.

Ihre Naivität war manchmal eine Last für Sartre und Biber. Einmal gab sie einem Fremden, der sich als Amerikaner ausgab, Kinderbilder von Sartre. Er hatte behauptet, seine Schwester, eine Studentin, und ihre ganze Klasse wären große Verehrer des französischen Philosophen. Als diese Bilder als Illustrationen eines bösartigen Artikels im *Samedi-Soir* erschienen, empfing Anne-Marie Sartre und Biber in Tränen aufgelöst. Sartre bat sie, jeden Kontakt mit der Presse zu meiden, aber sie war unbelehrbar. Sie redete zuviel, und obwohl sie immer wußte, wann sie unvorsichtig gewesen war, wollte sie keine Vorwürfe hören.

Sie liebe ihren Sohn ohne Einschränkung und klammerte sich an den Glauben, daß er sie brauchte. »Wie viele abhängige Frauen lebte sie in ständiger Sorge«, schreibt Simone. »Wenn Sartre in den Zeitungen angegriffen wurde, verstörte sie das zutiefst. Sie geriet völlig aus der Fassung, wenn wir einen Vortrag hielten oder wenn eines von Sartres Stücken aufgeführt wurde. Die Proben verliefen oft stürmisch; wenn sie davon erfuhr, verzehrte sie sich vor Angst und befürchtete, Sartre könnte den Direktor, den Regisseur oder das Publikum verärgern. An Premierenabenden, wenn sie zufällig eine kritische Bemerkung hörte oder wenn ihr der Applaus zu flau erschien, stand sie Qualen aus.« Am meisten aber bekümmerte sie die politische Haltung ihres Sohnes, auch wenn sie von Zeit zu Zeit einer Meinung mit ihm war.

Als die Bombe im Hausflur der Rue Bonaparte 42 explodierte, packten Sartre und Biber gerade ihre Koffer. Sie wollten den Sommer in Rom verbringen. Simone hoffte, er würde weniger arbeiten, wenn er erst einmal von zu Hause weg wäre, aber der Tod Merleau-Pontys und das Eintreffen von Frantz Fanon in Rom brachten ihm wieder neue Aufgaben. Merleau-Ponty war so alt wie Simone, dreiundfünfzig, und Sartre beschloß, eine Ausgabe der *TM* seinem alten Freund zu widmen, der mit ihm gemeinsam die große Zeit des Existentialismus erlebt hatte. Er schluckte Corydran, bis er abends nichts mehr hörte und sah, und schilderte seine Freundschaft mit Merleau-Ponty und dadurch auch die Geschichte der *Temps modernes*.

Fanon war ein todkranker Mann, überzeugter Revolutionär und gehörte der provisorischen Exilregierung der Republik Algerien an. Er war auf Martinique geboren, arbeitete als Psychiater und entwickelte sich zu einem eigenwilligen Marxisten und Wortführer der Befreiung der Dritten Welt. In den fünfziger Jahren hatte er in den algerischen Krankenhäusern Unterdrückung und Leid kennengelernt. Er hatte sowohl die Folterknechte als auch ihre Opfer behandelt und die Theorie entwickelt, daß die Geisteskranken, die er mit eigenen Augen gesehen hatte, ein Nebenprodukt des Kolonialismus waren. Fanon wurde von der französischen Polizei verfolgt und litt an Leukämie. Über Lanzmann bat er Sartre, ein Vorwort zu seinem Buch *Les damnés de la terre (Die Verdammten dieser Erde)*[4] zu schreiben. Fanon wollte nach Norditalien, um dort eine Kobaltbestrahlung über sich ergehen zu lassen. Er und seine Frau Josie, eine Französin, trafen sich mit Sartre und Simone in Rom, wo sie zusammen aßen. Fanon hatte Fieber und sagte, die Franzosen würden innerhalb der nächsten achtundvierzig Stunden in Tunesien einmarschieren. Als Simone, die darauf bestand, daß Sartre Ruhe brauchte, morgens um zwei Uhr die Unterhaltung abbrach, wurde Fanon ärgerlich. Kein Mitglied der Exilregierung, er selbst nicht ausgenommen, schliefe mehr als zwei Stunden. Später sagte er zu Lanzmann: »Ich gäbe zwanzigtausend Francs, wenn ich zwei Wochen lang von morgens bis abends mit Sartre sprechen könnte.« Noch drei Tage führten sie ihre Marathongespräche fort, und als

Fanon von seiner Behandlung nach Rom zurückkehrte, unterhielten sie sich noch einmal einen ganzen Tag miteinander. Fanon besaß einen messerscharfen Intellekt und einen ausgeprägten Sinn für schwarzen Humor. Er erklärte, scherzte, fragte Sartre und Biber aus und erzählte Geschichten. Sartres Vorwort zu *Die Verdammten dieser Erde* war der politisch extremste Text, den er je verfaßt hat; in ihm erklärte er seine vollkommene Solidarität mit den algerischen Freiheitskämpfern und mit dem Kampf aller unterdrückten Völker. Es entbehrt nicht einer gewissen Ironie, daß Josie Fanon Sartres Vorwort aus der Ausgabe von 1968 herausnahm, weil sie mit seiner Haltung gegenüber dem arabisch-israelischen Krieg von 1967 nicht einverstanden war.

Die italienische Hauptstadt wurde ihnen zur zweiten Heimat. Sartre und Biber verbrachten vier Monate im Jahr in Rom und kehrten im Dezember nach Paris zurück. Gewöhnlich wohnten sie in einem Doppelzimmer in der Albergo Nazionale an der Piazza di Monte Citorio. Sie schliefen lange, verbrachten den Morgen mit Arbeit; nachmittags gingen sie spazieren, und die Abende dehnten sie bis weit in die Nacht aus. Häufig saßen sie an der Piazza Sant'Eustachio bei einem Drink, jedenfalls so lange, bis ihnen dort der Lärm und die Händler nicht mehr gefielen und sie sich lieber an der Piazza Santa Maria in Trastevere aufhielten. Sie liebten den Springbrunnen und das verblaßte Gold der Mosaike der Kirche. Oder sie gingen zur Piazza Navona, in die sie sich vor vierzig Jahren auf den ersten Blick verliebt hatten. Als diese Piazza von Autos, Bussen mit Touristen und von Luftballonverkäufern überschwemmt wurde, entwickelte sich der Platz vor dem Pantheon zu ihrem neuen Lieblingsort. Häufig baten Leute sehr höflich, wie Simone fand, um ein Autogramm, und junge Männer, darunter Revolutionäre aus Lateinamerika, baten Sartre um eine Verabredung. Manchmal aßen sie bei Carlo Levi, und hin und wieder traf Sartre den Führer der Kommunistischen Partei Italiens, Palmiro Togliatti, einen Marxisten, den Sartre schätzte, weil er sich einen gewissen Grad an Unabhängigkeit von Moskau bewahrt hatte.

Rom gab Simone ein Gefühl der Sicherheit, aber sobald sie wieder in Paris waren, machte ihnen der Algerienkonflikt von neuem zu schaffen. Die OAS hatte de Gaulles Plan der allmählichen Loslösung Algeriens mit Anschlägen auf sein Leben beantwortet. Am 19. Dezember nahmen Sartre und Biber an einer illegalen Demonstration gegen die OAS teil; sie wurden von Lanzmann und einem Journalisten begleitet, in dessen Wohnung gerade eine Bombe explodiert war. Kurz vor Weihnachten hielten Sartre und Biber es für klüger, in eine Wohnung umzuziehen, die sie unter dem Namen von Claude Faux im zehnten Stock eines noch unfertigen Hochhauses am Boulevard Raspail 222 gemietet hatten. Es war gerade noch rechtzeitig. Am 7. Januar 1962 zerstörte eine Sprengladung die oberen Stockwerke des Hauses Rue Bonaparte 42. Die Bombe war in der Etage über Sartres Wohnung gelegt worden, hatte im fünften Stock zwei Wohnungen verwüstet und in der darunterliegenden das Schlafzimmer zerstört. Sartres Wohnung überstand den Anschlag relativ unversehrt, aber unter der Treppe klaffte ein riesiges Loch. Niemand wurde verletzt.

Sartre und einigen anderen »bekannten Persönlichkeiten« wurde Polizeischutz angeboten, und von da an bewachten während des Tages zwei uniformierte Polizisten das Haus am Boulevard Raspail. Sartre fand, daß dieser Polizeischutz erst recht auf ihn aufmerksam machte. Als an der Ecke der Laden eines »Pieds-noirs« in die Luft ging, der sich geweigert hatte, Gelder für die OAS einzutreiben, beauftragte Simone einen Makler, ihnen eine Zweitwohnung zu beschaffen, und sie fanden eine am Quai Louis Blériot, behielten aber auch die Wohnung am Boulevard Raspail.

Durch die Veröffentlichung des Buches *Djamila Boupacha* wurde auch Simone zur Zielscheibe der Terroristen. Eigentlich hatte sie zu dem Buch Gisèle Halimis über das gefolterte Mädchen nur ein Vorwort schreiben wollen, trat aber schließlich als Ko-Autorin auf, um die Verantwortung gegenüber der Justiz mit der Halimi zu teilen.[5]

Und dann, ganz plötzlich, war alles vorbei. Am 18. März 1962 unterzeichneten Abgesandte Frankreichs und die Exilregierung der Republik Algerien das Abkommen von Evian. Es hatte einen sofortigen Waffenstillstand zur Folge und legte die Bedingungen für eine Volksabstimmung in Algerien fest, die über die Zukunft des Landes entscheiden sollte. Die OAS reagierte mit einer neuen Welle von Anschlägen, die in Algerien die Form von blindwütigen Morden und systematischen Sabotageakten annahmen. Aber auch die »Ultras« waren hilflos, als die französische Bevölkerung in Algerien ihren Aufruf, im Lande zu bleiben, ignorierte und in Scharen nach Frankreich floh.

Im April erhielt Sartre einen Brief von einem Vetter seiner Mutter: »Jedesmal, wenn ich Ihren Namen unter denen sehe, die gegen den Atomkrieg kämpfen, fühle ich, wie sehr nahe ich Ihnen stehe«, schrieb der siebenundachtzigjährige Albert Schweitzer aus seinem Krankenhaus in Lambarene, wo er Leprakranke behandelte und wo er über das Bombenattentat in der Rue Bonaparte 42 gelesen hatte. Sartre antwortete ihm. Es war das erste Mal, daß er etwas von dem Sohn seines Großonkels hörte, seitdem er mit Charles Schweitzer das Haus seiner Vorfahren im Elsaß besucht hatte.

Von Lena Zonina, ihrer russischen Übersetzerin und Reisegefährtin, erfuhren Sartre und Biber, daß das algerische Volk mit 5975581 Stimmen gegen 16534 für die Unabhängigkeit gestimmt hatte. Am 1. Juni waren sie als Gäste des sowjetischen Schriftstellerverbandes in Moskau eingetroffen. Man sorgte viel großzügiger für ihre Unterhaltung als 1954, in jenem Jahr, als Sartre allein in der Sowjetunion gewesen war. Die Empfänge waren keine bloßen Trinkgelage mehr und die Essen keine Propagandaveranstaltungen. Sie trafen alte Freunde, darunter Konstantin Fedin, Konstantin Simonow und jüngere Autoren wie Jewgenij Jewtuschenko und Andrei Wosnesensky. Man lud sie in russische Wohnungen ein und stellte ihnen einen Wagen mit Chauffeur zur Verfügung. Sie besuchten Rostow, Kiew und Leningrad. Auf einer Abrüstungs- und Friedenskonferenz in Moskau sprach Sartre von der Notwendigkeit, die Kultur zu »entmilitarisieren«.

Sie fuhren über Polen zurück und verbrachten den Rest des Jahres 1962 in Rom. Sartre beendete *Les mots (Die Wörter)* und Biber *Der Lauf der Dinge*. Die einzig unangenehmen Ereignisse in diesem ersten Friedensjahr, nachdem der Algerienkrieg 14500 französische Soldaten und ungefähr 150000 Moslems das Leben gekostet hatte, waren der Film über Freud und die Filmfassung von *Die Eingeschlossenen von Altona*, die Vittorio De Sica gemacht hatte. Huston hatte den Freudfilm gegen Ende des Jahres 1961 in München und Wien gedreht, Montgomery Clift spielte Freud und Susannah York die Patientin, in der sich nach Sartres Idee mehrere von Freud behandelte Personen vereinten. Sartre war entsetzt über die Qualität des Films, und auch Anna

Freud protestierte nachhaltig. Obwohl Charles Kaufman und Wolfgang Reinhardt das Script verantworteten, erwähnten die Kritiker immer noch, daß die ursprüngliche Fassung von Sartre war.[6] Die Filmfassung von *Die Eingeschlossenen von Altona* war noch schmerzlicher. Nachdem er mehrere Bearbeitungen von Jules Dassin (Sartre fand sie gelungen) und Cesare Zavattini abgelehnt hatte, beauftragte der Produzent Carlo Ponti den Drehbuchautor Abby Mann *(Das Urteil von Nürnberg), Les séquestrés* neu zu bearbeiten. Das Ergebnis war ein klischeehafter, unklarer Antideutschlandfilm, in dem die Regie De Sicas sich darauf beschränkte, wie *Time* sagte, »die Kamera auf ein berühmtes Gesicht zu halten und auf das Beste zu hoffen«.[7] Zu diesen berühmten Gesichtern gehörten Maximilian Schell als Franz, Fredric March als Vater, Françoise Prévost als seine Tochter, Robert Wagner als ihr Bruder Werner und Sophia Loren als dessen Frau (außerdem hatte man eine Liebesaffäre zwischen Franz und seiner Schwägerin erfunden und in den Film hineingebracht). Sartre bat darum, in den Vorspann des Films die Zeile »frei bearbeitet nach einem Schauspiel von Sartre« zu übernehmen, aber es gelang ihm nicht, das durchzusetzen. Er hat ihn sich nie angesehen.

Sein Buch *Die Wörter* hatte für Sartre mehrere Ebenen: Es war ein Bericht über die Ursprünge des Ich, eine von widersprüchlichen Gefühlen begleitete Erinnerung an die Kindheit und die bittere Erkenntnis, daß hinter der Liebe zu den Wörtern vielleicht nichts anderes stand als eine kindliche Neurose. *Die Wörter* ist eine Auseinandersetzung des reifen Sartre mit seiner Kindheit und sowohl das Spiegelbild einer vergangenen Epoche als auch eine Darstellung seiner Versuche, seine Vergangenheit zu bewältigen. Die erste Fassung hatte er 1954 geschrieben, in dem Jahr, als er sich an der Seite der Kommunisten in die Politik stürzte und gezwungen war, seinen Beruf in Frage zu stellen. »Ich warf mich in eine Atmosphäre der politischen Aktivität und erkannte plötzlich das Wesen der Neurose, die bis dahin meine ganze Arbeit beherrscht hatte«, sagte er 1962, als *Les mots* veröffentlicht wurde. »Simone de Beauvoir hat das übrigens schon viel früher geahnt als ich. Es liegt in der Natur jeder Neurose, daß sie sich selbst für normal hält. Ich habe es einfach als gegeben hingenommen, daß ich zum Schreiben geboren war, und ich habe dreißig Jahre gebraucht, um von dieser Idee loszukommen.«[8] *Die Wörter* war eine logische Folge der Texte über Baudelaire, Mallarmé, Genet und Flaubert. Sie alle überprüften, warum ein Kind oder ein Jugendlicher den Wunsch haben sollte, Schriftsteller zu werden. Wie Freud war auch Sartre davon überzeugt, daß *alles* im Dasein einer Person etwas bedeutet und daß nichts im Leben wirklich zufällig geschieht. Mit Marx stimmte er darin überein, daß das Individuum weitgehend ein Produkt seiner Umwelt ist, glaubte aber persönlich auch daran, daß in der Kindheit bereits Vorurteile und Verirrungen entstehen (eine These, die von den Marxisten gewöhnlich vernachlässigt wird), die über das Milieu des Individuums allein nicht erklärt werden können.

In Sartres Gesamtwerk hat *Die Wörter* eine Ausnahmestellung, was sofort von allen erkannt wurde. Er hatte es »Madame Z« gewidmet (Lena Zonina, die russische Ausgabe wurde schon ein Jahr nach dem Erscheinen des Originals veröffentlicht). Der dünne, nur einhundertundsiebzig Seiten starke Band wurde außerordentlich gut aufgenommen. Die Kritiker waren sich darin einig, daß Sartre zwar mit der Literatur ins Gericht ging, aber zugleich mühelos ihre Mittel beherrschte. Sie sahen darin seine Rückkehr zur Literatur, ein stilistisch bestechendes Buch und von einem Sartre geschrieben, der wohl nie klarer formuliert hatte. *Die Wörter* galt sofort nach seinem Erscheinen als ein Klassiker unter den Autobiographien, und es war offensichtlich, daß dieses Buch ein ausschlaggebender Faktor für den Entschluß der Schwedischen Akademie war, Sartre 1964 den Nobelpreis für Literatur zu verleihen. Der ungewöhnlichste Kommentar zu *Les mots* kam von Anne-Marie. Die einundachtzigjährige Mutter Sartres sagte: »Poulou hat seine Kindheit überhaupt nicht verstanden.«

Im Nachwort ihres Buches *Der Lauf der Dinge* schreibt Simone: »In meinem Leben habe ich einen unbestreitbaren Erfolg zu verzeichnen: meine Beziehung zu Sartre. In mehr als dreißig Jahren sind wir nur einen Abend im Streit schlafen gegangen.« Dieser Abend fiel in die Zeit, als das Eifersuchtsdrama wegen Olga Kosakiewicz seinen Höhepunkt erreicht hatte. Simone hatte noch nicht gelernt, ihre Eifersucht und, wie sie es nannte, ihren »spontanen Besitzanspruch« zu bezähmen. Außer auf Reisen schliefen sie immer getrennt. Da sie als Lehrer an entgegengesetzten Enden Frankreichs arbeiteten, wurde es ihnen leichtgemacht, sich daran zu gewöhnen. In ihren mittleren Lebensjahren, die angefüllt waren mit Arbeit, fanden sie zu dieser vertrauten Gewohnheit zurück, weil Sartre, von seinen Amphetaminen aufgeputscht, immer ein Nachtarbeiter war. Es mag ironisch klingen, aber erst im Alter, als Sartres schwaches Augenlicht es ihm schwermachte, nach einem gemeinsamen Abend in ihrer Wohnung zum Boulevard Raspail zurückzugehen, wurde es Teil ihres Lebens, daß sie auch zusammen schliefen.

Die langen, gemeinsamen Jahre, schreibt Simone in *Der Lauf der Dinge*, hatten das Interesse am anderen nicht gemindert. »Eine Freundin hat einmal gesagt, jeder von uns höre dem anderen mit großer Aufmerksamkeit zu. Genauso beharrlich haben wir immer die Gedanken des anderen kritisiert, korrigiert oder für gut befunden, so daß man fast sagen könnte, sie seien unser gemeinsames Eigentum. Wir haben gemeinsame Erinnerungen, Wissen und Eindrücke hinter uns. Um uns die Welt zu erschließen, gebrauchen wir die gleichen Werkzeuge; diese Versuche richten sich nach dem gleichen System und nach den gleichen Kriterien. Sehr oft beginnt einer von uns einen Satz, und der andere beendet ihn. Wenn jemand uns eine Frage stellt, ist es schon geschehen, daß wir die gleiche Antwort formulieren. Der Reiz eines Wortes, einer Empfindung, eines Schattens läßt uns den gleichen inneren Weg einschlagen. Wir kommen zu ein und demselben Schluß, einer Erinnerung, einer Assoziation, die einem Dritten vollkommen unerklärlich ist.«

Denen, die ihr entgegenhielten, daß sie auf der Unabhängigkeit der Frau bestand, ohne selbst jemals allein gelebt zu haben, antwortete sie, daß man Unabhängigkeit nicht mit Alleinsein gleichsetzen könne. Man warf ihr vor, sie sei Sartre in seiner Politik immer gefolgt, und Simone entgegnete darauf, Sartre sei in ideologischer Hinsicht schöpferisch, sie nicht. »Ein wahrer Verrat an meiner Freiheit wäre es gewesen, wenn ich es abgelehnt hätte, seine Überlegenheit in diesem Fall anzuerkennen. Ich hätte mich in eine absichtlich herausfordernde Haltung und in die Unwahrhaftigkeit verrannt, die zum einen das unvermeidliche Ergebnis des Kampfes der Geschlechter und zum anderen das vollkommene Gegenteil geistiger Aufrichtigkeit ist.« Sie sagte, zu viele Frauen hätten *Die Memoiren einer Tochter aus gutem Hause* gelesen, weil es ihnen Spaß machte, die peinlich genaue Darstellung eines Milieus kennenzulernen, ohne sich dabei für ihre, Simones, Anstrengungen zu interessieren, diesem Milieu zu entkommen. Seit dem Erscheinen von *In den besten Jahren* war, wie sie schreibt, ihre Beziehung zu ihren Lesern zweideutig geworden, weil der Algerienkrieg in ihr die Verachtung für das Bürgertum, aus dem sie stammte, intensiviert hatte. Sie gab zu, daß sie nicht mehr wußte, für wen sie eigentlich schrieb oder woran sie sich selbst messen sollte. Abschließend bemerkt sie, daß das einzige, was noch zu erwarten wäre, das Unglück sei. »Entweder werde ich Sartres Tod erleben, oder ich sterbe vor ihm. Es ist entsetzlich, daß man nicht da sein kann, um jemandem über den Schmerz hinwegzuhelfen, den man ihm durch sein Weggehen bereitet hat. Es ist furchtbar, daß er einen verläßt und nie wieder zu einem sprechen wird.« Der abschließende Satz in dem letzten Band ihrer Autobiographie war so rätselhaft, daß sie ihn später erklären mußte. Sie schreibt, daß alle Versprechen ihrer Kindheit erfüllt worden seien, trotzdem habe sie, wenn sie an das junge Mädchen zurückdenke, das sie einmal gewesen war, das Gefühl, betrogen worden zu sein. »Die Versprechen haben sich erfüllt. Aber wenn ich jetzt einen ungläubigen Blick auf dieses so leichtgläubige, junge Mädchen werfe, entdecke ich mit Bestürzung, wie sehr ich betrogen worden bin.«

Den Winter 1962/1963 verbrachten Sartre und Biber in Moskau. Im Sommer kehrten sie nach Hause zurück. Mit Zustimmung Chruschtschows hatte die *Prawda* Jewtuschenkos Gedicht *Stalins Erben* veröffentlicht, der *Nowy Mir* druckte *Ein Tag im Leben des Iwan Denissowitsch* von Alexander Solschenizyn, ein Buch, in dem es um die *Gulags* Stalins ging, und in seinen *Memoiren* ging Ilja Ehrenburg ganz offen auf die westliche Kunst und Kultur ein. Simone gefiel das verschneite Moskau. Am Abend vor Weihnachten luden Simonow und seine Frau Sartre und Biber zu einem Fest in einem Theater ein, wo elegant gekleidete Leute nach Jazzplatten tanzten.

Der eigentliche Grund für diese Winterreise nach Moskau war die Gründung der »Gemeinschaft« der Schriftsteller aus Ost und West. Unter dem Vorsitz des 74jährigen Dichters Giuseppe Ungaretti sollte die Organisation den kulturellen Austausch zwischen Ost und West fördern. Aber in dem Zeitraum von der Gründung bis zu den Sitzungen, die im Sommer in Leningrad stattfinden sollten, bereitete Chruschtschow der kulturellen Liberalisierung ein jähes Ende. Am 8. März verteidigte er Stalin und griff mit Vehemenz den Formalismus und die Abstraktion in der Literatur und den bildenden Künsten an. Ehrenburg wurde am schärfsten von allen kritisiert. In einem privaten Gespräch mit dem Autoren und Journalisten warf Chruschtschow ihm vor, er habe Sartre negativ beeinflußt: Er habe ihn dazu aufgestachelt, aus der Kommunistischen Partei auszutreten. Ehrenburg wandte ein, Sartre habe nie der Partei angehört, aber Chruschtschow ließ sich nicht überzeugen. Sartre und Biber kamen im Juli wieder nach Moskau, und Ehrenburg erzählte ihnen, man habe ihm verboten, den Rest seiner Memoiren zu veröffentlichen, und habe die Herausgabe seiner Werke abgebrochen. Um sich zur Ruhe zu zwingen, arbeitete er viel im Garten.

Chruschtschows kalte Dusche machte den Kongreß, der im August in Leningrad stattfand, zu einer ziemlich banalen Angelegenheit. Die sowjetischen Schriftsteller drückten ihre Verachtung für die westliche Kultur und für den verderbten und korrupten Westen im allgemeinen aus. Fedin verglich den Schriftsteller mit einem Flugzeugpiloten, der seine Passagiere an den richtigen Ort bringen soll. Alain Robbe-Grillet antwortete ihm, daß der Roman kein Transportmittel sei und daß der Schriftsteller »par définition« nicht wisse, wohin er geht. Um zu verhindern, daß der Kongreß zu einem völligen Mißerfolg wurde, baten die sowjetischen Veranstalter Sartre, eine Zusammenfassung der Ereignisse zu geben. Sartre willigte ein, und die Verantwortlichen überredeten Chruschtschow, eine Abordnung des Kongresses in seinem Haus in Georgien zu empfangen. Nachdem sie noch zwei Tage in Moskau verbracht hatten, flogen Sartre, Biber, Ungaretti, Angus Wilson, fünf weitere Schriftsteller aus dem Westen und einige russische Autoren mit leerem Magen aus Moskau ab. Später zwängte man sie in einen Bus und brachte sie zu dem Besitz Chruschtschows, von dem aus man, da er auf einer Anhöhe lag, das Schwarze Meer sehen konnte. Da Chruschtschow sie eingeladen hatte, war Simone davon überzeugt, daß er ihnen freundlich begegnen werde; statt dessen beschimpfte er sie als Handlanger des Kapitalismus. Nach diesem Ausbruch nahm er sich jedoch zusammen und sagte: »Nun, schließlich sind auch Sie gegen den Krieg, wir können also wenigstens miteinander essen und trinken.« Das Essen war ausgezeichnet, aber Chruschtschow blieb mürrisch. Später erfuhr Sartre, daß der Generalsekretär der Kommunistischen Partei Frankreichs, Maurice Thorez, ein paar Stunden vor ihrem Eintreffen bei Chruschtschow gewesen war, um ihn vor den gefährlichen Reaktionären zu warnen, die er empfangen wollte.

Anscheinend war selbst eine Beschimpfung durch Chruschtschow noch ein Privileg, denn plötzlich hatten Sartre und Biber das Gefühl, als gestehe man ihnen den Status sehr bedeutender Persönlichkeiten zu. Sie durften reisen, wohin sie wollten. Mit Lena Zonina besuchten sie die Krim, Georgien und Armenien von Jalta bis Tiflis und Eriwan, wo sie über die türkische Grenze hinweg im Nebel den Ararat erkennen konnten.

Sie planten, den Rest des Jahres in Rom zu verbringen, und hatten sich gerade im Albergo Nazionale einquartiert, als Simone einen Anruf aus Paris erhielt. Ihre siebzigjährige Mutter war gefallen und hatte sich ein Bein gebrochen. Freunde hatten sie in ein Krankenhaus gebracht.

Simone kehrte sofort nach Paris zurück. Man stellte fest, daß Françoise de Beauvoir Krebs hatte. Da sie immer Angst davor gehabt hatte, an dieser Krankheit zu sterben, sagte man ihr nicht die Wahrheit, sondern ließ sie in dem Glauben, sie leide an einer Entzündung der Magenwand. Ihr Fall wurde als aussichtslos bezeichnet. Poupette saß zusammen mit Simone am Sterbebett ihrer Mutter. Das Ende war furchtbar. Poupette sprach mit einer Krankenschwester über die Leiden ihrer Mutter während der letzten zwei Wochen, und die Schwester sagte: »Ich versichere Ihnen, Madame, sie hatte einen sanften Tod.«

Diese Äußerung der Schwester wurde der Titel zu Simones Buch über den Tod ihrer Mutter. *Une mort très douce (Ein sanfter Tod)* ist eines der kürzesten Werke von Simone de Beauvoir.[9] Sartre hat es als ihr bestes bezeichnet. Es ist die manchmal geradezu quälende Krankheitsgeschichte einer alten Frau, die in einem modernen Krankenhaus an Krebs stirbt. Der Gegensatz zwischen dem Elend des Sterbens – den Tränen, Schreien, Schmerzen, dem Eiter, beschmutzten Laken und Erbrechen – und der kühlen Zweckbestimmtheit des Sterbezimmers mit seinen am Körper befestigten Instrumenten und mit seinen gutgekleideten, beinahe herablassend wirkenden Technikern, alle diese Dinge werden nebeneinandergestellt. *Ein sanfter Tod* ist außerdem ein glühender Angriff auf das französische Bürgertum und stellt dem Mitleid für den leidenden Körper eine spöttische Verachtung für die Wertmaßstäbe gegenüber, die für die sterbende Frau bis zu ihrem Tod gültig waren. Der Betrug, den man beging, indem man der Sterbenden nicht die Wahrheit über ihre Krankheit sagte, wird zum Bestandteil der bürgerlichen Lüge, die sie gelebt hat.

Sartre war Chruschtschow eine Antwort schuldig. Im November wurden er und Simone vom tschechischen Schriftstellerverband eingeladen, und Sartre nutzte die Gelegenheit, indem er erklärte, daß kein Dialog zwischen Ost und West möglich sei, wenn ein Teil der westlichen Schriftsteller von ihren Kollegen aus dem Osten als »dekadent« bezeichnet würde. Er erwähnte die drei Schriftsteller, die der Kongreß vor drei Monaten in Leningrad zu »Dekadenten« degradiert hatte, nämlich Freud, Kafka und Joyce, und sagte, sie hätten ihn zum Kommunismus gebracht. »Wir Linke aus dem Westen können nicht hinnehmen, daß einige der wichtigsten Autoren, die uns mit geformt haben, als dekadent bezeichnet werden. Das heißt nämlich, daß Sie unsere Vergangenheit verurteilen und daß Sie jeden unserer möglichen Beiträge bedeutungslos machen.« In der Öffentlichkeit verhielten sich seine Gastgeber höflich und liebenswürdig, und im privaten Bereich reagierten sie, wie 1957 auch ihre polnischen Kollegen, mit überschäumender Herzlichkeit. Antonin Liehm, ein Essayist und Journalist, der eine Anzahl französischer Bücher ins Tschechische übersetzt hatte, wurde ihr Freund. Sie lernten Milan Kundera näher kennen, veröffentlichten eine seiner grausamen, ironischen Kurzgeschichten in *Les Temps modernes* und trafen den noch sehr jungen Václav Havel, Eduard Goldstücker, Karel Kosik und andere, die ihnen wertvolle Informationen über den »fetischierten Marxismus« lieferten. Die wirtschaftliche Lage in der Tschechoslowakei war schlecht. Um das zu ändern, hatten die Führer des Landes ein neues System erarbeitet, das die Produktion den Bedürfnissen und den Rohstoffquellen des Landes anpassen sollte. Aber diese Reformen waren unvereinbar mit der Zentralisierung der Macht, da sie eine gewisse Liberalisierung verlangten. Vor seiner Abreise aus Prag nahm Sartre an der tschechischen Premiere von *Les séquestrés d'Altona* teil.

Das große Ereignis im Jahre 1964 war die Verleihung des Nobelpreises. Der erste Hinweis darauf, daß er Sartre in jenem Jahr verliehen werden sollte, kam am 15. Oktober von einem Korrespondenten des *Aurore* aus Stockholm. Sartre schrieb umgehend eine Erklärung, die am 22. Oktober in Stockholm von einem Vertreter seines schwedischen Verlegers in schwedischer Sprache vorgetragen wurde. »Aus persönlichen Gründen möchte ich nicht auf der Liste der möglichen Preisträger erscheinen«, schrieb er und fügte hinzu, daß seine Ablehnung nicht dahingehend verstanden werden dürfe, daß er der Schwedischen Akademie nicht große Hochachtung entgegenbringe.

Sartre und Biber saßen im L'Oriental auf dem Montparnasse und aßen Schweinebrust, als ein Journalist sie aufspürte und ihnen erzählte, daß man Sartre den Nobelpreis für Literatur verliehen hatte. Warum hatten sich die schwedischen Akademiker über seine Ablehnung hinweggesetzt? Er wüßte es nicht, sagte Sartre zu Journalisten. Jetzt war es an ihm, sein Verhalten näher zu erklären. In einer sehr sorgfältig aufgesetzten Stellungnahme, die ins Schwedische übersetzt, in Stockholm vorgetragen und in Frankreich von der Agence France-Presse verbreitet wurde, schrieb er, der persönliche Grund für sein ablehnendes Verhalten sei darin zu sehen, daß er noch niemals eine öffentliche Auszeichnung angenommen habe und daß er aus politischen Gründen nicht wolle, daß man ihn zu einem Anhänger einer der beiden Seiten stempele, die mit ihrem ideologischen Kampf Europa in zwei Hälften teilten. »An der kulturellen Front hat heute nur der Kampf Gültigkeit, der die friedliche Koexistenz zwischen der östlichen und der westlichen Kultur im Auge hat«, schrieb er. »Damit meine ich nicht, daß wir einander unbedingt umarmen sollten. Ich weiß sehr wohl, daß die Konfrontation notwendigerweise zu einem Konflikt führt, aber er sollte unter den Individuen und den Kulturen ausgetragen werden, ohne daß sich Institutionen dazwischenstellen. Ich persönlich empfinde den Widerspruch zwischen den beiden Kulturen sehr stark, denn ich bin ein Produkt dieser Widersprüche.«[10]

Er sagte weiter, er verstehe sehr gut, daß der Preis nicht als einer des westlichen Lagers und seiner Ideologie gesehen werden könne, dennoch würde er aber als solcher verstanden, weil Ereignisse, die außerhalb des Einflußbereiches der Schwedischen Akademie lägen, ihn zu dem gemacht hätten, was er sei. »Es ist bedauerlich, daß der Nobelpreis an Pasternak und nicht an Scholochow verliehen worden ist, daß nur die im Ausland verlegten sowjetischen Werke ausgezeichnet werden können, während sie im eigenen Land nicht erscheinen dürfen. Man hätte mit nur einer Geste eine andere Richtung einschlagen können, um das Gleichgewicht wiederherzustellen. Als wir während des Algerienkrieges das ›Manifest der 121‹ unterzeichneten, hätte ich den Preis dankbar angenommen, weil er dann nicht nur mich, sondern auch die Sache geehrt hätte, für die wir damals kämpften: Die Freiheit.« Anschließend sagte Sartre, daß ihn der Gedanke an die 250000 Kronen, mit denen der Preis dotiert war, quäle. Sie anzunehmen hieße, mit ihnen eine wichtige Sache unterstützen zu können wie z. B. »das Anti-Apartheid-Komitee in London«. Den Preis abzulehnen bedeute, dieser Art von Organisation die finanzielle Unterstützung zu versagen, die sie brauchte.

Sartre wollte sich nicht in den Massenmedien zu der Angelegenheit äußern, bevor seine Stellungnahme die Schwedische Akademie in Stockholm erreicht hatte. Er hielt sich in Simones Wohnung versteckt. Abends um sechs Uhr aber rief Anne-Marie vom Boulevard Raspail 222 aus an und sagte, sie werde von der Presse förmlich belagert. Um Mitternacht gab Sartre nach und ließ sich interviewen und fotografieren. Am nächsten Morgen, als er in seine Wohnung zurückkehrte, parkte vor dem Haus ein Aufnahmewagen des Fernsehens.

Die Reaktionen auf seine Ablehnung waren größtenteils negativ. Der katholische existentialistische Philosoph Gabriel Marcel nannte Sartre einen »chronischen Abwerter aller Dinge und systematischen Blasphemiker«.[11] André Breton sah in der Ablehnung des Preises einen Propagandaerfolg des Ostblocks. Aber am schmerzlichsten waren für Sartre die Briefe, die arme Leute ihm schickten. »Sie schreiben verletzende Briefe und fordern alle das gleiche: ›Geben Sie mir das Geld, wenn Sie es nicht wollen.‹«[12] Auch in Moskau wurde sein Verhalten mißverstanden. Sartres liberale Freunde im Schriftstellerverband glaubten, er habe sich auf die Seite der Stalinisten gestellt, weil er sein Bedauern darüber aussprach, daß man Boris Pasternak den Nobelpreis verliehen hatte. Kurz vor dem Wirbel um den Nobelpreis war Chruschtschow entmachtet und durch Alexej Kossygin als Ministerpräsident und Leonid Breschnew als Erster Sekretär des Zentralkomitees der KPdSU ersetzt worden.

Zwei Monate vorher hatte Präsident Johnson Nordvietnam bombardieren lassen, weil angeblich nordvietnamesische Torpedoboote im Golf von Tonkin einen amerikanischen Zerstörer angegriffen hatten. Im März 1965 protestierte Sartre zum erstenmal gegen diesen Krieg, als er es ablehnte, in die Vereinigten Staaten zu reisen und dort eine Vorlesungsreihe über Flaubert und Philosophie zu halten. Seine Ablehnung war endgültig, um so mehr, als die Armee der USA den Konflikt noch verschärfte. Als im April 1965 amerikanische Kampftruppen in Südvietnam landeten und siebzehn Nationen Friedensverhandlungen verlangten, sagte er, es sei das gleiche wie im Falle Algeriens. Man müsse den Vietcong als vollwertigen Vertreter anerkennen, genauso wie die französische Regierung gezwungen gewesen sei, mit der Exilregierung Algeriens zu verhandeln. Einer Antikriegsversammlung in Boston schickte Sartre ein Telegramm, in dem er den amerikanischen Intellektuellen mehr Erfolg wünschte, als ihre französischen Gesinnungsgenossen in der Algerienfrage gehabt hatten.

»Aber auch wenn Sie keinen Erfolg haben sollten, wird Ihre Demonstration nicht vergeblich gewesen sein. Sie kommt zu einem Zeitpunkt, in dem verantwortungslose Männer der Welt einen widerwärtigen Eindruck Ihres Landes vermitteln.«[13]

Playboy und *Vogue* brachten ein ausführliches Interview mit Sartre, und zur gleichen Zeit schrieb Nelson Algren für *Harper's* eine etwas merkwürdige Rezension zu *Der Lauf der Dinge*. Das Interview mit dem *Playboy* reichte von der Generationslücke über die Politik der Gaullisten bis hin zum »nouveau roman« und den Werken Jean Genets. Am interessantesten war Sartres Feststellung, daß er sich immer mit attraktiven Frauen umgeben hatte, weil häßliche Frauen ihn abstießen. »Das gebe ich zu, und es beschämt mich.«[14] Er sagte, er ziehe die Gesellschaft von Frauen der von Männern vor, weil er die Männer in der Regel langweilig finde. Sie hätten eine nur beschränkte Sensibilität und ergingen sich zu gern in Fachsimpeleien. Die Frauen dagegen hätten Eigenschaften, die aus ihrer Situation herrührten, aus der Tatsache, daß sie beides seien: Sklavin und Komplizin. Das Interview mit der *Vogue* war eine Liebeserklärung an Simone.[15] Als man ihn fragte, was er von ihr als Frau halte, sagte Sartre: »Ich glaube, sie ist schön. Ich habe sie schon immer schön gefunden, auch damals, als ich sie zum erstenmal sah und sie einen entsetzlichen kleinen Hut trug. Ich wollte sie um jeden Preis kennenlernen, weil sie schön war, weil sie ein Gesicht hatte und es immer noch hat, das mich anzieht. Das Wunderbare an Simone de Beauvoir ist, daß sie den Intellekt eines Mannes und die Empfindsamkeit einer Frau besitzt. Sie sehen an meiner Äußerung, daß ich immer noch etwas feudal bin. In ihr habe ich alles gefunden, was ich mir nur wünschen konnte. Außerdem haben wir uns nie wirklich gestritten, nur über unwichtige Dinge. Zum Beispiel 1939 in Neapel, da glaubten wir, uns darüber streiten zu müssen, ob die Neapolitaner verpflichtet wären, in den Häusern zu wohnen, die man für sie gebaut hatte. Der Streit endete damit, daß ich zu ihr sagte: ›Sie sind eine Faschistin‹, woraufhin sie mir antwortete: ›Und Sie, Sie werden es nie zu etwas bringen. Niemals, niemals, niemals!‹«

Algrens Rezension war ein wirres »Um-sich-Schlagen«, wie man sie in einer amerikanischen Literaturzeitschrift wohl nur selten erlebt hat. Sie war voller aus dem Zusammenhang gerissener Zitate, brachte Zeilen aus *Alice in Wonderland* und verglich Simone mit einer Genetikforscherin, die alle freiheitlich gesinnten Spermien zerstört. In dem kursiv gedruckten Schlüsselsatz seines Artikels fragte er: »Wird sie jemals aufhören zu reden?« Ohne sich zu seiner Beziehung zu der Autorin, über die er schrieb, zu bekennen, zitierte Algren Absätze, in denen von ihm die Rede war, und sprach auch über diese »gewisse Art von Treue«, die Sartre und Simone sich in ihrer Zweierbeziehung bewahrt hatten. Er behauptete, sogar Kuppler wären aufrichtiger als Philosophen, und Simone finde nur bei jenen Frauen Anklang, die in ihrem Leben nie etwas gewagt, sondern immer nur eine Art Stellvertreterdasein gelebt hätten. »Kein Chronist unserer Zeit seit Theodore Dreiser hat eine so unbeirrbare Leidenschaft für Gerechtigkeit mit einer so beklemmenden Langweiligkeit in sich vereint wie Madame de Beauvoir.«[16]

Am 26. Januar 1965 beauftragte Sartre seine Anwälte, für ihn die Adoption von Arlette Elkaim einzuleiten. Zur gleichen Zeit kehrte er zum Theater zurück, und zwar nicht mit einem eigenen Stück, sondern mit einer Bearbeitung von Euripides' Tragödie *Die Troerinnen*. Michel Cacoyannis führte Regie in diesem Stück, das im Théâtre national populaire aufgeführt wurde. *Les Troyennes* ist ein Bekenntnis gegen den Krieg. Sartre modernisierte das Stück und machte aus Troja ein Symbol für den Kampf der Dritten Welt um die Befreiung vom Kolonialismus. Eine Woche nach der Premiere gab ein Gericht die Adoption Arlette Elkaims durch Sartre frei.

Die *Temps modernes* kehrten in aller Stille zu Gallimard zurück, nachdem sie von Malraux 1947 aus dem Verlag verbannt worden war, weil sie de Gaulle mit Hitler verglichen hatte. Die achtzehn Jahre, in denen *TM* vom Verlag Julliard herausgegeben worden war, verliefen glücklich und ohne besondere Vorkommnisse, endeten aber in einer Meinungsverschiedenheit zwischen Sartre und dem Cheflektor Christian Bourgeois.

Simone und Sartre verbrachten einen weiteren Sommer in der Sowjetunion, und ohne sie machte er einen Abstecher nach Helsinki, um an dem Weltkongreß für Frieden, nationale Unabhängigkeit und allseitige Abrüstung teilzunehmen. Dieser Kongreß fand zu dem Zeitpunkt statt, als Präsident Johnson den Befehl gab, die amerikanischen Truppen in Südvietnam zu verstärken, und in den Vereinigten Staaten die Wehrpflicht verschärfte. Die chinesische Kommunistische Partei verurteilte die angebliche Neutralität der Russen im Vietnamkonflikt und bezeichnete sie als Kollaborateure und Revisionisten. Die Feindseligkeit zwischen China und Rußland hatte Sartres und Simones russische Freunde davon überzeugt, daß die Chinesen sich darauf vorbereiteten, in die Sowjetunion einzumarschieren. Chruschtschows Sturz schien kulturell ein neues Tauwetter einzuleiten. Solschenizyn und Ehrenburg wurden wieder veröffentlicht, und auch Pasternak wurde neu aufgelegt. Kafka, auch wenn seine Bücher noch nicht übersetzt worden waren, bezeichnete man jetzt als ein Opfer des Kapitalismus und nicht mehr als einen dekadenten Pessimisten.

Sartre und Biber besuchten Litauen, wo die Abgesandten des Schriftstellerverbandes ihnen nicht von der Seite wichen. Als sie wieder in Moskau waren, erzählte Ehrenburg ihnen, daß die wichtigste Verlagsform in der UdSSR inzwischen der »Samizdat« sei. Autoren, die von der Zensur zum Schweigen verurteilt waren, ließen ihre Texte von Freunden mit der Maschine schreiben und vervielfältigen. Diese äußerst interessante Geheimliteratur entwickelte sich neben der offiziellen, sagte Ehrenburg. Solschenizyn weigerte sich, Sartre zu treffen, anscheinend weil Sartre ein Autor war, dessen Bücher in der UdSSR legal veröffentlicht wurden. Es war nicht leicht, es den Russen recht zu machen.

Das Internationale Bertrand-Russell-Tribunal gegen die Kriegsverbrechen war nicht sosehr eine Idee des dreiundneunzigjährigen Philosophen, sondern mehr die von Ralph Schoenman, einem jungen Amerikaner, der seit 1960 die »linke Hand« Russells war. So jedenfalls bezeichneten ihn seine Feinde, und das waren nicht gerade wenige. Schoenman war ein staksiger Jüngling, vierundzwanzig Jahre alt, hatte in Princeton Philosophie studiert und seine Ausbildung nach seinem Examen an der London School of Economics fortgesetzt. Von London aus hatte er einen Brief an Russell geschrieben, in dem er von der Notwendigkeit atomarer Abrüstung sprach. Kurz darauf fuhr er per Anhalter nach Nordwales, um sich dort mit Russell zu treffen. Im Laufe der nächsten Jahre gewann Schoenman wachsenden Einfluß auf Russell. Er begann in Wales als Sekretär Russells, dann wurde er zu dessen Sprachrohr in London und zum Sekretär der Bertrand-Russell-Friedensstiftung und unternahm als persönlicher Vertreter Russells oder als Beauftragter der Stiftung ausgedehnte Reisen.

Im Sommer 1965 tauchte Schoenman auf dem Weltfriedenskongreß in Helsinki auf und bewog die Organisatoren, ihn eine »Stellungnahme« Bertrand Russells verlesen zu lassen. Die Zuhörer, die Russell kannten, fanden diese »Stellungnahme« völlig untypisch für den britischen Philosophen. Nachdem er den Text vorgetragen hatte und der Vorsitzende schon den nächsten Redner aufrufen wollte, erklärte Schoenman, er wünsche eine Stellungnahme der Russell-Stiftung zum Beitrag der amerikanischen Delegation vorzutragen. Das war schon am Abend vorher geschehen, und so wurde Schoenman zur Ordnung gerufen. Aber da er das Mikrofon gerade in der Hand hielt, machte er weiter, bis der Vorsitzende über den Tisch griff und es ihm mit Gewalt wegnahm. Man drohte Schoenman damit, diese Zwischenfälle an die Öffentlichkeit zu bringen, und so versprach er, »sich in Zukunft weniger gewalttätig und unmanierlich zu benehmen«. Seine zügellose Begeisterung hatte in England ähnliche Folgen, als er versuchte, Publicity für die Stiftung zu machen. »Es war schmerzlich, am Montag miterleben zu müssen, wie Russell langsam versuchte, sich einen Weg durch einen vorbereiteten Text zu bahnen, der über die grundlegenden Fakten hinwegging, die Wahrheit nicht berührte und das Falsche vorschlug und der schließlich nur noch versteckte Anspielungen brachte statt klarer Anklagen«, berichtete *The Economist* über eine Rede Russells im Jahre 1965. »Neben ihm saß Ralph Schoenman, der antiamerikanische Amerikaner. Er arbeitet als Sekretär Lord Russells, und man wird, solange er nicht das Gegenteil beweist, ihn für den Verfasser des Unsinns halten dürfen, für den der alte Mann die Verantwortung übernimmt.«[17]

Als M. S. Arnoni, der Herausgeber der radikalen amerikanischen Zeitschrift *Minority of One*, 1965 vorschlug, ein Tribunal einzuleiten, das sich speziell mit Vietnam befassen sollte, antwortete Russell, diese Idee sei sehr »attraktiv«, erfordere aber Zeit und Geld, und außerdem gingen die Dinge in Südostasien sehr schnell voran. Anfang 1966 jedoch wurde Schoenman nach Nordvietnam geschickt, um Beweismaterial zu sammeln. Russell selbst begann, für das Tribunal eine Jury zusammenzusuchen. »Es gibt stichhaltige Beweise dafür, daß zum größten Teil Schoenman für diese Sinnesänderung Russells verantwortlich war«, schreibt der Biograph Russells, Ronald W. Clark. »Aber wie auf anderen Gebieten verstärkte Schoenman auch in diesem Fall lediglich schon bestehende Strömungen, denn Russell war in den letzten Monaten des Jahres 1965 von den ständig zunehmenden Beweisen für die Kriegsverbrechen Amerikas in Vietnam und von der wachsenden Beunruhigung in Amerika selbst tief beeindruckt. Außerdem war er, was seine Feinde ihm nur widerwillig zugestanden, ein Patriot, den die untätige Haltung der britischen Regierung und deren Abneigung gegenüber einer Stellungnahme, die möglicherweise als Kritik an der amerikanischen Politik hätte gewertet werden können, ernsthaft beunruhigte.«[18]

Sartre und Biber hörten zum erstenmal von dem Tribunal, als Schoenman Simone in Paris aufsuchte und wissen wollte, ob sie und Sartre bereit wären, daran teilzunehmen. Wie er sagte, wollte die Russell-Stiftung eine Kommission nach Vietnam schicken und die amerikanische Linke bitten, Unterlagen zu beschaffen. Der Sinn dieser ganzen Sache sei, die Öffentlichkeit in der ganzen Welt und besonders die amerikanische Bevölkerung wachzurütteln. Schoenman versicherte Simone ausdrücklich, daß die Verhandlungen in Paris stattfinden würden. Sartre und sie müßten nicht an allen Sitzungen teilnehmen, sondern könnten Stellvertreter schicken. Man würde sie auf jeden Fall über den Verlauf der Vorgänge informieren, und tatsächlich sei es so, daß man sie lediglich bitte, die letzten drei Tage am Tribunal teilzunehmen. Sie stimmten zu.

Im September und im Oktober waren Sartre und Biber in Japan. Alle ihre Bücher waren ins Japanische übersetzt worden, und *Das andere Geschlecht*, das 1965 als Taschenbuch herausgekommen war, war ein Bestseller. Sie wurden als Berühmtheiten empfangen, man bat sie, Vorträge zu halten, gab offizielle Essen für sie und zeigte ihnen das Land im Stil eines Staatsbesuches. Zum erstenmal in seinem Leben reiste Sartre mit einer Kamera und benutzte sie, wie Simone sagte, »mit dem Eifer eines Japaners«.

Eine neue Literaturströmung etablierte sich, und seit Ende des Jahres wurde Sartre von einem neuen »Ismus« stark beansprucht, der zum größten Teil eine Reaktion auf die dialektische und historische Denkweise war, die er in gewissem Sinne verkörperte. Der Anlaß war eine Sartre-Nummer der *L'Arc*, einer Vierteljahreszeitschrift, die in Aix-en-Provence verlegt wurde. Er hatte sich bereit erklärt, darin seine Meinung über den »Strukturalismus« darzulegen, der zum Mißfallen der Marxisten immer mehr in den Blickpunkt rückte.

Unter »Strukturalismus« hatten Journalisten zunächst in durchaus abwertender Weise Werke bestimmter Autoren zusammengefaßt, darunter Roland Barthes' *Nouvelle critique*, die Ethnologie von Claude Lévi-Strauss, Jacques Lacans psychoanalytische Untersuchungen und Michel Foucaults Sprachphilosophie. Die Autoren des »nouveau roman« hatten die Absicht, das »Schicksal der Menschheit«

zu erklären, ganz aufgegeben. Sie standen damit in Opposition zu dem Typ des Romans, wie ihn T. E. Lawrence, Malraux und Bernanos vor dem Krieg repräsentiert und Sartre und Camus während des Krieges und in der Nachkriegszeit weitergeführt hatten. Alain Robbe-Grillet, Michel Butor und Nathalie Sarraute hatten nicht das gleiche Empfinden für Tragik wie ihre älteren Kollegen, und es fiel ihnen ziemlich leicht, auf die Darstellung des Menschen und seines Schicksals zu verzichten. Sie wollten nicht, daß ihre Romane dem Leben eine Bedeutung oder Erklärung gaben, sondern beabsichtigten lediglich die Darstellung eines Stücks Welt oder einer »Struktur« aus der Sicht einer individuellen Erfahrung. Tatsächlich waren ihre Romane angewandte Beispiele der Phänomenologie der Heidegger- und Sartre-Tradition, ein »Ausklammern« metaphysischer Urteile und Bedeutungen. Sartre selbst hatte in seinem Vorwort Nathalie Sarrautes Roman *Portrait d'un inconnu* für seine »protoplasmische Betrachtungsweise unseres Innenlebens« gelobt.[19] Er sagte, der Roman sei keine Erzählung mehr, denn wenn man eine Erzählung schreiben will, muß man seinen Stoff beherrschen; das phänomenologische Bewußtsein kann diesen Anspruch nicht erheben. Es steht nicht »über« der Struktur der Welt, was es dazu befähigen würde, psychoanalytische Betrachtungen anzustellen, sondern es ist ein Teil dieser Struktur.

Diese Haltung hatte nicht nur eine literarische, sondern auch eine historische Dimension. In *La pensée sauvage* hatte Lévi-Strauss den historischen Unterbau von Sartres *Kritik* angegriffen und gesagt, die Französische Revolution, so wie wir sie heute sehen, habe nie stattgefunden, und historische Tatsachen könnten kaum als sicherer angesehen werden als irgendwelche anderen. »Wenn die Geschichte nach Bedeutung strebt, wird sie dazu verurteilt, Gebiete, Zeitabschnitte, Menschengruppen und deren Individuen auszuwählen und sie zu diskontinuierlichen Gestalten zu machen, die sich gegen eine Kontinuität abheben, die kaum dazu ausreicht, als Hintergrund zu dienen. Eine wahrhaft umfassende Geschichte würde sich damit selbst widerlegen.«[20]

Es war nicht verwunderlich, daß der Strukturalismus die Marxisten beunruhigte. Auch Marx glaubte, daß der Mensch von seiner Umwelt oder von einer Struktur bestimmt wird. Aber diese Umwelt war nicht statisch, sondern veränderte sich in einer historischen Evolution. Lévi-Strauss und Foucault dagegen lehnten jede Art von Historismus ab, und die neuen Kritiker betrachteten einen Autor »vom Text her«, ohne die Literaturgeschichte in ihre Deutungen einzubeziehen.

Wollte Sartre seine *Kritik* oder seine marxistischen Freunde verteidigen, als er einwilligte, sich von einem Mitarbeiter der *TM*, Bernard Penguin, für den *L'Arc* interviewen zu lassen, oder war er einfach leichtsinnig? Was auch immer das Motiv war, er griff gleich die gesamte Gruppe, Barthes, Foucault, Lévi-Strauss, und die anderen Strukturalisten an, und zwar in dem Punkt, in dem sie übereinstimmten: in ihrer ablehnenden Haltung gegenüber der Geschichte. Sein Argument war einfach. »Die Geschichte *schafft* Strukturen«, sagte er.[21] Die Anthropologie zum Beispiel sei keine statische Wissenschaft, die sich mit erstarrten menschlichen Verhaltensformen beschäftige, sondern eine Auseinandersetzung mit dem sozialen Kräftespiel und folglich auch mit der historischen Kräfteentfaltung. In seinem Streben nach Wissen muß der Mensch als Objekt, als der unbewegliche Gegenstand der Strukturanalyse zu seinem Menschsein, das heißt zu seiner Freiheit, seiner Mobilität und seinem Geschichtsbewußtsein, zurückfinden. Ein Phänomen wird erst dann verständlich, wenn man versucht, es in seiner Totalität, die auch seine Mobilität mit einschließen muß, zu begreifen.

Es war nicht gerade eine von Sartres dialektischen Sternstunden. Der Strukturalismus war keine Ideologie, sondern eine Methode. Trotz seiner geheimnisvollen Terminologie wollte er jede Untersuchung mit jeder nur denkbaren autonomen Struktur beginnen, gleich, ob es nun um das Atom, eine Sprache, einen Volksstamm am Amazonas oder um einen Roman ging. Der Strukturalismus ließ sich nicht mit dem Marxismus vereinbaren, und zwar insofern nicht, als der Marxismus sich eher mit einer sich entwickelnden als mit einer organischen Realität beschäftigte. Der Streit war im Grunde eine Wiederaufnahme der vorsokratischen Auseinandersetzung zwischen Parmenides und Heraklit. Parmenides hat behauptet, es gebe kein »Entstehen oder Vergehen«, und Heraklit war der Auffassung, daß alle Dinge im Strom des Entstehens und Vergehens treiben. Der Strukturalismus war im engeren Sinne nach der Überzeugung R. M. Albérès auch eine Reaktion der neuen Generation, »die aller Mißbräuche der historischen, dialektischen und der genetischen Methode überdrüssig ist. In der Literatur ist diese Haltung das beste Beispiel für eine Reaktion, die sich gegen die Vormachtstellung der Literaturgeschichte wendet, die in der ersten Hälfte des Jahrhunderts geherrscht hatte.«[22] Der *Nouvel Observateur*, *L'Express*, Sollers und Foucault hatten es leicht, Sartre zu überführen, er habe *Les mots et les choses* offenbar nie gelesen. Aber das neun Seiten lange Interview sollte für keine der beiden Parteien das letzte Wort in dieser Angelegenheit sein.

Auch Simone erklärte sich zu dieser Zeit in einem Interview. Es ging dabei um die letzten Zeilen von *Der Lauf der Dinge*, in denen sie schrieb, sich trotz allem Erfolg betrogen zu fühlen. Francis Jeansons schmeichelhafte Biographie *Simone de Beauvoir ou l'entreprise de vivre* brachte im Anhang ein Interview mit ihr. Jeanson fragte sie, ob sie nicht lediglich versucht habe, einen möglichst dramatischen Eindruck zu hinterlassen, indem sie feststellte: »Ich bin betrogen worden.«[23] Sie antwortete, daß diese Äußerung in gewisser Weise und auch in literarischer Hinsicht dramatisch gewesen sei, aber, wie sie gerade in *Tel Quel* gelesen habe, es gebe so etwas wie eine Wahrheit, die »der Wahrheit der Sprache vorausgeht«, überhaupt nicht. Ihre Bemerkung, sie fühle sich vom Leben betrogen, sollte ihre umfassende Einstellung zum Leben umschreiben. »Ich habe immer wie auch Sartre geglaubt, das Leben sei eine vergebliche Suche nach dem Sein, daß wir ständig nach dem Absoluten suchen und niemals über das Relative hinauskommen.« Jugend bedeute in gewisser Weise Versprechungen, und in ihrem Satz »Ich bin betrogen worden« wollte sie die Verwunderung der Erwachsenen ausdrücken, die sich an die Illusionen der Sechzehnjährigen erinnerte.

Im November gaben Russell und Schoenman die Gründung des Internationalen Bertrand-Russell-Tribunals für Kriegsverbrechen bekannt. Schwierigkeiten blieben nicht aus, und vor Jahresende beklagte Schoenman sich in Paris bei Sartre darüber, daß das Exekutivkomitee des Tribunals zusammengetreten war und Richtlinien und Verfahrensweisen diskutiert hatte, ohne ihn davon zu unterrichten. Wenig später mußte er sich dafür entschuldigen, daß er dem Präsidenten des Tribunals, dem jugoslawischen Schriftsteller und ehemaligen Partisanen des Zweiten Weltkrieges, Vladimir Dedijer, keine Dokumente und andere Unterlagen zugeschickt hatte.

Zu diesem Zeitpunkt interessierte Sartre sich besonders für die Aufgabenbegrenzung des Tribunals. Wie er einem Journalisten des *Nouvel Observateur* sagte, sei das Problem nicht, die Moral der Außenpolitik Amerikas in Frage zu stellen, sondern daß man sich Gedanken darüber machen müsse, inwieweit diese Politik kriminell sei, und zwar im Sinne einer sehr eng gefaßten, genauen Definition des Begriffes »Kriegsverbrechen«. Den Imperialismus hatte es in der Geschichte immer gegeben, und er war deshalb juristisch und moralisch nicht zu erfassen. Sartre wandte sich dagegen, so zu tun, als sei das Tribunal ein wirkliches Gericht. Es sei hingegen sinnvoll, sich lediglich als Bürger für das Tribunal einzusetzen und zu versuchen, die Politik eines Landes objektiv zu beurteilen, und zwar in Anlehnung an juristische Präzedenzfälle wie zum Beispiel die Nürnberger Prozesse. Schließlich rechtfertigte er die Tatsache, daß das Tribunal ausschließlich die angeblichen Verbrechen Amerikas und Südvietnams untersuchen und denen der Nordvietnamesen und Vietcong-Soldaten nicht nachgehen wollte. Er sagte, er lehne es ab, »das Vorgehen einer Gruppe armer Bauern, die wie Tiere gejagt werden und gezwungen sind, sich nach straffen Regeln zu organisieren, mit dem Verhalten einer riesigen Armee auf eine Stufe zu stellen, die von einem hochindustrialisierten Land und seinen zweihundert Millionen Einwohnern unterstützt wird«.[24]

Im Januar 1967 fuhr Sartre nach London, um Schoenman und eine ganze Reihe anderer Leute zu treffen, die ebenfalls zum Tribunal gehörten. Darunter waren die Führer der amerikanischen Black-Power-Bewegung, Stokeley Carmichael, der in Polen geborene englische Historiker (und Biograph Trotzkis) Isaak Deutscher, der ehemalige Präsident Mexikos, Lázaro Cárdenas, und der Vorsitzende der britischen Bergbaugewerkschaft, Laurence Daly. Schoenman hatte Schwierigkeiten, ein Land zu finden, in dem das Tribunal stattfinden konnte. Großbritannien schied aus, weil es keinem der Nordvietnamesen, die bereit waren, als Zeugen aufzutreten, gestattete, nach England einzureisen. Dennoch blieb Russell optimistisch. An Dedijer, der sich später Russells Zorn zuzog, weil er ironisch erklärte, die nächste Sitzung würde im Vatikan stattfinden, schrieb er: »Ich schlage vor, im Juli eine Sitzung nach New York einzuberufen, im August nach Japan und im September nach Auschwitz.« Schoenman versuchte, die Schweiz als Ort des Tribunals durchzusetzen.

Sartre und Biber fuhren in den Mittleren Osten, der ebenfalls ein ständiger Unruheherd war. Gab es einen »dritten Weg«? War es möglich, die Kluft zwischen den Israelis und den Arabern durch eine Annäherung der israelischen und der ägyptischen Linken zu überwinden? Sartre gefiel der sozialistische Nationalismus Gamal ad-Din Nassers, und er kündigte an, daß er nach Israel und Ägypten reisen würde und daß die *TM* eine ganze Ausgabe dem israelisch-ägyptischen Konflikt widmen würden. Die Reise war für Dezember 1966 geplant, wurde aber erst im Februar/März des Jahres 1967 verwirklicht. Eine Woche vor dem Ausbruch des Sechstagekrieges ging die besagte Ausgabe der *TM* Ende Mai in Druck.

Sartre und Biber fuhren zunächst nach Kairo, die einflußreiche Zeitung *Al-Ahram* hatte sie dorthin eingeladen. Nach Ausflügen nach Luxor und zum Assuanstaudamm, der noch im Bau war, traf Sartre sich mit Politikern. Simone beschäftigte sich mit den Problemen der Frau und unterhielt sich mit einigen Feministinnen: Ärztinnen, Anwältinnen und Journalistinnen. Gegen Ende ihres Aufenthaltes wurden sie von Nasser auf seinem Regierungssitz empfangen. Drei Stunden sprachen sie miteinander; Nassers Stimme war irgendwie melancholisch. Auf eine Frage Simones sagte er, auch er sei Feminist und habe eine seiner Töchter dazu ermutigt, ihr Studium nicht aufzugeben. Er erzählte ihnen, er glaube an Gott, aber der Islam sei für ihn politisch ein großes Hindernis. Die Frage der Palästinaflüchtlinge bezeichnete er als den Gordischen Knoten des Konflikts. Er schien keineswegs begierig zu sein, einen Krieg zu riskieren.

Nachdem Simone und Sartre in Tel Aviv gelandet waren, sagte Sartre auf einer Pressekonferenz, er fühle sich zwischen zwei widersprüchlichen Freundschaften hin und her gerissen. Der Zweite Weltkrieg habe ihm gezeigt, daß niemand in Europa sich sicher fühlen könne, solange nicht auch die Juden sicher wären. Darüber hinaus habe er sich mit Engagement auf die Seite der Juden gestellt, als diese gegen England gekämpft hätten, um die Gründung des Staates Israel durchzusetzen. Der

Kampf der Algerier aber, in dem es darum ging, das Land vom Kolonialismus zu befreien, habe ihn dazu gebracht, sich mit den Kämpfern der FLN solidarisch zu erklären und mit zahlreichen Arabern Freundschaft zu schließen. »Jetzt, wo die arabischen Länder und Israel sich bekriegen, fühlen wir uns aus den genannten Gründen in unserem Innern gespalten und empfinden den Konflikt als persönliche Tragödie.«[25] Sie wurden von der Histradut, dem israelischen Gewerkschaftsbund, eingeladen, trafen mit Ministerpräsident Levi Eschkol zusammen und besuchten mehrere Kibbuzim, wo Simone erfuhr, daß alte Pionierfrauen, die jetzt in den Sechzigern waren, sich in ihrer Jugend über jeden Unterschied hinweggesetzt und sich wie Männer verhalten hatten. Die jüngeren Frauen dagegen waren der Meinung, daß sie Israel ebenso dienten, wenn sie ihre »Aufgaben als Frau« erfüllten, anstatt mit den Männern zu konkurrieren. Nach ihrem dreiwöchigen Besuch in diesem Land sagte Sartre auf einer Pressekonferenz, der neue Israeli werde als einer der reichsten Menschen in die Geschichte eingehen, wenn man ihm die Möglichkeit biete, sich in Ruhe zu entwickeln, und wenn er selbst es schaffe, seine inneren Widersprüche zu begreifen und sie zu überwinden. Als man ihn fragte, was er zu dem israelisch-arabischen Problem zu sagen habe, bestätigte er noch einmal seine Neutralität und meinte, er erkenne sowohl das Recht der Israelis auf staatliche Existenz als auch das Recht der Palästinenser auf eine Rückkehr in ihr Heimatland an.

Das Internationale Bertrand-Russell-Tribunal für Kriegsverbrechen hatte Schwierigkeiten damit, ein Land ausfindig zu machen, in dem es seine Sitzungen abhalten konnte. Nachdem man in Zürich schon einen Saal gemietet hatte, hatte die Schweizer Regierung das Tribunal wieder aus dem Lande verbannt. Dann zog sich auch Frankreich zurück, und das vorgesehene Hotel machte die Reservierung eines Saales rückgängig. Sartre schrieb an de Gaulle und fragte ihn, ob er die Tagung des Tribunals verhindert habe, weil er es nicht in Paris haben wolle. De Gaulle antwortete mit Ja und titulierte Sartre sehr elegant mit »mon cher maître«. Sartre veröffentlichte den Brief de Gaulles und schrieb dazu, das Tribunal würde auf jeden Fall tagen, und wenn es auf hoher See auf einem Schiff sein müsse.

Sehr zögernd nur gab die schwedische Regierung ihre Zustimmung zur Durchführung des Tribunals in Stockholm; sie tat es nicht, weil sie das Russell-Tribunal respektierte, sondern weil sie die demokratischen Grundsätze Schwedens aufrechterhalten wollte. Russell stand kurz vor seinem fünfundneunzigsten Geburtstag, und es war ausgeschlossen, daß er nach Stockholm kam. Kurz bevor Sartre und Simone mit ihren jeweiligen Vertretern, Claude Lanzmann und Gisèle Halimi, in Stockholm eintrafen, erfuhren sie, daß Schoenman dreimal täglich ziemlich wirre Pressekonferenzen abhielt. Erst als sie sich alle in einem großen Hotel in der Stadt versammelt hatten, gab man ihnen die Zusammensetzung des Tribunals bekannt. Russell war Ehrenvorsitzender, Sartre Vorsitzender, Dedijer leitete die Sitzungen, und Laurent Schwartz, ein französischer Lehrer und ehemaliger Angehöriger der Antikriegsbewegung in Algerien, sollte ihm assistieren. Einige Mitglieder des Tribunals traten erst gar nicht in Erscheinung, so zum Beispiel Daly, Carmichael und James Baldwin. Außerdem gab es einige neue Juroren: David Dellinger, Herausgeber der amerikanischen Zeitschrift *Liberation*, Peter Weiss, der deutsche Autor des *Marat/Sade*, ein philippinischer Dichter, türkische, italienische und japanische Juroren, ein Pakistani, der ein Mitglied des Obersten Gerichtshofes war, ein deutscher Philosoph und zwei Pazifisten aus Japan und Amerika. Außer Simone war Melba Hernández die einzige Frau, die am Tribunal teilnahm. Sie hatte die kubanische Revolution mitgemacht und sagte, nachdem sie die miniberockten und langhaarigen jungen Leute gesehen hatte, die für die Übersetzungen, die Schreibarbeiten und die Protokolle zuständig waren, sie wolle Castro erzählen, daß der Carnaby-Look, der in Kuba streng verboten war, nicht unvereinbar sei mit revolutionärem Eifer.

Nachdem man verschiedene Schnitzer Schoenmans ausgeräumt hatte, der unter anderem auch den schwedischen Ministerpräsidenten angegriffen hatte, und nachdem auch mehrere interne Schwierigkeiten bewältigt worden waren, begannen in einem Saal im Haus des Volkes vor den Kameras des schwedischen Fernsehens die Verhöre. Die Juroren wurden aufgefordert, zwei Fragen zu erörtern: 1. Haben die USA im Sinne des Völkerrechts eine Angriffshandlung begangen? 2. Hat es Bombardierungen rein ziviler Ziele gegeben, und wenn ja, in welchem Ausmaß? Die Feindseligkeit der Presse und der schwedischen Öffentlichkeit nahm ständig zu, während das Tribunal sich die Zeugenaussagen von Pham Van Bac und anderen Vertretern der Nordvietnamesen und des Vietcong anhörte. In den frühen Morgenstunden des 10. Mai kam das Tribunal zu einem Urteil, das die Amerikaner in beiden Fragen für schuldig befand. Die letzte Sitzung sollte am Ende des Jahres stattfinden.

Die Filmfestspiele in Venedig boten eine willkommene Ruhepause. *Le mur* in der Regie von Serge Roullet war das einzige seiner verfilmten Werke, das Sartre wirklich gefiel, und am 5. September nahm er an einer großen, offiziellen Pressekonferenz teil, die dazu beitragen sollte, den Film zu »verkaufen«. Viele Kritiker sahen in Sartres Novelle, in der es um den Idealismus während des Spanischen Bürgerkrieges geht, eine Parallele zu der Faszination, die zur Zeit von den Roten Garden Chinas und ihrer Ideologie ausging. Sartre stimmte dem zu und sagte, das treffe sowohl im besten als auch im schlechtesten Sinne des Idealismus zu.

Der Leiter des Festivals, Luigi Chiarini, fuhr mit ihnen in einem Motorboot zum Lido. An der Anlegestelle nahmen sie einen Fiaker, um sich anschließend mit René Maheu, ihrem alten Freund aus der Ecole Normale, zu treffen, der sie einander im Jahre 1929 vorgestellt hatte. Jetzt war er Präsident der UNESCO und wohnte im Hôtel des Bains, in das Thomas Mann den Schauplatz seiner Erzählung *Der Tod in Venedig* verlegt hatte. Es gefiel ihnen wegen seines Stils, der an die Jahrhundertwende erinnerte. Sie hatten Maheu seit Jahren nicht gesehen. Auf einer Terrasse, von der aus man in einen großen Garten hinabsehen konnte, tranken sie eine Kleinigkeit, und Maheu erzählte ihnen, wie sehr Venedig und seine Lagunen durch die Umweltverschmutzung bedroht war. Die UNESCO versuchte, bei der Erhaltung der historischen Stätten behilflich zu sein.

Zwei Wochen darauf trat in Brüssel das Internationale Bertrand-Russell-Tribunal für Kriegsverbrechen zusammen, und man einigte sich auf Anregung von zwei Dänen darauf, die letzte große Sitzung in Kopenhagen abzuhalten.

Das Tribunal tagte schließlich nicht in Kopenhagen, sondern in einem Gewerkschaftssaal in Roskilde, zwanzig Kilometer von der dänischen Hauptstadt entfernt. Sartre brachte seine Adoptivtochter Arlette

Elkaim und eine weitere Getreue, Gisèle Halimi, mit. Als sie nach Roskilde kamen, erzählte Dedijer ihnen, daß Schoenman mit der Einreise nach Dänemark möglicherweise Schwierigkeiten haben werde. Um so besser, sagten sie sich. Deutscher war inzwischen gestorben, aber gegen Ende der Tagung tauchte Carmichael auf. Drei Punkte standen auf der Tagesordnung: 1. Haben die amerikanischen Streitkräfte neuartige Waffen eingesetzt oder ausprobiert, die durch das Kriegsrecht verboten sind? 2. Werden die nordvietnamesischen Kriegsgefangenen im Widerspruch zum geltenden Kriegsrecht unmenschlich behandelt? 3. Gibt es Versuche zur Ausrottung der Bevölkerung, die juristisch den Tatbestand des Völkermords erfüllen?

Das Urteil war von vornherein klar – die Enthüllungen über die Vorgänge in My Lay im folgenden März waren eine grausige Bestätigung der Kriegsverbrechen – und so war lediglich die Zusammenfassung Sartres als Präsident des Tribunals bemerkenswert. Sartre griff auf die These General William C. Westmorelands zurück, der 1967 behauptet hatte: »Wir führen in Vietnam Krieg, um zu beweisen, daß ein Guerillakrieg sich nicht auszahlt«, und sagte, dieser Krieg sei ein vorbeugender und vorsätzlicher Völkermord, der sich gegen die gesamte Menschheit richte. »Der totale Krieg verlangt ein gewisses Gleichgewicht der Kräfte, eine gewisse Wechselseitigkeit«, faßte er zusammen. »Das vorliegende Beispiel für Völkermord, das jüngste Ergebnis der ungleichen Entwicklung der Nationen, ist ein totaler Krieg, der nur von einer Seite und ohne die geringste Andeutung von Gegenseitigkeit bis zum bitteren Ende geführt wird.«[26]

Als der Krieg 1975 mit dem Zusammenbruch Südvietnams endete und Sartre von *Le Monde* gefragt wurde, was das Internationale Bertrand-Russell-Tribunal für Kriegsverbrechen denn nun ausgerichtet habe, antwortete er: »Nicht sehr viel.« Es habe in den Vereinigten Staaten keine Wirkung gezeigt, und die Sowjetunion habe es auch nicht besonders ernst genommen, sagte er. Die Nordvietnamesen aber hätten ihre ganze Hoffnung darauf gesetzt, und Pham Van Bac spiele in den gegenwärtigen Friedensverhandlungen mit Henry Kissinger eine sehr bedeutende Rolle. »Jeder freie Mensch, der sich für gesellschaftlich wichtige Fragen interessiert, kann gemeinsam mit anderen ebenso freien Menschen zu einem Urteil finden, was wiederum andere dazu bringen kann, sich selbst auch ein Urteil zu bilden. Das Russell-Tribunal hat noch einmal den alten Gedanken bestätigt, daß jeder Mensch sowohl der Richter als auch der Hüter seines Nachbarn ist.«[27]

Sartre, Simone und Arlette kehrten gerade noch rechtzeitig aus Roskilde zurück, um Camille noch ein letztes Mal zu sehen, bevor sie in einem Krankenhaus starb. Seit Dullins Tod im Jahre 1949 lebte Camille wie eine Einsiedlerin und hatte nur noch Sartre und Biber: Sartre bezahlte ihre Schulden, und Simone besuchte sie in ihrer Wohnung, wo die notorische Trinkerin in ihrem eigenen Schmutz hauste, umgeben von einem Haufen zerlumpter Theaterkostüme und von der Concierge notdürftig mit Essen versorgt. Als die Concierge und Simone schließlich das Gesundheitsamt aufforderten, Camille in ein Krankenhaus einzuliefern, fanden die Krankenträger sie halb im Koma auf dem Fußboden liegend, der mit Exkrementen bedeckt war – sie hatte sogar etwas davon im Haar. Als Simone sie im Krankenhaus besuchte, entschuldigte Camille sich, denn man hatte ihr die Haare abgeschnitten. Ein paar Tage später erstickte sie.

Das Jahr 1968 begann für Sartre mit einem schmerzhaften Anfall von Arthritis, der ihn zwang, seinen Plan, an einem Kulturtreffen in Havanna teilzunehmen, aufzugeben. Als ihn ein kubanischer Journalist während eines Ferngespräches interviewte, gab Sartre der Hoffnung Ausdruck, daß der Kongreß einen Vertreter der Dritten Welt zu seinem Präsidenten wählen werde. In Havanna munkelte man, Sartres Arthritis sei ein diplomatischer Schachzug, entweder begründet durch sein Mißfallen über Castros neue Politik oder durch seine Angst vor einem Streit mit arabischen Intellektuellen wegen seiner Neutralität im Sechstagekrieg. Diese Gerüchte hatten durchaus einen wahren Kern, auch wenn Sartre wirklich an Arthritis litt. In Kuba wurden jetzt die Homosexuellen verfolgt, und als der Kongreß beendet war, unterstützte Castro nicht länger den Castrismus in Lateinamerika, sondern verfolgte die Linie der vorsichtigeren Politik Moskaus. Israel wurde für die radikalen Linken zu einem Dilemma. Sartre und Biber wurde die Tiefe der Kluft bewußt, als sie Eldrige Cleaver, dessen Buch *Seele auf Eis* Simone tief beeindruckt hatte, in den *TM* die Gelegenheit zu einer Stellungnahme gaben und erleben mußten, wie er die Juden angriff.

Wie Simone in *Alles in allem* schreibt, war es sehr schmerzlich, daß die nichtkommunistische Linke fast ebenso monolithisch geworden war wie die Kommunistische Partei. »Ich verstehe die nationalistischen Forderungen eines Arafat, aber ich lehne es ab, in der El Fatah eine Bewegung zu sehen, die die Hoffnung des Sozialismus verkörpert. Ich bedaure, daß nur ein kleiner Teil der israelischen Linken versucht, Verhandlungen mit den Palästinensern aufzunehmen.«

Im März und April reisten Sartre und Biber als Gäste Dedijers nach Jugoslawien. Sie sprachen sehr ausführlich über den »Prager Frühling«, der, wie Sartre glaubte, bewiesen hatte, daß es möglich ist, die Mißstände eines Regimes zu beheben, ohne daß man deshalb gleich das ganze System abschaffen mußte.

Sie kehrten Anfang Mai nach Paris zurück, Sartre nahm seine Arbeit an dem Buch über Flaubert wieder auf, und Simone schrieb weiter über das Alter. An der Sorbonne und in Nanterre begannen gerade die ersten Studentenunruhen, und es kam zu tagelangen Zusammenstößen zwischen aufständischen Studenten und mit Stahlhelmen ausgerüsteten Polizisten auf dem Boulevard Saint-Germain.

Seit dem Ende des Algerienkrieges hatten Sartre und Biber sich nicht besonders um die Dinge gekümmert, die in ihrem eigenen Land geschahen. Mit den Maiunruhen begann eine zehnjährige, radikale Auseinandersetzung mit der innenpolitischen Situation Frankreichs.

Kapitel IX

Herbst 1979

Sie feierten nicht, aber sie waren in Paris. Ihre Liebe bestand seit einem halben Jahrhundert. Fünfzig Jahre waren seit jenem Montag im Jahre 1929 vergangen, an dem René Maheu sie einander vorgestellt hatte. Es war keine Ehe im üblichen Sinne gewesen, sondern eher eine Beziehung, die von einem vollkommenen geistigen Einvernehmen bestimmt wurde. Trotzdem hat Simone in verschiedenen Interviews zum Ausdruck gebracht, daß sie beide niemandem als Vorbild dienen wollten. »Im Grunde war es ein glücklicher Zufall; so etwas läßt sich nur durch den Willen nicht nachvollziehen«, sagte sie Catherine David vom *Nouvel Observateur*. »Wir haben nie eine gemeinsame Wohnung gehabt; nie hatte ich den Wunsch, ein häusliches Leben zu führen; ihm ging es ebenso. Keiner von uns beiden war in diesem Sinne angelegt. Wir sahen keine Notwendigkeit, uns eine gemeinsame Wohnung zuzulegen, nur um zusammen sein zu können, denn wir teilten die Welt miteinander. Aber wir sehen uns täglich – morgens, nachmittags oder abends –, und wir machen gemeinsamen Urlaub und wohnen in Rom oder auch in Venedig im gleichen Hotel.«[1]

Wie gewöhnlich verbrachten sie auch jenen Sommer in Rom, führten ein ruhiges Leben und versuchten, wie ein Freund sagte, »aus ihrer Zeit das Beste zu machen – wie jedes andere Paar, das sich aus dem Berufsleben zurückgezogen hat«. Zwar hatten sie in bezug auf ihre Arbeit keine Pläne, nahmen aber lebhaft Anteil an den Dingen, die um sie herum geschahen. Wie bei vielen, die ihr Leben lang links gestanden hatten, kühlte sich auch bei ihnen angesichts des revolutionären Massenmordes in Kambodscha und im Hinblick auf die verzweifelte Lage der Tausende von Vietnamflüchtlingen der revolutionäre Eifer. In Frankreich bewirkte die unerwartete Niederlage des sozialistisch-kommunistischen Bündnisses bei den allgemeinen Wahlen im Jahre

1978 und die Tatsache, daß die Kommunistische Partei zu ihrem doktrinären Verhalten vergangener Jahrzehnte zurückkehrte, einen deutlichen Zerfall der Linken. Eine Gruppe früherer linker Intellektueller, die sich als »Neue Philosophen« bezeichnete und von André Glucksmann angeführt wurde, entwickelte Theorien, die dem Marxismus und der Idee des Klassenkampfes ausgesprochen kritisch gegenüberstanden. Sartre sagte nicht, ob er Glucksmann zustimmte, wenn dieser unterstellte, der Marxismus wolle einen Krieg provozieren oder unterstütze das Übel der Konzentrationslager und das Leichenhaus Kambodscha. Für Glucksmann war der Krieg nicht nur ein militärisches Phänomen, sondern eine Art des Denkens, eine Art der Herrschaft. Aber als man Glucksmann den Ausschluß von der »Generalversammlung der Philosophen« (Etats généraux de la philosophie) androhte, die im Juni stattfinden sollte, weil man seinen Erfolg für zu kommerziell hielt, machte Sartre Glucksmanns Teilnahme zur unabläßlichen Bedingung für sein eigenes Erscheinen auf der Konferenz, die in der Sorbonne abgehalten werden sollte. Als die Gründung des Komitees zur Unterstützung der Vietnamflüchtlinge bekanntgegeben wurde, tauchten Sartre, Raymond Aron und Glucksmann an prominenter Stelle in der Mitgliederliste auf.

Sartre war erblindet.

Es war vor drei Jahren geschehen, und Sartre litt darunter, nicht mehr schreiben zu können. Mit Simone und mit Hilfe eines Tonbandgerätes hatte er versucht, die Arbeit an der Fortsetzung von *Die Wörter* fortzuführen. Die Tonbandaufnahmen aber waren eine mühselige Angelegenheit und machten seine Biographie zu einem »Dialogbuch«, wie sie es nannten: Es wurde auf Band gesprochen, von einem Büro geschrieben und anschließend Sartre von Simone noch einmal vorgelesen. Er korrigierte es mündlich, die endgültige Korrektur aber erledigte Simone.

Wie *Alles in allem* verzichtete auch das »Dialogbuch« auf die Chronologie zugunsten der Abhandlung bestimmter Themen. »Ich versuche zu erklären, wie die Dinge sich ändern und wie bestimmte Ereignisse mich verändert haben«, sagte Sartre einmal seinem Biographen nach einer Sitzung mit Simone. »Ich glaube nicht, daß das Leben eines Menschen sich schon im Kindesalter abzeichnet, sondern ich denke, daß es wichtige Phasen gibt, in denen die Sache sich entscheidet. In meinem eigenen Leben sehe ich immer deutlicher, daß es in der Mitte einen Einschnitt gegeben hat, den Zweiten Weltkrieg, und ich merke, daß ich den Menschen, der ich vor diesem Einschnitt war, kaum wiedererkennen kann.

Das menschliche Leben überrascht durch seine Wechselhaftigkeit, auch wenn es ein Ganzes ist, das man nicht in passende Abschnitte unterteilen kann. Jugend und Reife, das subjektive und das objektive Selbst, die persönliche und politische Identität stoßen sich ständig aneinander. Es ist unmöglich, jemanden zu verstehen, ohne seine oder ihre soziale Dimension zu sehen. Wir alle sind politische Existenzen, aber das habe ich erst richtig verstanden, als der Krieg zu Ende war.«

Wenn er es bedauerte, erst so spät, also mit vierzig Jahren, die politische Dimension entdeckt zu haben, so war ihm nun, mit über siebzig Jahren, auch klar, daß sich der Mensch in der Eindimensionalität des Sozialen allein nicht erfassen ließ. In den Siebzigern betonte er noch einmal seine Distanz zum Marxismus und brach nicht nur mit Moskau, sondern auch mit Castro. Er entschied sich für einen »libertären Sozialismus«, in dem kein Mensch für einen anderen das Denken übernehmen sollte. In der zweiten Hälfte der siebziger Jahre wandte sich Sartre wiederholt gegen die »Sachzwänge« des modernen Staates und forderte die Transparenz aller gesellschaftlichen Entscheidungen.

Er hoffte, die Kluft zwischen dem so erschreckend einsamen, modernen Menschen und dem richtungslosen Widerstand an den Rändern einer angeblich übersättigten und indifferenten Gesellschaft überbrükken zu können. Es war nicht mehr möglich, dem Marxismus ständig mildernde Umstände zuzubilligen oder sich der Kommunistischen Partei Georges Marchais' anzuschließen – ganz zu schweigen vom modernen Liberalismus Präsident Giscard d'Estaings. Beide erschienen ihm wie der leibhaftige Tod, wie erstarrte Schatten und Relikte, denn keine der beiden Richtungen war in der Lage, die neuen Bedürfnisse politisch zusammenzufassen und zu verwirklichen. Sartres großzügige Ideen waren nicht ohne Naivität, aber da er im Bewußtsein der Franzosen allmählich den Status eines »monstre sacré« angenommen hatte, schienen sowohl seine Feinde als auch seine Fürsprecher müde geworden zu sein, was ihn in eine bemerkenswerte Situation brachte: Er stand irgendwo zwischen offizieller Anerkennung und der Zustimmung der maoistischen Jugend. Keines von beiden wurde ihm in vollem Maße zuteil.

Biber war inzwischen die verehrte Großmutter einer triumphierenden Schwesternschaft. Sie verstand es, an ihrem Feminismus festzuhalten und zugleich darüberzustehen. Sie sah, daß es für die Frauen notwendig wurde, angesichts eines Feminismus, der inzwischen als Wahlköder und Verbraucherschick eingesetzt wurde, sich nicht auf eine starre Ideologie festzulegen, sondern sich von den alten Dogmen zu distanzieren und vielleicht einen Waffenstillstand zwischen dem Klassenkampf und dem Kampf der Geschlechter herbeizuführen.

Selbstkritik und das Gefühl, alles gesagt zu haben, war das, was Mitte der siebziger Jahre ihr Denken beherrschte. Das schloß auch die Widersprüche ein, die sich aus ihrer Berühmtheit, ihrer Wohlhabenheit und ihrem Versuch ergaben, Teil eines Proletariats zu werden, das vielleicht mehr Mythos war, als jeder von ihnen zugeben wollte. Als Betty Friedan nach Paris kam, war sie von der glatten, bohemienhaften Eleganz von Simones Studio ebenso betroffen wie von Simones Ansicht, junge Frauen sollten, um Versuchungen aus dem Weg zu gehen, auf die Annehmlichkeiten, die materiellen Belohnungen und den Ruhm verzichten, die ihr, Simone, ihre Arbeit eingebracht hatte. In zahlreichen Interviews gab Sartre sich alle Mühe, nicht als außergewöhnlich zu erscheinen, die Rolle des Intellektuellen in ihrer Bedeutung abzuschwächen und nicht zuletzt den Schriftsteller als einen Neurotiker und »Freak« zu entlarven, in dem sich die Widersprüche einer Epoche spiegeln. Sein Streben nach persönlicher Transparenz war zugleich auch eine Lust an der Mitteilung. Er teilte alles sein Geld, seine intimsten Gedanken und auch seine Ungeduld, wenn es um falsche Vorspiegelungen ging. »Die Wahrheit des Schreibens läge darin, wenn ich sagte: ›Ich nehme den Bleistift, mein Name ist Sartre, dies denke ich.‹«

Nach dem Schock der Maiunruhen war das Leben zu einer ständigen Selbstüberprüfung geworden.

Sie waren im Dezember 1968 aus Prag zurückgekehrt und waren noch ganz erfüllt von dem Widerstand dort, als sie erleben mußten, wie der bürgerliche Rückschlag, der aus den Barrikaden der Studenten entstanden war, de Gaulle zu seinem größten Wahlsieg verhalf. Der alternde Staatschef aber verwandelte den Sieg in ein aufgeschobenes Urteil und bestand darauf, im April 1969 eine zusätzliche Volksabstimmung durchzuführen.

Sartre und Biber verbrachten den Neujahrstag 1969 mit Anne-Marie. Sartres Mutter ging es nicht gut. Sie hatte zu hohen Blutdruck, Kopfschmerzen und ziemlich schmerzhafte Anfälle von Rheumatismus. Am 3. Januar bekam sie einen Herzanfall und wurde in ein Krankenhaus gebracht. Als Sartre sie am nächsten Tag besuchte, war sie froh, daß sie keine Schmerzen mehr hatte, aber sie verfiel sehr schnell und starb zwei Wochen später an einem Nierenversagen und einem zweiten Herzanfall. Sie hatte oft gesagt, sie wolle kein kirchliches Begräbnis, und so ließen Sartre und Biber sie direkt zum Friedhof bringen, wo die Familie und ein paar Freunde sich versammelt hatten. Im Juli wäre sie siebenundachtzig Jahre alt geworden.

An den Universitäten gärte es, denn der neu ernannte Bildungsminister Edgar Faure versuchte, sowohl die Studenten als auch die Fakultät in Schach zu halten, indem er lauthals eine baldige Überprüfung des gesamten höheren Bildungswesens ankündigte. Als man gegen einen Hochschullehrer vorging, der seine Studenten aufgefordert hatte, eine Arbeit über *Le mur* zu schreiben, sah Sartre die Möglichkeit, sich gegen Faure auszusprechen. Im Februar nahm er an einer Versammlung in der alten, sozialistischen Mutualité teil, die sich gegen den Ausschluß von vierunddreißig Studenten aus der Sorbonne richtete. Als Sartre zu seinem Platz kam, fand er dort eine anonyme Notiz vor, auf der stand: »Sartre, fassen Sie sich kurz!«

Zum erstenmal fühlte er sich von Frauen und Männern herausgefordert, die seine Enkelkinder hätten sein können. Die radikalen Studenten, die jede Universität beherrschten, standen weiter links als alles, was er sich je hatte vorstellen können. Keiner unter ihnen war arm – tatsächlich waren die meisten Söhne und Töchter der Oberschicht –, sie hatten die Armut als den Hauptbeweggrund der »Revolution« durch den Begriff der Macht ersetzt. Macht in der modernen Industriegesellschaft bedeutete ihnen mehr als der Besitz, und sie verlangten, das Individuum müsse durch etwas anderes als durch die Objekte, die es produziert, oder durch die Aufgaben, die es erfüllt, definiert werden. Diese »zornige« Generation träumte von den Massen, von der Spontaneität, kritisierte die Idee der *Partei* als hierarchische Organisation und forderte die Rückkehr zum »reinen Leninismus«. Der wirkliche »Ort« des revolutionären Bewußtseins war weder die Klasse noch die Partei, sondern der Kampf selbst, was bedeutete, daß die Kommunistische Partei nur so lange von Bedeutung war, wie sie ein Mittel des Kampfes sein konnte. Wenn sie sagten, die Universität müsse »offen« sein, meinten sie damit, sie müsse Kultur vermitteln, statt Technokraten zu produzieren. Kollektives Arbeiten sollte Zensuren überflüssig machen.

Sartre hatte das Gefühl, als wären die marxistischen Studenten ein einziger großer Widerspruch in sich: Ihre Bewegung war bis ins kleinste organisiert und hierarchisch, trotzdem verlangten sie nach Spontaneität und freien Formen. Aber sie wollten eine Veränderung, eine radikale Veränderung, und Sartre stimmte ihnen zu, »ohne genau zu wissen, welche Rolle ein so alter Kauz wie ich dabei spielen kann«.

Auf einer Pressekonferenz forderte Sartre die Franzosen auf, de Gaulles Volksabstimmung zu boykottieren. Sie fand am 27. April statt und ging für den fast achtzigjährigen Staatschef de Gaulle so ungünstig aus, daß er am Tag darauf zurücktrat. In den Präsidentschaftswahlen, die dann folgten, unterstützte Sartre Alain Krivine, ohne sich aktiv an der Kampagne für den maoistischen Kandidaten zu beteiligen, der nur eine winzige Minderheit vertrat. Georges Pompidou ging als Sieger und Nachfolger de Gaulles aus den Wahlen hervor.

Sartre und Biber verbrachten den Sommer in Rom und trafen sich mit Daniel Cohn-Bendit und anderen Führern der Studentenbewegung, die bereits mit Nostalgie an die Barrikaden des letzten Sommers dachten. »Was uns am meisten traf, war die Tatsache, daß sie sich tatsächlich wie besiegt fühlten«, schreibt Simone in *Alles in allem*. »Nun standen sie da und waren mit leeren Händen aus den großen Tagen des Mai hervorgegangen. Sie kritisierten die *Temps modernes* in aller Schärfe und warfen ihnen vor, eine Institution geworden zu sein.«

Die *TM* hatten die Studenten während der Maitage politisch unterstützt, und nachdem die »polnische« und auch die »italienische« Phase der Zeitschrift beendet war, begann jetzt die maoistische. Sartre und besonders Simone öffneten die Zeitschrift den manchmal widersprüchlichen Strömungen der extremen Linken und der feministischen Bewegung, eine Richtungsänderung, die dafür sorgte, daß J. B. Pontalis, der von Anfang an an den *TM* mitgearbeitet hatte, und Bernard Pingaud, der seit 1949 dabei war, aus der Redaktion ausschieden.

Malraux sagte über die Maiunruhen, in deren Verlauf man auch Zitate aus seinen Büchern an die Wände der Hochschulen und Universitäten gekritzelt hatte: »Die Jugend zu kennen heißt ein Teil von ihr zu sein; es kann nicht der Versuch eines ›Dialogs‹ sein.« Malraux, Sartre und Aragon waren jetzt trotz ihrer unterschiedlichen Charaktere und Ansprüche die großen alten Männer der französischen Literatur. Nach seiner zehnjährigen Tätigkeit als Kulturminister de Gaulles schrieb Malraux über die Kunst als den alle Zeiten überdauernden Ausdruck des Menschen, und er setzte seine *Antimémoires* fort, in denen er Tatsachen und Dichtung vermischte, weil man sich im Leben nur an die Dinge erinnert, die »anti«, also eingebildet, verstärkt und übersteigert sind. Aragon blieb seiner vierzigjährigen Mitgliedschaft in der Kommunistischen Partei treu, aber durch die Auseinandersetzung mit seiner surrealistischen Jugend und mit seiner großen romanhaften Biographie, *Henri Matisse, roman* geriet er auf Wege, die nicht mehr streng marxistisch waren. Sartre seinerseits beschäftigte sich in *L'idiot de la famille (Der Idiot der Familie)* mit der Literatur und ihrem Verhältnis zur Gesellschaft.

Aber noch bevor Sartre *L'idiot de la famille* Gallimard übergab, überließ er sich selbst den maoistischen Studenten, obwohl er wußte, daß sie versuchten, seinen Namen und seinen Ruhm für ihre Zwecke zu nutzen.

Die Ereignisse im Mai 1968 hatten eine große Zahl neuer und sehr unterschiedlicher Zeitungen hervorgebracht, wie *J'accuse, La Cause du peuple, L'Idiot international* und *Revolution!*. Diese »Untergrundpresse« ließ das Establishment nur schaudern, aber die Zeitungen wurden an den Straßenecken und auf Plätzen lautstark von begeisterten »Maos« unter die Leute gebracht und von denen, die unter fünfundzwanzig waren, begierig gelesen. *La Cause du peuple* verglich ihre Leser mit den Widerstandskämpfern der Résistance, die Mitglieder der

Kommunistischen Partei mit den Nazi-Kollaborateuren und sprach von einer »Besetzung« Frankreichs durch die Bourgeoisie und davon, daß es notwendig sei, das Land zu befreien. Die Zeitung wurde zu dem Stein, über den die unsichere Regierung Pompidous stolperte. Im April 1970 wurden die beiden jungen Herausgeber der Zeitung verhaftet. Außer in der deutschen Besatzungszeit war seit 1881 kein französischer Zeitungsverleger mehr ins Gefängnis gesteckt worden, und so wurde am Tage der Verhandlung gegen die beiden Angeklagten das Palais de Justice von Polizeifahrzeugen abgesperrt. Die Staatsanwaltschaft forderte das endgültige Verbot der schon so oft konfiszierten Zeitung – der Antrag wurde abgelehnt, und die Herausgeber kamen wieder in Untersuchungshaft. Im Juni, als der Richter sie zu einem Jahr Gefängnis verurteilte, kam es an mehreren Orten zu Zusammenstößen zwischen Studenten und der Polizei, die bis morgens drei Uhr dauerten. Ein paar Tage später umstellte die Polizei das Gebäude, in dem *La Cause du peuple* gedruckt wurde, um den Besitzer der Zeitung, Simon Blumenthal, »in Gewahrsam« zu nehmen und eine nochmalige Auslieferung der Zeitung zu verhindern. Die Arbeiter umstellten die Polizeiwagen und erreichten, daß die Polizisten ohne Blumenthal abfuhren. 75 000 Exemplare waren inzwischen auf geheimnisvolle Weise verschwunden.

Am nächsten Tag tauchte im Impressum von *La Cause du peuple* der Name des neuen Herausgebers auf: Jean-Paul Sartre. Am Abend konnten Passanten in der Rue Daguerre beobachten, wie eine Schar von Journalisten und Kameraleuten des Fernsehens ein älteres Paar belagerten, das *La Cause du peuple* an Hausfrauen mit Einkaufstaschen und an Männer verteilte, die gerade von der Arbeit kamen. Auf den letzten Seiten von *Alles in allem* schreibt Simone: »Wir schoben uns durch die Menge und riefen ›Lest *La Cause du peuple*!‹, ›Für die Freiheit der Presse!‹ und verteilten unsere Exemplare. Dann gingen wir in die Avenue Leclerc, wo noch mehr Menschen waren. Manche wiesen die Zeitung mit mißbilligenden Blicken zurück. ›Das ist verboten‹, sagte ein Mann. Andere nahmen sie gleichgültig entgegen, wieder andere baten von sich aus um ein Exemplar.« Ein junger Polizist kam auf sie zu, nahm Sartre einen Stapel Zeitungen ab und packte ihn am Arm, um ihn aufs Polizeirevier zu bringen, und wurde fotografiert. Jemand rief: »Sie verhaften einen Nobelpreisträger«, und der »Flic« ließ Sartre, der ihm folgte, los. Der Flic ging immer schneller, am Schluß rannte er fast davon. Am Freitag darauf wiederholten sie ihre Aktion auf dem rechten Seineufer, unterstützt von ungefähr zwanzig Leuten; ziemlich keck begannen sie direkt gegenüber der *L'Humanité* mit dem Verteilen ihrer Zeitung. Als ein Polizeiauto auf sie zukam und anhielt, sagte man ihnen, man würde sie nicht verhaften, sondern sie nur mitnehmen, um ihre Personalien zu überprüfen. Der Polizeiwagen hielt vor der Wache, und alle bis auf Sartre, dem man sagte, er sei frei, stiegen aus. Sofort begann er, den Rest seiner Zeitungen an die sich versammelnde Menge zu verteilen, und erreichte schließlich, daß man ihn ebenfalls hereinholte. Der Polizeiinspektor telefonierte. Beamte in Zivil kamen herein, nahmen Sartre und Biber zur Seite und erzählten ihnen, daß man sie alle innerhalb der nächsten halben Stunde entlassen werde. Sartre erklärte deutlich, daß er und Simone als letzte gehen würden. Als sie auf die Straße kamen, wurden sie von Journalisten und Kameraleuten vom Fernsehen umringt. Sartre sagte ihnen, er versuche nicht zu erreichen, daß man ihn verhafte, sondern er wolle die Regierung in Widersprüche verwickeln. Wenn man an die Verwirrung der Polizei dachte, war ihm das gelungen.

Es war nicht so, daß Sartre sich die »Maos« ausgesucht hätte – er kannte sie kaum –, und auch nicht so, daß sie sich für ihn entschieden hätten. Einige Monate vorher hatten sie sich über ihn lustig gemacht. Es war die Unbeholfenheit der Regierung, die sie einander näher brachte. Ende 1970 übernahm Sartre für zwei andere Zeitungen die Verantwortung, und zwar für *Tout!* und *La Parole au peuple*, außerdem war er dem Provinzblatt *Secours rouge* behilflich, hinter dem eine Splittergruppe stand, die den gleichen Namen trug.

Pierre Victor, ein neunundzwanzigjähriger Wuschelkopf, war es, der zu Sartre kam und ihn bat, Herausgeber von *La Cause du peuple* zu werden. Victor war Marxist-Leninist der Althusser-Schule, ein »Spontex«-Maoist und ein Mitglied der *Tel Quel*-Gruppe. Sartre war fasziniert. Ihm gefiel die ablehnende Haltung der jungen Maoisten gegenüber der Verbürokratisierung des Sozialismus. Victor war ein kühler Intellektueller, hatte die meisten Werke Sartres gelesen und lehnte einen großen Teil davon ab. Sartre fand Victors Argumentationsweise sehr solide und hatte Spaß an der Auseinandersetzung mit diesem radikalen Theoretiker, der sagte, alles hänge letztlich von den »Massen« ab. Wenn die Intellektuellen das Gefühl hätten, sie würden nicht gebraucht, dann tatsächlich, weil die Massen sie nicht brauchten. Mit der Ernsthaftigkeit des geborenen Führers sagte Victor, alle Menschen seien gleich – vollkommen gleich. Sartre machte sich über diese Entschlossenheit lustig. Victor wies Sartre auf seine eigene Widersprüchlichkeit hin: ein Radikaler, ja, aber auch eine Institution, der Voltaire, den die Regierung nicht einsperren wollte.

Die Revisionisten – so nannten Victor und seine maoistische Spontexanhängerschaft die Kommunisten mit Parteibuch – behaupteten, die Moral sei eine bürgerliche Neurose, von der militante Gruppen sich freihalten sollten. Statt dessen sollten sie sich auf praktische Grundregeln konzentrieren, die zu konkreten Ergebnissen führen würden. Sartre konnte seinem jungen Kontrahenten in seiner Verherrlichung des Proletariats nicht folgen. Die Maoisten sahen in der »Besetzung« von Fabriken durch die Arbeiter und in der Geiselnahme von führenden Angestellten, die über Stunden oder manchmal auch über Tage ging – ein Vorgehen, das mit »séquestration« bezeichnet wurde –, eher ein Beispiel für die Diktatur *des* Proletariats als eine Parteidiktatur *für* das Volk. Was auf jeden Fall erhalten bleiben müsse, sei die spontane Gewalt, weil nur sie allein zur wahren Selbstbestimmung führe. Veränderungen würden nicht mehr von politischen Parteien erreicht, sondern von Individuen, die nicht mehr kalkulierbar waren.

Sartre sagte, auch die Maoisten seien eine Partei, und eine Partei würde immer versuchen, in dem Maße, in dem sie sich selbst als »im Dienst« einer geplanten Aktion begreift, diese Aktion zu kontrollieren. Wenn die Neomarxisten-Leninisten die wahre gesellschaftliche Reform wollten und gleichzeitig revolutionär bleiben wollten, müsse sich das politische Element des Marxismus selbst zerstören, weil eine Gesellschaft, die die Selbstbestimmung anstrebt, mit dem Staat schließlich auch die *politische* Handlung abschaffen würde.

1973 zerfiel Victors »Gauche prolétarienne« an ihrem eigenen Widerspruch: Sie war eine Partei, die die Selbstbestimmung des Proletariats verwirklichen wollte, obwohl diese nur aus dem Proletariat selbst entstehen konnte. »Stück für Stück näherte Pierre sich meinem Standpunkt, besonders in der Frage der Freiheit und der Ablehnung jeglicher Hierarchie, der Ablehnung auch der Idee der Führung«, sagte Sartre 1976. Aber auch Victors Einfluß auf Sartre war beträchtlich. Victors Idee war der Intellektuelle als lebendiger Widerspruch – obwohl Sartre sie in seiner Darstellung des Schreibens als Neurose schon angedeutet hatte. Victor zwang Sartre dazu, seine Stellung in der Gesellschaft als gut verdienender »Techniker des Wissens« zu überprüfen. Sartre selbst erkannte, daß er nicht noch weiter gehen konnte und sich nicht wie einige Intellektuelle in den Renault-Werken um Arbeit bemühen konnte, denn das war ebenso ungeheuerlich und zeigte eine Selbstverachtung, die der »neue, befreite Mensch« überwunden haben sollte. »Es ist wahr, daß Intelligenz stinkt, aber sie stinkt nicht mehr als die Dummheit«, hatte er 1948 gesagt. Nun sagte er, daß, wenn die Intellektuellen sich selbst aufheben sollten, die Arbeiterklasse es ihnen gleichtun müsse. Wahre Revolution bedeute, daß man die Klassenschranken überwinde. Wenn der Staat die letzte Bastion sei, die es zu stürmen gelte, um die Utopie der Gleichheit zu erreichen, dann sei »die Diktatur des Proletariats« das vorletzte Hindernis auf diesem Weg.

Simone setzte nicht gerade blindes Vertrauen in Maos China und sagte, es würde sie nicht wundern, wenn sie eines Tages erfahren sollte, daß es auch in China Straflager gäbe. Viele der Behauptungen der Maoisten fand sie naiv und war nicht ganz sicher, was sie dazu sagen sollte, daß sie Sartres Ruhm ausnutzten und gleichzeitig mit aller Entschiedenheit die Hackordnung des intellektuellen »Starsystems« verurteilten. Aber ihr gefiel ihre Einstellung gegenüber der Jugend, den Frauen und gegenüber dem »anderen Frankreich«, an dem der Fortschritt vorüberzugehen schien. Während der sechziger Jahre unter de Gaulle hatte sich das Bruttosozialprodukt rapide gesteigert, und trotzdem profitierten von dem wachsenden Wohlstand nur das Bürgertum und die verwöhnten Bauern des Landes; die Alten und die Arbeiterschaft wurden völlig übergangen. Zwei Drittel der zwanzig Millionen französischen Arbeiter schlugen sich mit einem jährlichen Einkommen durch, das nur ein Fünftel des Verdienstes der leitenden Angestellten betrug.

Millionen lebten noch immer ohne die Annehmlichkeiten, die für andere Industriestaaten schon längst eine Gewohnheit geworden waren. Einer von drei französischen Haushalten wurde offiziell als »überbelegt« bezeichnet, ein Viertel von ihnen hatte kein heißes Wasser und über die Hälfte nicht einmal ein Bad. Die französische Arbeiterschaft hatte einen Punkt erreicht, an dem sie nichts mehr von einer kapitalistischen und konservativen Gesellschaft erwartete und ihre ganze Hoffnung auf einen Regierungswechsel setzte. Die traditionelle Linke bezeichnete sich selbst als die Alternative, während die Maoisten versuchten, unmittelbare Probleme in direkten Aktionen zu lösen.

Im Herbst 1970 baten die Mitglieder der MLF (Mouvement de Libération des Femmes) Simone, sich gegen ein neues Abtreibungsgesetz einzusetzen, das der Nationalversammlung vorgelegt werden sollte. Die MLF fand den Gesetzentwurf hoffnungslos unangemessen, und einige ihrer Mitglieder waren der Meinung, man müsse das Thema dramatisieren, indem man Frauen, unbekannte und bekannte, dazu bringe, zu erklären, daß sie selbst schon abgetrieben hatten. Françoise Sagan, Simone Signoret, Catherine Deneuve, Jeanne Moreau und Hunderte unbekannter Frauen unterzeichneten gemeinsam mit Simone das »Manifest der 343« – alles Frauen, die zugaben, daß sie illegal abgetrieben hatten, und die Regierung aufforderten, Anklage gegen sie zu erheben (nach einigem Hin und Her entschloß sich die Regierung, das nicht zu tun). Simone nahm an der »Besetzung« einer Schule für ledige Mütter teil, die nach sozusagen mittelalterlichen Grundsätzen geführt wurde. Ende 1971 beteiligte sie sich in Paris an den Kundgebungen und den Märschen, die anläßlich des weltweiten Frauentages stattfanden.

Es ging nicht mehr ausschließlich darum, die Frau zu emanzipieren, sondern auch darum, sie zu »entkolonialisieren«. Im Jahre 1963 hatte Simone Betty Friedans Buch *Der Weiblichkeitswahn* mit Zustimmung gelesen. Sie verfolgte die Flut der feministischen Literatur Amerikas, angefangen bei Kate Millets *Sexus und Herrschaft* bis hin zu *Sisterhood is Powerful*, eine von Robin Morgan verfaßte Sammlung von Untersuchungen. Sie korrespondierte mit amerikanischen Feministinnen, und von ihrem Buch *Das andere Geschlecht* wurden allein im Jahre 1969 750000 Exemplare im Taschenbuchformat verkauft. Sie freute sich darüber, daß die Feministinnen ihr Buch als einen wesentlichen Beitrag bezeichneten und daß alle sich ihrer zwanzig Jahre alten Behauptung anschlossen, daß die Frau durch die Zivilisation geprägt werde und nicht biologisch determiniert sei. Mehrmals sagte sie, daß sie, wenn sie sich vor die Aufgabe gestellt sähe, *Le deuxième sexe* in den siebziger Jahren schreiben zu müssen, noch mehr Gewicht auf die materialistischen Gründe für die Unterdrückung der Frau legen würde. In der kapitalistischen Gesellschaft sei der Status der Frau als Hausfrau und Konsumentin durch wirtschaftliche Zwänge bestimmt, aber auch in sozialistischen Ländern sei die Frau noch nicht emanzipiert. Sozialistische Theoretiker behaupteten, der Kapitalismus unterdrücke die Frau, die Feministinnen antworteten ihnen darauf, daß *alle* Gesellschaftsformen von der männlichen Vorherrschaft geprägt seien. Simone war die erste, die erkannte, daß Fanons Behauptung falsch war, die Befreiung der algerischen und auch der afrikanischen Frau würde in dem Moment einsetzen, zu dem die Kolonialmächte besiegt wären; für sie waren das lediglich Gedankenspielereien. »Die Außenpolitik Algeriens wird als ›progressiv‹ hingestellt; sie ist antikolonialistisch und antiimperialistisch«, schreibt sie in *Alles in allem*. »Aber die Innenpolitik ist nationalistisch und reaktionär.«

Sie schrieb *Das andere Geschlecht* nicht noch einmal und verzichtete darauf, ihr gestärktes Selbstbewußtsein in einem neuen feministischen Buch auszudrücken. Statt dessen verfaßte sie einen langen und ausführlichen Essay über eine Minderheit, die wirklich vernachlässigt wurde: die Alten. *La vieillesse (Das Alter)* ist eine glühende Anklage gegen die Unbekümmertheit und die Grausamkeit der Gesellschaft in der Begegnung mit alten Menschen, eine Untersuchung, die über siebenhundert Seiten lang ist und sich mit dem Alter als gesellschaftlichem Phänomen und individuellem Leiden zugleich auseinandersetzt.[2] Eher eine erstaunliche Rekapitulation als ein originäres Werk, bezieht sich *La vieillesse* auf wissenschaftliche Aussagen, auf die Ethnologie, die Psychologie, die Medizin und auf die Soziologie und zeigt die Gründe und die Wirkung des Alterns auf: die ständige Abwertung des Alters und die verletzende Nachlässigkeit, mit der man alten Menschen durch die ganze Geschichte hindurch begegnet ist. *La vieillesse* gliedert sich in eine Betrachtung des Alters von außen her – das Altern und die Biologie, das Alter in der Geschichte und in der Gegenwart – und in eine Darstellung des Alters, von innen her gesehen – das individuelle Erlebnis des Alterns, die rechtzeitige Einstellung darauf und der Alltag des alten Menschen, so wie ihn viele außergewöhnliche Menschen erlebt haben: Victor Hugo, der sich darauf vorbereitete, uralt zu werden, und der in hohem Alter seinem Leben noch viel abzugewinnen wußte; Tolstoj mit seiner pathetischen Eifersucht auf seine Frau, eine Eigenschaft, die er bis zu seinem Tod im Alter von einundachtzig Jahren beibehielt; Michelangelos Besessenheit vom Tod; Verdi, der sich trotz hervorragender Gesundheit nur schwer mit dem Alter abfinden konnte; Chateaubriands qualvolles Altern; Lou Andreas-Salomé, diese bemerkenswerte Frau, die die Geliebte Nietzsches und Rilkes war und mit fünfzig Jahren die Freundin Freuds wurde; Freud, vom Krebs zerfressen, der im Alter von siebzig Jahren noch schöpferische Werke verfaßte und mit dreiundachtzig starb, nachdem er in den letzten sechzehn Jahren seines Lebens dreiunddreißig Krebsoperationen durchgemacht hatte. Simones Schlußbemerkung ist streng. »Die Gesellschaft kümmert sich nur um das Individuum, wenn es ihr nützt. Die Jugend weiß das. Die Angst, die sie empfindet, wenn sie in das Berufsleben eintritt, läßt sich mit jener vergleichen, die die Alten haben, wenn man sie aus der Gesellschaft hinausstößt. Für die Altersgruppe zwischen diesen beiden Generationen wird das Problem von der Routine verdeckt. . . Wenn wir begriffen haben, was das Alter als Status bedeutet, können wir uns nicht darauf beschränken, eine großzügigere ›Alterspolitik‹, größere Vergünstigungen, angemessene Wohnmöglichkeiten und organisierte Freizeit zu fordern. Hier steht das ganze System zur Diskussion, und unsere Forderung kann nur radikal sein: Verändert das Leben an sich.«

Sartres ausgefallenstes, poetischstes und bedeutendstes literatur-kritisches Werk kam 1971/1972 in die Buchhandlungen. *L'idiot de la famille* war das Ergebnis seines Versuchs, die Erlebnisse Flauberts zu »totalisieren«, die ihn dazu gebracht hatten, *Madame Bovary* zu schreiben.[3]

Schon seit seiner Kindheit interessierte Sartre sich für Flaubert, und auf der Hochschule hatte er *Madame Bovary* ein zweites Mal gelesen. Während der dreißiger Jahre hatte er sich mit *L'education sentimentale* auseinandergesetzt und die umfangreichen Briefbände Flauberts gelesen. Er fand den Dichter unsympathisch, entschloß sich aber eines Tages dazu, seine Biographie zu schreiben. 1954 war er wieder auf diese Idee zurückgekommen, als der Ideologe der Kommunistischen Partei, Roger Garaudy, vorschlug, einen Wettbewerb zu veranstalten, bei dem jeder eine allgemein bekannte Persönlichkeit den marxistischen und existentialistischen Wahrnehmungsformen entsprechend beschreiben sollte. In kurzer Zeit hatte Sartre zwölf Schulhefte mit seiner marxistischen und psychoanalytischen Studie Flauberts gefüllt, aber sie wurde nicht veröffentlicht. Nach der Fertigstellung von *Die Wörter* hatte er die Arbeit an dem Buch über Flaubert wiederaufgenommen und die folgenden sieben Jahre damit verbracht, nacheinander vier verschiedene Versionen der Biographie zu schreiben, bevor er ihr 1970 ihre endgültige Form gab. Bei der Veröffentlichung versprach er, einen vierten Band zu schreiben.

Der Idiot der Familie ist ein monströses – einige Kritiker sagten, ein ungeheuer perverses – Porträt Flauberts, der umfassende Versuch, Flaubert »am Text« zu »totalisieren«, ganz zu erfassen. Sartre benutzt eine psychoanalytische Methodik der Untersuchung, die unter Psychoanalytikern durchaus umstritten ist, eine »angewandte« marxistische Dialektik, die unter Marxisten keineswegs immer geteilt wurde, und liest Flaubert, wenn nicht ganz, so doch annähernd unter einem strukturalistischen Gesichtspunkt, um zu zeigen, wie Flaubert (und auch jeder andere Schriftsteller) die Widersprüche seines Milieus und seiner Klasse widerspiegelt und wie man mit dem richtigen Werkzeug und den richtigen Methoden den »totalen« Flaubert bloßlegen kann.

Sartre schenkt seine Aufmerksamkeit besonders den Kritzeleien aus Flauberts Jugend (Literaturkritiker finden das meistens unergiebig) und vergleicht Briefe aus verschiedenen Lebensphasen Flauberts miteinander. Das gestattet Sartre, festzustellen, daß Flaubert sexuell passiv war – eine Tatsache, die durch Briefe, die er nach seiner Pubertät geschrieben hat, bestätigt wird –, und zu erkennen, daß für den unglücklichen Flaubert die Neurose zu einer *Lösung* wurde. Sartre entdeckt, daß Flaubert sich in seinen Briefen in einer Weise bloßlegt, als befinde er sich auf der Couch eines Psychiaters; George Sand dagegen, eine seiner wichtigsten Briefpartnerinnen, versucht ständig, sich hinter Worten zu verstecken. Sartre untersucht die Struktur von *Madame*

Bovary und entdeckt dann beides: die Niederlage wie auch den Sieg. Flaubert war ein Mann, der sich während seiner Kindheit und Jugend nur zögernd entwickelte, der aus seinen Neurosen später herauswuchs und seine Probleme in *Madame Bovary* verarbeitete, einem Buch, an dem er lange und unter Qualen gearbeitet hat. Aber *Madame Bovary* ist ein Meisterwerk, und in seinem nächsten Schritt zeigt Sartre, daß dieser große Roman nach einem anderen Autor als dem unglücklichen Flaubert verlangte, der sich selbst in seine Heldin Emma Bovary hineinprojizierte, wie er in einer berühmten Bemerkung zugab. Wenn man im Text also den unglücklichen Flaubert wiederfindet, so wird auf den Seiten dieses Buches doch auch der Triumph des Autors deutlich. In den ersten Bänden analysiert Sartre die Niederlagen des Autors und verspricht seinen Lesern, im vierten Band auch über dessen Triumphe zu berichten. Sartre benutzt die neuesten psychoanalytischen Begriffe von Lacan (das Selbst als Konstruktion, die das Individuum bewußt im nachhinein übernimmt), die neuesten Erkenntnisse der Semiotik und der analytischen Kritik, um zu zeigen, daß ein Mensch vollkommen zu begreifen ist. *Der Idiot der Familie* ist eigentlich ein großangelegter Versuch, der zeigen will, daß es in der Entwicklung eines Lebens nichts »Geheimnisvolles« gibt, daß alle Strukturen des Selbst freigelegt werden und seine inneren Kräfte benannt werden können.

Die Kritiker hielten sich im allgemeinen mit der Beurteilung von *L'idiot de la famille* bis zum Erscheinen des versprochenen abschließenden Bandes zurück. Viele jedoch bemerkten Sartres eigene Transparenz und seinen totalen Verzicht darauf, irgend etwas beweisen zu wollen. »Es ist ein Text, der sich viel erlauben kann, weil er selbst beweglich und immer neugierig, immer auf der Suche nach überraschenden Effekten ist«, schrieb Michel Sicard vom *Nouvel Observateur.*[4]

Sartre begann den vierten Band im Oktober 1971, kam damit aber nicht weit, denn die Maoisten belegten ihn wieder einmal mit Beschlag. Die Regierung hatte es aufgegeben, die »revolutionäre Presse« zu verfolgen, nachdem ausländische Filmteams Jean-Luc Godard, Delphine Seyrig und andere Mitglieder der radikalen Schickeria beim Verlassen des Polizeireviers am Panthéon gefilmt hatten, während die französischen Fernsehanstalten zeigten, wie Simone, Sartre und Blumenthal auf dem Boulevard St. Michel Zeitungen verteilten und ein Polizeiauto ihnen diskret folgte. Im Juni jedoch brachten seine zwar nur formale, aber rechtlich doch bindende Herausgeberschaft der Zeitungen und die Artikel, die er für *La Cause du Peuple* und *Tout!* geschrieben hatte, ihm den Vorwurf der Verleumdung ein. Im Fernsehen stellte er fest, seine Tätigkeit als Herausgeber der verschiedenen Nachrichtenblätter sei nicht die eines Liberalen, der die Pressefreiheit verteidigen wolle, sondern ein Akt, mit dem er sich auf die Seite jener Leute stellen wolle, in die er sein Vertrauen setze, obwohl er nicht gänzlich ihrer Meinung sei.

Privat gab er sich weniger begeistert. Er hatte das Gefühl, als habe keine der Zeitungen die richtige Einstellung und den richtigen Ton gefunden und, was noch bedenklicher sei, als habe diese Presse viel häufiger Lügen verbreitet als die bürgerliche. Er war davon überzeugt, daß ihre »triumphalen« Berichte über erfolgreiche Aktionen am Arbeitsplatz, in denen sie niemals von Fehlschlägen sprach, ein schlechter Dienst an dem vermeintlich proletarischen Leser war. Die Wahrheit sollte revolutionär sein, aber Revolutionäre, wie er gegenüber einer nur kurzlebigen Zeitung sagte, »wollen die Wahrheit nicht kennen; man hat sie einer Gehirnwäsche unterzogen, und jetzt leben sie in ihrer eigenen Traumwelt«. Mit dem »altmodischen« Romanschreiber Maurice Clavel, der mit seinem Buch *La perte et le fracas* den ersten Roman über die Maiunruhen geschrieben hatte, gründete Sartre »Libération«, eine Nachrichtenagentur der »Gegenkultur«.

Obwohl Simone in *La Cause du Peuple* über minderjährige straffällig gewordene Mädchen schrieb und auch an mehreren Protestaktionen teilnahm, hielt sie sich doch aus den meisten Aktionen heraus und konnte so an ihrem Schreibtisch sitzen und ihr Buch *Alles in allem* beenden. In den Jahren 1971 und 1972 standen unter anderem auf Sartres Terminkalender Aktionen, bei denen er einen Hungerstreik in einem Gefängnis aktiv unterstützte, sich an einem Protestmarsch gegen den Rassismus in dem vornehmlich von Arabern bewohnten »Goutte d'or« (Stadtteil von Montmartre) beteiligte und bei einem Gefängnisaufstand als Vermittler auftrat. Er führte einen Besetzungsversuch der Renaultwerke an – bei dem er vom Werksgelände geworfen wurde –, untersuchte den Mord an einem maoistischen Renaultarbeiter, ging zu dem

Begräbnis des jungen Mannes und brach unter sehr viel Lärm mit Castro, als in Kuba der Dichter Padilla verhaftet wurde. Er schrieb das Vorwort zu einem Buch über die französischen Maoisten, flog nach Brüssel, um vor der Vereinigung junger Anwälte Belgiens über das Thema »Das Rechtswesen und die Regierung« zu sprechen, und mußte sich vor Gericht mehrmals wegen Beleidigung verantworten. Gemeinsam mit Simone stand er drei Wochen vor der Kamera, als ihr alter Freund Alexandre Astruc einen Dokumentarfilm über sie beide drehte.

Alles in allem begann da, wo *Der Lauf der Dinge* aufgehört hatte, aber der letzte Band von Simones jetzt fast 2200 Seiten langen Autobiographie beschäftigte sich nicht soseh mit zeitlichen Abläufen, sondern eher mit bestimmten Themen: dem Begriff der Veränderung, ihrer Arbeit, Rom im Sommer, politischen Reisen (einige der wenigen Stellen mit komischem Anflug ist die Beschreibung eines Mannes in Badehosen, der auf der Krim über den Strand läuft, auf der einen Seite seiner tätowierten Brust ein Bild von Lenin, auf der anderen eines von Stalin), dem Dasein der Frau, den Maiunruhen und ihrer und Sartres Radikalisierung. Sie nannte die Begegnung mit Sartre »das wichtigste Ereignis in meinem Leben« und schrieb ohne Sentimentalität – wenn manchmal auch etwas langatmig – über die vergangenen zehn Jahre. Die Kritiker fanden, dem Buch fehle es an Intimität – V. S. Pritchett sagte, sie habe sich zu sehr darauf versteift, die Menschen im Lichte ihrer Konzepte zu sehen[5] –, sagten aber auch, es sei die Stellungnahme einer klugen und bewundernswerten Frau. In ihrem Feminismus war sie radikal, wandte sich aber gegen den Männerhaß, denn das hätte eine ebenso spezifisch weibliche Natur vorausgesetzt: »Es geht für die Frauen nicht darum, sich als Frau zu bestätigen, sondern um die Anerkennung als menschliche Wesen in jeder Hinsicht.«

Sartre war nicht sehr glücklich über *La Cause du Peuple*, und Ende 1972 warf er sich auf ein Vorhaben, das ihn voll und ganz beanspruchen sollte: die Umwandlung der Nachrichtenagentur »Libération« in eine Tageszeitung. Er wollte dazu beitragen, eine Zeitung zu schaffen, die eine gleichberechtigte Demokratie praktizieren würde, eine »Tageszeitung des Volkes«, für die die Leser selbst die Nachrichten liefern sollten, wenn sie diese nicht schon selbst schreiben konnten. Die Idee dazu kam ihm bei Protestveranstaltungen der »Spontex«-Maoisten in Lens, Lille und Lyons, auf der Arbeiter und in einem besonders bewegenden Fall Krankenschwestern aus einem Alterspflegeheim ihm die Frage stellten: »Würden Sie das bringen? Wir haben versucht, die Lokalpresse dazu zu überreden, das zu veröffentlichen.« Bei jedem gesellschaftlich wichtigen Ereignis sollten die, die daran teilhatten – Streikende, Demonstranten, junge Leute –, die Nachrichtenquelle sein; anschließend würden freiwillige »Befreiungskomitees« diese Informationen sorgsam prüfen und sortieren. Die Zeitung sollte kein Parteiorgan wie die *L'Humanité* werden, deren Herausgeber und Redakteure für die Sorgen, Ängste und Bedürfnisse der Menschen, für die sie sprachen, kein wesentliches Interesse mehr hatten. Sie sollte eine Art von Berichterstattung einführen, die in der Lage wäre, die unmittelbare Betroffenheit der Arbeiter auszudrücken, die gegen nur unzureichende Sicherheitsbestimmungen am Arbeitsplatz protestierten, und erklären, warum schwer erziehbare junge Mädchen in staatlichen Heimen danach fragten, wieso es Priestern erlaubt wurde, sie zu besuchen, den Mitarbeitern der Familienberatungsstellen aber nicht. Wenn das Volk zum Volk sprechen sollte, würde man zwar auf manche Differenziertheiten verzichten müssen, aber gleichzeitig würde auch das Gerechtigkeitsempfinden der Öffentlichkeit wiederhergestellt werden, eine Gerechtigkeit ohne Verfälschungen, ohne Ausflüchte und ohne Tendenz.

Sartre steckte in dieses Unternehmen ein Anfangskapital von 200000 Francs. Im Januar 1973 konnte er den Rundfunkhörern mitteilen, daß jeden Tag Spenden in Höhe von 5000 Francs eingingen. Als sein Interviewer ihn fragte, ob es nicht bedauerlich sei, daß Sartre die Literatur und die Philosophie zugunsten einer Tätigkeit als Journalist aufgegeben hatte, antwortete Sartre, die Philosophie wolle er nur für ein halbes Jahr beiseite legen. Dann, so hoffe er, wäre die *Libération* stabil genug, und er würde nur noch am Rande mitarbeiten müssen. Als er gefragt wurde, ob er an den Erfolg der *Libération* glaube, sagte er, das könne er nicht voraussagen. Seine Freunde und er unterstützten lediglich eine Idee; das Überleben der Zeitung aber hinge hauptsächlich vom Volke ab.[6]

Die »revolutionäre Presse« ließ ihn *Les Temps modernes* vernachlässigen, obwohl er sich bemühte, alle zwei Wochen bei den Zusammenkünften zu erscheinen und wie Simone, Bost, Lanzmann, Pouillon und Gorz seine Meinung abzugeben. Sie waren sich darin einig, daß die *TM* sich nicht zu jedem anstehenden politischen Thema äußern sollten, sondern einen wohldurchdachten, allgemeinen Überblick vermitteln müßten. Mit Ausnahme von Pouillon und Gorz schrieb keiner von ihnen mehr für die Zeitung, aber Simone las alle eingehenden Beiträge und begann eine Kolumne über den Sexismus, die von revolutionären Feministinnen verfaßt wurde. Pouillon und Gorz waren abwechselnd damit beschäftigt, die verschiedenen Ausgaben zusammenzustellen. Die Auflage betrug elftausend Exemplare – das war praktisch genauso viel wie 1945. Zwar waren die *TM* nicht mehr das angesehene, offizielle Organ des Existentialismus, aber es gab sie noch, mit einer Lebensdauer, die nur von wenigen »kleinen Zeitungen« erreicht wurde – über dreihundert »articles de combat«, Kommentare und Analysen, die fast dreißig Jahre Hoffnung, Niederlage und Erfüllung der Linken widerspiegelten. »Wenn ich mich heute weniger mit den *TM* beschäftige und auch weniger Interesse zeige, dann deshalb, weil die *TM* heute ihr eigenes Dasein führen«, sagte Sartre 1976.

Hin und wieder arbeitete er an seinem Buch über Flaubert – gegenüber Victor und anderen Maoisten verteidigte er diese Tatsache, indem er sagte, auch wenn kein Arbeiter *L'idiot de la famille* lesen werde, scheine es ihm ein Zeichen von großer Unfreiheit zu sein, wenn er eine Sache aufgeben müsse, an der er fünfzehn Jahre gearbeitet habe. »Ich sehe durchaus die Zwiespältigkeit dieses Unternehmens. Auf der einen Seite könnte man es mit Weltflucht bezeichnen, wenn ich mich daranmache, eine Persönlichkeit des neunzehnten Jahrhunderts zu beschreiben, und mich darauf konzentriere, was diese Person am 18. Juni 1838 gemacht hat. Vielleicht versuche ich wirklich, ein wenig vor dieser Welt zu flüchten, aber andererseits, wenn ich mir das von dem Standpunkt der von mir angewandten Methode ansehe, glaube ich, daß ich sehr in der Gegenwart lebe«, sagte er Michel Contat und Michel Rybalka, zwei neuen »Sartrologen«, die eine Studie der Werke Sartres von siebenhundertachtundachtzig Seiten veröffentlichten.[7] Contat, der auch mit Astruc an dem Dokumentarfilm zusammenarbeitete, war ein fünfundzwanzigjähriger Literaturlehrer und Jazzmusiker aus Lausanne, Rybalka war vierzig und Doktor der Philosophie an der Universität von Kalifornien und hatte einen Essay über Boris Vian geschrieben. Sie waren die letzten Interviewer, die Sartre tatsächlich sah. Im Juni 1973 erblindete er.

Im März war es wegen Überanstrengung zu einem leichten Herzanfall gekommen, der ihn zwang, seine Aktivitäten beträchtlich einzuschränken, und dies gerade zu dem Zeitpunkt, als er die *Libération* gründete. Als am 22. Mai die erste Ausgabe erschien, war er dabei, aber sein Blutdruck war immer noch zu hoch, und drei Wochen später kam es zu einer akuten Blutung hinter dem linken Auge. Seit seinem dritten Lebensjahr war er auf dem rechten Auge blind. Als er aus dem Krankenhaus kam und Simone mit ihm nach Südfrankreich fuhr, wo er sich erholen sollte, konnte er zwar noch Farben und Licht erkennen, aber weder Dinge noch Gesichter unterscheiden. Wenn er sich eine Buchseite vor das Gesicht hielt, sah er schwarze Linien, aber keine Wörter, und auch seine eigene Handschrift konnte er nicht mehr lesen. Manchmal versetzten ihn die Medikamente, mit denen der zu hohe Blutdruck behandelt wurde, in einen Zustand des Deliriums. In Avignon ließ er sich von Simone zu einer Bank führen, wo er sich, wie er sagte, mit einem Mädchen treffen wollte. Es gab keine solche Verabredung.

Auch Simone ging es nicht besonders gut. Sie litt unter qualvollen arthritischen Schmerzen und nahm Kortison. Es ließ ihr Gesicht aufquellen, aber es erlöste sie von ihren Schmerzen.

Alle Augenspezialisten stellten in bezug auf Sartres Auge die gleiche Diagnose: Sein Zustand war nicht zu ändern. Das hätte ihn niederschmettern müssen – als Schriftsteller sei es mit ihm vorbei, sagte er Contat –, aber irgendwie fühlte er sich nicht traurig. Schreiben hieß auch umschreiben: Manchmal hat er einige seiner Werke mehr als sechsmal geändert. Wenn Simone ihm auch etwas vorlas, so konnte er doch nur einfache mündliche Korrekturen vornehmen. Stil sei eine Möglichkeit, in einem Satz verschiedene Dinge auszudrücken, erzählte er Contat. Die Literatur habe nichts mit Wissenschaft zu tun, sondern sei der Einsatz von Sprache in einer Weise, die ihre Bedeutungen zum Schwingen bringt. Freunde schlugen vor, er solle ein Tonband benutzen, aber die Zeit des Abspielens war durch das Gerät bestimmt und nicht durch die Geschwindigkeit des Geistes oder des Auges. Die Komposition von Absätzen und Kapiteln war schwierig, er verlor die Kontrolle über den Gedankenfluß. Aber er versuchte es – »getreulich«, wie er sagte.

Von der Riviera aus fuhren sie nach Rom. Aber er konnte nicht mehr allein auf die Straße gehen und fühlte sich alt und leer, wenn man ihm aus Zeitungen vorlas oder wenn er vor dem Radio saß.

Und er konnte Lanzmanns Film *Pourquoi Israel?* nicht sehen, den dieser im Juni abgedreht hatte. Der dreistündige Film war von Lanzmann »geplant, geschrieben und inszeniert«, und unter den Namen der Produzenten tauchte auch der Simones auf. Der Film hatte eine eigenwillige Struktur: Interviews liefen gleichzeitig mit ihnen widersprechenden Filmaufnahmen, so daß das Israel des Jahres 1973 unter einem provokativen und manchmal ironischen Aspekt erschien. Ohne auf Wochenschauen oder vorrätiges Material zurückzugreifen, porträtierte Lanzmann die »Schwarzen Panther« Israels, Juden aus Nordafrika, die sich vom israelischen Establishment diskriminiert fühlten. Er zeigte die Reaktion eines Polizeichefs, eines ehemaligen KZ-Häftlings, auf die Bemerkung junger Demonstranten, er sei ein Nazi, und einen Neuankömmling aus Rußland, der bei seinem Besuch der Klagemauer sehr bewegt ist, aber später versucht, in die Vereinigten Staaten auszuwandern.

Während des israelisch-ägyptischen Oktoberkrieges vertraten Simone und Sartre zum erstenmal unterschiedliche Meinungen. Israels Sieg nahm den Juden ihr traditionelles Image des Opfers, und die französische extreme Linke von den Maoisten bis hin zu den Trotzkisten unterstützte die Sache der Palästinenser. In Interviews mit *Libération* und der Zeitung *Al Hamishmar* in Tel Aviv verlangte Sartre direkte Gespräche zwischen der Palästinensischen Befreiungsfront (PLO) und Israel. Er lehnte es ab, sich an einem Aufruf zugunsten Israels zu beteiligen, den Simone unterschrieb. Sie beklagte Israels Ablehnung, das Leiden der Palästinenser auch nur zur Kenntnis zu nehmen, sagte aber, sie könne das Ziel der Palästinenser nicht unterstützen – die Zerstörung Israels.

Ihre politischen Meinungsverschiedenheiten setzten sich 1974 fort, als der plötzliche Tod Präsident Pompidous Präsidentenwahlen notwendig machte. In der aufregendsten Wahlkampagne seit Jahrzehnten unterstützte Simone den Kandidaten der Vereinigten Linken, François Mitterand, der gegen den früheren Wirtschafts- und Finanzminister Valery Giscard d'Estaing antrat. Sartre trat mit den Maoisten für eine »revolutionäre Enthaltung« ein. Als Mitterand gefragt wurde, was er von Sartres Weigerung, für ihn zu stimmen, halte, antwortete der Führer der Sozialisten höflich, daß die Institutionen, die Sartre nicht anerkennen wolle, »dennoch wert seien, respektiert zu werden«. Die Wahl Giscard d'Estaings, der Mitterand mit einer hauchdünnen Mehrheit überflügelte, markierte den Wandel Frankreichs vom Gaullismus zu einem technokratischen Pragmatismus.

Die *Libération* hatte ihre Schwierigkeiten. Die neue Regierung war viel zu gelassen und zu kontrolliert, als daß sie veranlaßt hätte, daß »Voltaire« auf dem Boulevard St. Michel von Polizeiwagen verfolgt würde. Und sein Verleumdungsprozeß ging in aller Stille zu Ende; Sartre wurde zu einer symbolischen Geldstrafe in Höhe von einem Franc verurteilt. Das Problem der Zeitung bestand darin, zu ihrem eigenen Stil und zu ihrer Richtung zu finden. Nach einem unsicheren Anfang, der Sartre zwang, noch mehr Geld in das Unternehmen zu stecken, wurde *Lib*, wie ihre jungen Leser die Zeitung nannten, eine Art politisierte Boulevardzeitung. Die Auswahl der Nachrichten war exzentrisch, und es wurden nur Themen behandelt, die einen außergewöhnlichen oder kontroversen Aspekt hatten. Vier Seiten am Ende der sechzehnseitigen Tageszeitung blieben einem Forum für Leser vorbehalten, und im Jahre 1976 erinnerten diese Seiten eher an die Spalte der Leserbriefe in der New Yorker *Village Voice* als an engagierten, demokratischen Journalismus. Die Beiträge, die ohne Kommentar veröffentlicht wurden, waren offensichtlich von verstörten Leuten geschrieben, die versuchten, sich über die Mauern der Einsamkeit und des Unverständnisses hinweg mit anderen zu verständigen. Ein Gefangener schrieb aus dem »französischen *Gulag*« eigentlich nur, um zu sagen, daß alles, was er nach seiner Entlassung wolle, ein Mädchen sei. Sartre wurde in eine aktuelle Sache verwickelt: die Vergewaltigung einer jungen vietnamesischen Genossin durch einen afrikanischen Genossen. Der Fall spaltete die Leserschaft in zwei Lager, einige schrieben, daß Macho-Aggressionen in den revolutionären Reihen nichts zu suchen hätten, andere warnten davor, daß man durch den Angriff auf einen Schwarzen der Rechten in Frankreich in die Hände spielen würde, die sowieso am liebsten alle Algerier und Afrikaner aus dem Land weisen würde. »Ein Mann, der gegen die Art protestiert, mit der die Gesellschaft ihn behandelt, und der gleichzeitig eine Frau unterdrückt, ist mit Sicherheit kein Revolutionär«, schrieb Sartre daraufhin. Er schlug vor, das Hilfskomitee, das den afrikanischen Arbeiter ausgeschlossen hatte, solle versuchen, ihn dazu zu bringen, sich zu bessern.[8]

Aus Gesprächen mit Victor und Gavi entstand ein Buch: *On a raison de se révolter,*[9] aber im Mai 1974, ein Jahr, nachdem die *Libération* zum erstenmal erschienen war, machte sein Blutdruck Sartre wieder Schwierigkeiten und zwang ihn, seine Tätigkeit als Leiter der Zeitung – nicht aber ihre finanzielle Unterstützung – und seine beratende Funktion bei anderen Kampfzeitschriften aufzugeben. Einen Monat später, als er und Biber nach Rom fuhren, wo sie den Sommer verbringen wollten, gab er den letzten Band von *Der Idiot der Familie* auf. Er hatte das Gefühl, als sei der vierte Band sowohl der schwierigste als auch der am wenigsten interessante, als hätte er alles Wichtige gesagt und als könne nun auch jemand anderes die Schlußfolgerung aus dem ziehen, was er in seinen drei Bänden geschrieben hatte.

Und außerdem gab es noch Arlette, die ihm Gesellschaft leistete, um ihn zu beruhigen und zu zerstreuen. Vor Sartres Erblindung hatten Vater und Adoptivtochter an bestimmten Abenden auf ihren Instrumenten gespielt, er auf seinem Klavier und sie auf ihrer Geige, die sie noch aus der Zeit an der Hochschule besaß. Jetzt war Arlette fast jeden Tag für mehrere Stunden bei ihm, las ihm vor und unterhielt sich mit ihm. Freunde sagten, daß er mit Sicherheit beide brauchte, Simone und Arlette.

Es war schmerzlich für ihn, daß er Flaubert aufgeben mußte. Er versuchte, es philosophisch zu nehmen, und sagte Freunden und Interviewern, daß jede menschliche Arbeit schließlich unbeendet bliebe. Aber etwas war für immer verloren. Auch während der Arbeit an dem Buch über Flaubert hatte er Corydran geschluckt, so als müsse er dem gehorchen, was er in *Die Wörter* mit den ihm »unter die Haut genähten Geboten« bezeichnet hatte, dem Zwang, entweder zu schreiben oder zu sterben. *On a raison de se révolter* zeigte ihm die Grenzen einer gedruckten Unterhaltung, ihr fehlte es an der Dichte der zu Papier gebrachten Idee. Interviews waren frustrierend, denn das Hin und Her der Fragen und Antworten warf nur neue Fragen auf. 1974 in Rom stellte er fest, daß er sich nicht mehr an jene ihm »unter die Haut genähten Gebote« gebunden fühlte und daß er nun, gezwungenermaßen, alles gesagt hatte, was er hatte sagen müssen. »Das war nicht ganz die Wahrheit; wäre ich ein Mann, der noch viele Jahre vor sich hat und bei guter Gesundheit ist, würde ich sagen, daß ich bei weitem nicht alles gesagt habe«, erzählte er zwei Jahre später seinem Biographen. »Wenn ich noch zehn Jahre zu leben habe, dann ist das schon eine ganze Menge.«

Aber es war nicht Sartres Art, untätig zu sein, und so begannen er und Simone, mit Hilfe eines Tonbandgerätes eine Reihe »autobiographischer Gespräche« festzuhalten, die als Grundlage für die Fortsetzung der *Wörter* dienen sollten. Als sie nach Paris zurückkehrten, bot die staatliche Rundfunk- und Fernsehgesellschaft Sartre an, in einer Fernsehreihe des zweiten Programms eine Sendung über das 20. Jahrhundert zu machen. Die *Time* hatte einen Artikel über die Wahl Giscard d'Estaings und über seine Versprechungen, Reformen durchzuführen, mit den Worten *no one here but U. S. Liberals (Keiner hier außer uns Liberalen)* überschrieben.[10] Die Entscheidung des neuen Präsidenten, Marcel Jullian zum Leiter des zweiten Programms zu machen, war so ein Stück echten Liberalismus. Jullian war Cheflektor im Verlag Plon, und in seiner Rolle als »Fernsehzar« begann er umgehend damit, sich nach durchschlagenden Ideen für die Programmgestaltung umzusehen. Als Maurice Clavel vorschlug, die französischen Intellektuellen den Fernsehzuschauern vorzustellen, sagte Jullian: »Ausgezeichnet. Wir fangen mit Sartre an.« 1971, anläßlich des siebzigsten Geburtstages von Malraux, hatte man eine neunstündige Serie unter Mitwirkung Malraux' produziert, in der dieser unvergleichliche Augenzeuge und Hauptdarsteller schon legendärer Jahrzehnte Streifzüge durch seine Erinnerungen machte. In den Vorverhandlungen wurde Clavel beinahe zum Agenten Sartres. Sartre wäre einverstanden, sagte er zu Jullian, wenn man ihm jede Freiheit einräume. Natürlich, antwortete Jullian, könne Sartre seine Beiträge frei nach Belieben gestalten und sich seine Mitarbeiter selbst aussuchen. Diese Sendung Sartres zur Geschichte des 20. Jahrhunderts schien zu einem Prunkstück der neuen Programmgestaltung und zu einem persönlichen Erfolg Jullians zu werden. Sie wurde mit entsprechendem Aufwand angekündigt.

Es klang zu schön, um wahr zu sein. Sartre »verpflichtete« Simone, Gavi und Victor und machte sich unverzüglich an die Arbeit. Die Serie bekam den Arbeitstitel »Die Geschichte des 20. Jahrhunderts, gesehen mit den Augen eines Intellektuellen, der im Jahre 1905 geboren wurde«. Sie beschlossen, daß zu jedem Zeitabschnitt kontrapunktisch auch eine Feministin ihre Meinung abgeben sollte. Am 6. Januar 1975 legte Sartre ein Exposé über zehn einstündige Teile vor und betonte noch einmal, daß er auf völliger Freiheit bestehe, er würde keine »Behinderung durch juristische, bürokratische oder finanzielle Autoritäten« akzeptieren. Der »Fernsehessay« schien nicht in die bestehende Programmgestaltung hineinzupassen, aber der vorläufige Startschuß kam ohne Verzögerung. Sartres Team vergrößerte sich auf achtzig Personen, da die Forschungsarbeit, die Herstellung des Scripts und die Vorproduktionsarbeiten nun voll anliefen. Die Kosten wurden mit zehn Millionen Francs veranschlagt, eine große, aber nicht unbedingt übermäßige Summe für eine Prestigeserie, die man möglicherweise an viele andere Sender würde verkaufen können. Jullian bewilligte einen ersten Vorschuß in Höhe von achtzigtausend Francs.

Der Ärger begann im August, als Sartre und seine Mannschaft nach einem halben Jahr Arbeit auseinander gingen, um einen Monat Urlaub zu machen. Sartre und Biber waren in Rom, als Jullian ihm schrieb, es sei notwendig, eine Art Pilotprogramm aufzustellen, mit Hilfe dessen sich die Programmdirektoren ein Bild von der Entwicklung des Projektes machen konnten, bevor der Sender seine Einwilligung zum Beginn der Produktion gab. »Mit anderen Worten, ich soll eine Prüfung ablegen«, sagte Sartre einen Monat später auf einer Pressekonferenz. »Die Öffentlichkeit ist der einzige Richter. Stellt man zwischen die öffentliche Meinung und ein Werk eine aus ›Oberrichtern‹ bestehende Jury, heißt das, daß man das Werk von vornherein festlegen will. Das ist nur ein Detail, aber damit haben wir wieder einmal die Zensur.« Am Vorabend der Pressekonferenz, am 25. September, hatte Jullian beschlossen, nur vier Millionen Francs zu bewilligen, woraufhin Sartre erwiderte, dieser Vorschlag hätte verwirklicht werden können, wenn er sechs Monate früher gekommen wäre, zu einem Zeitpunkt, als man noch ein anderes Script hätte schreiben können. Als Sartre sich mit der Pressekonferenz an die Öffentlichkeit wandte, sagte Jullian, es sei kaum möglich, von Zensur zu sprechen, »wenn das Werk noch gar nicht existiert«. Er war über Sartres Verhalten entsetzt, aber er versuchte, wie Jean Daniel vom *Nouvel Observateur* ihm geraten hatte, den Streit noch einmal zu schlichten. Aber Sartre war verletzt und wiederholte – mit Bedauern, wie Jullian schien –, daß es zu spät sei, daß er der Fernsehgesellschaft nicht mehr traue und man ihn nie wieder im Fernsehen zu Gesicht bekommen würde.

Die Presse stand im großen und ganzen auf Sartres Seite, *Le Monde* schrieb: »Unser Liberalismus hat sich vielleicht weiterentwickelt, aber er bleibt ein überholter Liberalismus.«[11] Der *Nouvel Observateur* stellte fest, Sartre könne stolz darauf sein, daß man ihn mit siebzig Jahren immer noch für einen furchterregenden Umstürzler hielte. »So hat sich die Regierung im letzten Moment zurückgezogen, verwirrt angesichts dieses liberalen und progressiven Sprunges in das quälende Unbekannte. Bei dem Gedanken an einen neuen Sokrates, der sich darauf vorbereitet, unsere Jugend während der kommenden Monate zu verführen . . ., haben unsere Führer plötzlich finanzielle Hindernisse aufgebaut.«[12]

Ende September gab es eine unangenehme Geschichte – einige von Sartres maoistischen Freunden versuchten, rückwirkend an das Nobelpreisgeld heranzukommen, das Sartre damals ausgeschlagen hatte. Nach der Aufregung, hervorgerufen durch die Berichte der Associated Press und der Agence France-Presse, bestätigte der Präsident der Nobelstiftung, Stig Ramel, aus Stockholm, daß er einen Brief erhalten hatte, in dem man die 250000 Kronen beanspruchte, die Sartre 1964 zugesprochen worden waren. Der Brief stammte aus »Kreisen, die Herrn Sartre nahestehen«, schrieb Ramel und fügte hinzu, er wisse nicht, ob dieser mit dem Einverständnis des Schriftstellers geschrieben worden sei. Auf jeden Fall bestimmten aber die Regeln der Stiftung, daß Ansprüche nur innerhalb eines Jahres nach der Preisverleihung geltend gemacht werden könnten. In Paris erklärte Sartre in aller Form, er habe nie gesagt, daß er das Geld annehmen wolle.[13]

Aber Sartre *war* pleite. Die *Libération* hatte seine letzten Reserven verschlungen. Mit Contat nahm er an seinem siebzigsten Geburtstag eine Unterhaltung auf Band auf, die er an den *Nouvel Observateur* verkaufte und die von diesem in Form eines Frage-und-Antwort-Arikels veröffentlicht und an bekannte Zeitungen im Ausland verkauft wurde.[14] Er verriet, daß ihn im Jahr 1975 hohe Steuernachzahlungen belasteten und daß er sich zum erstenmal fragte, wie er mit seinem Geld auskommen sollte.

Das lange Gespräch mit Contat war nicht nur eine sentimentale Geburtstagsreise ins Land der Erinnerungen. Contat stellte eindringliche Fragen und brachte Sartre dazu, mit Bedauern festzustellen, er habe aus der Menge der Bücher, die über ihn geschrieben worden wären, nichts über sich selbst erfahren. Sartre nannte die Trennung zwischen dem Mann im öffentlichen Leben und dem Privatmann eine Illusion und sagte, daß er trotz des dunkler werdenden Horizonts an den Fortschritt der Menschheit glaube, auch dann, wenn es niemals zu einer sozialistischen Revolution kommen würde. Als man ihn fragte, ob er sich »geprellt« fühle, antwortete er mit Nein. »Ich bin durch nichts enttäuscht worden. Ich habe Menschen kennengelernt, gute und böse – die bösen sind nur böse in bezug auf bestimmte Ziele –, ich habe geschrieben, ich habe gelebt, es gibt nichts, was mir leid tun könnte.« Diese Unterhaltung, die auf Band aufgenommen wurde, endete mit Gelächter, als Sartre sagte, er habe es im Leben zu nicht allzuviel gebracht. Zu Contat sagte er: »Man muß sich das Lachen bewahren. Fügen Sie hinzu: Gelächter.«

Simone wurde in den Streit um den Feminismus hineingezogen. Aus Amerika kamen Bücher voller Zorn, Schmerz, Ironie und Angst, und Betty Friedan stattete ihr einen persönlichen Besuch ab, um mit »jemand klügerem und älterem« ihre dunkle Ahnung zu teilen, daß die Frauenbewegung sich ihrem Ende näherte. Sie unterhielten sich lange und stellten sich schließlich auf unterschiedliche Seiten »des Systems«. Simone sagte, solche Errungenschaften wie bessere Arbeitsmöglichkeiten, Prestigeberufe und augenscheinliche sexuelle Integration seien unproduktiv; die Aufgabe der Feministinnen sei es, »dieses Regime zu schwächen, und nicht, sein Spiel mitzumachen«. Die Friedan dagegen fragte sich, wie die Frauen das Zeitalter des Glücks und des Friedens erreichen sollten, wenn sie sich selbst sogar die Qualifikation und die Erfahrung absprächen, bei der Veränderung des Systems mitzuwirken. Die Autorin des Buches *Der Weiblichkeitswahn* war enttäuscht, als sie ging, fand Simone zurückhaltend und kühl und meinte, Simone gebe nur moderne Klischees und ein abscheuliches Elitedenken von sich und erhebe die anonyme Frau der »Arbeiterklasse« abstrakt zum Maß aller Dinge.[15]

In Wirklichkeit war Simone, wie sie gerne sagte, mehr »Vorwand als Vorturnerin«. Die junge Generation der Französinnen, die in bestimmten Teilen von *Le deuxième sexe* tatsächlich einen gewissen gönnerhaften Optimismus sahen, hatte sie eingeholt. *L'Arc* feierte den fünfundzwanzigsten Geburtstag von *Das andere Geschlecht* mit einer besonderen Simone-de-Beauvoir-Ausgabe: »Sie hat es verstanden, aktuell zu bleiben, ohne sich zu einer heimlichen Autorität zu machen«, schrieben die Herausgeber in ihrer Einleitung. Für die Sonderausgabe dieser Zeitung befragte Simone Sartre zum Thema Frau und sagte, es gebe in seinen Büchern Spuren von »Phallokratie«; sie brachte ihn dahin, zuzugeben, daß auch er Frauen ausgebeutet habe. Sie stellte aber auch fest, daß er sie immer als ebenbürtig betrachtet habe, was ihn wiederum veranlaßte, sich zu fragen, ob diese Tatsache nicht bei anderen Frauen seinen Machismus verstärkt habe. Sie sagte, zwar habe er *Das andere Geschlecht* akzeptiert, es habe ihn aber nicht im geringsten verändert, sie allerdings auch nicht, fügte sie nachträglich hinzu und bemerkte: »Wir hatten damals die gleiche Einstellung. Wir glaubten, die sozialistische Revolution werde notwendigerweise die Emanzipation der Frau mit sich bringen. Das war nicht lange aufrechtzuerhalten.«[16] Sie schnitten die Frage an, ob eine berufstätige Frau gegen ihren berufstätigen Mann rebellieren sollte, ob der Mann für die Frau zum letzten Zufluchtsort in der kapitalistischen Unterdrückung werde, oder ob er nicht selbst auch nur ein Unterdrücker sei. Simone sagte, für die Feministinnen sei dieses ein sehr reales Problem, und Sartre meinte, die berufstätige Frau müsse versuchen, zu einem Kompromiß zwischen dem kleineren und dem größeren Übel zu finden – wobei der Kampf der Geschlechter das größere von beiden sei, aber ja, die berufstätige Frau solle sich auf jeden Fall gegen ihren Ehemann auflehnen, wenn er sie unterdrückt, denn das sei für sie die einzige Möglichkeit, weiterzukommen. Bei der zentralen Frage nach einer spezifisch weiblichen Natur, die Simone und die radikalen Feministinnen leugneten (»Weiblichkeit« ist eine gesellschaftliche Konditionierung, nicht biologisches Schicksal), fragte Sartre sich, ob im Falle eines Sieges der Feministinnen nicht bestimmte weibliche Qualitäten verlorengehen würden und ob es nicht besser sei, sie auch auf die Männer zu übertragen, statt sie in den Frauen zu unterdrücken. Daraufhin gab Simone zu, daß Frauen vielleicht eine tiefere innere Selbsterkenntnis haben, und Sartre sagte, eine rein männliche Zivilisation sei »komisch«. Die Unterdrückung der Frau habe sie weniger »komisch« gemacht, habe sie vor bestimmten männlichen Fehlern bewahrt und sie schließlich freier gemacht als den Mann, weil ihr Verhalten nicht so stark von Prinzipien bestimmt werde.

Zwar hatten sich Sartres politische Überzeugungen bis dahin noch nicht in herzhaftem Gelächter über die »komische« Gesellschaft der Männer aufgelöst, aber in seinem Dasein als Blinder erreichte er die so lange ersehnte Transparenz, in der man alles sagen konnte und nichts zu verbergen brauchte und in der das isolierte Individuum sich rückhaltlos mit anderen zusammenschließen konnte.

Die Politik brachte ihn auf Reisen. Mit Cohn-Bendit fuhr er nach Stuttgart, um mit Andreas Baader und Ulrike Meinhof von der linksextremistischen »Rote Armee Fraktion« zu sprechen. Sartre verurteilte die Terroranschläge der Baader-Meinhof-Gruppe, beklagte aber gleichzeitig die Bedingungen, unter denen Baader gefangengehalten wurde, was ihm die harte Kritik der deutschen Presse einbrachte. Mit Simone und Victor fuhr Sartre nach Lissabon, um die portugiesische Revolution zu feiern und um seine Hoffnungen für dieses Land, das sich in einem Zustand gemäßigter Anarchie befand, nachdem es einundvierzig Jahre unter einer rechtsextremen Diktatur gelebt hatte, auszudrücken. Als der Vietnamkrieg zu Ende ging, sagten ihm die Maoisten, für sie sei der Feind Nummer eins nicht mehr Amerika, sondern die Sowjetunion.

Sartres Gesundheit stabilisierte sich im Sommer seines siebzigsten Lebensjahres – er konnte wieder etwas besser sehen, konnte Landschaften betrachten und Menschen unterscheiden –, und er sprach davon, einen Essay über »Macht und Freiheit« zu schreiben. Er traf mit Astruc zusammen, um über den 1973 begonnenen Dokumentarfilm zu sprechen, den Sartre immer noch nicht freigegeben hatte. Im Januar 1976 veröffentlichte Gallimard *Situations X*, die zehnte Sammlung seiner kürzeren Texte, dieses Mal Vorworte zu Büchern über den Prozeß in Burgos gegen die baskischen Separatisten, über die Maoisten in Frankreich, seine Rede vor der jungen Anwaltschaft Belgiens, eine Aufforderung zum Boykott der Wahlen – dieses das Letzte, was er vor seiner Erblindung für die *TM* geschrieben hatte – und ein ausführliches Frage-Antwort-Interview mit Contat, das jetzt den Titel »Gespräche mit mir selbst« trug. Und weiter wurden Bücher über Sartre geschrieben. Francis Jeanson und Colette Audry waren seine neuesten Biographen,[17] und John Gerassi, der Sohn Stéphas und Fernandos, schrieb an einer politischen Biographie. Contat wurde zum Nachlaßherausgeber und Nachlaßpfleger für die noch unveröffentlichten Werke bestimmt, darunter die unbeendete *Morale* aus dem Jahre 1949, zwei Kapitel von *La critique* und der Anfang des vierten Bandes von *L'idiot de la famille*.

Die Auseinandersetzung mit Sartres Werk in Amerika schien mit *La critique* etwa 1960 stehengeblieben zu sein. Simone dagegen blieb auch in Amerika eine umstrittene Autorin. Universitätsverlage veröffentlichten Studien von Jean Leighton und Elaine Marks über Simones sich wandelnde Sicht der Frau.[18] Ende 1976 schloß Simone sich Eugène Ionesco und Raymond Aron an und forderte die UNESCO auf, ihren zwei Jahre alten Beschluß, den Staat Israel von der Mitarbeit auszuschließen, zu revidieren.

Sie waren in Rom, als sie erfuhren, daß Martin Heidegger im Alter von sechsundachtzig Jahren gestorben war und gesagt hatte: »Ich werde erst in dreihundert Jahren richtig gelesen werden.« Sartre hatte Heidegger einmal getroffen, und zwar 1952 auf seiner Rückreise von Wien, wo er an einer Friedenskonferenz teilgenommen hatte. Auf die Frage seines Biographen, ob er glaube, daß man seine Bücher in dreihundert Jahren noch lesen werde, antwortete Sartre, es würde ihn nichts weniger interessieren als das. Bestimmte Ideen entwickelten sich langsamer als andere, und er habe nicht sosehr das Gefühl, falsch verstanden worden zu sein, sondern glaube eher, daß man ihn vielleicht aus falschen Beweggründen anerkannt habe. Er war sicher, daß die kommenden Generationen sich in dem Maße verändern werden, wie die Kommunikation sich verändere, und daß sich, wenn erst einmal die Privilegien und die Ungleichheit überwunden wären, die wahre Revolution im kommunikativen Bereich vollziehen werde, in der Art, wie wir einander wahrnehmen und uns selbst mit größerer Klarheit ausdrücken, wie wir uns dem anderen durchschaubar machen. »Wir können die dunklen Winkel in uns selbst nur finden, wenn wir versuchen, für andere transparent zu werden.«

Heitere Transparenz war das Merkmal von *Sartre par lui-même*, dem Dokumentarfilm von Astruc und Contat, der im Oktober 1976, drei Jahre nach Drehbeginn, endlich freigegeben wurde. Der dreistündige Film, der, wie Sartre geschworen hatte, niemals im Fernsehen gezeigt werden sollte, zeigte einen kompromißlos ehrlichen und fesselnden Sartre, der sein Leben mit einer Mischung aus zweifelndem Staunen und unnachgiebiger Zielbewußtheit kommentiert. Simones Beiträge sind häufig liebevolle Korrekturen, und die Getreuen der *TM*, Gorz, Pouillon und Bost, bilden den griechischen Chor, der freundliche Fragen stellt. Sartre, der Kettenraucher, sitzt in seiner Wohnung am Boulevard Raspail, spricht mit seiner berühmten, metallisch-krächzenden Stimme von seiner Kinder- und Schulzeit, von seiner Entdeckung der Kontingenz und seiner häßlichen Gestalt – diese beiden letzten Themen schienen in der Vorstellung des siebzigjährigen Sartre miteinander verknüpft zu sein. Er spricht über seine Freundschaft mit Nizan, seine Begegnung mit Biber, über die unerfreulichen Jahre in Le Havre, über das Kriegsgefangenenlager im Jahre 1940, über den Ruhm, den ihm der Existentialismus nach dem Krieg einbrachte, und über seine Auseinandersetzungen mit den Kommunisten. Ausschnitte aus Wochenschauen zeigen, wie er an den Proben seiner Stücke teilnahm, seinen Besuch in Kuba – »Che« Guevara, wie er sich eine Zigarre anzündet – und wie Sartre nach 1968 auf der Straße für die Revolution demonstriert und mit Biber in ein Polizeiauto gebracht wird.

Sartre und Biber waren zur Premiere von *Sartre par lui-même* nicht in Paris, sondern in Israel, wo er die Ehrendoktorwürde der Universität Jerusalem entgegennahm. »Daß ich diesen Titel annehme, hat politische Gründe«, sagte er. »Es drückt meine Freundschaft zu Israel aus, die ich seit seiner Geburt für diesen Staat empfinde, und meinen Wunsch, daß er sich in Frieden und Sicherheit entwickeln möge.«

1978 tauchten in den Zeitungen Gerüchte auf, die behaupteten, Simone und Sartre hätten sich getrennt. »L'adieu à Simone?« fragten die Klatschspalten der Literaturmagazine und brachten Bilder von Sartre in Jerusalem, wie er sich von jungen israelischen Studenten durch die Heilige Stadt führen läßt. Gleichzeitig berichtete man, daß ein junger Schwarzer in Paris Simone beim Verlassen einer Bank, wo sie gerade 5000 Francs abgehoben hatte, ihre Handtasche entrissen habe.

Im März war Sartre in Rom, um gegen sein gefälschtes Testament vorzugehen, »Mon Testament Politique«, das in Catania auf Sizilien von einem Verlag mit dem Namen »Edizione Anarchismo« veröffentlicht worden war. Inzwischen ging das Gerede in Paris um die angebliche Trennung weiter; man sprach von einer »totalen Kälte« (un froid total) zwischen Simone und Sartre. Allen Gerüchten zum Trotz verbrachten die beiden den Sommer gemeinsam in Rom. Im Herbst begann Lanzmann, einen Film über Simone zu drehen. Der Dokumentarfilm *Beauvoir elle-même* war eine liebevolle Studie unter der Regie von Lanzmann, zeigte aber durchaus auch die Zweifel und den Kampfgeist der Beauvoir. Natürlich zeigte er auch Sartre, Simones Schwester und Lanzmann, der sie vor der Kamera interviewte. In dem Film sprach Simone über die Zeit, in der Sartre und sie sich kennengelernt hatten, und betonte, daß es zwischen ihnen niemals eine intellektuelle Rivalität gegeben habe. Sartre kam zur Premiere, obwohl er trotz der übergroßen Leinwand kaum etwas von dem Film sehen konnte, und saß in der ersten Reihe. Einen Monat nach ihrem einundsiebzigsten Geburtstag brachte Gallimard eine Sammlung verschiedener Artikel Simones heraus – Essays, Interviews, Vorworte –, die ähnlich wie *Les écrits de Sartre* konzipiert war. Das Buch enthielt das noch nicht veröffentlichte Anfangskapitel von *L'invitée (Sie kam und blieb)*. In Schweden gab es vage Pläne, *L'invitée* zu verfilmen – und zwar auf der Grundlage einer modernen Version ihres Romans aus dem Jahre 1943. Simone hielt das für möglich, weil ihr *L'invitée* im Gegensatz etwa zu *Die Mandarins von Paris* als eine »zeitlose« Dreiecksgeschichte erschien. Sie bekannte, daß sie alles gesagt habe, was sie zu sagen hatte, und daß sie so ein langes und anstrengendes Werk wie *Die Mandarins von Paris* oder *Das andere Geschlecht* nicht mehr auf sich nehmen würde.

Der Feminismus war zur Mode geworden, und sie wurde nach Mexiko, Südkorea und in ein halbes Dutzend anderer Länder eingeladen. Nach dem Sturz des Schah fuhr sie unter anderem auch in den Iran und war entsetzt über die Unterdrückung, der die iranischen Frauen unter den neuen religiösen Führern ausgesetzt waren. Sie war sich nicht sicher, ob die Situation der Frau im Westen sich tatsächlich entscheidend verbessert hatte, obwohl der Frau im öffentlichen Leben offensichtlich mehr Wege offenstanden als früher. »Alles in allem gibt es immer noch die gleiche Schufterei im Haushalt und die gleiche Versklavung der Frau durch die Mutterschaft«, sagte sie zu Catherine David. »Für die Durchschnittsfrau – das heißt für die Frau, die ihren Haushalt und ihre Kinder versorgt – ist nicht viel getan worden. Da gibt es wirklich keinen Grund zum Jubel. Die Ehe ist weiterhin eine Institution, die die Frauen unterdrückt. Das, was sich offensichtlich geändert hat, ist die Tatsache, daß Frauen, die geschlagen und vergewaltigt wurden, heute nicht mehr schweigen. Ich halte es schon für einen enormen Fortschritt, daß die mißhandelten Frauen sich heute an die Polizei wenden.«

Um die langen Abende auszufüllen, lasen sie Isaac Bashevis Singer und einen zweitausendseitigen chinesischen Roman, der von Gallimard in seiner klassischen »Pleiades«-Reihe veröffentlicht worden war. Simone rechnete damit, daß es mindestens zwei Jahre dauern würde, Sartre diesen Roman vorzulesen. Sartre, der das Rauchen vollkommen aufgegeben hat, interessierte sich als ehemaliger Philosophielehrer für die Reform des französischen Bildungswesens, der siebzig Prozent der Professorenstellen für Philosophie zum Opfer fallen würden. Noch einmal distanzierte er sich von der Kommunistischen Partei, ohne jedoch die Hoffnung aufzugeben, daß die Linke irgendwann grundlegende gesellschaftliche Veränderungen erreichen würde – eine fromme Hoffnung, denn ihre Verwirklichung schien ferner denn je. Er sah keine konkreten Hinweise auf eine schnelle Veränderung, nirgendwo eine echte linke Strategie, nicht einmal eine Taktik, sondern eher eine enorme Verwirrung, die sich in sinnlosen Terrorakten niederschlug. Aber trotzdem sagten Simone und er, wenn man sie fragte, daß sie gerne erleben würden, wie die Welt im Jahre 2000 aussehen würde.

»Natürlich, ich bin sehr neugierig und würde es wirklich gerne wissen«, sagte Simone 1979. »Aber ich kann mir nicht vorstellen, daß ich all die Menschen, die ich liebe, überleben soll. Ich möchte nicht übrigbleiben und eine Welt sehen müssen, die für mich entvölkert wäre.«

Kapitel X

Abgang mit Gelächter

Jean-Paul Sartre und Simone de Beauvoir sind auf dem besten Wege, noch zu Lebzeiten in die Geschichte einzugehen. Was bleibt, ist neben ihren Werken ihre persönliche Ausstrahlung: ihre gelebte Feindschaft gegen alle Trägheit, ihr verwirklichter Glaube an Werte wie Glück und Wahrheit. In einem Frankreich, in dem unter dem Vorwand der Einzigartigkeit der französischen Kultur die großen Auseinandersetzungen unserer Zeit manchmal vergessen werden, stehen Sartre und die Beauvoir außerhalb jeglicher Polemik. Sie sind erstaunlich gegenwärtig, ein doppeltes Gewissen, das auch die jüngste Generation der Intellektuellen noch beeinflußt.

Die Einschätzung der beiden ist wechselhaft – mal wird Sartre als der bestimmende Teil gesehen und die Beauvoir als bloße Mitläuferin, die von ihm profitiert hat, dann wieder ist sie es, die man für den bedeutenderen Geist hält. Kritiker haben Sartre vorgeworfen, er glaube an zu viele Dinge, und die Beauvoir wird manchmal als eine ältliche Schullehrerin karikiert. Es ist gesagt worden, daß Sartres eine Hälfte zu Hause sein möchte, um an dem *Magnum Opus* zu arbeiten, das er hätte schreiben sollen, während die andere Hälfte bedauert, daß sie nicht draußen auf die Barrikaden gehen kann, um wirklich politisch zu wirken. Simones Leistung, so heißt es, liegt in ihrer Erkenntnisfähigkeit. Sie hat ihre Rolle als Frau, das Alter und den Tod mit hoher Intelligenz analysiert, aber man kritisiert auch, daß ihr das Schreiben, das heißt die Erkenntnis, die Erfindung, die Kreativität mehr bedeutet hat als das Leben. Sie hat erkannt, daß der Feminismus eine Falle sein kann und daß mit Sartre eine bestimmte Art von humanistischem Schriftsteller aussterben wird. Man hat behauptet, daß sie die Einheit des Existentialismus besser ausgedrückt habe als er.

Sartre ist ein Autor unvollendeter Werke. Die versprochene

»Ethik«, die *Das Sein und das Nichts* ergänzen sollte, wurde nie geschrieben. *Die Kritik der dialektischen Vernunft* hat nie die angekündigte zusammenfassende Fortsetzung erhalten, ebensowenig wie *Die Wege der Freiheit, Die Wörter* oder *Der Idiot der Familie*. Der Grund dafür ist aber nicht nur persönlicher Natur, er ist auch Ausdruck einer kulturellen Krise.

Das Bild des tatkräftigen und unternehmungslustigen Intellektuellen, das Sartre, die Beauvoir, Camus und ihre Freunde 1945 im ersten Überschwang der Nachkriegszeit für sich entwickelt hatten, war nicht neu. Es gehörte in die lange Tradition der Literatur als privilegierter Instanz für die Sinngebung und Reflexion der menschlichen Existenz. Ihr Ehrgeiz war der eines Emile Zola oder Charles Péguy, und der Größe dieses Ziels entsprach ihr Selbstvertrauen.

Während Sartre im besonderen niemals aufhörte, sein herausforderndes »J'accuse« zu formulieren, raubte man ihm und den anderen Intellektuellen seiner Zeit ihre gesellschaftliche Macht und machte sie zu zwar respektierten, aber doch wehrlosen Mandarinen. 1945 konnte ein selbstgerechtes Frankreich Robert Brasillach hinrichten, weil er während der Besetzung leidenschaftliche Artikel geschrieben hatte, in denen er sich für den Nationalsozialismus aussprach. Fünfzehn Jahre später, als der Algerienkrieg das Land endgültig zu spalten schien, konnte Sartre nicht erreichen, daß man ihn verhaftete (die ohnmächtige Regierung beschränkte sich darauf, nur gegen jene Unterzeichner des »Manifestes der 121« vorzugehen, die im öffentlichen Dienst oder Lehrer waren). Zehn Jahre später lehnte er den Nobelpreis ab, eben weil er sich als politischen Aktivisten und nicht als Intellektuellen begreift. Was bedeutete Literatur, wenn sie nicht mehr eine politische Kraft war, sondern nur noch ein Privileg einer bestimmten Klasse? Der Sartre des Jahres 1947 glaubte – und mit ihm eine ganze Reihe anderer Schriftsteller –, daß ein Buch den Leser verändern könne. Der Sartre des Jahres 1970 war davon überzeugt, daß niemand für einen anderen denken dürfe und daß demzufolge niemand einem anderen etwas vorschreiben könne. Die Beauvoir hat das Extrem dieser Entwicklung in *Die Mandarins von Paris* aufgezeigt. Sie selbst sagte dazu, daß ihr Held »sich gegen den alten Humanismus stellte und ihm einen neuen, realistischeren und pessimistischeren Humanismus entgegensetzte, in dem er der Gewalt einen großen und der Idee der Freiheit, der Gerechtigkeit und der Wahrheit nur einen kleinen Platz einräumte. Triumphierend bewies er, daß nur dieses die einzig anwendbare Moral sei, aber um sie zu übernehmen, hätte er so viele Dinge über Bord werfen müssen, daß er sich nicht dazu durchringen konnte.«

Sartre ist der Freigeist, der Sympathisant des Marxismus, der eine Ära durchlebte, in der der dogmatische Kommunismus auch die geringste Abweichung bekämpfte. Sartre war oft versucht, der Partei beizutreten, aber er hat den Rubikon nie überschritten und blieb statt dessen am Rande, weil er Gedanken ausdrückte, zu denen die Partei selbst sich nie bekannte.

So wie die Politik der Literatur allmählich ihren Einfluß raubte – man fragt sich, wo Camus nach den Maiunruhen gestanden hätte, wäre er damals noch am Leben gewesen –, so nahm auch der Fortschritt des Strukturalismus der Belletristik einen Teil ihrer Bedeutung. Nachdem die Barthes und Foucaults die Literatur in ihre Bestandteile zerlegt hatten – und Sartre selbst Flaubert »totalisiert« hatte –, gab es eine bestimmte Art des Schriftstellers nicht mehr. Philosophen, Psychologen, Soziologen, Linguisten und mit ihnen die Schriftsteller beschäftigten sich nicht mehr mit dem Absoluten, der Frage nach der Existenz Gottes, der Bedeutung der menschlichen Geschichte und der schönen oder tragischen Dimension der Menschheit. Wie die Wissenschaft ist auch die Literatur relativ geworden. Sie ist in zwei Teile zerfallen, in den, den man höflich den »populären« nennt, und in den der Avantgarde mit ihrer oft pedantischen Kritik, der einer Randgruppe vorbehalten bleibt. Die Diskussion um fundamentale Fragen findet in der Literatur nicht mehr statt. Wenn Sartre auch einen Teil seines enorm umfangreichen Werkes nicht beendet hat, so ist er doch mit den Worten Jacques Albertis »der Nachtwächter, der an allen Fronten unserer Intelligenz zur Verfügung steht«. Und als solcher ist Sartre die beherrschende Gestalt seiner Generation; einen Nachfolger gibt es nicht.

Die Beauvoir hat weniger ehrgeizige Werke geschrieben. *Sie kam und blieb*, ihr erster veröffentlichter Roman, bricht mit der Verhaltensanalyse, die das Thema aufzudrängen scheint, um auf dramatische

Weise den Zwiespalt zwischen dem Selbst und dem anderen darzustellen. Durch die Darstellung zweier gegensätzlicher weiblicher Charaktere umreißt die Beauvoir das Porträt einer klaren, offenen und energischen Weiblichkeit, und das ist neu. Als eine Chronik der Hoffnungen und der Desillusionierungen einer Generation ist ihr Buch *Die Mandarins von Paris* eher ein Schlüsselroman. Er markiert das Ende des Existentialismus und mit seiner Ablehnung der ästhetischen Weltsicht auch das Ende des existentialistischen Romans. In ihren Essays stellte sie sich die Aufgabe, das weibliche Dasein zu beschreiben und zu entmystifizieren, und tat später im Hinblick auf das Alter das gleiche. *Das andere Geschlecht* und *Das Alter* sind gelungene Beispiele für die Anwendung der existentialistischen Methode, aber als Memoirenschreiberin und als Biographin läßt sie es an der Vitalität und dem Gestaltungsvermögen fehlen, die ihre ersten Romane auszeichneten. Sie besitzt ein klares Empfindungsvermögen für die eigenen Grenzen und für die der anderen. Über Camus hat sie gesagt: »Es ist schwer, anzuerkennen, daß man abhängig ist, wenn man sich immer souverän gefühlt hat, eine Illusion, die alle bürgerlichen Intellektuellen teilen und von der niemand von uns schmerzfrei geheilt wurde.« Sie hat ihren und Sartres jugendlichen Idealismus mit treffsicherer Schärfe kritisiert: »Wir lehnten es ab, die Räder der Geschichte zu berühren, aber wir wollten daran glauben, daß sie sich in die richtige Richtung bewegten. Es hätte zu viele Dinge in Frage gestellt, wenn wir uns erlaubt hätten, daran zu zweifeln.« Sie hat gesagt, sich öffnen bedeute weniger zu moralisieren und mehr zu verstehen, aber totale Offenheit sei auch eine Illusion. Die Grundlinie sei deshalb vielleicht eine bestimmte Art von Lebensmut, ein Mut, der sowohl intellektuell als auch praktisch ist.

Sartre und die Beauvoir haben aus der Deutung eine Leidenschaft gemacht. Das größte Übel ist das Herumtappen im dunkeln, es ist die Unfähigkeit, sich zu äußern. Poulou und Simone waren die begabten Kinder einer Klasse, die sie zu hassen lernten, da sie anderen das nahm, was junge Intellektuelle natürlicherweise als das Geburtsrecht jedes einzelnen bezeichnen – eine Stimme. Was den jungen Sartre und Biber mit jenem tiefen, lebenslangen Haß auf das Bürgertum erfüllte, war die Art, in der es anderen die Möglichkeit nahm, sich auszudrücken. Privilegierte Menschen können, wenn sie gelitten haben, ihr Leiden ausdrücken, schreibt die Beauvoir. Am Krieg in Algerien bestürzte sie die Tatsache der Folterungen auch deshalb so sehr, weil diese sich im Schweigen vollzogen, weil Folterer und Gefolterte nicht ausdrücken konnten, wie es dazu gekommen war, und deshalb auch sich selbst nicht bewußt machen konnten, was mit ihnen geschah. Weil sie diese Ungerechtigkeit so tief empfand, versuchte sie, für andere zu sprechen.

Das politische Engagement in den Siebzigern schien ihnen zu verebben. Sartre und Biber sind sich der Tatsache bewußt, daß wir in einer Zeit der Desillusionen und der diskreditierten Ideale leben. Das gilt auch für die extreme Linke. Die Regelung von Mao Tse-tungs Nachfolge von »oben« und ohne die Mitwirkung des chinesischen Volkes hätte in den radikalen Kreisen des Westens Ärger, wenn nicht sogar Empörung hervorrufen müssen. Die chinesische Revolution war die letzte Zuflucht der radikalen Ideologie, und die Nachfolge des Vorsitzenden hätte nicht in einen vulgären Palastkampf um die Macht ausarten dürfen. Die Beauvoir ist zu der Überzeugung gelangt, daß der Marxismus im westlichen Europa sich nur dann retten kann, wenn er seine Selbstzweifel überwindet und damit zu einer völlig neuen Selbstbewertung zurückfindet. Sie glaubt, daß Europa sich auf seine eigenen geistigen Fähigkeiten besinnen muß.

Für den alternden Sartre ist das »Böse«, das sich der Transparenz in den Weg stellt, und das »Böse«, das uns in unsere Entfremdung und in unsere Geheimnisse einschließt, das, was uns daran hindert, mit anderen zu kommunizieren. Wir haben es gelernt, unsere Körper im sexuellen Bereich rückhaltlos den anderen zu geben, aber wir haben noch nicht gelernt, uns auch unsere Seelen gegenseitig anzuvertrauen, obwohl auch die Gedanken nur eine Form des Fleisches sind. Wenn eines Tages der gesellschaftliche Friede erreicht werden soll, müssen wir lernen, ganz und gar füreinander da zu sein. Wenn Forderungen aus der Leere kommen, sagt die Beauvoir, ist das Ergebnis Unzufriedenheit. Glück fordern hat nur dann einen Sinn, wenn man die Fähigkeit zum Glück besitzt.

Es wird immer Widersprüche geben wie in jedem lebendigen Gedanken. Ist nicht Sartres Forderung, daß wir die Verantwortung für das übernehmen sollen, was die Umstände aus uns machen, auch ein

Hindernis in der Geschichte unserer Entwicklung, eine Grenze für unsere Versuche, Schranken zu überwinden? Auf seiner Suche nach der Wahrheit hat Sartre eine ganze Reihe vereinfachender Abstraktionen geschaffen, aber im Gespräch mit jenen, die ihn erst kürzlich besuchten, sagte er, daß eines Tages, nach seinem Tod und dem seiner Zuhörer, wenn unsere wirtschaftlichen, kulturellen und emotionalen Unterschiede überwunden sein werden, es mit Sicherheit neue Widersprüche geben wird, die keiner von uns erahnen kann. Aber diese neuen Widersprüche werden nicht verhindern, daß eine Gesellschaft entsteht, die die Welt umfassen wird und die gerechter sein wird als unsere, eine Gesellschaft, in der jedes Individuum in der Lage sein wird, sich einem anderen ganz und gar zu geben.

Bis dahin heißt Schreiben das auszudrücken, was in der menschlichen Psyche dunkel verborgen ist. Die interessantesten Bücher, behauptet Sartre, sind nicht die, die versuchen, etwas zu verschweigen, sondern jene, die uns einen Einblick in unsere geheimsten Winkel gewähren, oder noch besser die, die Zeugnis ablegen über das, was wir einander bedeuten.

Anmerkungen

Die Zitate im Text sind von Pauline Schulz aus dem Französischen übersetzt.

Kapitel I

1 Den Kosenamen behielt sie zeit ihres Lebens. Sartre widmete Biber (»au castor«) eine ganze Reihe seiner Bücher. Dieses Buch verzichtet auf den Artikel und übersetzt »Le Castor« durchgehend mit »Biber«.
2 de Beauvoir, Simone: *Mémoires d'une jeune fille rangée.* Gallimard, Paris 1958; – Dt.: *Memoiren einer Tochter aus gutem Hause.* Rowohlt, Reinbek bei Hamburg 1960.
3 ebd.
4 ebd.
5 ebd.
6 ebd.
7 Sartre, Jean-Paul: *Les mots.* Gallimard, Paris 1964. – Dt.: *Die Wörter.* Rowohlt, Reinbek bei Hamburg 1965.
8 ebd.
9 ebd.
10 Interview mit Jacques Chancel, gesendet von Office de Radio – Télévision française (ORTF) im Februar 1993.
11 Wiederabdruck in Contat, Michel u. Rybalka, Michel: *Les écrits de Sartre.* Gallimard, Paris 1970.
12 In: *Nouvelles littéraires* (2. Februar 1929).

Kapitel II

1 Sartre, Jean-Paul: *La nausée.* Gallimard, Paris 1938. – Dt.: *Der Ekel.* Rowohlt, Stuttgart 1949, Neuausgb. Rowohlt, Reinbek bei Hamburg 1963.
2 de Beauvoir, Simone: *La force de l'âge.* Gallimard, Paris 1960. – Dt.: *In den besten Jahren.* Rowohlt, Reinbek bei Hamburg 1961, Neuausgb. Rowohlt, Reinbek bei Hamburg 1969.

3 ebd.
4 In: *L'Avant-Scène Théâtre*, das Sartre-Heft im Mai 1968.
5 In: *Bifur* (Juni 1931).
6 de Beauvoir, Simone: *In den besten Jahren.*
7 de Beauvoir, Simone: *L'invitée.* Gallimard, Paris 1943; – Dt.: *Sie kam und blieb.* Rowohlt, Reinbek bei Hamburg 1953.
8 de Beauvoir, Simone: *In den besten Jahren.*
9 »L'art cinematographique« in: *Gazette du Cinéma* Nr. 2 (Juni 1950), Nr. 3 (Sept. 1950).
10 Sartre-Interpreten meinen, er habe den Namen entweder von Flaubert übernommen oder ihn in einem französischen Wörterbuch des Mittelalters gefunden. Darin war ein »roquentin« ein Gesang, der sich aus anderen Liedfragmenten zusammensetzte und diese nebeneinanderstellte, um eine widersprüchliche Wirkung zu erzielen.
11 Wörtlich: »Schlammstadt«.
12 *La transcendence de l'Ego; esquisse d'une déscription phénoménologique* in: *Recherches philosophiques,* Band 6 (1936/37); Wiederabdruck in: *La transcendence de l'Ego; esquisse d'une déscription phénoménologique,* Librairie Vrin, Paris 1965. – Dt.: *Die Transzendenz des Ego. Versuch einer phänomenologischen Beschreibung* in: *Die Transzendenz des Ego. Versuch einer phänomenologischen Beschreibung. Drei Essays.* Rowohlt, Reinbek bei Hamburg 1964.
13 Jeanson, Francis: *Simone de Beauvoir, ou l'entreprise de vivre.* Seuil, Paris 1966.
14 de Beauvoir, Simone: *In den besten Jahren.*
15 Jeanson, Francis: in 13 zitiertes Buch.
16 de Beauvoir, Simone: *In den besten Jahren.*
17 ebd.
18 In: *Mésure* (15. 1. 1938); *Mésure* war eine Quartalszeitschrift von Gallimard.
19 In: *Marianne* (7. Dezember 1938).

Kapitel III

1 Veröffentlicht in einer begrenzten Privatausgabe: Atelier-Copies, Paris 1962; Wiederabdruck in Contat, Michel u. Rybalka, Michel: *Les écrits de Sartre.*
2 »Le théâtre de A jusqu'à Z: Jean-Paul Sartre« in: *L'Avant-Scène Théâtre,* Nr. 402–403 (1. und 15. Mai 1968).
3 Sartre, Jean-Paul: *Le mur.* Gallimard, Paris 1939. – Dt.: *Die Mauer.* Rowohlt, Stuttgart 1950, Neuausgb. Rowohlt, Reinbek bei Hamburg 1973.

4 »François Mauriac et la liberté« in der *NRF* (Februar 1939).
5 »La Chronique de J.-P. Sartre« in: *Europe* (15. Juni 1939).
6 »Visages« in: *Verve*, Band 2 (Juli-Oktober 1939).
7 de Beauvoir: *In den besten Jahren.*
8 ebd.
9 ebd.

Kapitel IV

1 de Beauvoir, Simone: *La force des choses.* Gallimard, Paris 1963. – Dt.: *Der Lauf der Dinge.* Rowohlt, Reinbek bei Hamburg 1966, Neuausgb. ebd. 1970.
2 Lukács, Georg: *Existentialisme ou marxisme.* Nagel, Paris 1948.
3 de Beauvoir, Simone: *Der Lauf der Dinge.*
4 ebd.
5 de Beauvoir, Simone: *In den besten Jahren.*
6 de Beauvoir, Simone: *Der Lauf der Dinge.*
7 ebd.
8 »Explication de *L'Etranger«*, in Cahiers du Sud, Februar, 1943.
9 »Le théâtre de A jusqu'à Z: Jean-Paul Sartre« in: *L'Avant-Scène Théâtre*, Nr. 402–403 (1. und 15. Mai 1968).
10 Sartre, Jean-Paul: *L'être et le néant.* Gallimard, Paris 1943. – Dt.: *Das Sein und das Nichts. Versuch einer phänomenologischen Ontologie.* Rowohlt, Hamburg 1952; Neuausgb. Rowohlt, Reinbek bei Hamburg 1962.
11 de Beauvoir, Simone: *Le sang des autres.* Gallimard, Paris 1945. – Dt.: *Das Blut der anderen.* Rowohlt, Reinbek bei Hamburg 1963.
12 *L'Arbelète*, Lyons, No. 8, Frühjahr 1944.
13 Sartre, Jean-Paul: *Huis clos.* Gallimard, Paris 1945. – Dt.: *Bei geschlossenen Türen* in: *Dramen.* Rowohlt, Stuttgart 1949.
14 In: *Combat* (4. Sept. 1944).
15 In: *Action* (29. Dez. 1944).
16 In: *Action* (8. Juni 1945).
17 In: *Le Figaro* (24. Jan. 1945).
18 In: *The New York Times* (25. Jan. 1945).
19 In: *Le Figaro* (11. u. 12. März 1945).
20 In: *Le Figaro* (23. April 1945).
21 Sartre, Jean-Paul: *Réflexions sur la question juive.* Morihien, Paris 1946. – Dt.: *Betrachtungen zur Judenfrage. Psychoanalyse des Antisemitismus.* Europa Verlag, Zürich 1948.
22 In Interviews mit *Al Hamishmar*, Tel Aviv 1966.
23 *New Writing in France* in: *Vogue* (Juli 1945).

Kapitel V

1 de Beauvoir, Simone: *Le deuxième sexe. I. Les faits et les mythes; II. L'expérience vécue.* Gallimard, Paris 1949. – Dt.: *Das andere Geschlecht. Sitte und Sexus der Frau.* Rowohlt, Hamburg 1951, Neuausgb. Rowohlt, Reinbek bei Hamburg 1968.
2 Leiris, Michel: *L'âge d'homme.* Gallimard, Paris 1939.
3 Veröffentlicht in: *Atlantic Monthly* (August 1946).
4 de Beauvoir, Simone: *L'Amérique au jour le jour.* Gallimard, Paris 1948. Dt.: *Amerika – Tag und Nacht.* Rowohlt, Hamburg 1950.
5 »The Case for Responsible Literature« in: *Partisan Review,* 12. Nr. 8, 19.
6 »Qu'est-ce que, la littérature?«, Gallimard, Paris 1947. – Dt.: *Was ist Literatur? Ein Essay.* Rowohlt, Hamburg 1950.
7 de Beauvoir, Simone: *Amerika – Tag und Nacht.*
8 de Beauvoir, Simone: *Les mandarins.* Gallimard, Paris 1954. – Dt.: *Die Mandarins von Paris.* Rowohlt, Hamburg 1955.
9 Donohue, H. E. F.: *Conversations with Nelson Algren.* Hill & Wang, New York 1963.
10 de Beauvoir, Simone: *Tous les hommes sont mortels.* Seuil, Paris 1946. – Dt.: *Alle Menschen sind sterblich.* Rowohlt, Stuttgart 1949.
11 Sartre, Jean-Paul: *Les chemins de la liberté.* I. *L'âge de raison;* II. *Le sursis.* Gallimard, Paris 1945; III. *La mort dans l'âme.* Gallimard, Paris 1949. – Dt.: *Die Straßen der Freiheit.* I. *Zeit der Reife.* II. *Der Aufschub.* III. *Der Pfahl im Fleische.* Rowohlt, Stuttgart 1949–1951.
12 In: *Les Temps Modernes* Nr. 49 (Nov. 1949).
13 »Zwei Stunden mit Sartre«, Interview mit Robert Kantners in: *L'Express* (17. Sept. 1959).
14 *La Littérature en France depuis* 1945. Bordas, Paris 1970.
15 *Funk & Wagnalls Guide to Modern World Literature,* New York 1970.
16 *The Penguin Companion to European Literature,* New York 1969.
17 In: *Prawda* (24. Jan. 1947), Übersetzung in: *Les Temps Modernes* (Mai 1947).
18 Madsen, Axel: *Malraux,* Morrow, New York 1976.
19 »Jean-Paul Sartre à Berlin: Discussion autour des Mouches« in *Verger,* Baden-Baden u. Paris, Band 1, Nr. 5, 1948.
20 »Appel du Comité pour le Rassemblement Démocratique Révolutionnaire« in: *Combat* (27. Februar 1948).
21 In: *Combat* (31. März 1948).
22 Zitiert in MacArthur, Roderick: »Author! Author?« in: *Theater Arts* Nr. 22 (März 1949).
23 In: *The New York Times* (12. Dez. 1948).
24 MacArthur, Roderick: »Author! Author?«
25 »C'est pour nous tous que sonne le glas« in: *Caliban* Nr. 16 (Mai 1948).

26 de Beauvoir, Simone: *Der Lauf der Dinge.*
27 Lukács, Georg: *Existentialisme et Marxisme.*
28 In: *Combat* (20. Januar u. 3. Februar 1949).
29 In: *Littérature en France depuis* 1945.
30 So zitiert in: *Politique Etrangère* (Juni 1949).

Kapitel VI

1 de Beauvoir, Simone: *Der Lauf der Dinge.*
2 Sartre, Jean-Paul: »Les communistes et la paix« in: *Situations*, Gallimard, Paris 1964.
3 »Les communistes et la paix« in: *TM* Nr. 81 (Juli 1952) und Nr. 84 (Oktober/November 1952).
4 Merleau-Ponty, Maurice: *Humanisme et terreur.* Gallimard, Paris 1947.
5 Camus, Albert: *L'homme révolté.* Gallimard, Paris 1951. – Dt.: *Der Mensch in der Revolte.* Rowohlt, Reinbek bei Hamburg 1969.
6 »Albert Camus ou l'âme révolté in: *Les Temps modernes* Nr. 79 (Mai 1952).
7 »Lettre au directeur des *Temps modernes«*, ebd. Nr. 82 (August 1952).
8 »Réponse à Albert Camus«, ebd. Wiederabdruck in: *Situations IV.*
9 »Pour tout vous dire . . .« in: *Les Temps modernes* Nr. 82 (August 1952).
10 Vgl. auch: Werner, Eric: *De la violence au totalitarisme:* Essai sur la pensée de Camus et de Sartre. Calmann-Levy, Paris 1972.
11 Aron, Raymond: *L'Opium des intellectuels.* Calmann-Levy, Paris 1955.
12 In: *L'Aurore.* (9. u. 10. Juni 1951).
13 In: *Les Lettres françaises* (14. Juni 1951).
14 In: *Samedi-Soir* (2. u. 8. Juni 1951).
15 In: *Le Figaro littéraire* (30. Juni 1951).
16 In: *Paris-Presse* (7. Juni 1951).
17 Sartre, Jean-Paul: *Saint Genet, Comédien et martyr.* Gallimard, Paris 1952. – Dt.: *Über Jean Genet.* Rowohlt, Hamburg 1955.
18 »The Chance of Peace« in: The Nation (30. Dezember 1950).
19 de Beauvoir, Simone: *Der Lauf der Dinge.*
20 »Sartre spricht über die Beauvoir«, Interview mit Madeleine Gobeil, in *Vogue* (Juli 1962).
21 de Beauvoir, Simone: *Der Lauf der Dinge.*

Kapitel VII

1 de Beauvoir, Simone: *Der Lauf der Dinge.*
2 Rede vor einer Versammlung des ›Comité d'action des intellectuels contre la poursuite de la guerre en Afrique du Nord‹; Abdruck in: *TM* Nr. 123 (März/April 1956) und in *Situations V.*, Gallimard, Paris 1964.

3 »Une Victoire« in: *L'Express* (17. Februar 1958), Wiederabdruck in: *Situations V.* op. cit. Bei Beschlagnahmung des *Express* Abdruck in ausländischen Zeitungen, z. B. *The Observer,* London (9. März 1958).
4 In: Le Monde (1. Juni 1956).
5 In: *Time* (18. Juni 1956).
6 Jeanson, Francis: *Le problème moral et la pensée dé Sartre.* Myrte, Paris 1947.
7 Mournier, Emmanuel: *Malraux, Camus, Sartre, Bernanos.* Seuil, Paris 1953.
8 Murdoch, Iris: *Sartre, Romantic Rationalist.* Yale University Press, New Haven 1954.
9 Desan, Wilfred: *The Tragic Finale.* Harvard University Press, Cambridge 1954.
10 Desan, Wilfred: *The Marxism of Jean-Paul Sartre.* Doubleday, New York 1965.
11 Merleau-Ponty, Maurice: *Les aventures de la dialectique.* Gallimard, Paris 1955.
12 »Merleau-Ponty et pseudo-sartrisme« in: *Les Temps modernes* Nr. 114–115 (Juni/Juli 1955). Abdruck in *Privilèges.* Gallimard, Paris 1955.
13 »La Chine que j'ai vue« in: *France-Observateur* (1. u. 8. Dez. 1955).
14 de Beauvoir, Simone: *La longue marche.* Gallimard, Paris 1957. – Dt.: *China – das weitgesteckte Ziel.* Rowohlt, Hamburg 1959.
15 In: *L'Express* (9. November 1956).
16 Fetjö, François: *La Tragédie hongroise.* Flore, Paris 1956.
17 Veröffentlicht in: *Literaturnaja Gazeta* (21. Nov. 1956). Sartres Antwort erschien im *France-Observateur* (29. Nov. 1956).
18 »Le Fantôme de Staline« in: *Les Temps modernes* Nr. 129/130/131 (Januar 1957).
19 Sartre, Jean-Paul: *La critique de la raison dialectique.* Gallimard, Paris 1960. – Dt.: *Kritik der dialektischen Vernunft.* Rowohlt, Reinbek bei Hamburg 1966.
20 *Marksizm i Egzystencjalizm,* übersetzt von Jerzy Lisowski in: *Tworczosc,* Band 13, Nr. 4 (1957).
21 »Questions de méthode« in: *Les Temps modernes,* Nr. 139 (Sept. 1957).
22 »Quand la police frappe les trois coups . . .« in: *France-Observateur* (5. Dez. 1957).
23 Alleg, Henri: *La Question.* La Cité, Lausanne 1958.
24 de Beauvoir, Simone: *Der Lauf der Dinge.*
25 In: *L'Express* (11., 18., 25. Sept. 1958).
26 In: *Théâtre populaire,* Nr. 36 (August 1959).
27 Chapsal, Madeleine: »Entretien avec Sartre« in: *L'Express* (10. Sept. 1959) abgedruckt in: Chapsal, Madeleine: *Les Ecrivains en personne.* Seuil, Paris 1960.

28 Tynan, Kenneth: *Tynan Right and Left.*
29 Im Fernsehen übertragene Pressekonferenz, Abdruck in: *Revolución* (11. März 1960).
30 »Ouragan sur le sucre«, Serie aus 16 Artikeln, *France-Soir* (28. Juni–15. Juli 1960), in Buchform: *Sartre on Cuba.* Ballantine, New York 1961.
31 *Encounter* (Juni 1961).

Kapitel VIII

1 In: *Der Spiegel* (15. Juli 1968).
2 In: *Le Nouvel Observateur* (19.–25. Juni 1968).
3 In: *Svobodne Slovo* (30. Nov. 1968), Wiederabdruck in *Le Monde* (1. u. 2. Dez. 1968).
4 Fanon, Frantz: *Les damnés de la terre.* Maspero, Paris 1961.
5 de Beauvoir, Simone/Halimi, Gisèle: *Djamila Boupacha.* Gallimard, Paris 1962.
6 Vgl. z. B. *Variety* (1. Nov. 1961).
7 In: *Time* (27. Sept. 1963).
8 Interview mit *Le Monde* (18. April 1964).
9 de Beauvoir, Simone: *Une mort très douce.* Gallimard, Paris 1964. – Dt.: *Ein sanfter Tod.* Rowohlt, Reinbek bei Hamburg 1965.
10 Vollständiger Abdruck in: *Le Monde* (24. Okt. 1964) und in: Rybalka, Michel: *Les écrits de Sartre.*
11 In *Nouvelles littéraires* (29. Okt. 1964).
12 In: *Nouvel Observateur* (18. Nov. 1964).
13 »Up all Night« in: *The Nation* (31. Mai 1965).
14 »Jean-Paul Sartre, A candid conversation with the charismatic fountainhead of existentialism and rejector of the Nobel Prize« in: *Playboy* (Mai 1965).
15 »Sartre Talks of de Beauvoir« in: *Vogue* (Juli 1965).
16 »The Question of Simone de Beauvoir« in: *Harper's* (Mai 1965).
17 Clark, Ronald W.: *The Life of Bertrand Russell.* Knopf, New York 1975.
18 ebd.
19 Sarraute, Nathalie: *Portrait d'un inconnu.* Vorwort von Jean-Paul Sartre. Robert Martin, Paris 1948.
20 Lévi-Strauss, Claude: *La pensée sauvage.* Plon, Paris 1962.
21 »Jean-Paul Sartre répond, entretien avec Bernard Pingaud, in: *L'Arc* Nr. 30 (Oktober 1966).
22 Albérès, R. M.: *L'aventure intellectuelle du XXe siècle,* op. cit.
23 Jeanson, Francis: *Simone de Beauvoir ou l'entreprise de vivre.* Seuil, Paris 1966.
24 In: *Nouvel Observateur* (30. Nov.–6. Dez. 1966).

25 Interview mit *Al Hamishmar,* Wiederabdruck in: *New Outlook,* Tel Aviv, 9. Ausgabe, Nr. 4.
26 In Buchform: *Tribunal Russell 2: Le jugement final.* Gallimard, Paris 1968.
27 In: *Le Monde* (10. Mai 1975).

Kapitel IX

1 In: *Nouvel Observateur* (22. Jan. 1979).
2 de Beauvoir, Simone: *La Vieillesse.* Gallimard, Paris 1970. – Dt.: *Das Alter.* Rowohlt, Reinbek bei Hamburg 1972.
3 Sartre, Jean-Paul: *L'idiot de la famille.* Gallimard, Band I u. II 1971, Band III 1972 Paris. – Dt.: *Der Idiot der Familie.* Rowohlt, Band I u. II 1977, Band III. 1978, Reinbek bei Hamburg.
4 »Décrire l'oncle Gustave« in: *Nouvel Observateur* (Mai 1975).
5 In: *New York Review of Books* (8. August 1974).
6 Interview mit Jacques Chancel, übertragen von der ORTF (7. Febr. 1973).
7 Contat, Michel/Rybalka, Michel: *Les écrits de Sartre.* Gallimard, Paris 1970.
8 In: *Libération* (15. Nov. 1973).
9 Gavi, Philippe/Sartre, Jean-Paul/Victor, Pierre: *On a raison de se révolter.* Gallimard, Paris 1974 (Sammlung ›La France Sauvage‹).
10 In: *Time* (10. Juni 1974).
11 In: *Le Monde* (28. Sept. 1975).
12 In: *Le Nouvel Observateur* (29. Sept. 1975).
13 In: *Le Monde* und *International Herald Tribune* (28. Sept. 1975).
14 In: *Le Nouvel Observateur* (23., 30. Juni u. 7. Juli 1975), abgedruckt in: *Situations X.* Gallimard, Paris 1976.
15 »Sex, Society and the Female Dilemma, A Dialogue between Simone de Beauvoir and Betty Friedan« in: *Saturday Review* (14. Juni 1975).
16 In: *L'Arc,* Nr. 61 (1975).
17 Jeanson, Francis: *Sartre dans sa vie.* Seuil, Paris 1975. Audry, Colette: *Sartre.* Seghers, Paris 1976.
18 Leighton, Jean: *Simone de Beauvoir on Women.* Rutherford, 1975. Marks, Elaine: *Encounters with Death.* New Brunswick, 1973.

Bibliographie

Sartre

Romane

La nausée, 1938	*Der Ekel,* 1949
Les chemins de la liberté (L'âge de raison, 1945, Le sursis, 1945, La mort dans l'âme, 1949)	*Die Wege der Freiheit,* 3 Bde., 1949–1951 (Zeit der Reife – Der Aufschub – Der Pfahl im Fleische)

Erzählungen

Le mur, 1939 (Le mur – La chambre – Erostrate – Intimité – L'enfance d'un chef)	*Die Mauer,* 1950 (Die Mauer – Das Zimmer – Herostrat – Intimität – Die Kindheit eines Chefs)

Dramen

Les mains sales, 1948	*Die schmutzigen Hände,* 1949
Le diable et le bon Dieu, 1951	*Der Teufel und der liebe Gott,* 1951
Théâtre, 1947	
Les mouches	*Die Fliegen*
Huis clos	*Bei geschlossenen Türen*
Morts sans sépulture	*Tote ohne Begräbnis*
La putain respectueuse	*Die ehrbare Dirne*
	alle in: Dramen, 1949
Kean (Adaption de la pièce d'Alexandre Dumas), 1954	*Kean oder Unordnung und Genie.* Ein Stück nach Alexandre Dumas, 1954
Nekrassov, 1956	*Nekrassov,* 1956
Les séquestrés d'Altona, 1960	*Die Eingeschlossenen,* 1960

Schriften zur Literatur

Situations I, II, III, 1947–1949	*Situationen.* Essays (Auswahl), 1956
Situations IV, 1964	*Porträts und Perspektiven,* 1968
Situations V, 1964	*Kolonialismus und Neokolonialismus* Sieben Essays (Auswahl), 1968
Situations VI, 1964 und *VII,* 1965	Innerhalb der Gesammelten Werke in Einzelausgaben in Vorb.
Situations VIII, 1972	Dt. daraus: *Das Vietnam-Tribunal oder Amerika vor Gericht,* 1968; *Das Vietnam-Tribunal II oder Die Verurteilung Amerikas,* 1969; *Mai '68* und die Folgen. Reden, Interviews, Aufsätze. Bd. 1 (Auswahl), 1974; Bd. 2 (Auswahl), 1975
Situations IX, 1972	Dt. daraus: *Mai '68* und die Folgen. Reden, Interviews, Aufsätze. Bd. 2 (Auswahl), 1975; *Was kann Literatur?,* 1979; *Determination und Freiheit* (in Vorb.)
Situations X, 1976	Dt. daraus: *Sartre über Sartre,* 1977
Saint-Genet, Comédien et martyr, 1952	*Sankt Genet, Komödiant und Märtyrer* (in Vorb.)
Baudelaire, 1947	*Baudelaire.* Ein Essay, 1953
Les mots, 1963	*Die Wörter,* 1965
Qu'est-ce que, la littérature?, 1947	*Was ist Literatur?* Ein Essay, 1950
L'idiot de la famille. Gustave Flaubert de 1821 à 1857, 1971–1972	*Der Idiot der Familie.* Gustave Flaubert 1821–1857. 5 Bde., 1977–1979
Un théâtre de situations, 1973	Dt. daraus: *Mythos und Realität des Theaters,* 1979

Schriften zur Philosophie

La transcendance de l'ego. Esquisse d'une description phénoménologique, 1965	*Die Transzendenz des Ego.* Versuch einer phänomenologischen Beschreibung. In: Die Transzendenz des Ego. Drei Essays, 1964
L'imaginaire. Psychologie phénoménologique de l'imagination, 1940	*Das Imaginäre.* Phänomenologische Psychologie der Einbildungskraft. 1971
L'être et le néant, 1943	*Das Sein und das Nichts.* Versuch einer phänomenologischen Ontologie, 1952/1962
La critique de la raison dialectique, 1960	*Kritik der dialektischen Vernunft,* 1967
Questions de méthode, 1967	*Marxismus und Existentialismus.* Versuch einer Methodik. 1964

Politische Essays

Réflexions sur la question juive, 1946	*Betrachtungen zur Judenfrage,* 1948
Entretiens sur la politique, 1946 (zusammen mit David Rousset und Gérard Rosenthal)	
L'affaire Henri-Martin, 1953	*Wider das Unrecht,* 1955 (Volk und Welt, DDR)
On a raison de se révolter, 1974 (zusammen mit Philippe Gavi und Pierre Victor)	*Der Intellektuelle als Revolutionär.* Streitgespräche, 1976

de Beauvoir

Romane

L'invitée, 1943	*Sie kam und blieb,* 1953
Le sang des autres, 1945	*Das Blut der anderen,* 1963
Tous les hommes sont mortels, 1945	*Alle Menschen sind sterblich,* 1949
Les mandarins, 1954	*Die Mandarins von Paris,* 1955
Les belles images, 1966	*Die Welt der schönen Bilder,* 1968

Erzählungen

La femme rompue, 1967	*Eine gebrochene Frau*, 1969
Une mort très douce, 1964	*Ein sanfter Tod*, 1965

Dramen

Les bouches inutiles, 1945

Essays und Schriften

Le deuxième sexe, 1949	*Das andere Geschlecht.* Sitte und Sexus der Frau, 1951
L'Amérique au jour le jour, 1948	*Amerika – Tag und Nacht*, 1950
Pyrrhus et Cinéas, 1947	*Pyrrhus und Cineas.*
Pour une morale de l'ambiguité, 1947	*Für eine Moral der Doppelsinnigkeit* beide in: *Soll man de Sade verbrennen?*, 1964
Privilèges, 1955	Daraus: *Soll man de Sade verbrennen?*, 1964
La longue marche. Essai sur la Chine, 1957	*China – das weitgesteckte Ziel*, 1958
La vieillesse, 1970	*Das Alter*, 1972

Autobiographie

Mémoires d'une jeune fille rangée. 1958	*Memoiren einer Tochter aus gutem Hause*, 1960
La force de l'âge, 1960	*In den besten Jahren*, 1961
La force des choses, 1963	*Der Lauf der Dinge*, 1966
Tout compte fait, 1972	*Alles in allem*, 1972

Politische Schriften

Djamila Boupacha (zusammen mit Gisèle Halimi), 1962

Register

Das Register enthält die Namen der im Buch genannten Personen, Sachen, Orte, Titel und Institutionen. Titel von Büchern, Filmen und Essays sind durch *kursive Schrift* gekennzeichnet, Titel von Zeitungen und Zeitschriften stehen in Anführungszeichen. Bei der Alphabetisierung der Titel wurden die Artikel mit berücksichtigt, *Die Eingeschlossenen* (Sartre) steht also unter *Die*, »Les Temps modernes« unter Les und *L'invitée* (Beauvoir) unter L'i. Die Umlaute ä, ö, ü sind als a, o, u alphabetisiert.